Aus un

FOURT

Also edited by
IAN C. LORAM and LELAND R. PHELPS

QUERSCHNITT

Aus unserer Zeit

DICHTER DES
ZWANZIGSTEN JAHRHUNDERTS

Fourth Edition

IAN C. LORAM
University of Wisconsin

AND

LELAND R. PHELPS
Duke University

W. W. NORTON & COMPANY
New York · London

To Ruth Phelps
for her indispensable help at
all stages in the preparation
of this new edition

ISBN 0-393-95614-8

W. W. NORTON & COMPANY, INC.,
500 FIFTH AVENUE, NEW YORK, N. Y. 10110
W. W. NORTON & COMPANY LTD.,
37 GREAT RUSSELL STREET, LONDON WC1B 3NU

1 2 3 4 5 6 7 8 9 0

Contents

Preface to the Fourth Edition

Aus unserer Zeit is a collection of works by modern writers from German-speaking countries designed to introduce students of second-year German to some of the literary trends and problems of twentieth-century German literature. The first edition, which appeared in 1956, was followed by a second in 1965 and a third in 1972. Encouraged by the continued favorable acceptance of our anthology over the years, the editors have undertaken a fourth edition of the book. The new stories we have chosen include, among others, representative works by such challenging writers as Gabrielle Wohmann, Günter Kunert, Anna Seghers, Günter de Bruyn, and Hans Bender. We continue to offer the instructor a large and varied selection of graded readings from which to choose those best suited to meet the needs of his or her students. This time, however, our goal has been not just to replace some of the prose texts in the third edition with new selections but to broaden the spectrum of both the literary offerings and the exercises.

As was the case with past editions of *Aus unserer Zeit*, two factors, degree of difficulty and diversity of subject matter, were used to determine the order of the selections. These prose works are by some of the best modern writers from West Germany, the DDR, Austria, and Switzerland. They range from two very short stories which pose no major problems through gradually longer and more complex readings culminating in Friedrich Dürrenmatt's linguistic and stylistic tour de force, "Der Theaterdirektor." Each is preceded by a short introduction, the purpose of which is to give the student some insight into the story that follows. In these introductions no attempt has been made to give detailed biographical sketches of the writers or to discuss works other than those that appear in this book.

For this fourth edition the number of questions on the stories has been reduced and a second, more creative, method for discussing the texts has been introduced. Following the traditional questions to be answered in German at the end of each selection, a new exercise, *Zur Besprechung des Textes*, will be found. The words and phrases, quotations, names, and formulations that appear under this new heading serve as points of departure for classroom discussions or written summaries. They are not as narrowly focused as the usual questions and thus offer students a broader and more creative context within which to practice and improve their spoken and written German.

In addition to the new stories, a group of ten poems has been added to provide additional diversity of literary forms and subject matter in a significant genre that is all too frequently neglected in intermediate German courses. The examples we have included are particularly well suited for introducing American students of German to a small group of modern poets from German-speaking countries. The editors feel that lyric poetry with its linguistic subtleties, ambiguities, and syntactical complexities can, at this stage in the language-learning process, best be approached as a joint venture of teacher and students. Consequently, we have not provided introductions or interpretative aids, preferring to let the instructor, who is familiar with the degree of competency of his or her class, determine the level on which to focus the discussion and analysis.

The poems contain a variety of themes and moods, which can lead to telling insights. Maria Luise Kaschnitz, for example, is concerned with the poem itself, Hilde Domin with the poet. Bertolt Brecht and Günter Kunert focus on the urban environment while Helga Novak stresses the possibility of a bond with nature. Obviously, one small selection of poems cannot begin to reflect the full range of possibilities of twentieth-century German lyric poetry, but with perceptive guidance students can be spurred on to further explorations of this exciting and significant genre. The editors hope that students will enjoy and profit from the change of pace and variety offered by the poems and that both teachers and students will find using the fourth edition of *Aus unserer Zeit* a rewarding experience.

We would like to thank Walter H. Speidel, Brigham Young University, and Sidney M. Johnson, Indiana University, for their thoughtful comments on the new selections. We would also like to thank Peter Batke of the Duke University Humanities Computing Facility for preparing electronically the basic word list for this book. Using the Word Cruncher Concordance Program, an alphabetical list of all words together with their frequencies and locations was produced. This list was then used to make decisions on footnotes and vocabulary entries.

We are deeply indebted to Lisa Howell for the countless hours she spent at her computer advising and assisting us in our first venture into the field of computerized publishing.

ICL
LRP

Acknowledgments

Selections in this book are used by permission as follows:

STORIES

Hans Bender: Die Schranke war zu. Included by permission of the author.

Wolf Wondratschek: Mittagspause. *From* Früher begann der Tag mit einer Schußwunde. Reihe Hanser Band 15. Copyright 1969 by Carl Hanser Verlag, Munich, and included by their permission.

Max von der Grün: Das Stenogramm. Included by permission of the author.

Bertolt Brecht: Die unwürdige Greisin. *From* Kalendergeschichten. Copyright 1948 by Gebrüder Weiß Verlag, Berlin-Schöneberg, and included by their permission.

Franz Kafka: Ein altes Blatt. *From* Erzählungen und kleine Prosa. Copyright 1935 by Schocken Verlag, Berlin. Copyright 1945 by Schocken Books, Inc., New York. Included by permission of the Noonday Press, New York.

Hermann Hesse: Der Wolf. *From* Am Weg. First published 1915 by Reuss & Itta, Konstanz. Included by permission of Werner Classen Verlag, Zurich.

Günter Kunert: Zentralbahnhof. *From* Die Schreie der Fledermäuse. Copyright 1979 by Carl Hanser Verlag, Munich and Vienna. Included by permission of Carl Hanser Verlag, Munich and Vienna.

Wolfdietrich Schnurre: Das Märchen der Märchen. *From* Was ich für mein Leben gern tue. Copyright 1967 by Hermann Luchterhand Verlag GmbH, Neuwied and Berlin, and included by their permission.

Jens Rehn: Der Zuckerfresser. *From* Nach Jan Mayen. Copyright 1981 by Hermann Luchterhand Verlag, Darmstadt and Neuwied. Included by permission of Hermann Luchterhand Verlag, Darmstadt and Neuwied.

Heinz Piontek: Das Tor zur Welt. *From* Ungewisser Tatbestand. Copyright 1964 by Deutscher Taschenbuch Verlag GmbH & Co., Munich, and included by their permission.

Gustav Meyrink: Der violette Tod. *From* Des deutschen Spießers Wunderhorn. Copyright 1913 by Albert Langen, Munich. Included by permission of Frau Mena Meyrink.

Günter de Bruyn: Renata. *From* Ein schwarzer, abgrundtiefer See. Second edition. Copyright 1966 by Mitteldeutscher Verlag, Halle

(Saale), German Democratic Republic. Included by permission of Mitteldeutscher Verlag, Halle (Saale), DDR.

Werner Bergengruen: Die Schatulle. *From* Der Teufel im Winterpalais und andere Erzählungen. Hesse und Becker, Leipzig, 1933. Included by permission of Verlag der Arche, Zurich.

Anna Seghers: Die Umsiedlerin. From Erzählungen 1945–1951, Second edition. Copyright 1981 by Aufbau-Verlag Berlin und Weimar, Berlin DDR. Included by permission of Aufbau-Verlag Berlin und Weimar, Berlin DDR.

Christoph Meckel: Die Krähe. *From* Das Atelier (Fischer Bücherei). Copyright 1962 by S. Fischer Verlag, Frankfurt am Main, and included by their permission.

Uwe Friesel: Dann Autobahn Hamburg-Berlin. *From* Westermann's Monatshefte 12/84. Included by permission of the author.

Günter Eich: Der Stelzengänger. *From* Das Erlebnis der Gegenwart. Copyright 1960 by Steinkopf Verlag, Stuttgart. Included by permission of Günter Eich.

Stephan Hermlin: In einer dunklen Welt. *From* In einem dunklen Tale. Copyright 1966 by Aufbau-Verlag Berlin und Weimar, Berlin, DDR. Included by permission of Aufbau-Verlag Berlin and Weimar, Berlin, German Democratic Republic.

Marie Luise Kaschnitz: Gespenster. *From* Lange Schatten. Copyright 1960 by Claassen Verlag GmbH, Hamburg, and included by their permission.

Gabrielle Wohmann: Wiedersehen in Venedig. *From* Gesammelte Erzählungen. Copyright 1979 by Langewiesche-Brandt Verlag, Ebenhausen bei München. Included by permission of the author.

Arthur Schnitzler: Der Witwer. *From* Die kleine Komödie. Copyright 1932 by S. Fischer Verlag AG, Berlin. Included by permission of S. Fischer Verlag, Frankfurt am Main.

Hans Werner Richter: Das Ende der I-Periode. From Menschen in freundlicher Umgebung. Copyright 1965 by Verlag Klaus Wagenbach, Berlin, Federal Republic of Germany. Included by permission of Verlag Klaus Wagenbach, Berlin, Federal Republic of Germany.

Georg Heym: Das Schiff. *From* Dichtungen und Schriften: Gesamtausgabe. Copyright 1960 by Verlag Heinrich Ellermann, Munich, and included by their permission.

Wolfgang Hildesheimer: Das Atelierfest. *From* Lieblose Legenden. Copyright 1962 by Suhrkamp Verlag, Frankfurt am Main, and included by their permission.

Friedrich Dürrenmatt: Der Theaterdirektor. Erstmals erschienen 1952 im Sammelband Die Stadt. Prosa I-IV, Zurich. Alle Rechte vorbehalten. Copyright 1985 by Diogenes Verlag AG, Zurich. Included by permission of Diogenes Verlag, Zurich.

POEMS

Marie Luise Kaschnitz: Ein Gedicht. *From* Dein Schweigen— Meine Stimme: Gedichte. Copyright 1962 by Claassen Verlag, Düsseldorf. Included by permission of Claassen Verlag, Düsseldorf.

Hilde Domin: Wie wenig nütze ich bin. *From* Nur eine Rose als Stütze. Copyright 1964 by S. Fischer Verlag, Frankfurt am Main. Included by permission of S. Fischer Verlag, Frankfurt am Main.

Erich Kästner: Sachliche Romanze. *From* Gesammelte Schriften für Erwachsene. Copyright 1969 by Erich Kästner Erben, Munich. Published by Atrium Verlag, Zurich. Included by permission of Erich Kästner Erben, Munich.

Bertolt Brecht: Vom armen B.B. *From* Gesammelte Werke Band 4. Copyright 1965 by Suhrkamp Verlag, Frankfurt am Main. Included by permission of Suhrkamp Verlag, Frankfurt am Main.

Günter Kunert: Downtown Manhattan am Sonntagnachmittag. *From* Die Schreie der Fledermäuse. Copyright 1979 by Carl Hanser Verlag, Munich and Vienna. Included by permission of Carl Hanser Verlag, Munich and Vienna.

Karl Krolow: Die Zeit verändert sich. *From* Gesammelte Gedichte. Copyright 1965 by Suhrkamp Verlag, Frankfurt am Main. Included by permission of Suhrkamp Verlag, Frankfurt am Main.

Ingeborg Bachmann: Reklame. *From* Gesammelte Werke Band 1. Copyright 1978 by R. Piper & Co. Verlag, Munich. Included by permission of R. Piper & Co. Verlag, Munich.

Helga M. Novak: bei mir zu Hause. *From* Grünheide Grünheide. Gedichte 1955–1980. Sammlung Luchterhand Band 460. Copyright 1983 by Hermann Luchterhand Verlag, Darmstadt and Vienna. Included by permission of Hermann Luchterhand Verlag, Darmstadt and Vienna.

Sarah Kirsch: Die Nacht streckt ihre Finger aus. *From* Zaubersprüche. Copyright 1974 by Langewiesche-Brandt Verlag, Ebenhausen bei München. Included by permission of Langewiesche-Brandt Verlag, Ebenhausen bei München.

Aus unserer Zeit

FOURTH EDITION

HANS BENDER

(1919–)

Hans Bender has been an influential lyricist, prose writer, editor, and critic in postwar West Germany. He was a soldier from 1939 to 1945, then a Soviet prisoner of war until 1949. In addition to his creative work, he is perhaps best known as one of the founders and chief editors of **Akzente** *(1954–), one of the leading literary journals in West Germany, known and respected both there and abroad.*

His poems and stories are marked by a sharp sense of reality and a terse and economical style, influenced by both American and Russian writers such as Hemingway and Chekhov. In **Die Schranke war zu** *he picks a moment in time, unrelated to any other moment, isolates it, and in a few lines gives us a brief glance of reality. There is no beginning to the episode, and certainly no ending or solution; he adheres to his conception of the short story as formulated in* **Akzente** *in 1962: "The solution is unimportant. The question becomes the sole provocative factor (*erregendes Moment*)."*

Die Schranke war zu

Ihr geschäftstüchtiger Mann[1] wurde ans Telefon gebeten. Sie waren fünf Minuten allein. Er goß ihr Glas voll. Sie stießen an und sahen einander in die Augen, während sie tranken.

Thomas sagte: «Es geht dir gut?»

«O ja!» sagte sie.   5

Sie nickte. Sie lächelte und zog die rechte Braue hoch, die noch so schmal war wie früher.

«Hast du Kinder?»

«Einen Jungen. Er ist vier Jahre alt.»

«Wie heißt er?»   10

«Warum fragst du?»

«Ach, ich weiß immer gern, wie Kinder heißen. Die Namen sagen etwas.»

«Er heißt—»—sie zögerte den Namen hinaus,[2] und er hoffte, ihr Junge werde vielleicht seinen Namen haben—   15

«Eduard, wie mein Mann.»

«Eduard—»

---

[1] **geschäftstüchtiger Mann**   successful husband
[2] **zögerte den Namen hinaus**   hesitated before saying the name

1

«Aber wir rufen ihn Eddi.»
«Ist er blond?»
«Braun, hellbraun.»   20
Ihr Mann kam zurück. Er mußte dringend weg.
«Es ist sehr schade», sagte er.
«Schade», sagte sie.
«Wirklich schade», sagte Thomas.
«Ich geh mit dir», sagte sie.   25
«Das kommt gar nicht in Frage», sagte ihr Mann.
Er verabschiedete sich von Frau Werner, die den Abend[3] gab,
kam nochmals herüber, beugte sich zu Charlotte hinab und
küßte sie. Ihre Augen standen über seinem ergrauten Haar. Sie
sahen starr herüber, und auch während des Kusses veränderten 30
sie sich nicht.
Zwei junge Paare tanzten Slow Fox.[4]
Charlotte sagte: «Wollen wir nicht auch?»
«Ganz gern.»
Zuerst schwiegen sie, dann begann er zu erzählen: «Bei   35
einem Tapetenwettbewerb[5] gewann ich den ersten Preis. Seitdem kann ich mich nicht mehr retten vor Aufträgen. Doch, es
geht mir gut. Meine Wohnung ist hübsch. Sie liegt unter dem
Dach, aber du weißt, ich wohne gern unterm Dach. Und Du?»
«Eduard verwöhnt mich. Ich darf nicht arbeiten. Ich lese viel, 40
bin ganze Tage mit Eddi im Garten. Das Haus liegt am See. Wir
haben ein Segelboot. Mama kommt oft zu Besuch. Vater hat
wieder sein Geschäft. Sicher, es war gut, daß alles so gekommen
ist. Ich bin glücklich, sehr glücklich.»
Nach Mitternacht verabschiedeten sich die ersten Gäste. Sie   45
gingen mit ihnen hinaus. Thomas' kleiner blauer Wagen stand
unter der Laterne.
«Den hast du noch?» sagte sie. «Und immer noch offen?»
«Unverbesserlich.»[6]
Er öffnete die Tür. Sie stieg ein. Langsam fuhr er durch die   50
Stadt, durch die blauen und grünen Lichter der Reklamen und
den gelben Schein der Schaufenster. Die letzten Straßenbahnen
rumpelten hinaus in die Vorstädte. Über den dunklen Häuserschächten flammten ihre kalten Blitze.[7]
Thomas wußte den Weg zu ihrem Hotel. Halb war er schon   55
zurückgelegt,[8] aber sie schwiegen noch immer. Zwei Schein-

---

[3] **Abend** party
[4] **Fox** foxtrot
[5] **Tapetenwettbewerb** wallpaper design competition
[6] **Unverbesserlich** incorrigible
[7] **Über den dunklen Häuserschächten flammten ihre kalten Blitze.** The cold
   light of the streetcars' overhead wires flashed above the dark buildings.
[8] **Halb war er schon zurückgelegt.** They were already halfway there.

werfer blendeten auf. Die rotweißen Balken der Überführung sanken nieder und schlugen in die Gabeln, daß ihr Gegitter gegeneinanderklirrte.[9] Thomas hielt. Er stellte den Motor ab, denn manchmal kamen zwei oder drei Züge. Er drehte sich zu ihr und sah ihr Gesicht, auf dem das Licht lag. Sie schob die Hände vor ihr Gesicht. Zwischen den Fingern quollen Tränen hervor.

«Was hast du?»

«Es ist alles nicht so. Ich habe dich belogen. Ich bin unglücklich, tief unglücklich.»

Er sagte: «Ich auch, Charlotte. Ich bin allein. Seitdem du weg bist, bin ich allein.»

Er nahm ihre Hände vom Gesicht und küßte die Hände. Er umfaßte ihre Arme und zog ihren Kopf vor seine Brust. Er küßte ihr Haar und ließ die Lippen darauf ruhen.

Der Zug fuhr vorbei, die verwischten Rechtecke erleuchteter Scheiben. Die Straße vibrierte, und der kalte Sog wehte über sie hinweg.

Die Schranke hob sich. Thomas ließ den Motor anspringen, schaltete und saß aufrecht hinter dem Steuerrad. Sie wischte die Tränen ab, und «Savoy», die Neonschrift des Hotels, sah sie wieder ganz klar.

FRAGEN

1. Wie weiß man, daß Thomas und Charlotte sich lange nicht gesehen haben?
2. Warum hoffte Thomas, daß der Junge «Thomas» heißt?
3. Wie verbringt Charlotte ihre Tage?
4. Warum muß Thomas Charlotte nach Hause bringen?
5. Warum hält Thomas auf einmal an?
6. Warum weint Charlotte?

ZUR BESPRECHUNG DES TEXTES

1. «Er heißt Eduard, wie mein Mann.»
2. Charlotte geht nicht mit ihrem Mann fort.
3. Thomas bringt Charlotte nach Hause.
4. «Ich habe dich belogen.»
5. Die Schranke hob sich.

---

[9] **Die rotweißen Balken der Überführung sanken nieder und schlugen in die Gabeln, daß ihr Gegitter gegeneinanderklirrte.** The red and white barriers at the railroad crossing came down and fell rattling into their supports.

WOLF WONDRATSCHEK
(1943–)

*Wolf Wondratschek won early acclaim for his poetry. In addition
he has written several successful radio plays and some excellent
literary criticism. "Mittagspause" is from his first published
book, a small volume (eighty-two pages) of prose selections. The
author himself refers to the contents as prose and not stories.*

*Wondratschek does not appear to be interested in ideology or
in reform; instead he gives a series of impressions of basic human
situations. One has a sense of life's incomprehensibility, which is
emphasized by Wondratschek's deliberate manipulation of language. He does not tell a story. Plot does not interest him, but
the sentences and phrases that make up the works do. The key
word for Wondratschek's style is* **brevity;** *most of his sentences
and paragraphs are short and terse. He composes a series of
sparse sentences and curt phrases, which, taken separately,
seem to say little of consequence. Taken together, however,
they constitute a statement that illuminates, in the case of "Mittagspause," a common human problem. The nameless girl is all
girls who have reached the border separating childhood, home,
and parents from an independent existence in an unknown world
filled with fearful hopes and with dangers both real and imag-
ined.*

Mittagspause

Sie sitzt im Straßencafé. Sie schlägt sofort die Beine übereinander. Sie hat wenig Zeit.

Sie blättert in einem Modejournal. Die Eltern wissen, daß sie
schön ist. Sie sehen es nicht gern.

Zum Beispiel. Sie hat Freunde. Trotzdem sagt sie nicht, das 5
ist mein bester Freund, wenn sie zu Hause einen Freund
vorstellt.

Zum Beispiel. Die Männer lachen und schauen herüber und
stellen sich ihr Gesicht ohne Sonnenbrille vor.

Das Straßencafé ist überfüllt. Sie weiß genau, was sie will. 10
Auch am Nebentisch sitzt ein Mädchen mit Beinen.

Sie haßt Lippenstift. Sie bestellt einen Kaffee. Manchmal
denkt sie an Filme und denkt an Liebesfilme. Alles muß schnell
gehen.

Freitags reicht die Zeit, um einen Cognac zum Kaffee zu 15
bestellen. Aber freitags regnet es oft.

Mit einer Sonnenbrille ist es einfacher, nicht rot zu werden. Mit Zigaretten wäre es noch einfacher. Sie bedauert, daß sie keine Lungenzüge kann.[1]

Die Mittagspause ist ein Spielzeug. Wenn sie nicht angesprochen wird, stellt sie sich vor, wie es wäre, wenn sie ein Mann ansprechen würde. Sie würde lachen. Sie würde eine ausweichende Antwort geben. Vielleicht würde sie sagen, daß der Stuhl neben ihr besetzt sei. Gestern wurde sie angesprochen. Gestern war der Stuhl frei. Gestern war sie froh, daß in der Mittagspause alles sehr schnell geht.

Beim Abendessen sprechen die Eltern davon, daß sie auch einmal jung waren. Vater sagt, er meine es nur gut. Mutter sagt sogar, sie habe eigentlich Angst. Sie antwortet, die Mittagspause ist ungefährlich.

Sie hat mittlerweile gelernt, sich nicht zu entscheiden. Sie ist ein Mädchen wie andere Mädchen. Sie beantwortet eine Frage mit einer Frage.

Obwohl sie regelmäßig im Straßencafé sitzt, ist die Mittagspause anstrengender als Briefeschreiben. Sie wird von allen Seiten beobachtet. Sie spürt sofort, daß sie Hände hat.

Der Rock ist nicht zu übersehen. Hauptsache, sie ist pünktlich.

Im Straßencafé gibt es keine Betrunkenen. Sie spielt mit der Handtasche. Sie kauft jetzt keine Zeitung.

Es ist schön, daß in jeder Mittagspause eine Katastrophe passieren könnte. Sie könnte sich sehr verspäten. Sie könnte sich sehr verlieben. Wenn keine Bedienung[2] kommt, geht sie hinein und bezahlt den Kaffee an der Theke.

An der Schreibmaschine hat sie viel Zeit, an Katastrophen zu denken. Katastrophe ist ihr Lieblingswort. Ohne das Lieblingswort wäre die Mittagspause langweilig.

FRAGEN

1. Was tat das Mädchen in der Mittagspause?
2. Warum trug sie eine Sonnenbrille?
3. Warum mußte alles schnell gehen?
4. Woran dachte die Mutter, als sie sagte, sie habe eigentlich Angst?
5. Warum war die Mittagspause immer anstrengend?

[1] keine Lungenzüge kann   cannot inhale
[2] keine Bedienung   no waiter

1. Die Mittagspause ist ein Spielzeug.
2. Ein Straßencafé.
3. Sonnenbrille und Modejournal.
4. Die Mutter hat Angst.
5. Katastrophe ist ihr Lieblingswort.

MAX VON DER GRÜN
(1926–)

Max von der Grün, the author of novels, stories, radio and television plays, was a prisoner in the United States during part of World War II, and returned to West Germany in 1947, where he worked as a miner and locomotive engineer for a number of years before devoting himself full time to writing. His experiences as a worker have colored much of his work, bringing to it sharply detailed observations of reality, as are evident in "Das Stenogramm."
A series of brief sketches depicts people from various walks of life who notice a car that has been involved in a fatal accident in bad weather. The reaction of each of these persons, most of whom consider stopping or notifying the police but never do, is one of not wishing to become involved, a common attitude in the postwar world, not only in Germany but also in the United States. Many similar situations are reported in urban newspapers; they illustrate a concern only for the self, without regard to the fate of others.

Das Stenogramm

Am Sonntag, dem 16. Februar 1969, fuhr auf der Bundesstraße 13, Ansbach* Würzburg,* drei Kilometer vor Ochsenfurt,* ein weißer VW auf vereister Straße aus einer Nadelkurve heraus an einen Straßenbaum.

Der Aufprall war so stark, daß sich der Stamm in den Wagen 5
hineinfraß. Im Unglückswagen saßen ein Arzt und seine Frau, sie waren von einem dringenden Hausbesuch gekommen, zu dem sie am frühen Morgen telefonisch gerufen worden waren.

Der Arzt war diesem Notruf sofort nachgekommen, er hatte an diesem Wochenende Notdienst. Der Arzt hatte in einem 10
abgelegenen Dorf ein diphterieverdächtiges[1] Kind behandelt. Das Unglück ereignete sich genau 10.30 Uhr.

10.35 Uhr

Ein grüner Mercedes mit drei Insassen näherte sich mit mäßiger Geschwindigkeit aus der Kurve heraus dem Unglücks- 15
wagen. Am Steuer saß ein älterer Herr, auf dem Rücksitz eine

---

[1] **diphterieverdächtiges** suspected of having diphtheria

---

* All items marked by an asterisk are names of places. See Appendix 1, Place Names.

junge Frau, neben ihr eine ältere, ihre Schwiegermutter. Die
junge Frau schaukelte ein etwa dreijähriges Kind auf ihrem
Schoß. Die junge Frau schrie: Ewald, du mußt anhalten. Um
Gottes willen, da ist was passiert.   20
Der Mann schüttelte verärgert den Kopf.
Quatsch, sagte er, sowas ist nichts für das Kind.
Die ältere Frau pflichtete ihm bei. Fahr weiter, nuschelte sie,
recht hat er, recht.
Aber wir können doch nicht . . . die junge Frau sagte es   25
hastig. Sei jetzt still, sagte ihre Schwiegermutter, und der Mann
am Steuer ergänzte: Wir können in Ochsenfurt auch nicht zur
Polizei gehen und den Unfall melden. Ich habe meine Papiere
vergessen. Glaubst du, ich will wegen dem VW da in einen
Schlamassel kommen?   30
Der Mann schaute im Vorbeifahren geradeaus, die junge Frau
scheu auf den Unglückswagen, ihre Schwiegermutter zündete
sich eine Zigarette an, ihre Hände zitterten.
Als sie etwa einen Kilometer weitergefahren waren, sagte die
junge Frau: Wir sollten doch zur Polizei gehen.   35
Der Mann am Lenkrad und die ältere Frau schwiegen, nur das
Kind auf dem Schoß seiner Mutter krähte: Mami . . . tatü . . .
tatü[2]. . .
10.42 Uhr
Ein schwarzer VW mit vier Insassen fuhr forsch aus der Kurve   40
heraus. Der Fahrer des Wagens sah den Unglückswagen, wollte
bremsen, ließ dann aber den Wagen ausrollen und kam etwa
sechzig Meter weiter zum Stehen.
Der etwa Vierzigjährige verließ den Wagen. Der Mann
schaute sich verstohlen um, die Straße entlang. Seine Frau, die 45
auf dem Beifahrersitz Zeitung las, guckte erstaunt auf, fragte: Ist
was? Trink doch morgens nicht so viel Kaffee, dann mußt du
auch nicht so viel laufen.[3] Die beiden jungen Mädchen auf dem
Rücksitz, die Töchter der beiden, kicherten. Eines der Mädchen
rief: Papa, unser Wasserfall.   50
Da hinten ist ein VW an einen Baum gefahren, sagte der
Mann.
Er wollte weggehen, die Frau rief ihn zurück.
Was geht es dich an, rief sie. Fahr weiter. Die sollen nicht
immer so rasen. Die Mädchen riefen: Wo? Wowowo? ach . . . da 55
. . . na, der Wagen ist futsch.[4]
Der Mann zögerte. Die Frau beugte sich aus dem Fenster und
sagte leise: Emil, komm rein, sei nicht kindisch. Dann mußt du

---

[2] **tatü . . . tatü** The child, upon hearing the mother mention police, imitates the
    characteristic sound of the emergency horn of a German police car.
[3] **dann mußt du auch nicht so viel laufen** then you won't have to go so often
[4] **futsch** "totaled"

als Zeuge bleiben, und die verlangen dann womöglich deinen
Führerschein. Was ist dann? Willst du die letzten vier Wochen, 60
bist du ihn wiederkriegst, auffallen? Na also,[5] steig ein.

Der Mann nickte, stieg ein und fuhr langsam weiter. Die
Mädchen auf dem Rücksitz preßten ihre Gesichter an das Heckfenster, bis der Unglückswagen nicht mehr zu sehen war.

Nun fahr doch ein bißchen schneller, zischte die Frau, wir 65
sind sowieso zu spät dran. Wofür hat dir mein Vater eigentlich
die Spikesreifen gekauft? Na also.[6]

10.53 Uhr

Ein kanarigelber Fiat tastete sich vorsichtig in die Kurve,
schlidderte trotzdem, die junge Frau am Steuer hatte Mühe, das 70
Fahrzeug in der Gewalt zu behalten.[7] Sie fuhr Schritt-Tempo
aus der Kurve heraus, sie bemerkte den Wagen am Baum, sie
schloß einen Moment die Augen, sie schrie leise auf.

Ihre Mutter, die neben ihr saß, bekreuzigte sich, flüsterte:
Else, um Himmels willen, fahr weiter, schnell, bevor jemand 75
kommt. Wir wollen mit so was nichts zu tun haben. Else, Kind,
ich kann so was nicht sehen, du weißt, Kind, mir wird bei so was
gleich schlecht.

Wir müssen das der Polizei melden, Mutter.

Polizei? Kind, fahr weiter, wir wollen keine Scherereien 80
haben, wir haben noch nie was mit der Polizei zu tun gehabt.
Fahr weiter, wir haben einfach nichts gesehen, nach uns kommen auch noch welche.

Die Mutter bekreuzigte sich noch einmal, sie murmelte vor
sich hin. 85

10.58 Uhr

Aus Richtung Ochsenfurt kam ein Wagen, er war am Ortsausgang[8] dem kanarigelben Fiat begegnet. Der Mann fuhr an dem
Unglückswagen vorbei, als ob er überhaupt nicht vorhanden sei.

Das fehlte noch,[9] dachte der Mann, daß ich jetzt angehalten 90
werde, dann steht mein Name womöglich morgen in der Zeitung, das fehlte noch.

In der Kurve begegnete ihm ein Mercedes-Diesel um

10.59 Uhr

Am Steuer des klapprigen, schwarzen Diesels saß ein 95
weißhaariger Mann. Der Mann erschrak für eine Sekunde, als er
den um den Baum gewickelten VW sah, er fuhr dann langsam
weiter, an das verunglückte Fahrzeug heran, und hielt wenige
Meter dahinter. Der Mann stieg aus, er war etwa sechzig Jahre

---

[5] **Na also**   Come on
[6] **Na also.**   Let's go.
[7] **das Fahrzeug in der Gewalt zu behalten**   keeping the car under control
[8] **Ortsausgang**   edge of town
[9] **Das fehlte noch**   That's all I need

alt, sehr beleibt und irgendwie zu kurz geraten.[10] Der dicke   100
Mann ging um den VW herum, sah erschreckt ein paar Sekunden
auf die beiden leblosen Menschen durch die zerborstene Windschutzscheibe, flüsterte: furchtbar . . . Dann, als er wie zufällig 105
seine abgefahrenen Reifen[11] sah, stieg er wieder in seinen
Wagen und fuhr weiter. Ich will doch keinen Ärger haben, wenn 105
die Polizei kommt, dachte er. Das Klappern des lose hängenden
Auspuffs war noch lange zu hören.

  11.08 Uhr
  Ein popbemalter Citroen 2 CV[12] schlich in die Kurve, die vier
jungen Leute, zwei Jungen, zwei Mädchen, sangen einen   110
Schlager, sie waren, trotz der vereisten Straße, ausgelassen, als
kämen sie von einer Party.

  Der Mann am Steuer schrie: Nun seid doch mal still. Schaut
mal nach vorne, da hängt einer am Baum.[13]

  Die Mädchen sangen weiter, und der junge Mann schrie noch 115
lauter: Still jetzt! Verdammt noch mal, ihr blöden Gänse, könnt
ihr nicht mal still sein.

  Er hielt an. Er und sein Begleiter stiegen aus, sie blieben
einige Meter vor dem VW stehen, sie bewegten ratlos ihre
Arme. Dann traten sie näher.   120

  Mein Lieber, der muß vielleicht einen Zahn drauf gehabt
haben.[14] Da ist nichts mehr zu machen, die sind hops.[15]

  Und jetzt? fragte der andere, sollen wir warten, bis die Polizei
kommt? Oder sollen wir in Ochsenfurt zur Polizei fahren?

  Mensch, bist du verrückt? Ich hab gesoffen, ich bin noch von 125
heute nacht voll, ich hab doch eine Fahne,[16] die riechen das
doch, die sind doch auch nicht von Dummsdorf. Wenn ich blasen
muß, dann bin ich dran.[17] Das kann ich mir nicht leisten.

  Sie gingen zurück, stiegen ein und fuhren weiter. Eines der
Mädchen fragte: Sind die tot?   130

  Nein, sagte der Mann am Steuer, und er umkrampfte das
Lenkrad so, daß die Knöchel weiß wurden, nein, die spielen nur
Karten, die warten auf den dritten Mann zum Skat.[18]

  Ach, wie spaßig, sagte das andere Mädchen, und beide begannen, einen neuen Schlager zu singen.   135

---

[10] **sehr beleibt und irgendwie zu kurz geraten** very fat and somehow too short
[11] **abgefahrenen Reifen** bald tires
[12] **Citroen 2 CV** a small French car
[13] **hängt einer am Baum** someone hit a tree
[14] **der muß vielleicht einen Zahn drauf gehabt haben** he must have really been
      speeding
[15] **die sind hops** they've had it
[16] **ich hab doch eine Fahne** I've got alcohol on my breath
[17] **Wenn ich blasen muß, dann bin ich dran.** If I have to take a breath test, I've
      had it.
[18] **Skat** a popular card game

11.15 Uhr

Ein roter VW, an der Antenne einen Fuchsschwanz, fuhr äußerst gewagt in die Kurve, forsch aus der Kurve heraus. Der Glatzköpfige, allein im Auto, pfiff, als er den verunglückten Wagen sah, scharf durch die Zähne. [140]

Verdammt, murmelte er, verdammt, das hat mir gerade noch gefehlt. Er gab vorsichtig Gas, trotzdem drehten die Räder durch,[19] der Wagen schlidderte ein paar Sekunden, dann fing er sich wieder auf einer trockenen Stelle der Straße.

Der Glatzköpfige begann zu schwitzen, seine Handflächen [145] wurden feucht.

Hoffentlich kommt mir jetzt keiner entgegen und merkt sich meine Nummer, brummelte er vor sich hin. Verdammt, wenn mich jetzt die Polizei anhält, mit dem geklauten Wagen . . . nicht auszudenken . . . laßt sie liegen . . . laßt sie liegen . . . sind [150] ja sowieso übern Jordan.[20]

11.28 Uhr

Ein beiger BMW fährt in die Kurve, am Steuer eine blonde, sehr schöne Frau. Der Mann neben ihr ist schläfrig, er gähnt dauernd. Fahr nicht so leichtsinnig, sagt er zu der blonden Frau. [155] Da sieht er den verunglückten Wagen, und er sagt: Soll es uns so gehen wie denen da?

Die Frau wollte anhalten. Der Mann schrie: Bist du verrückt? Hinterher müssen wir noch als Zeugen auftreten.

Na und? fragte die Frau. [160]

Sag mal, keuchte der Mann, hast du vielleicht ein Brett vor dem Kopf?[21] Und wenn meine Frau die Vorladung in die Finger kriegt, da steht doch dann auch dein Name drauf . . . was dann . . . na . . . kapiert?[22]

Die Frau fuhr langsam weiter, aber sie sah den Mann neben [165] ihr nicht mehr an.

11.35 Uhr

Langsam näherte sich mit rotierendem Gelblicht der Streuwagen[23] aus der Kurve heraus dem Unglückswagen.

Der Beifahrer schrie: Franz! Halt an . . . da . . . da. Ich hab's [170] dir doch gleich gesagt, daß wir heute noch einen antreffen, der wo dranklebt.[24] Hätten wir mal gewettet.

Sie hielten hinter dem Unglückswagen, die beiden Männer stiegen aus, sie sahen kurz auf die leblosen Insassen, sahen sich an, zuckten die Schultern. Der Fahrer des Streuwagens stieg [175]

---

[19] **drehten die Räder durch** the wheels spun
[20] **übern Jordan** dead
[21] **hast du vielleicht ein Brett vor dem Kopf** are you out of your mind
[22] **kapiert** get it
[23] **Streuwagen** truck spreading sand
[24] **der wo dranklebt** who was plastered against something

wortlos ein und meldete den Unfall per Sprechfunk in die
Zentrale.

Sie warteten, ohne ein Wort zu wechseln, eine Viertelstunde,
bis die Polizei kam, und noch weitere zehn Minuten bis zum
Eintreffen des Krankenwagens, in dem ein Arzt mitgekommen   180
war. Als der Arzt den Toten am Lenkrad sah, schrie er leise auf.

Ist was, Doktor, fragte einer der drei Polizisten.

Nein, nein, nichts. Sind mindestens eine Stunde tot, sagte der
Arzt.

Eine Stunde? fragte ein anderer Polizist. Daß[25] die aber nicht   185
früher entdeckt wurden.

Wie soll auch,[26] antwortete der Arzt. Wer fährt schon bei dem
Sauwetter und den Straßen und am Sonntagmorgen, wenn er
nicht unbedingt muß. Und wer muß schon unbedingt am
Sonntagmorgen.   190

Da haben Sie auch wieder recht, sagte der erste Polizist, und
die drei Uniformierten begannen, den Tatbestand zu
protokollieren.[27]

Meldung am 17.2.69 in allen Würzburger Zeitungen: Auf der
Bundesstraße 13, kurz vor Ochsenfurt, verunglückte gestern   195
Vormittag der praktische Arzt[28] Wilhelm Altmann mit seiner
Ehefrau tödlich. Die Polizei nimmt an, daß der Wagen infolge
überhöhter Geschwindigkeit auf spiegelglatter Straße aus der
Kurve getragen wurde und dann an einen Baum prallte. Die
beiden Insassen waren nach Auskunft des hinzugeeilten Arztes   200
sofort tot. Alle diejenigen, die am Sonntag, dem 16.2.69, in der
Zeit von 10.30 Uhr und 11.35 Uhr die Unglücksstelle passier-
ten, lasen am Montagmorgen die Zeitung.

FRAGEN

1. Was ist dem weißen VW passiert?
2. Warum wollte der Herr im grünen Mercedes den Unfall
   nicht melden?
3. Warum wollte der Fahrer des schwarzen VWs nicht Zeuge
   sein?
4. Wie reagierte die Mutter im Fiat, als sie den verunglückten
   VW sah?
5. Warum wollte der Fahrer des Citroens nicht zur Polizei
   fahren?

---

[25] **Daß** I'm surprised that
[26] **Wie soll auch** How could they have been
[27] **den Tatbestand zu protokollieren** to write up the accident
[28] **der praktische Arzt** the family doctor

6. Warum hofft der Glatzköpfige, daß die Polizei ihn nicht anhält?
7. Was hat der Fahrer des Streuwagens getan?

ZUR BESPRECHUNG DES TEXTES

1. Das Unglück ereignete sich genau um 10.30.
2. «Ich habe meine Papiere vergessen.»
3. Einer fährt einen geklauten Wagen, und einer hat keinen Führerschein.
4. Ein Polizist wundert sich, daß der Unfall nicht früher gemeldet wurde.

BERTOLT BRECHT
(1898–1956)

*In the ten or fifteen years before Hitler's rise to power Bertolt
Brecht was one of the most controversial literary figures in
Germany. He was at all times a social critic, whose early studies
in science and medicine helped sharpen his keen powers of
observation and his ability to strip the tinsel from all that he
considered phony and unjust. He was a merciless satirist, working on the side of the proletariat. His most important writing was
for the stage, where his experiments with the theater raised
storms of criticism, but also endeared him to those who felt that
it was time for something new in drama.*

*"Die unwürdige Greisin" brings out both his interest in "the
little people" and his satirical side. He paints a humorous, realis-
tic, and loving portrait of the grandmother, at the same time
managing to poke fun at her narrow-minded critics. An old lady
who has spent her life as a hard-working wife and mother is
finally left alone in the world at the age of seventy-two. The
stubborn independence in her nature asserts itself, and she now
decides that she will live as she pleases. So she proceeds to
horrify her conventional and stuffy relatives by going to the
movies, insisting on living alone, taking her glass of wine in a
tavern of rather dubious reputation, and even eating out.*

*Brecht, writing in a simple and straightforward style, leaves
no doubt where his sympathies lie. Although we are forced to
smile at the grandmother's new way of life, we cannot but
admire her resilience and spirit.*

Die unwürdige Greisin

Meine Großmutter war zweiundsiebzig Jahre alt, als mein
Großvater starb. Er hatte eine kleine Lithographenanstalt[1] in
einem badischen* Städtchen und arbeitete darin mit zwei, drei
Gehilfen bis zu seinem Tod. Meine Großmutter besorgte ohne
Magd den Haushalt, betreute das alte, wacklige Haus und kochte 5
für die Mannsleute und Kinder.

Sie war eine kleine magere Frau mit lebhaften Eidechsenau-

---

[1] **Lithographenanstalt** lithography shop

---

* All items marked by an asterisk are names of places. See Appendix 1, Place
Names.

gen,[2] aber langsamer Sprechweise. Mit recht kärglichen[3] Mitteln
hatte sie fünf Kinder großgezogen—von den sieben, die sie
geboren hatte. Davon war sie mit den Jahren kleiner geworden.
Von den Kindern gingen die zwei Mädchen nach Amerika,
und zwei Söhne zogen ebenfalls weg. Nur der Jüngste, der eine
schwache Gesundheit hatte, blieb im Städtchen. Er wurde Buchdrucker und legte sich eine viel zu große Familie zu.

So war sie allein im Haus, als mein Großvater gestorben war.
Die Kinder schrieben sich Briefe über das Problem, was mit
ihr zu geschehen hätte. Einer konnte ihr bei sich ein Heim
anbieten, und der Buchdrucker wollte mit den Seinen zu ihr ins
Haus ziehen. Aber die Greisin verhielt sich abweisend zu[4] den
Vorschlägen und wollte nur von jedem ihrer Kinder, das dazu
imstande war, eine kleine geldliche Unterstützung annehmen.
Die Lithographenanstalt, längst veraltet, brachte fast nichts
beim Verkauf, und es waren auch Schulden da.

Die Kinder schrieben ihr, sie könne doch nicht ganz allein
leben, aber als sie darauf überhaupt nicht einging,[5] gaben sie
nach und schickten ihr monatlich ein bißchen Geld. Schließlich,
dachten sie, war ja der Buchdrucker im Städtchen geblieben.

Der Buchdrucker übernahm es auch, seinen Geschwistern
mitunter über die Mutter zu berichten. Seine Briefe an meinen
Vater, und was dieser bei einem Besuch und nach dem Begräbnis
meiner Großmutter zwei Jahre später erfuhr, geben mir ein Bild
von dem, was in diesen zwei Jahren geschah.

Es scheint, daß der Buchdrucker von Anfang an enttäuscht
war, daß meine Großmutter sich weigerte, ihn in das ziemlich
große und nun leerstehende Haus aufzunehmen. Er wohnte mit
vier Kindern in drei Zimmern. Aber die Greisin hielt überhaupt
nur eine sehr lose Verbindung mit ihm aufrecht. Sie lud die
Kinder jeden Sonntagnachmittag zum Kaffee, das war eigentlich
alles.

Sie besuchte ihren Sohn ein- oder zweimal in einem Vierteljahr und half der Schwiegertochter beim Beereneinkochen.[6] Die
junge Frau entnahm einigen ihrer Äußerungen, daß es ihr in der
kleinen Wohnung des Buchdruckers zu eng war. Dieser konnte
sich nicht enthalten, in seinem Bericht darüber ein Ausrufezeichen[7] anzubringen.

Auf eine schriftliche Anfrage meines Vaters, was die alte Frau

---

[2] **Eidechsenaugen** lizard's eyes
[3] **kärglichen** limited
[4] **verhielt sich abweisend zu** rejected
[5] **als sie darauf überhaupt nicht einging** when she did not react to that at all
[6] **Beereneinkochen** canning berries
[7] **Ausrufezeichen** exclamation point

denn jetzt so mache, antwortete er ziemlich kurz, sie besuche
das Kino.

Man muß verstehen, daß das nichts Gewöhnliches war, jedenfalls nicht in den Augen ihrer Kinder. Das Kino war vor dreißig 50
Jahren noch nicht, was es heute ist. Es handelte sich um elende,
schlechtgelüftete Lokale, oft in alten Kegelbahnen eingerichtet,
mit schreienden Plakaten vor dem Eingang, auf denen Morde
und Tragödien der Leidenschaft angezeigt waren. Eigentlich
gingen nur Halbwüchsige[8] hin oder, des Dunkels wegen, Liebes- 55
paare. Eine einzelne alte Frau mußte dort sicher auffallen.

Und so war noch eine andere Seite dieses Kinobesuchs zu
bedenken. Der Eintritt war gewiß billig, da aber das Vergnügen
ungefähr unter den Schleckereien[9] rangierte, bedeutete es «hin-
ausgeworfenes Geld». Und Geld hinauszuwerfen, war nicht 60
respektabel.

Dazu kam, daß meine Großmutter nicht nur mit ihrem Sohn
am Ort keinen regelmäßigen Verkehr pflegte, sondern auch
sonst niemanden von ihren Bekannten besuchte oder einlud. Sie
ging niemals zu den Kaffeegesellschaften des Städtchens. Dafür 65
besuchte sie häufig die Werkstatt eines Flickschusters[10] in
einem armen und sogar etwas verrufenen[11] Gäßchen, in der,
besonders nachmittags, allerlei nicht besonders respektable
Existenzen[12] herumsaßen, stellungslose Kellnerinnen und Hand-
werksburschen. Der Flickschuster war ein Mann in mittleren 70
Jahren, der in der ganzen Welt herumgekommen war, ohne es
zu etwas gebracht zu haben.[13] Es hieß auch, daß er trank. Er war
jedenfalls kein Verkehr für meine Großmutter.

Der Buchdrucker deutete in einem Brief an, daß er seine
Mutter darauf hingewiesen, aber einen recht kühlen Bescheid 75
bekommen[14] habe. «Er hat etwas gesehen»,[15] war ihre Antwort,
und das Gespräch war damit zu Ende. Es war nicht leicht, mit
meiner Großmutter über Dinge zu reden, die sie nicht bereden
wollte.

Etwa ein halbes Jahr nach dem Tod des Großvaters schrieb 80
der Buchdrucker meinem Vater, daß die Mutter jetzt jeden
zweiten Tag im Gasthof esse.

Was für eine Nachricht!

Großmutter, die zeit ihres Lebens für ein Dutzend Menschen

---

[8] **Halbwüchsige** adolescents
[9] **Schleckereien** luxuries
[10] **Flickschuster** cobbler
[11] **verrufenen** of ill repute
[12] **Existenzen** characters
[13] **ohne es zu etwas gebracht zu haben** without having been a success
[14] **Bescheid bekommen** received an answer
[15] **«Er hat etwas gesehen»** "He's been around"

gekocht und immer nur die Reste aufgegessen hatte, aß jetzt im   85
Gasthof! Was war in sie gefahren?

Bald darauf führte meinen Vater eine Geschäftsreise in die
Nähe, und er besuchte seine Mutter.
Er traf sie im Begriffe, auszugehen. Sie nahm den Hut wieder
ab und setzte ihm ein Glas Rotwein mit Zwieback vor. Sie schien   90
ganz ausgeglichener Stimmung[16] zu sein, weder besonders aufgekratzt[17] noch besonders schweigsam. Sie erkundigte sich nach
uns, allerdings nicht sehr eingehend, und wollte hauptsächlich
wissen, ob es für die Kinder auch Kirschen gäbe. Da war sie ganz
wie immer. Die Stube war natürlich peinlich sauber, und sie sah   95
gesund aus.

Das einzige, was auf ihr neues Leben hindeutete, war, daß sie
nicht mit meinem Vater auf den Gottesacker[18] gehen wollte, das
Grab ihres Mannes zu besuchen. «Du kannst allein hingehen»,
sagte sie beiläufig, «es ist das dritte von links in der elften Reihe.   100
Ich muß noch wohin.»

Der Buchdrucker erklärte nachher, daß sie wahrscheinlich zu
ihrem Flickschuster mußte. Er klagte sehr.

«Ich sitze hier in diesen Löchern mit den Meinen und habe
nur noch fünf Stunden Arbeit und schlecht bezahlte, dazu macht   105
mir mein Asthma wieder zu schaffen, und das Haus in der
Hauptstraße steht leer.»

Mein Vater hatte im Gasthof ein Zimmer genommen, aber
erwartet, daß er zum Wohnen doch von seiner Mutter eingeladen werden würde, wenigstens pro forma,[19] aber sie sprach   110
nicht davon. Und sogar als das Haus voll gewesen war, hatte sie
immer etwas dagegen gehabt, daß er nicht bei ihnen wohnte und
dazu das Geld für das Hotel ausgab!

Aber sie schien mit ihrem Familienleben abgeschlossen zu
haben und neue Wege zu gehen, jetzt, wo ihr Leben sich   115
neigte.[20] Mein Vater, der eine gute Portion Humor besaß, fand
sie «ganz munter» und sagte meinem Onkel, er solle die alte
Frau machen lassen, was sie wolle.

Aber was wollte sie?

Das nächste, was berichtet wurde, war, daß sie eine Bregg[21]   120
bestellt hatte und nach einem Ausflugsort gefahren war, an
einem gewöhnlichen Donnerstag. Eine Bregg war ein großes,
hochrädriges Pferdegefährt[22] mit Plätzen für ganze Familien.

---

[16] **ganz ausgeglichener Stimmung**   in a quite well-balanced frame of mind
[17] **aufgekratzt**   in good spirits
[18] **Gottesacker**   cemetery
[19] **pro forma**   as a matter of form (Latin)
[20] **sich neigte**   was drawing to a close
[21] **Bregg**   horse-drawn vehicle
[22] **hochrädriges Pferdegefährt**   horse-drawn vehicle with big wheels

Einige wenige Male, wenn wir Enkelkinder zu Besuch gekommen waren, hatte Großvater die Bregg gemietet. Großmutter war immer zu Hause geblieben. Sie hatte es mit einer wegwerfenden Handbewegung abgelehnt, mitzukommen.

Und nach der Bregg kam die Reise nach K., einer größeren Stadt, etwa zwei Eisenbahnstunden entfernt. Dort war ein Pferderennen, und zu dem Pferderennen fuhr meine Großmutter.

Der Buchdrucker war jetzt durch und durch alarmiert. Er wollte einen Arzt hinzugezogen haben. Mein Vater schüttelte den Kopf, als er den Brief las, lehnte aber die Hinzuziehung eines Arztes ab.

Nach K. war meine Großmutter nicht allein gefahren. Sie hatte ein junges Mädchen mitgenommen, eine halb Schwachsinnige, wie der Buchdrucker schrieb, das Küchenmädchen des Gasthofs, in dem die Greisin jeden zweiten Tag speiste. Dieser «Krüppel» spielte von jetzt an eine Rolle.

Meine Großmutter schien einen Narren an ihr gefressen zu haben.[23] Sie nahm sie mit ins Kino und zum Flickschuster, der sich übrigens als Sozialdemokrat herausgestellt hatte, und es ging das Gerücht, daß die beiden Frauen bei einem Glas Rotwein in der Küche Karten spielten.

«Sie hat dem Krüppel jetzt einen Hut gekauft mit Rosen drauf», schrieb der Buchdrucker verzweifelt. «Und unsere Anna hat kein Kommunionskleid!»

Die Briefe meines Onkels wurden ganz hysterisch, handelten nur von der «unwürdigen Aufführung unserer lieben Mutter» und gaben sonst nichts mehr her. Das Weitere habe ich von meinem Vater.

Der Gastwirt hatte ihm mit Augenzwinkern zugeraunt:[24] «Frau B. amüsiert sich ja jetzt, wie man hört.»

In Wirklichkeit lebte meine Großmutter auch diese letzten Jahre keinesfalls üppig. Wenn sie nicht im Gasthof aß, nahm sie meist nur ein wenig Eierspeise[25] zu sich, etwas Kaffee und vor allem ihren geliebten Zwieback. Dafür leistete sie sich einen billigen Rotwein, von dem sie zu allen Mahlzeiten ein kleines Glas trank. Das Haus hielt sie sehr rein, und nicht nur die Schlafstube und die Küche, die sie benutzte. Jedoch nahm sie darauf ohne Wissen ihrer Kinder eine Hypothek[26] auf. Es kam niemals heraus, was sie mit dem Geld machte. Sie scheint es dem Flickschuster gegeben zu haben. Er zog nach ihrem Tod in

---

[23] **einen Narren an ihr gefressen zu haben**   to have become crazy about her
[24] **zugeraunt**   whispered
[25] **Eierspeise**   dish made of eggs
[26] **Hypothek**   mortgage

eine andere Stadt und soll dort ein größeres Geschäft für Maßschuhe[27] eröffnet haben. 165

Genau betrachtet[28] lebte sie hintereinander zwei Leben. Das eine, erste, als Tochter, als Frau und als Mutter, und das zweite einfach als Frau B., eine alleinstehende Person ohne Verpflichtungen und mit bescheidenen, aber ausreichenden Mitteln. Das erste Leben dauerte etwa sechs Jahrzehnte, das zweite nicht 170 mehr als zwei Jahre.

Mein Vater brachte in Erfahrung, daß sie im letzten halben Jahr sich gewisse Freiheiten gestattete, die normale Leute gar nicht kennen. So konnte sie im Sommer früh um drei Uhr aufstehen und durch die leeren Straßen des Städtchens spazieren, das 175 sie so für sich ganz allein hatte. Und den Pfarrer, der sie besuchen kam, um der alten Frau in ihrer Vereinsamung Gesellschaft zu leisten, lud sie, wie allgemein behauptet wurde, ins Kino ein!

Sie war keineswegs vereinsamt. Bei dem Flickschuster verkehrten anscheinend lauter lustige Leute, und es wurde viel 180 erzählt. Sie hatte dort immer eine Flasche ihres eigenen Rotweins stehen, und daraus trank sie ihr Gläschen, während die anderen erzählten und über die würdigen Autoritäten der Stadt loszogen.[29] Dieser Rotwein blieb für sie reserviert, jedoch brachte sie mitunter der Gesellschaft stärkere Getränke mit. 185

Sie starb ganz unvermittelt an einem Herbstnachmittag in ihrem Schlafzimmer, aber nicht im Bett, sondern auf dem Holzstuhl am Fenster. Sie hatte den «Krüppel» für den Abend ins Kino eingeladen, und so war das Mädchen bei ihr, als sie starb. Sie war vierundsiebzig Jahre alt. 190

Ich habe eine Photographie von ihr gesehen, die sie auf dem Totenbett zeigt, und die für die Kinder angefertigt worden war.

Man sieht ein winziges Gesichtchen mit vielen Falten und einem schmallippigen, aber breiten Mund. Viel Kleines, aber nichts Kleinliches. Sie hatte die langen Jahre der Knechtschaft 195 und die kurzen Jahre der Freiheit ausgekostet und das Brot des Lebens aufgezehrt bis auf den letzten Brosamen.

FRAGEN

1. Wo sind die Kinder der Greisin?
2. Was war das einzige, was die Greisin von ihren Kindern annehmen wollte?

---

[27] **Maßschuhe**   custom-made shoes
[28] **genau betrachtet**   taking everything into consideration
[29] **über . . . loszogen**   inveighed against

3. Was unternahm der Buchdrucker?
4. Wohin ging die alte Frau gern?
5. Wen besuchte sie häufig?
6. Was für ein Mann war der Schuster?
7. Was erwartete der Vater, als er seine Mutter besuchte?
8. Warum fuhr die Greisin nach K.?
9. Was waren die zwei Leben, die die Alte geführt hatte?
10. Was tat sie meistens beim Flickschuster?

ZUR BESPRECHUNG DES TEXTES

1. Die Großmutter und der Buchdrucker.
2. Die Großmutter und der Vater des Erzählers.
3. Die Großmutter und der Schuster.
4. Das zweite Leben der Großmutter.
5. Viel Kleines aber nichts Kleinliches.

FRANZ KAFKA
(1883–1924)

"Ein altes Blatt," by Franz Kafka, takes the form of a single page from a chronicle recording the conquest of a civilized country by nomads. Many times in the course of history highly developed civilizations have been overrun and destroyed by barbarians. Kafka is referring not to any specific conquest but to the general problem of the outcome of such a struggle, which he believed a civilized society could not survive.

In "Ein altes Blatt" the inhabitants of the country under attack are oppressed by the conviction that there is no defense against the invaders. The barbarians have swept down upon a civilization no longer sufficiently vital to combat them. The situation is the more hopeless as even the most elementary communication between the invaded and the invaders is impossible. A compromise between the defenseless culture and the destructive force is inconceivable. The uncertainty of the situation and the inability to come to terms with the elemental force of the invaders has cast a pall of fear over the victims. This fear is heightened by the realization that even their emperor is powerless to act.

The major difficulties encountered in Kafka's works are not linguistic, for his style is characterized by a clear and relatively uncomplicated sentence structure. It is the interpretation of his incredible—even surrealistic—world that is often problematic. Possible solutions to many problems of interpretation are suggested by Kafka's letters and diaries.

Ein altes Blatt

Es ist, als wäre viel vernachlässigt worden in der Verteidigung unseres Vaterlandes. Wir haben uns bisher nicht darum gekümmert und sind unserer Arbeit nachgegangen; die Ereignisse der letzten Zeit machen uns aber Sorgen.

Ich habe eine Schusterwerkstatt auf dem Platz vor dem kai- 5
serlichen Palast. Kaum öffne ich in der Morgendämmerung meinen Laden, sehe ich schon die Eingänge aller hier einlaufenden Gassen[1] von Bewaffneten besetzt. Es sind aber nicht unsere Soldaten, sondern offenbar Nomaden aus dem Norden. Auf eine mir unbegreifliche Weise sind sie bis in die Hauptstadt gedrun- 10

---

[1] **aller hier einlaufenden Gassen**   of all the streets that converge here

gen, die doch sehr weit von der Grenze entfernt ist. Jedenfalls
sind sie also da; es scheint, daß jeden Morgen mehr werden.

Ihrer Natur entsprechend lagern sie unter freiem Himmel,
denn Wohnhäuser verabscheuen sie. Sie beschäftigen sich mit
dem Schärfen der Schwerter, dem Zuspitzen der Pfeile, mit 15
Übungen zu Pferde. Aus diesem stillen, immer ängstlich rein
gehaltenen Platz haben sie einen wahren Stall gemacht. Wir
versuchen zwar manchmal aus unseren Geschäften hervorzulau-
fen und wenigstens den ärgsten Unrat wegzuschaffen, aber es
geschieht immer seltener, denn die Anstrengung ist nutzlos und 20
bringt uns überdies in die Gefahr, unter die wilden Pferde zu
kommen oder von den Peitschen verletzt zu werden.

Sprechen kann man mit den Nomaden nicht. Unsere Sprache
kennen sie nicht, ja sie haben kaum eine eigene. Untereinander
verständigen sie sich ähnlich wie Dohlen.[2] Immer wieder hört 25
man diesen Schrei der Dohlen. Unsere Lebensweise, unsere
Einrichtungen sind ihnen ebenso unbegreiflich wie gleichgültig.
Infolgedessen zeigen sie sich auch gegen jede Zeichensprache
ablehnend. Du magst dir die Kiefer verrenken und die Hände
aus den Gelenken winden,[3] sie haben dich doch nicht verstanden 30
und werden dich nie verstehen. Oft machen sie Grimassen; dann
dreht sich das Weiß ihrer Augen und Schaum schwillt aus ihrem
Munde, doch wollen sie damit weder etwas sagen noch auch
erschrecken; sie tun es, weil es so ihre Art ist. Was sie brauchen,
nehmen sie. Man kann nicht sagen, daß sie Gewalt anwenden. 35
Vor ihrem Zugriff[4] tritt man beiseite und überläßt ihnen alles.

Auch von meinen Vorräten haben sie manches gute Stück
genommen. Ich kann aber darüber nicht klagen, wenn ich zum
Beispiel zusehe, wie es dem Fleischer gegenüber geht. Kaum
bringt er seine Waren ein, ist ihm schon alles entrissen und wird 40
von den Nomaden verschlungen. Auch ihre Pferde fressen
Fleisch; oft liegt ein Reiter neben seinem Pferd und beide
nähren sich vom gleichen Fleischstück, jeder an einem Ende.
Der Fleischhauer ist ängstlich und wagt es nicht, mit den
Fleischlieferungen aufzuhören. Wir verstehen das aber, schie- 45
ßen Geld zusammen und unterstützen ihn. Bekämen die Nomaden kein Fleisch, wer weiß, was ihnen zu tun einfiele; wer weiß
allerdings, was ihnen einfallen wird, selbst wenn sie täglich
Fleisch bekommen.

Letzthin dachte der Fleischer, er könne sich wenigstens die 50
Mühe des Schlachtens sparen, und brachte am Morgen einen

---

[2] **Dohlen**   jackdaws (black crowlike birds)
[3] **die Kiefer verrenken und die Hände aus den Gelenken winden**   dislocate
your jaw and twist your hands out of their sockets
[4] **Vor ihrem Zugriff**   When they help themselves to anything

lebendigen Ochsen. Das darf er nicht mehr wiederholen. Ich lag wohl eine Stunde ganz hinten in meiner Werkstatt platt auf dem Boden und alle meine Kleider, Decken und Polster hatte ich über mir aufgehäuft, nur um das Gebrüll des Ochsen nicht zu 55 hören, den von allen Seiten die Nomaden ansprangen, um mit den Zähnen Stücke aus seinem warmen Fleisch zu reißen. Schon lange war es still, ehe ich mich auszugehen getraute; wie Trinker um ein Weinfaß lagen sie müde um die Reste des Ochsen.

Gerade damals glaubte ich den Kaiser selbst in einem Fenster 60 des Palastes gesehen zu haben; niemals sonst kommt er in diese äußeren Gemächer, immer nur lebt er in dem innersten Garten; diesmal aber stand er, so schien es mir wenigstens, an einem der Fenster und blickte mit gesenktem Kopf auf das Treiben vor seinem Schloß. 65

«Wie wird es werden?» fragen wir uns alle. «Wie lange werden wir diese Last und Qual ertragen? Der kaiserliche Palast hat die Nomaden angelockt, versteht es aber nicht, sie wieder zu vertreiben. Das Tor bleibt verschlossen; die Wache, früher immer festlich ein- und ausmarschierend, hält sich hinter vergit- 70 terten Fenstern. Uns Handwerkern und Geschäftsleuten ist die Rettung des Vaterlandes anvertraut; wir sind aber einer solchen Aufgabe nicht gewachsen; haben uns doch auch nie gerühmt, dessen fähig zu sein. Ein Mißverständnis ist es; und wir gehen daran zugrunde.» 75

FRAGEN

1. Von wem wird die Geschichte erzählt?
2. Was sieht man jeden Morgen auf dem Platz vor dem Palast?
3. Warum schlafen die Nomaden nicht in Häusern?
4. Warum ist es unmöglich, mit den Nomaden zu sprechen?
5. Wie kriegen die fremden Soldaten, was sie nötig haben?
6. Was ist das Eigenartige an den Pferden der Nomaden?
7. Was darf der Fleischer nicht wieder tun?
8. Welches Tor bleibt verschlossen?

ZUR BESPRECHUNG DES TEXTES

1. Nomaden wie Dohlen.
2. Ein Schuster und ein Fleischer.
3. Ein lebendiger Ochse.
4. Der Kaiser ist hilflos.
5. Die Rettung des Vaterlandes, ein Mißverständnis.

HERMANN HESSE
(1877–1962)

Recipient of the Nobel prize for literature in 1946, Hermann Hesse was an extraordinarily sensitive writer whose works are all the more impressive for the seeming simplicity of his technique. His relatively plain, clear prose and apparent ease of expression clothe a deeply perceptive, often pessimistic view of humans and their works. In the short sketch that follows, human beings play a rather sorry part—hardly the glorious one they often imagine for themselves.

Even though, in "Der Wolf," Hesse may seem to be making an attempt to enlist our sympathies for the unfortunate beast, he is far more concerned with the lack of feeling in mankind for what is beautiful in nature. It would be absurd to claim that he wishes us to approve of the marauding tactics of wolves, but the implication is that human beings, with all their vaunted superiority, have degraded themselves to the point of behaving worse than animals.

Der Wolf

Noch nie war in den französischen Bergen ein so unheimlich kalter und langer Winter gewesen. Seit Wochen stand die Luft klar, spröde[1] und kalt. Bei Tage lagen die großen, schiefen Schneefelder mattweiß und endlos unter dem grellblauen Himmel, nachts ging klar und klein der Mond über sie hinweg, ein 5 grimmiger Frostmond von gelbem Glanz, dessen starkes Licht auf dem Schnee blau und dumpf wurde und wie der leibhaftige[2] Frost aussah. Die Menschen mieden alle Wege und namentlich die Höhen, sie saßen träge und schimpfend in den Dorfhütten, deren rote Fenster nachts neben dem blauen Mondlicht rauchig 10 trüb erschienen und bald erloschen.

Das war eine schwere Zeit für die Tiere der Gegend. Die kleineren erfroren in Menge, auch Vögel erlagen dem Frost, und die hageren Leichname fielen den Habichten[3] und Wölfen zur Beute. Aber auch diese litten furchtbar an Frost und Hunger. Es 15 lebten nur wenige Wolfsfamilien dort, und die Not trieb sie zu festerem Verband. Tagsüber gingen sie einzeln aus. Da und dort

---

[1] **spröde** sharp
[2] **leibhaftig** personified
[3] **Habichten** hawks

strich[4] einer über den Schnee, mager, hungrig und wachsam, lautlos und scheu wie ein Gespenst. Sein schmaler Schatten glitt neben ihm über die Schneefläche. Spürend reckte er die spitze Schnauze in den Wind und ließ zuweilen ein trockenes, gequältes Geheul vernehmen. Abends aber zogen sie vollzählig aus und drängten sich mit heiserem Heulen um die Dörfer. Dort war Vieh und Geflügel wohlverwahrt, und hinter festen Fensterladen lagen Flinten angelegt.[5] Nur selten fiel eine kleine Beute, etwa ein Hund, ihnen zu, und zwei aus der Schar waren schon erschossen worden.

Der Frost hielt immer noch an. Oft lagen die Wölfe still und brütend beisammen, einer am andern sich wärmend, und lauschten beklommen[6] in die tote Öde hinaus, bis einer, von den grausamen Qualen des Hungers gefoltert,[7] plötzlich mit schauerlichem Gebrüll aufsprang. Dann wandten alle anderen ihm die Schnauze zu, zitterten und brachen miteinander in ein furchtbares, drohendes und klagendes Heulen aus.

Endlich entschloß sich der kleinere Teil der Schar, zu wandern. Früh am Tage verließen sie ihre Löcher, sammelten sich und schnoberten[8] erregt und angstvoll in die frostklare Luft. Dann trabten sie rasch und gleichmäßig davon. Die Zurückgebliebenen sahen ihnen mit weiten, glasigen Augen nach, trabten ein paar Dutzend Schritte hinterher, blieben unschlüssig und ratlos stehen und kehrten langsam in ihre leeren Höhlen zurück.

Die Auswanderer trennten sich am Mittag voneinander. Drei von ihnen wandten sich östlich dem Schweizer Jura* zu, die anderen zogen südlich weiter. Die drei waren schöne, starke Tiere, aber entsetzlich abgemagert.[9] Der eingezogene helle Bauch war schmal wie ein Riemen, auf der Brust standen die Rippen jämmerlich heraus, die Mäuler waren trocken und die Augen weit und verzweifelt. Zu dreien kamen sie weit in den Jura hinein, erbeuteten am zweiten Tag einen Hammel, am dritten einen Hund und ein Füllen und wurden von allen Seiten her wütend vom Landvolk verfolgt. In der Gegend, welche reich an Dörfern und Städtchen ist, verbreitete sich Schrecken und Scheu vor den ungewohnten Eindringlingen. Die Postschlitten[10] wurden bewaffnet, ohne Schießgewehr ging niemand von einem

---

[4] **strich** wandered
[5] **angelegt** in firing position
[6] **beklommen** uneasily
[7] **gefoltert** tortured
[8] **schnoberten** sniffed
[9] **abgemagert** emaciated
[10] **Postschlitten** post sleighs

---

* All items marked with an asterisk are names of places. See Appendix 1, Place Names.

Dorfe zum anderen. In der fremden Gegend, nach so guter   55
Beute, fühlten sich die drei Tiere zugleich scheu und wohl; sie
wurden tollkühner als je zu Hause und brachen am hellen Tage
in den Stall eines Meierhofes.[11] Gebrüll von Kühen, Geknatter[12]
splitternder Holzschranken, Hufegetrampel und heißer, lech-
zender[13] Atem erfüllten den engen, warmen Raum. Aber dies-   60
mal kamen Menschen dazwischen. Es war ein Preis auf die Wölfe
gesetzt, das verdoppelte den Mut der Bauern. Und sie erlegten
zwei von ihnen, dem einen ging ein Flintenschuß durch den
Hals, der andere wurde mit einem Beil erschlagen. Der dritte
entkam und rannte so lange, bis er halbtot auf den Schnee fiel. Er   65
war der jüngste und schönste von den Wölfen, ein stolzes Tier
von mächtiger Kraft und gelenken Formen.[14] Lange blieb er
keuchend liegen. Blutig rote Kreise wirbelten vor seinen Augen,
und zuweilen stieß er ein pfeifendes, schmerzliches Stöhnen
aus. Ein Beilwurf[15] hatte ihm den Rücken getroffen. Doch   70
erholte er sich und konnte sich wieder erheben. Erst jetzt sah er,
wie weit er gelaufen war. Nirgends waren Menschen oder
Häuser zu sehen. Dicht vor ihm lag ein verschneiter, mächtiger
Berg. Er war der Chasseral.* Er beschloß, ihn zu umgehen. Da
ihn Durst quälte, fraß er kleine Bissen von der gefrorenen,   75
harten Kruste der Schneefläche.

Jenseits des Berges traf er sogleich auf ein Dorf. Es ging gegen
Abend. Er wartete in einem dichten Tannenforst. Dann schlich
er vorsichtig um die Gartenzäune, dem Geruch warmer Ställe
folgend. Niemand war auf der Straße. Scheu und lüstern blin-   80
zelte er zwischen den Häusern hindurch. Da fiel ein Schuß. Er
warf den Kopf in die Höhe und griff zum Laufen aus,[16] als schon
ein zweiter Schuß knallte. Er war getroffen. Sein weißlicher
Unterleib war an der Seite mit Blut befleckt, das in dicken
Tropfen zäh herabrieselte. Dennoch gelang es ihm, mit großen   85
Sätzen zu entkommen und den jenseitigen Bergwald zu erreichen. Dort wartete er horchend einen Augenblick und hörte von
zwei Seiten Stimmen und Schritte. Angstvoll blickte er am Berg
empor. Er war steil, bewaldet und mühselig zu ersteigen. Doch
blieb ihm keine Wahl. Mit keuchendem Atem klomm er die   90
steile Bergwand hinan, während unten ein Gewirre[17] von Flü-

---

[11] **Meierhof**   dairy farm
[12] **Geknatter**   cracking
[13] **lechzend**   panting
[14] **gelenken Formen**   supple form
[15] **ein Beilwurf**   an ax that was thrown
[16] **griff zum Laufen aus**   started to run
[17] **Gewirre**   confusion

chen, Befehlen und Laternenlichtern sich den Berg entlang zog.
Zitternd kletterte der verwundete Wolf durch den halbdunkeln
Tannenwald, während aus seiner Seite langsam das braune Blut
hinabrann.   95
Die Kälte hatte nachgelassen. Der westliche Himmel war
dunstig und schien Schneefall zu versprechen.
Endlich hatte der Erschöpfte die Höhe erreicht. Er stand nun
auf einem leicht geneigten, großen Schneefelde, nahe bei Mont
Crosin,* hoch über dem Dorfe, dem er entronnen. Hunger 100
fühlte er nicht, aber einen trüben, klammernden Schmerz von
der Wunde. Ein leises, krankes Gebell kam aus seinem hängenden Maul, sein Herz schlug schwer und schmerzhaft und fühlte
die Hand des Todes wie eine unsäglich schwere Last auf sich
drücken. Eine einzeln stehende breitästige Tanne lockte ihn; 105
dort setzte er sich und starrte trübe in die graue Schneenacht.
Eine halbe Stunde verging. Nun fiel ein mattrotes Licht auf den
Schnee, sonderbar und weich. Der Wolf erhob sich stöhnend
und wandte den schönen Kopf dem Licht entgegen. Es war der
Mond, der im Südost riesig und blutrot sich erhob und langsam 110
am trüben Himmel höher stieg. Seit vielen Wochen war er nie so
rot und groß gewesen. Traurig hing das Auge des sterbenden
Tieres an der matten Mondscheibe, und wieder röchelte ein
schwaches Heulen schmerzlich und tonlos in die Nacht.[18]
Da kamen Lichter und Schritte nach. Bauern in dicken Män- 115
teln, Jäger und junge Burschen in Pelzmützen und mit plumpen
Gamaschen[19] stapften durch den Schnee. Gejauchze erscholl.[20]
Man hatte den verendenden[21] Wolf entdeckt, zwei Schüsse wurden auf ihn abgedrückt und beide fehlten. Dann sahen sie, daß
er schon im Sterben lag, und fielen mit Stöcken und Knütteln 120
über ihn her. Er fühlte es nicht mehr.
Mit zerbrochenen Gliedern schleppten sie ihn nach St.
Immer* hinab. Sie lachten, sie prahlten, sie freuten sich auf
Schnaps und Kaffee, sie sangen, sie fluchten. Keiner sah die
Schönheit des verschneiten Forstes, noch den Glanz der Hoch- 125
ebene, noch den roten Mond, der über dem Chasseral hing
und dessen schwaches Licht in ihren Flintenläufen, in den
Schneekristallen und in den gebrochenen Augen des erschla-
genen Wolfes sich brach.

[18] **röchelte ein schwaches Heulen schmerzlich und tonlos in die Nacht** a weak
   howl, like a death rattle, painful and toneless, sounded in the night
[19] **plumpen Gamaschen** heavy, awkward boots
[20] **Gejauchze erscholl** Cheers resounded
[21] **verendenden** dying

FRAGEN

1. Inwiefern war dieser Winter ungewöhnlich?
2. Inwiefern war der nächtliche Auszug der Wölfe anders als bei Tag?
3. Warum konnten die Wölfe zu wenig Beute finden?
4. Was machte die drei Wölfe so kühn?
5. Was verdoppelte den Mut der Bauern?
6. Wie stillte der letzte Wolf seinen Durst?
7. Was geschah, als dieser sich den Häusern näherte?
8. Was wußte der Wolf, als er das Schneefeld erreichte?
9. Was taten die Bauern mit dem toten Wolf?
10. Was übersahen die Bauern völlig?

ZUR BESPRECHUNG DES TEXTES

1. Ein schlimmer Winter in den französischen Bergen.
2. Einige Wölfe wandern aus.
3. Ein verwundeter Wolf flieht auf einen Berg.
4. Keiner sah die Schönheit des verschneiten Forstes.

GÜNTER KUNERT
(1929–)

Günter Kunert, a citizen of the German Democratic Republic, who lives in East Berlin, is the author of poetry, science fiction, scripts for radio and film, librettos, and satirical prose (mostly short stories). His pessimistic view of the world is expressed in his statement that he writes to be able to endure a world that is rushing headlong into chaos.

"Zentralbahnhof," with its echoes of Kafka and Orwell, is a terrifying story of an unidentified "someone" who meets a weird, undescribed end at the hands of an anonymous bureaucracy. The atmosphere is all the more chilling because the story is couched in cold, formal bureaucratese, giving the impression that this someone's world is unfeeling, uncaring, and soulless, as though it were ruled and run entirely by a nonhuman force.

Zentralbahnhof

An einem sonnigen Morgen stößt ein Jemand innerhalb seiner Wohnung auf ein amtliches Schreiben: es liegt auf dem Frühstückstisch neben der Tasse. Wie es dahin kam, ist ungewiß. Kaum geöffnet,[1] überfällt es den Lesenden mit einer Aufforderung: 5

Sie haben sich, befiehlt der amtliche Druck auf dem grauen, lappigen Papier, am 5. November des laufenden Jahres[2] morgens acht Uhr in der Herrentoilette des Zentralbahnhofes zwecks Ihrer Hinrichtung einzufinden. Für Sie ist Kabine 18 vorgesehen. Bei Nichtbefolgung dieser Aufforderung kann auf   10 dem Wege der verwaltungsdienstlichen Verordnung eine Bestrafung angeordnet werden.[3] Es empfiehlt sich leichte Bekleidung, um einen reibungslosen Ablauf zu garantieren.

Wenig später taucht der solchermaßen Betroffene verzagt bei seinen Freunden auf. Getränke und Imbiß lehnt er ab, fordert   15 hingegen dringlich Rat, erntet aber nur ernstes und bedeutungsvolles Kopfschütteln. Ein entscheidender Hinweis, ein Hilfsan-

---

[1] **Kaum geöffnet** Scarcely had he opened it when
[2] **Sie haben sich, befiehlt der amtliche Druck auf dem grauen, lappigen Papier, am 5. November des laufenden Jahres** You will [appear], ordered the official words on the gray, limp paper, on the fifth of November of the current year
[3] **Bei Nichtbefolgung dieser Aufforderung kann auf dem Wege der verwaltungsdienstlichen Verordnung eine Bestrafung angeordnet werden.** Failure to follow this summons may result in punishment as set forth in the appropriate ordinance.

gebot bleibt aus. Heimlich atmet man wohl auf, wenn hinter dem
nur noch begrenzt Lebendigen[4] die Tür wieder zufällt, und man
fragt sich, ob es nicht schon zuviel gewesen ist, sie ihm über-   20
haupt zu öffnen. Lohnte es denn, wer weiß was alles auf sich zu
laden für einen Menschen, von dem in Zukunft so wenig zu
erwarten ist?

Der nun selber begibt sich zu einem Rechtsanwalt, wo ihm
vorgeschlagen wird, eine Eingabe zu machen, den Termin (5.   25
Nov.) aber auf jeden Fall einzuhalten, um Repressalien[5] auszu-
weichen. Herrentoilette und Zentralbahnhof höre sich doch
ganz erträglich und vernünftig an. Nichts werde so heiß gegessen wie gekocht.[6] Hinrichtung? Wahrscheinlich ein Druckfehler. In Wirklichkeit sei «Einrichtung» gemeint. Warum   30
nicht? Durchaus denkbar findet es der Rechtsanwalt, daß man
von seinem frisch gebackenen[7] Klienten verlange, er solle sich
einrichten. Abwarten. Und vertrauen! Man muß Vertrauen
haben! Vertrauen ist das wichtigste.

Daheim wälzt sich der zur Herrentoilette Beorderte schlaflos   35
über seine durchfeuchteten Laken. Erfüllt von brennendem
Neid lauscht er dem unbeschwerten Summen einer Fliege. Die
lebt! Die hat keine Sorgen! Was weiß die schon vom Zentralbahnhof?! Man weiß ja selber nichts darüber . . . Mitten in der
Nacht läutet er an der Tür des Nachbarn. Durch das Guckloch   40
glotzt ihn ein Auge an, kurzfristig, ausdruckslos, bis der Klin-
gelnde kapituliert und den Finger vom Klingelknopf löst.

Pünktlich um acht Uhr morgens betritt er am 5. Nov. den
Zentralbahnhof, fröstelnd in einem kurzärmeligen Sporthemd
und einer Leinenhose, das leichteste, was er an derartiger Be-   45
kleidung besitzt. Hier und da gähnt ein beschäftigungsloser
Gepäckträger. Der Boden wird gefegt und immerzu mit einer
Flüssigkeit besprengt.

Durch die spiegelnde Leere der Herrentoilette hallt sein
einsamer Schritt: Kabine 18 entdeckt er sofort. Er schiebt eine   50
Münze ins Schließwerk der Tür, die aufschwingt, und tritt ein.
Wild zuckt in ihm die Gewißheit auf, daß gar nichts passieren
wird. Gar nichts! Man will ihn nur einrichten, weiter nichts!
Gleich wird es vorüber sein, und er kann wieder nach Hause
gehen. Vertrauen! Vertrauen! Eine euphorische Stimmung steigt   55
ihm in die Kehle,[8] lächelnd riegelt er das Schloß zu und setzt
sich.

Eine Viertelstunde später kommen zwei Toilettenmänner

---

[4] **dem nur noch begrenzt Lebendigen**   the one whose life is already limited
[5] **Repressalien**   consequences
[6] **Nichts werde so heiß gegessen wie gekocht.**   Nothing is as bad as it sounds.
[7] **frisch gebackenen**   brand new
[8] **steigt ihm in die Kehle**   overcomes him

herein, öffnen mit einem Nachschlüssel Kabine 18 und ziehen
den leichtbekleideten Leichnam heraus, um ihn in die rotziege- 60
ligen Tiefen des Zentralbahnhofes zu schaffen, von dem jeder
wußte, daß ihn weder ein Zug jemals erreicht noch verlassen
hatte, obwohl oft über seinem Dach der Rauch angeblicher
Lokomotiven hing.

FRAGEN

1. Warum geht der Mann zu seinen Freunden?
2. Welchen Rat gibt der Rechtsanwalt dem Mann?
3. Warum beneidet der Mann die Fliege?
4. Wie reagiert der Nachbar, als der Mann bei ihm läutet?
5. Warum ist ihm kalt, als er zum Bahnhof geht?
6. Warum wird seine Stimmung auf einmal euphorisch?

ZUR BESPRECHUNG DES TEXTES

1. Jemand bekommt ein amtliches Schreiben.
2. Jemand sucht Hilfe.
3. «Man muß Vertrauen haben!»
4. Jemand tritt in Kabine 18 ein.
5. Ein Zentralbahnhof ohne Züge.

WOLFDIETRICH SCHNURRE
(1920–)

*Wolfdietrich Schnurre, who came to literature from the holo-
caust of World War II after having been a soldier for "six and a
half senseless years," was one of the co-founders of the famous
"Gruppe 47." His antiwar stories of the early postwar years
gradually gave way to works aimed at anything that offended
basic human values. As a writer, Schnurre is intent upon shocking through portrayals of existences that are devoid of human
dignity and in which it seems impossible to experience sincere
emotions or to establish close personal relationships.*

*There are no deeply felt passions or fine gestures in
Schnurre's story. His language is unadorned and sober, his style
simple and straightforward; in his narrative technique he avoids
all superfluous elements. A sharp tongue and a sharp pen have
led him to satire, and his works are often permeated with a biting
and macabre sense of humor. Before reading the following story
the reader should ask what Schnurre could possibly have
intended by giving it the title "Das Märchen der Märchen,"
("Fairy Tale of Fairy Tales"). How does Schnurre's example of
this genre differ from a traditional Märchen? What does he seem
to be saying about the people who inhabit the world about which
he is writing? Pay particular attention to the protagonist's return
from his quest.*

Das Märchen der Märchen

Als er eben zweiundvierzig geworden war, geschah dem Justizangestellten[1] Jonathan S. etwas Merkwürdiges. Er lernte ein
Mädchen kennen, zu dem er sich sogleich in einer Inbrunst und
Ausschließlichkeit[2] hingezogen fühlte, wie er es nie mehr für
möglich gehalten hätte.   5

Das Mädchen, Lore mit Namen und Näherin von Beruf, erwiderte seine Zuneigung von Herzen, erlegte sich selbst jedoch
eine so seltsame Art von Zurückhaltung auf, daß er es eines
Tages bat, ihm doch den Grund dieses Verhaltens zu sagen.

«Ich will es versuchen», antwortete Lore. «Ich liebe einen   10
Wald, in dem keine Vögel mehr singen; ich liebe einen Fluß, der
keine Fische mehr hat. Ich fürchte mich, diesen Wald zu durchqueren; ich habe Scheu, in diesem Flusse zu baden.»

---

[1] **dem Justizangestellten**   to the law court functionary
[2] **in einer Inbrunst und Ausschließlichkeit**   ardently and exclusively

«Ich konnte nicht wissen, daß das Schicksal dich mir noch aufgehoben hat», sagte Jonathan S. «Ich habe immer geglaubt, mich in kleiner Münze wegzugeben, sei schon das Äußerste.[3] Ich ahnte nicht, daß noch einmal die ganze Summe gefordert werden könnte.»

«Ich fordere sie ja nicht», erwiderte sie, «ich liebe dich ja auch so.»

Aber Jonathan S. war diese Liebe zu wenig, er wollte sich das Anrecht auf Lores volle Zuneigung erwerben.

Wenig später überraschte sie ihn bei Reisevorbereitungen. Befragt, erklärte er, er habe Urlaub genommen, und er wolle jetzt alle Frauen aufsuchen, denen er einmal ein Stück seines Ich überlassen habe, und er wolle sie bitten, es ihm wiederzugeben; und wenn er alle Teile zusammenhabe, würde er zurückkommen und sie ihr zu Füßen legen.

Lore war sehr gerührt; sie bat ihn noch, nicht zu lange zu bleiben, dann küßten sie sich, und seine Reise begann.

Sie führte ihn zunächst zu einer Frau, die er einmal hatte heiraten wollen. Sie hieß Lola und war noch immer schön, und es stellte sich heraus, daß sie lange auf ihn gewartet hatte. Dann aber, sagte sie, sei ihre Sehnsucht nach ihm verblaßt, denn sie habe einen Beruf ergriffen, und der fülle sie jetzt vollständig aus.

Das freue ihn, antwortete Jonathan S., das freue ihn sehr. Im übrigen sei er ja auch nur gekommen, um sie—

«Wirklich?» rief sie und ergriff seine Hand. «Oh, ich hab's ja geahnt!»

Er räusperte sich. Sie verstehe ihn falsch, er habe sie lediglich bitten wollen, ihm sein Ich wiederzugeben, zumindest denjenigen Teil, den er ihr damals, als sie—

«Ach so.» Sie lächelte müde. Dann ging sie zum Pult und kramte ein Kästchen heraus. «Hier», sagte sie. «Aber glaube nur ja nicht, daß es mir schwerfiele, mich von ihm zu trennen.»

Er nahm es und bedankte sich überschwenglich.

Kaum aber hatte er es in seiner Tasche versenkt, wich ihr plötzlich alles Blut aus den Wangen,[4] sie wankte, und noch ehe er hinzuspringen[5] konnte, war sie zu Boden gestürzt.

Da erst erkannte er, wie sehr sie noch jetzt an ihm hing. Verwirrt schob er ihr das Kästchen wieder in die Hand, und sogleich kehrten ihre Lebensgeister zurück, sie stand auf und geleitete ihn lächelnd zur Tür.

---

[3] **mich in kleiner Münze wegzugeben, sei schon das Äußerste** to give myself away in little pieces was the best way
[4] **wich ihr plötzlich alles Blut aus den Wangen** she suddenly turned pale
[5] **hinzuspringen** rush to her aid

«Nett, daß du mich mal besucht hast.»   55
Er verbeugte sich stumm und stieg benommen die Treppe
hinab.

Recht merkwürdig erging es ihm auch,[6] als er Luzie aufsu-
chen wollte. Sie selbst war nicht da; ihr Mann öffnete ihm.
Jonathan S. stellte sich vor und erklärte umständlich den   60
Grund seines Kommens.

Der Mann zog die Brauen hoch[7] und bat ihn herein.

«So also», sagte er im Zimmer mit veränderter Stimme und
kam auf Jonathan S. zu, «so also sieht der Urheber der Qualen
aus, die meine Frau mir tagtäglich zufügt.»   65

Jonathan S. wich zurück. Er verstehe nicht ganz.

Er werde es ihm schon noch erklären, sagte der Mann. Kein
Tag nämlich, ach was: keine Stunde vergehe, ohne daß seine
Frau ihm nicht vorhalte: «Da war Jonathan aber anders. Jo-
nathan war ein Kavalier. Und was bist *du*? Jonathan, Jonathan,   70
Jonathan!» schrie der Mann.

Er rannte zum Schrank und riß einen Pappkarton heraus. Er
wolle wiederhaben, was er Luzie seinerzeit dediziert habe?
Bitte sehr! Und er warf ihm den Karton vor die Füße.

Jonathan S. bückte sich und hob befremdet einige Larven auf,   75
die herausgerutscht waren. Eine stellte die Dünkelhaftigkeit,[8]
eine andere die Falschheit, eine dritte die Sinneslust[9] dar. Zugleich aber wies jede auch unverkennbar seine, Jonathan S.'
Züge auf.

Entsetzt schleuderte er die Masken von sich, riß die Tür auf   80
und hetzte die Treppe hinab.

Er brauchte einige Zeit, ehe er seinen Schock überwunden
hatte. Als er endlich wieder, ohne zu erröten, in den Spiegel zu
sehen vermochte, wählte er aus seiner Liste die Adresse einer
ehemaligen Jugendliebe aus. Sie hieß Luzinde, war Wäsche-   85
mädchen gewesen, und sie hatten einander sehr geliebt; er war
sicher, von ihr den redlichsten und saubersten Teil seines Selbst
zurückzuerhalten.

Wer aber beschreibt sein Erstaunen, als sich Luzinde, die
inzwischen selbst eine gutgehende Wäscherei betrieb, an nichts   90
mehr erinnerte, lachend eine Gardine vor einem riesigen Regal
wegzog[10] und sagte: Bitte sehr, er möge sich, was er von seinem
Ich angeblich bei ihr gelassen, nur heraussuchen; sie habe alles,

---

[6] **Recht merkwürdig erging es ihm auch**   Things were quite strange too
[7] **zog die Brauen hoch**   raised his eyebrows
[8] **Dünkelhaftigkeit**   arrogance
[9] **Sinneslust**   sensuality
[10] **eine Gardine vor einem riesigen Regal wegzog**   pulled back the curtain that
hung in front of a huge open cabinet

was man im Laufe ihres Lebens bei ihr vergessen, hier säuberlich einsortiert. 95

Jonathan S. sah sich einer endlosen Reihe bis zum Rand voll-
gestopfter Fächer gegenüber. Nachdem er wahllos einige der in
ihr verstauten Päckchen herausgezogen hatte—in einem war
ein Kragen und eine Krawatte, in einem anderen ein
zerschrammtes Zigarettenetui[11] gewesen—, grüßte er abwe- 100
send und ging, zerschlagener denn je, zurück ins Hotel.

Von nun an wurde seine Reise zu einem wahren Marathonlauf. Je mehr sich Ereignisse wie die geschilderten häuften (und
sie wiederholten sich, mit wenigen Ausnahmen, ständig), desto
atemloser stürzte er sich in das nächste. Allmählich schrumpfte 105
seine Liste dabei immer mehr zusammen, und eines Morgens
war es so weit: Er konnte anstellen, was er wollte, es war keine
Adresse mehr übrig, Name für Name war abgehakt; er hatte alle
seine früheren Freundinnen besucht, und seine ganze Ausbeute
bestand aus einem abgegriffenen Foto, das ihn mit einer starken 110
Blondine rittlings auf dem Holzpferd eines Karussells sitzend
zeigte, einer bierfleckigen Studentenmütze,[12] die er einmal bei
einer Klavierpädagogin vergessen hatte, und einem Strohblumenstrauß, den er vor Jahr und Tag der jungen Frau eines
Fleischermeisters verehrt hatte.[13] 115

Niedergeschlagen ging Jonathan S. zur Post und gab ein Telegramm auf an Lore, er komme zurück. Dabei fiel ihm ein, dies
war das erste Mal seit seiner Abreise, daß er sich auf sie besann.
Verstört versuchte er, sie sich ins Gedächtnis zu rufen. Vergeblich; alle seine Freundinnen zwar standen ihm greifbar vor 120
Augen, aber Lores Bild war verblaßt.

Er suchte in seiner Brieftasche nach ihrer Fotografie, die sie
ihm beim Abschied zugesteckt hatte. Doch er fand nur jene, die
ihn mit der korpulenten Blondine auf dem Holzpferd zeigte.

Betroffen trat er die Heimreise an und versuchte, sich mit 125
dem Gedanken zu trösten, wenn ihr Gesicht erst am Bahnsteig
auftauche, werde sein Herz ihres Bildnisses schon wieder
habhaft.

Doch als er dann ankam, war niemand zu sehen, der ihn an
Lore erinnert hätte. Er lief noch ein paarmal den Bahnsteig 130
entlang, dann schob er sich erschöpft durch die Sperre.

Während er zu Hause die Treppe emporstieg, ging vor ihm
eine Dame hinauf. Er achtete nicht weiter auf sie, seine Gedanken waren viel zu sehr um die Wiederherstellung des Bildes von
Lore bemüht. 135

---

[11] **ein zerschrammtes Zigarettenetui**   a scratched cigarette case
[12] **bierfleckigen Studentenmütze**   beer-stained student cap
[13] **vor Jahr und Tag . . . verehrt hatte**   had presented . . . some time ago

Plötzlich blieb die Dame vor Jonathan S.' Wohnungstür stehen und steckte den Schlüssel ins Schloß.

«Verzeihung», sagte Jonathan S., «aber hier wohne ich.»

Die Dame drehte sich um. «Sie—?» Irritiert sah sie ihn an.

«Hallo», sagte sie auf einmal; «Jonathan! Ich habe dich gar nicht 140
erkannt.»

Ja, es war Lore. Sie begrüßten einander, und beim Frühstück stellte es sich heraus, daß sie am Zug gewesen war, um ihn abzuholen. Sie war auch noch ein paarmal am Bahnsteig auf und abgelaufen. «Aber wir müssen uns wohl verpaßt haben», schloß 145
sie und zuckte die Schultern.

Jonathan S. sah unsicher zu ihr hinüber. «Wenn ich nur wüßte, weshalb du mir plötzlich so fremd bist.»

«Merkwürdig», sagte sie; «es geht mir mit dir nicht viel anders.» 150

Sie schwiegen einen Augenblick, dann sagte sie:

«Ich hatte alles, was ich für dich empfand, auf die Rückseite meines Fotos geschrieben.»

«Welchem Fotos?» fragte er schluckend.

«Dessen, das ich dir bei der Abreise gab.» 155

Tödlich verlegen[14] zog er die Brieftasche. Dabei fiel die Fotografie, die ihn mit der Blondine auf dem Karussell zeigte, heraus.

«Wer ist das?» fragte Lore.

Er hustete. «Eine frühere Freundin», sagte er mühsam.

«Und wo ist *mein* Bild?» 160

Jonathan S. hob hilflos die Schultern. «Ich—ich muß es verloren haben.»

Lore stand auf und trat ans Fenster. Nach einer geraumen Weile kam sie zurück und begann, das Geschirr abzuräumen.

Zwei Wochen darauf haben sie geheiratet. Es wäre ihnen 165
sinnlos vorgekommen, es nicht zu tun, da sie doch nun einmal zusammenwaren.

FRAGEN

1. Was überraschte Jonathan, nachdem er Lore kennengelernt hatte?
2. Warum hat er Urlaub genommen?
3. Wieso hat Lola Jonathan falsch verstanden?
4. Wie wurde Jonathan in Luzies Wohnung empfangen?
5. Warum lachte Luzinde, als sie die Gardine wegzog?
6. Wem gehörten die Sachen in den Päckchen?
7. Was erwartete Jonathan, als er den Zug verließ?

---

[14] **Tödlich verlegen** Extremely embarrassed

8. Wo war Lore an diesem Morgen gewesen?
9. Warum kam Jonathan in Verlegenheit, als er die Brieftasche zog?
10. Warum haben sie geheiratet?

ZUR BESPRECHUNG DES TEXTES

1. Jonathan will die ganze Summe haben.
2. Jonathan macht eine Reise.
3. Zwei Fotos.
4. Jonathan und Lore auf dem Bahnhof.
5. Zwei Leute entschließen sich zu heiraten.

JENS REHN
(1918–)

*Jens Rehn is best known as the author of a number of novels, but
he has also produced short stories, radio plays, and poems. In
1937 he became a naval officer; he was taken prisoner during
World War II and spent the years from 1943 to 1947 in Canada.
His later studies in English and music composition took him all
over the world, but in "Der Zuckerfresser" he returns to his
origins in northern Germany.*

    *The setting is a North Sea resort at the end of the season, a
time that the narrator, a writer, usually finds conducive to working, when the crowds of noisy tourists have gone home. But his
muse has deserted him for the time being, and the interlude is
enlivened by the sudden appearance of a young boy, whose
fondness for rock candy and an injured seagull provides the
narrator with a pleasant diversion. We see a bond developing
between the boy and the writer, paralleling a bond between the
boy and the gull. Rehn has captured the childlike directness of
the boy's questions, which are very much to the point but never
impertinent, in a masterful reproduction of dialogue between
youth and maturity.*

Der Zuckerfresser

«Was schreibst'n[1] da?»

Ich sah auf und konnte ihn nicht richtig erkennen, er stand
genau in der Sonne. Ich setzte mich auf und drehte mich um.

«Biste von der Zeitung oder isses nurn Brief?»

Der Junge war mager wie ein neugeborenes Kalb. Seine 5
hellblau ausgeschossene Turnhose hatte ein ziemliches[2] Loch
auf dem linken Bein. Das Flachshaar klebte naß am Kopf. Er
hatte aber keine Gänsehaut. Das Wasser war bestimmt nicht
wärmer als fünfzehn Grad.[3]

«Kalt, was?» sagte ich. Was soll man schon sagen. «Willst du 10
dich abrubbeln?»

Er rieb sich trocken und verdreckte mein Frottiertuch mit

---

[1] **Was schreibst'n** What are you writing. The boy in this story shortens words
and runs them together, usually subjects and verbs, as children often do. Read
his words carefully and you will easily understand what he is saying.
[2] **ziemliches** good-sized
[3] **fünfzehn Grad** 15° C = 59° F

dem elenden Teerzeug.[4] Die sollten endlich mal verbieten, daß
die Dampfer draußen auf See ihr mistiges Öl außenbords pump-
ten und den ganzen Strand versauten. Und überhaupt: Mit dem 15
Schreiben hatte es nicht so geklappt,[5] wie ich es mir vorgestellt
hatte, im Strandkorb gab es entweder Sonne mit Wind, oder ich
saß ohne Wind im Schatten, ein bißchen braun wollte ich ja
schließlich werden; und wenn ich mich auf den Bauch an den
Sandwall meiner Strandburg[6] legte, gab es auch keine Ruhe; 20
entweder blies der Wind die Ecken vom Papier um, oder Sand
rieselte drüber hin, oder ich bekam ein steifes Kreuz, oder der
Schreibarm tat mir weh.

«Wo kommst du denn her?»

Der Junge machte eine unbestimmte Bewegung. Ich schätzte 25
ihn auf sieben Jahre. Vielleicht auch acht.

«Kannst du denn schon lesen?»

Ich merkte sofort, daß das eine völlig verkehrte Frage gewesen war. Er beantwortete sie überhaupt nicht. Ich konnte mir
vorstellen, was er jetzt dachte. Er zog die Nase hoch.[7] 30

«Wasser, weißte», sagte er und sah einer Möwe nach, die im
Aufwind des Kliffs den Strand absegelte. «Schreibste Geschichten?»

«Auch. Ist aber nichts geworden, heute.»

«Wasn für Geschichten?» 35

«So alles mögliche.»[8]

«Für Bücher?»

«Auch, manchmal.»

«Was de selbst erlebt hast?»

«Selten. Meistens denkt man sich was aus.» 40

Es waren nicht mehr viele Leute am Strand. Fünfzehn Uhr,
die Sonne stand schon recht niedrig. Ich zog mich an. Der Junge
sah zu. Er blieb immer todernst.

«Wo gehsten jetzt hin? Hause?»

«Nein, Tee trinken, im Witthüs.»[9] 45

Er zog die Augen etwas zusammen[10] und leckte sich über die
Lippen. Nicht wegen des Tees, ich erfuhr erst später, warum.

«Komm mit», sagte ich, «wenn du Lust hast.»

---

[4] **verdreckte mein Frottiertuch mit dem elenden Teerzeug** messed up my
beach towel with lousy tar
[5] **hatte es nicht so geklappt** it hadn't worked out as well
[6] **den Sandwall meiner Strandburg** A wicker beach chair is set up in a depres-
sion protected by a wall of sand, resembling a kind of beach fortress, or
Strandburg.
[7] **zog...hoch** wrinkled
[8] **So alles mögliche** All kinds of things
[9] **Witthüs** name of the café
[10] **Er zog die Augen etwas zusammen** He frowned

Er drehte sich jedoch um und stakte durch den Sand davon. Auf dem hart getretenen Weg am Fuße des Kliffs setzte er sich 50 in Trab und verschwand bald hinter den Strandkörben. Ich suchte meine Sachen zusammen und ging. Vor der Haupttreppe saß der Bademeister und Strandwächter in seinem kleinen Rollkarren[11] und las. Wenig zu tun in der Nachsaison. Die Badeflagge zeigte ablaufendes Wasser an,[12] das Baden war aber noch 55 nicht verboten. Ruhiges Wetter, wenn es auch nicht eben sanft wehte.[13] In einigen wenigen Körben saßen noch ein paar ältere Leute oder Liebespaare, hatten sich in Decken gewickelt und lasen ebenfalls oder sahen einfach nur auf die See hinaus. Links am Kliff flitzten die Seeschwalben und verschwanden haar- 60 scharf[14] in ihren Nestlöchern. Die eisernen Buhnen wurden noch vom Wasser überspült. Die meisten Möwen hatten sich nach drüben auf die Landseite der Insel ins Watt[15] verzogen und warteten darauf, daß das Wasser noch weiter fiele, dann konnten sie bequem jagen und fressen. 65

Oben auf dem Kliff wehte es heftiger. Auf den Aussichtsbänken der Kurverwaltung[16] saß niemand, und auch die Straßen des Ortes lagen ausgestorben, kahl und hölzern. In acht Tagen würden die Pensionen schließen, Schluß der Nachsaison. Vor ein paar Jahren war ich schon einmal hier gewesen, allerdings mit- 70 ten in der Hochsaison, Massenpublikum, aufgedonnert[17] und laut und mit zahllosen Autos. Jetzt, Ende September, war es viel schöner. Mit dem Wetter hatte ich Glück gehabt, bis jetzt wenigstens. Und auch mein Quartier war in Ordnung, abseits vom Ort nach Westerland* zu,[18] ruhig und solide, nicht zu teuer, kein 75 Nepp.[19] Ein einzelnes, niedriges Haus mit Strohdach, ich mag gerne unter einem Rieddach schlafen. Unten im Hause ein gemütlicher holzgetäfelter Raum, an der einen Wand zwei Regale mit Flaschen zur Selbstbedienung, sehr angenehm. In dieser Jahreszeit gab es natürlich auch keine Veranstaltungen 80

---

[11] **Bademeister und Strandwächter in seinem kleinen Rollkarren** lifeguard/ beach attendant in his little cart

[12] **Die Badeflagge zeigte ablaufendes Wasser an** The signal flag indicated ebb tide

[13] **wenn es auch nicht eben sanft wehte** even though there was a strong breeze

[14] **haarscharf** straight as an arrow

[15] **ins Watt** to the sand flats

[16] **Aussichtsbänken der Kurverwaltung** benches put out by the resort authorities

[17] **aufgedonnert** all dressed up

[18] **abseits vom Ort nach Westerland zu** outside the town toward Westerland

[19] **Nepp** rip off

---

* All items marked with an asterisk are names of places. See Appendix 1, Place Names.

der Kurverwaltung mehr, Réunions oder Wahlen der Orts- und Strandkönigin, und so weiter. Auf dem Flugplatz, drüben bei Keitum,* war wohl gerade Lehrgangwechsel,[20] schon seit Tagen hatte ich keine Düsenjäger mehr gehört. Vor einer Woche war einer ins Watt gestürzt, der Pilot hatte aber noch rechtzeitig [85] abspringen können. Nun lagen ein paar Millionen Mark im Schlamm. Na ja.[21]

Ich suchte mir einen Platz am Fuß der zweiten Düne, sah in die Brandung tief unter mir und rauchte eine Zigarette. Wenn eine Bö in die Düne einfiel, prickelten feine Sandkornfahnen auf [90] meiner Gesichtshaut. Der Strandhafer duckte sich und zog mit seinen längsten Halmen gezirkelte Kreise in den feuchten Sand.[22] Die Kreise überschnitten sich sauber und exakt, wie auf dem Reißbrett konstruiert.

Endlich ging ich zurück und die Hauptstraße landeinwärts, [95] bis ich links abbiegen mußte zum Witthüs. Sicherlich eines der ältesten Häuser hier, weiß gekalkt, niedrig, das Rieddach sah recht verwittert aus. Im Hause gab es kleine Kabäuschen,[23] hier kredenzten appetitliche Bajaderen[24] alle möglichen Teesorten, den echten «Friesischen»[25] mit Rahm und Kandis, russischen [100] Tee mit kandierten Kirschen und Preiselbeeren, grünen Indientee. Ich mag den russischen am liebsten. Die hübschen Geishas waren Studentinnen und nutzten ihre Semesterferien aus für ihren Geldbeutel. Eine gehobene Atmosphäre, nicht ohne Fröhlichkeit. [105]

Aus dem Schallplattenverzeichnis suchte ich mir eine verschollene Kammermusik von Scarlatti[26] aus, meine blonde Nymphe legte die Platte auf, und ich machte es mir mit meinem Tee gemütlich. Als mir dann etwas einfiel, holte ich mein Heft hervor und fing an zu schreiben. [110]

«Schreibst ja doch!»

Da war der Junge wieder. Ein Auftritt wie beim Zauberkünstler, die Hexerei aus dem schieren Nichts.[27] Er hatte jetzt eine Cordhose an und eine überraschend flotte Strickjacke aus Schafwolle. Er zeigte auf den Kandiszucker. [115]

---

[20] **Lehrgangwechsel**   change of classes at the pilot training school
[21] **Na ja.**   That's how it goes.
[22] **zog mit seinen längsten Halmen gezirkelte Kreise in den feuchten Sand**   described circles in the damp sand with their longest stalks
[23] **Kabäuschen**   booths
[24] **appetitliche Bajaderen**   charming waitresses
[25] **Friesischen**   Frisian (tea)
[26] **Scarlatti**   eighteenth-century Italian composer
[27] **Ein Auftritt wie beim Zauberkünstler, die Hexerei aus dem schieren Nichts.**
An entrance as if by magic, conjured up out of absolutely nothing.

«Schenkste mir den?»

«Türlich. Nimm nur. Auch Tee?»

Er wollte keinen Tee, nur den Zucker. Er zerbiß ihn krachend in die Musik hinein. Mir lief es bei diesem Geräusch den Rücken hinauf.[28]

«Biste fertig oder machste weiter?»

«Mit was?»

«Schreiben.»

Er hatte sich gesetzt, rechts neben mir hockte er auf der Eckbank, zwinkerte und kontrollierte die anderen Tische. Er   125
konnte aber keinen Zucker mehr entdecken.

«Nein», sagte ich und gab auf, der Musik zuzuhören.

«Keine Lust mehr. Außerdem taugt die Geschichte nichts.»

«Biste allein hier?»

«Ja. Und du?»   130

«Haste keine Frau?»

«Nein.»

«Machste keine leiden?»[29]

Ich brauchte nicht zu antworten, denn er sagte sofort:

«Ich auch nich. Mädchen sin tumbich.»   135

«Tumbich? Was ist denn das? Dumm?»

«Genau.»

«Nana[30]—!»

«Ich könnte ganz gern nochn bißchen Zucker haben!»

Die runde, blonde Geisha kam vorbei, blieb stehen und sah   140
den Jungen an.

«Was!» sagte sie. «Bist *du* wieder hier?»

Der Junge stieß mich an, und wir waren uns einig über die Qualität dieser Frage.

«Lassen Sie ruhig. Wir kennen uns schon lange, und ich habe   145
ihn eingeladen.»

«So?»

Es blieb ihr nichts übrig, als höflich zu bleiben: «Ich wundere mich nur, daß der ganze Junge nicht aus purem Zucker besteht. Dieser Zuckerfresser! Unser bester Kandiskunde. Ein Nassauer[31] 150
ist er, das ist er!»

«Genau!» sagte der Junge ungerührt und sah das Mädchen ernst an. Dann zu mir:

«Soll ich wohl noch was haben?»

«Klar.»   155

---

[28] **Mir lief es bei diesem Geräusch den Rücken hinauf.** The noise sent shivers up my spine.

[29] **Machste keine leiden?** Don't you like women?

[30] **Nana.** Now, now.

[31] **Nassauer** sponger

Der erste Satz von Scarlatti war zu Ende, die Nadel lief in der
Leerrille, im Lautsprecher kratzte es. Das Mädchen drehte die
Platte um und brachte eine zweite Schale mit Kandis. Der Tee
war inzwischen kalt geworden, so bestellte ich neuen. Die Sonne
ging jetzt unter, die letzten Strahlen über der Düne erreichten   160
den Jungen in der Ecke. Sein ernstes Gesicht sah rot aus wie eine
Tomate. Dann zerbiß er wieder den Zucker und brachte den
zweiten Satz der Musik zur Strecke.[32]
«Mensch!» sagte ich, «deine Zähne! Das ist doch nicht gut!
Lutsche doch wenigstens!»   165
«Kanns ja mal sehn!» sagte er und fletschte mich an. Ein
tadelloses Gebiß, ohne Lücke, und gerade, eine Perlenkette. Er
mußte doch schon älter sein, das waren keine Milchzähne mehr,
auch weiter hinten nicht.
«Schreibste wirklich nich mehr?»   170
«Nein. Tee trinken und Musik ist schöner.»
«Was machsten nachher?»
«Weiß nich. Vielleicht lesen, zu Hause, oder nochmal am
Strand längsgehen. Weiß noch nicht, mal sehn.»
«Haste Lust?»   175
«Wozu?»
«Was zeigen.»[33]
«Was denn?»
Der letzte Zucker verschwand. Dieses Mal ging der
Beißkrach in einer Fortissimostelle von Scarlatti unter.[34] Das   180
störte den Jungen jedoch nicht.
Die Sonne war nun untergegangen, und es wurde schnell
dämmrig. Meine Geisha brachte eine Tischkerze.
«Noch mal Zucker?»
Sie konnte sich die Frage nicht verkneifen.[35]   185
«Genau», sagte der Junge und wurde noch ernster, wenn das
überhaupt möglich gewesen wäre.
«Bitte sehr, wenn er mag», sagte ich.
Das Mädchen brachte eine, wie mir schien, größere Portion.
«Den kute ich.»[36] Er steckte den Kandis in die Hosentasche: 190
«Is für Teetje!»
«Wer ist denn Teetje? Dein Freund?»
«Wirste sehn. Kommste mit?»
Ich bezahlte, und wir gingen. Ein anderer Gast hatte die

---

[32] **brachte den zweiten Satz der Musik zur Strecke**   killed the second movement
of the music
[33] **Was zeigen.**   Like to show you something.
[34] **ging der Beißkrach in einer Fortissimostelle von Scarlatti unter**   his crunch-
ing was drowned out by a loud passage in the Scarlatti
[35] **sich . . . verkneifen**   couldn't resist asking
[36] **Den kute ich.**   I'll save it.

Siebente Bruckner[37] bestellt, und so hatten wir einen weihevol- 195
len Abgang und Auszug.

Draußen war es finster geworden, und der Wind hatte noch
zugenommen. Das Rauschen der Brandung war bis hierher zu
hören. Der Junge lief voran, quer über die Heide auf einem
schmalen, versteckten Gehsteig zu den Dünen in Richtung Kam- 200
pen* und Kliffende. Die Trümmer der bei Kriegsende gespreng-
ten Artilleriebunker blockten schief und schwarz gegen die dun-
kelblauen, wehenden Wolken. Manchmal kam ein Stern durch,
wurde aber sofort wieder zugedeckt. Der Mond war nicht zu
sehen, er ging wohl erst später auf. 205

Zwischen zwei Dünenzügen[38] hob sich der Weg sacht aufwärts, dann steiler, und schließlich mußten wir um einen mäch-
tigen Betonklotz herumklettern. Unter dem Klotz zwängten wir
uns in ein enges Loch. Völlige Dunkelheit.

«Warte mal!» 210

Die Stimme des Jungen klang dumpf vor mir. Ein Streichholz
zischte, dann schwebten zwei Kerzenflammen schräg über mir.

«Komm rauf, hier isses!»

An der Seite war ein Teil des Bunkers unbeschädigt geblieben. Aus der abgebrochenen Zwischendecke hing verrosteter 215
Eisendraht in wirren Mustern.[39] Die Kerzen flackerten in einem
Luftzug wer-weiß-woher, Schatten jagten um die Höhlen-
wände.

Der Junge hatte sich eine Ecke mit getrocknetem Seegras
ausgepolstert. Er saß da, ließ die Beine baumeln und blickte mir 220
mit großen, lichtglänzenden Augen entgegen. «Das ist Teetje»,
sagte er. «Friß!»

Die Möwe sperrte den Schnabel auf und schluckte ein Stück
Kandiszucker. Sie ruckte mit dem Hals. Gerechter Strohsack,[40]
ein zweiter Zuckerfresser, und was für einer! Die Möwe sah arg 225
mitgenommen aus,[41] der linke Flügel hing, und der Vogel
lahmte; die Federn waren teerverkleistert.

Der Junge nahm die Möwe auf den Schoß und streichelte sie.
Das Tier hielt den Schnabel halb geöffnet und fiepte zart. Die
schwarzen Knopfaugen mit den hellen Ringen beobachteten 230
mich unbeweglich.

---

[37] **Siebente Bruckner**   Bruckner's seventh symphony
[38] **Dünenzügen**   rows of dunes
[39] **Aus der abgebrochenen Zwischendecke hing verrosteter Eisendraht in wirren Mustern.**   From the badly damaged ceiling hung rusted metal reinforcements in confused patterns.
[40] **Gerechter Strohsack**   Holy mackerel
[41] **sah arg mitgenommen aus**   looked in terrible shape

«Tag, Teetje!» sagte ich.

Die Möwe fraß den Zucker, und der Junge streichelte sie.

«Hab ich vor ner Woche gefunden, is ganz zahm, von Anfang an. Machsten leiden?» 235

«Genau», sagte ich.

Der Junge verzog das Gesicht, und nun sah ich ihn zum erstenmal leise lächeln.

Wir haben uns in den nächsten Tagen noch zweimal getroffen, der Junge, die Möwe und ich. Ich sorgte dafür, daß den 240 beiden der Kandis nicht ausging.[42] Drei Tage bevor ich abfahren mußte, blieb der Junge plötzlich aus. Ich wartete vergebens. Erst am Abend des letzten Tages kletterte ich allein in den Höhlenbunker. Die Seegrasecke war leer.

Ich ging nochmals zurück zum Witthüs, trank meinen Ab- 245 schiedstee, hörte der Musik zu und dachte ein wenig nach. Dann endlich fragte ich meine blonde Geisha beiläufig, ob sie den Jungen irgendwann in den letzten Tagen gesehen habe.

«Den Zuckerfresser?» sagte sie und horchte in Richtung des Plattenspielers, das 'Erwachen heiterer Gefühle auf dem Lande' 250 — 'Allegro ma non troppo'[43] mußte gleich zu Ende sein. Es dauerte aber doch noch ein bißchen, da wir beide auf einen Trugschluß[44] hereingefallen waren, und sie sah mich gerade heraus an: «Ja— der! Am Dienstag war er hier und ging sofort wieder. Er sagte 'Teetje is tot, un ich eß kein Zocker mehr'. 255 Wissen *Sie*, wer Teetje ist?»

FRAGEN

1. Warum hat der Erzähler dem Jungen sein Frottiertuch geliehen?
2. Was will der Erzähler tun, nachdem er sich anzieht?
3. Warum sind so wenige Leute am Strande?
4. Warum gefällt es dem Erzähler jetzt besser am Strande als im Hochsommer?
5. Warum erscheint der Junge im Witthüs?
6. Was hält der Junge von Mädchen?
7. Warum hat der Junge nicht den letzten Kandis gegessen?
8. Was will der Junge dem Erzähler zeigen?
9. Was ist mit der Möwe los?
10. Warum kommt der Junge auf einmal nicht mehr ins Witthüs?

[42] **den beiden der Kandis nicht ausging**   the two of them had plenty of sugar
[43] **'Erwachen heiterer Gefühle auf dem Lande'** 'Allegro ma non troppo'   The first movement of Beethoven's sixth symphony, the Pastoral
[44] **Trugschluß**   false ending

ZUR BESPRECHUNG DES TEXTES

1. «Was schreibst'n da?»
2. Tee trinken im Witthüs.
3. Der Schriftsteller gab es auf, der Musik zuzuhören.
4. Der Schriftsteller geht mit dem Jungen zu den Dünen.
5. «Ich eß kein Zocker mehr.»

HEINZ PIONTEK
(1925–)

Heinz Piontek, one of the foremost post-World War II German writers, has been widely acclaimed for his lyric poetry, his prose works, and his radio plays. His lyric and dramatic talents reinforce and intensify the real meaning of the prose works. Piontek's concern with concise linguistic and symbolic statements is clearly evident in this story's title, which serves also as an important structural element. Consider the meaning of "Das Tor zur Welt" for the young father, for the son, and for the father when he was a boy. Another instance of such a complex motif is the recurring poetic formula **Wind und Wolken**, *which embodies the concepts of time and change.*

Piontek's stories are not traditional prose narratives with emphasis on external events and happenings. He is interested primarily in problems of human existence; what transpires in the inner depth of his characters is all-important. The story that follows contains an astonishing amount of factual information about the characters, but in addition Piontek conveys to the reader how an adult and a child experience differently the same event. The work must be read and contemplated on several levels simultaneously—in the present for the son, in the past and present for the father, and on an existential plane for the father. When the young father experiences a sudden awareness of truth, the author's purpose is fulfilled and the story ends abruptly rather than continuing to a logical end. That we do not find out what the father actually did with his son before returning home with him is of no consequence, because Piontek is concerned with the interaction between the young father and his illegitimate son, who is unaware of his true relationship to this man with whom he is spending the day. The worlds of these two changing beings impinge upon each other for a few brief hours and the result is the beginning of a new self-understanding for the father.

Das Tor zur Welt

Einmal im Jahr hole ich Stefan ab. Ich hänge mich ein paar Tage vorher an den Draht[1] und sage Tina Bescheid. Gewöhnlich einigen wir uns aufs Wochenende. Wenn ich dann an ihrer Tür

---

[1] **hänge mich . . . an den Draht**   telephone

läute, bin ich immer etwas nervös, denn häufig ist Werner zu
Hause, der es nicht gern hat, daß mir Tina den Jungen für einen 5
Nachmittag überläßt. Ich verstehe das und verstehe das nicht.
Jedenfalls atme ich auf, wenn ich endlich mit Stefan auf der
Straße stehe, und eine Weile denke ich nicht daran, daß ich ihn
gegen Abend zu Tina und Werner zurückbringen muß.

Das letzte Mal war es ein Tag mit Wind und Wolken. Die 10
Mädchen im Office lästerten über mich,[2] weil ich so zerstreut
war, und nur eine, die meine Geschichte kennt, ließ mich in
Ruhe und wünschte mir ein schönes Wochenende. Ich bin bei
einer Fluggesellschaft angestellt. Samstags machen wir zu Mittag den Laden dicht.[3] Ich wollte für jedes der Kinder eine 15
Kleinigkeit einkaufen und mußte mich beeilen, denn die Geschäfte schließen ja früh. Nachher schlang ich schnell im Stehen
etwas Heißes hinunter[4] und fuhr dann mit den Päckchen zu
unserer Wohnung. Alles leer, weil meine Mutter bei einer
Freundin auf dem Land war. Ich zog mich um und nahm wieder 20
die Bahn und war kurz nach drei draußen in Wiesbach.*

Sie haben ein Reihenhaus mit Kellergarage in diesem Vorort.
Werner muß fast doppelt soviel verdienen wie ich. Natürlich
sprechen wir nicht darüber, bloß ein paar Redensarten machen
wir.[5] Er schimpft über die Teuerung, erzählt was Intimes über 25
das Getriebe seines Wagens, und ich mache Bemerkungen über
die im Augenblick bevorzugten Touristenziele und die neuen
Maschinen, die wir eingesetzt haben.[6] Doch diesmal war
Werner nicht daheim.

Bis sich Stefan angezogen hatte, unterhielt ich mich mit Tina. 30
Zu ihren Füßen kauerte Leonhard, ein Miniatursteuerrad in den
kleinen Fäusten, und nahm die Kurven schneidig wie sein Vater.
Er mußte jetzt vier Jahre alt sein, da Stefan fast acht war. Für die
Spielzeugkamera hatte er mir sehr höflich gedankt und sie dann
uninteressiert an Gaby weitergegeben. Gaby hielt sich mit einer 35
Hand am Laufgitter fest. Sie hatte einen Ausschlag,[7] und ihr
kluges Gesicht war dick mit Salbe bestrichen. Sie knabberte
etwas an der Kamera, bis sie das Gleichgewicht verlor und neben
die Musikmühle zu sitzen kam, die ich ihr geschenkt hatte.

---

[2] **lästerten über mich**   complained about me
[3] **machen . . . den Laden dicht**   close up shop
[4] **schlang ich schnell im Stehen etwas Heißes hinunter**   I gulped down some hot
food standing up
[5] **ein paar Redensarten machen wir**   we exchange a few desultory remarks
[6] **die neuen Maschinen, die wir eingesetzt haben**   the new types of airplanes
that we have put into service
[7] **Sie hatte einen Ausschlag**   She had a rash

---

* All items marked with an asterisk are names of places. See Appendix 1, Place
Names.

Ungeschickt drehte sie die Kurbel, aber es kamen doch ein paar 40
Töne zustande, Töne wie vereinzelte Tropfen von einem Som-
merhimmel, und sie lauschte.

«Sie hat Musik gern», sagte Tina.

Ich sah Tina an. Sie war längst nicht mehr so schlank wie
damals, und die Strenge in ihrem Gesicht hatte zugenommen. 45
Ein starkes strenges Gesicht.

«So ist das», sagte ich.

Tina fing plötzlich an, sehr ausdauernd und geräuschvoll[8] zu
reden, doch ich spürte, daß sie sich fürchtete. Ja, es beunruhigte
sie, daß ich neben ihr saß, und sie fürchtete sich noch immer vor 50
der Erinnerung. So war mir ihr Geschwätz wie eine Zärtlichkeit,
und ich ging ein auf alles und ließ die Vergangenheit ruhen, und
dann stand Stefan in der Tür.

Hager stand er da, mit fast weißen Haaren, und hatte eine
hübsche Windjacke an und hellblaue Cordhosen. 55

«Du hast dich wieder nicht gekämmt», sagte die Mutter. «Ab
durch die Mitte!»[9]

Er verschwand noch einmal, die Tür knallte, und ich nahm
meinen Regenmantel vom Stuhl.

«Verwöhn ihn nicht zu sehr», sagte Tina. «Er hat schlechte 60
Noten im Schönschreiben heimgebracht. Werner ist ziemlich
. . .» Sie brach ab. «So schlimm ist es auch wieder nicht», sagte
sie schnell und lächelte wie jemand, der insgeheim auf meiner
Seite ist.

Wind und Wolken. Ich machte Stefan den Vorschlag, zum 65
Zoo hinauszufahren. Die Bahn war um diese Stunde nicht sehr
besetzt, aber als der Junge die Mundharmonika, die ich ihm
mitgebracht hatte, aus der Jacke zog und ausprobierte, gab es
doch aus einer Ecke Protest, und ich mußte es ihm verbieten.

Stefan sagte laut: «Wie in der Schule. Da kannst du nichts 70
machen.»

Alles im Wagen war mit einemmal lustig über seine aufgeschnappte Redensart.[10]

«Der Junge ist richtig»,[11] sagte jemand, indem er sich zu mir
herabbeugte. Und eine ziemlich wild aussehende Frau, die 75
schwer wie ein Planiertraktor[12] durch den Gang gepflügt war,
blinzelte mir zu. «Genau wie sein Vater!»

Mir fiel nichts ein, was ich darauf hätte sagen können, und ich
lachte. Ich dachte daran, wie ich in Stefans Alter gewesen war.

«Das ist mein *Onkel*», stellte Stefan mich vor. 80

---

[8] **ausdauernd und geräuschvoll**   loudly and at great length
[9] **«Ab durch die Mitte!»**   "Off with you!"
[10] **seine aufgeschnappte Redensart**   the style of speaking that he had picked up
[11] **richtig**   O.K.
[12] **Planiertraktor**   road grader

Ein Hubschrauber knatterte über uns weg. Er war nicht zu
sehen, doch ich nahm die Gelegenheit wahr und fing eilig von
den Maschinen unserer Gesellschaft zu erzählen an. Stefan hörte
hingerissen zu. Er hatte einen hageren, nicht zu kleinen Kopf,
graue Augen und eine etwas kurze Oberlippe, so daß seine   85
Zahnlücken fast immer sichtbar waren. Vor einem Jahre hatte er
sich mit Uhren noch nicht recht ausgekannt. Jetzt wollte er nur
Flugzeiten und Geschwindigkeiten von mir hören, und obwohl
er das meiste natürlich nicht begriff, sagte er doch immer an der
richtigen Stelle: «Toll, Mensch!»[13] Ich versuchte ihn für Indien*   90
und Südafrika* zu interessieren, umsonst, Exotik ließ ihn kalt,
aber in welcher Zeit man bis dorthin komme, wenn man die
schnellste Maschine nehme oder eine, die womöglich noch
toller als die schnellste sei,[14] darüber wollte er ganz präzise
Auskünfte.   95
    Während wir über die Flugzeuge redeten, mußte ich an unser
Office denken. Es schaut wie eine riesige Kajüte aus: alles in
Teakholz und Messing. Die Front zur Straße ist ganz aus Glas,
und die große Glastür, durch die man hereinkommt, heißt bei
uns ironisch «Das Tor zur Welt.» Ich spreche drei Sprachen,   100
kenne alle einschlägigen Bestimmungen und werde auch mit
schwierigen Kunden fertig.[15] Draußen auf dem Flughafen war
der Dienst unbequem, aber ich habe mich unter den Piloten und
Stewardessen wohler gefühlt als hier im öden Innendienst, wo
ich für andere die Tickets in die Welt ausstellen muß. Eigenar-   105
tig, draußen bildete ich mir ein, am Anfang eines Sprungbretts
zu stehen:[16] Nur ein paar Schritte noch, und dann schnellst du
dich ab, irgendwohin! Dabei habe ich im Büro natürlich bessere
Chancen aufzusteigen. Aber wohin?
    Am Vogelstern[17] mußten wir umsteigen. Plötzlich kam mir in   110
den Sinn, daß ich Stefan einmal das Haus zeigen könnte, in dem
ich geboren wurde. Er schien nicht ganz bei der Sache,[18] aber er
wollte es doch sehen. Immerzu arbeitete er an seinen Zähnen
herum,[19] und als wir vor dem großen, von Bomben und Stürmen

---

[13] «Toll, Mensch!» ''Fantastic!''
[14] die womöglich noch toller als die schnellste sei which might even be more
     fantastic than the fastest one
[15] kenne alle einschlägigen Bestimmungen und werde auch mit schwierigen
     Kunden fertig know all pertinent regulations and can handle the difficult
     customers, too
[16] am Anfang eines Sprungbretts zu stehen that I had stepped onto a diving
     board
[17] Vogelstern name of a streetcar stop
[18] Er schien nicht ganz bei der Sache He didn't seem to be really interested
[19] Immerzu arbeitete er an seinen Zähnen herum He constantly picked at his
     teeth

mitgenommenen[20] Haus standen und ich auf unsere ehemalige 115
Wohnung im dritten Stock wies, sagte er: «Du, der ist schon
ganz locker. Hoffentlich verschluck ich ihn nicht.»
Ich wurde etwas aufgeregt, denn ich hatte keine Ahnung, ob
es sehr schädlich sei, wenn man in diesem Alter einen Zahn
verschluckt. Ich nahm ein Tempotaschentuch[21] aus der Packung 120
und tastete vorsichtig die Zähne in seinem rosigen Rachen ab.
Stefan jammerte etwas. Dann hatte ich ihn gefunden. Er wakel-
te so, daß ich Stefans Bedenken[22] sogleich teilte. Ich faßte den
Zahn mit dem Taschentuch und gab mir einen Ruck, und der
Junge zuckte unter dem Ruck, und dann sah er ihn zart und 125
schimmernd zwischen meinen Fingern. Überwältigt von
Schreck, Staunen und Glück sah er seinen Milchzahn an.
Nachher spuckte er etwas Blut. Wir gingen weiter, und er
preßte die Lippen aufeinander und wurde rot und röter im
Gesicht. 130
«Was hast du denn?»[23]
Stefan gab keine Antwort. Erst als er mit aller Gewalt Luft
holte, wußte ich, daß er vorher den Atem angehalten hatte.
«Wenn ich mal untergeh», sagte er schnaufend, «kann ich
tauchen.» 135
Mir fiel ein, daß ich dieses Spiel als Junge auch oft gespielt
hatte. Und ich mußte mich sehr zusammennehmen, um ihm
nicht zu verraten, daß ich sein Vater war. Warum hatten Tina
und ich damals nicht geheiratet? Freilich, ich ging zu dieser Zeit
noch auf die Dolmetscherschule, hatte große Rosinen im Kopf.[24] 140
Ich wollte etwas werden, von dem ich nur wußte, daß ich es mit
aller Kraft meines Herzens werden wollte. Es war etwas anderes
als nur die Ferne, die mich lockte. Ein Geheimnis wollte ich an
mich reißen und es hüten und es nicht preisgeben, bis zum
Schluß. Aber ich lag meiner Mutter auf der Tasche[25] und lernte 145
Sprachen, und als Tina mir erzählte, daß wir ein Kind haben
würden, war ich glücklich und verzweifelt, und ich zögerte
etwas mit meinem Entschluß, da wir vom Heiraten sprachen,
und sie nahm alles selbst in die Hand und ging ihren nicht
leichten Weg allein. Dann, als ich die Unsicherheit abgeschüt- 150

---

[20] **von Bomben und Stürmen mitgenommenen**   damaged by bombs and storms
[21] **Tempotaschentuch**   Tempo brand facial tissue
[22] **Bedenken**   concern
[23] **«Was hast du denn?»**   "What's the matter with you?"
[24] **ich ging . . . auf die Dolmetscherschule, hatte große Rosinen im Kopf**   I was
attending the interpreter's school, had big ideas
[25] **ich lag meiner Mutter auf der Tasche**   I was being supported by my mother

telt hatte und sie heiraten wollte, war plötzlich Werner da, ein Mann, groß und breit und verläßlich. Tina sprach nicht viel. Sie blickte mich an, ihr Gesicht war hart, und das Wasser lief über ihr Gesicht. Werner nahm sie zur Frau und adoptierte ihren vorehelichen Sohn. Daß ich mit Stefan einmal im Jahr zusam- 155 mensein durfte, hatte ich mir durch das Versprechen meines Schweigens erkauft. Solange es Werner für richtig hielt, durfte es der Junge nicht erfahren, wer sein Vater war.

Wir waren nun auf dem Weg, auf dem ich sechs Jahre lang täglich zur Schule gegangen war. Ich erzählte es meinem Sohn. 160 Stefan sah sich um. Rechts standen noch immer die Schuppen eines Altwarenhändlers, dann kam eine große Gärtnerei. Auf der linken Seite einzelne Villen hinter Hecken und Mauern. Ich war lange nicht in der Gegend gewesen, aber nichts hatte sich verändert. Stefan hob einen Zweig auf und brachte damit den 165 rostigen Drahtzaun der Gärtnerei zum Klingen.[26] Auch das hatte ich früher oft getan. Ein paar Weiden neigten sich über den Draht. Wind und Wolken.

Wie Bruchstücke eines halbvergessenen Gedichts kam mir meine Kindheit in den Sinn. Stefan legte den Kopf schräg und 170 äugte zu mir hoch mit einem Vogelblick.[27] Es ging etwas vor in seinem hageren Gesicht. Wahrscheinlich versuchte er sich das ganz Unglaubliche vorzustellen: diesen Mann an seiner Seite mit einem Schulranzen! Der Zweig in seiner Hand zerbrach. Er merkte es nicht. Ich blieb still und atmete den Geruch des 175 Weges ein, den Laub- und Erdgeruch, den Geruch von Rost und verwittertem Mörtel.[28]

Jetzt waren wir an der langen Mauer angelangt, über die man nicht hinwegsehen konnte. Wie eine Sturmflut kam meine Erin- nerung und mit ihr eine Helligkeit des Begreifens, die ich nur 180 mit zusammengebissenen Zähnen ertragen konnte. Ich begriff den Grund, warum ich ein Vater bin, der keiner ist; warum ich es nicht weitergebracht habe als bis zu einem langweiligen Posten in einem prächtig gepflegten Büro; warum ich allein bin. Hier, angesichts der Mauer, die hochragte mit den sonderbaren Zei- 185 chen und Hieroglyphen ihres abblätternden Putzes. Hier auf meinem einstigen Schulweg verstand ich es plötzlich. Ich mußte sprechen.

«Siehst du das Tor da vorn in der Mauer?»
Stefan nickte. 190

---

[26] **brachte damit den rostigen Drahtzaun der Gärtnerei zum Klingen** used it to make the rusty iron fence of the nursery ring
[27] **legte den Kopf schräg und äugte zu mir hoch mit einem Vogelblick** tilted his head and looked up at me with a birdlike expression
[28] **den Laub- und Erdgeruch, den Geruch von Rost und verwittertem Mörtel** the odor of leaves and earth, the odor of rust and of weathered mortar

«Als ich so alt war wie du», sagte ich, «da habe ich mir oft gedacht, was wohl hinter dieser Mauer sein mag. Im Sommer ging ich täglich im Schatten der Mauer lang, und manchmal meinte ich, dahinter einen Springbrunnen zu hören. Es ist ein ganz großes Geheimnis dahinter, habe ich gedacht.» 195

«Was war's denn?» fragte Stefan gierig.

«Ich traute mich nicht, die Klinke an dem kleinen braunen Tor herunterzudrücken und das Tor einen Spalt breit zu öffnen und hineinzuspähen. Später, dachte ich, wenn ich größer bin, später probier ich's. Und immer wieder schob ich es auf.» 200

«Na und dann?»

«Dann ging ich hier sommers und winters lang, und vor der Mauer war Schatten oder Schnee, und es hörte nicht auf, in mir zu brennen, denn ich brannte darauf, das Geheimnis zu lüften. Aber auch eine Scheu war in mir und eine Angst, daß ich viel- 205 leicht nicht stark genug wäre für das Geheimnis. Verstehst du es? So bin ich eigentlich immer gewesen.»

Stefan sagte nichts.

«Natürlich habe ich dann einmal geklinkt, als ich älter war. Doch die Pforte war verschlossen. Es machte mich rasend, ich 210 versuchte es immer wieder, jeden Tag, ja zehnmal am Tag. Ich wollte es nicht glauben. Aber die Tür in der Mauer blieb zu.»

Von Stefans Augen konnte ich ablesen, daß er mich nicht verstand. Ich schlug mit dem Schuh einen Stein beiseite.

«Nachher vergaß ich es», sagte ich. 215

Wir waren vor dem Tor angekommen. Es war frisch gestri- chen, wieder hatte man eine braune Farbe dazu genommen. Stefan, mein Sohn, warf einen kurzen Blick auf das Tor. Dann ging er hin und zog an der Klinke. Das Tor bewegte sich ächzend in den Angeln.[29] Ein sauberer großer asphaltierter Hof kam zum 220 Vorschein. Ein Parkplatz, bis auf zwei, drei Wagen fast leer. Auf der gegenüberliegenden Seite mußte man die Mauer niederge- rissen haben. Dort stand jetzt eine Tankstelle.

«Pah», sagte Stefan.

Und ich dachte: Das Tor zur Welt. 225

FRAGEN

1. Warum mußte der Erzähler Tina anrufen?
2. Was hatte der Erzähler getan, bevor er Stefan abholte?
3. Vor welcher Erinnerung fürchtete sich Tina?
4. Warum sagte Stefan: «Wie in der Schule»?

---

[29] **ächzend in den Angeln**   creaking on its hinges

5. Warum nannte man die Glastür des Geschäftes: «Das Tor zur Welt»?
6. Was mußte der Erzähler auf der Straße für seinen Sohn tun?
7. Warum hatte der Erzähler Tina nicht geheiratet?
8. Worauf machte der Vater den Sohn aufmerksam?
9. Warum hatte der Vater als Kind nie das Tor aufgemacht?
10. Warum sagte Stefan «Pah»?

ZUR BESPRECHUNG DES TEXTES

1. Der Erzähler geht zu Tina und holt Stefan ab.
2. Werner und der Erzähler.
3. «Das ist mein Onkel.»
4. Vater und Sohn auf dem Schulweg des Vaters.
5. Stefan, sein Vater, und das große Geheimnis.

GUSTAV MEYRINK
(1868–1932)

Violent death, Tibet, a deaf man named Pompejus, an Afghan— Gustav Meyrink combines these incongruous elements in the story bearing the curious title "Der violette Tod," a grotesque and incredible tale in which he gives free rein to his bizarre imagination. As the story opens, an expedition is about to set out for a remote section of Tibet for the purpose of investigating rumors that the inhabitants possess supernatural powers. The rumors are not idle ones, as the explorers discover when they encounter the violet death.

Death, particularly in its fantastic and violent forms, obsessed Meyrink. But his storytelling abilities transcend the limits of fantasy and horror. In "Der violette Tod" touches of morbid humor not only provide needed relief but also help bridge the gap between the thoroughly credible expedition into Tibet and its incredible consequences. It is with marked pleasure, one suspects, that Meyrink has the strange violet death spread from Tibet throughout the world, leaving chaos in its wake.

Der violette Tod

Der Tibetaner schwieg.

Die magere Gestalt stand noch eine Zeitlang aufrecht und unbeweglich, dann verschwand sie im Dschungel.—

Sir Roger Thornton starrte ins Feuer: Wenn er kein Sannyasin —kein Büßer[1]—gewesen wäre, der Tibetaner, der überdies 5 nach Benares* wallfahrtete,[2] so hätte er ihm natürlich kein Wort geglaubt—aber ein Sannyasin lügt weder, noch kann er belogen werden.

Und dann dieses tückische, grausame Zucken im Gesichte des Asiaten!? 10

Oder hatte ihn der Feuerschein getäuscht, der sich so seltsam in den Mongolenaugen gespiegelt?

Die Tibetaner hassen den Europäer und hüten eifersüchtig ihre magischen Geheimnisse, mit denen sie die hochmütigen

---

[1] **kein Sannyasin . . . kein Büßer**   not a Sannyasin . . . not a penitent
[2] **wallfahrtete**   was making a pilgrimage

---

* All items marked with an asterisk are names of places. See Appendix 1, Place Names.

Fremden einst zu vernichten hoffen, wenn der große Tag   15
heranbricht.

Einerlei, er, Sir Hannibal Roger Thornton, muß mit eigenen
Augen sehen, ob okkulte Kräfte tatsächlich in den Händen
dieses merkwürdigen Volkes ruhen. Aber er braucht Gefährten,
mutige Männer, deren Wille nicht bricht, auch wenn die   20
Schrecken einer anderen Welt hinter ihnen stehen.

Der Engländer musterte seine Gefährten:—Dort der Afghane wäre der einzige, der in Betracht käme[3] von den Asiaten
—furchtlos wie ein Raubtier, doch abergläubisch!

Es bleibt also nur sein europäischer Diener.   25

Sir Roger berührt ihn mit seinem Stock.—Pompejus Jaburek
ist seit seinem zehnten Jahre völlig taub, aber er versteht es,
jedes Wort, und sei es noch so fremdartig, von den Lippen zu
lesen.

Sir Roger Thornton erzählt ihm mit deutlichen Gesten, was er   30
von dem Tibetaner erfahren: Etwa zwanzig Tagereisen von hier,
in einem genau bezeichneten Seitentale des Himavat,* befinde
sich ein ganz seltsames Stück Erde.—Auf drei Seiten senkrechte
Felswände; —der einzige Zugang abgesperrt durch giftige
Gase, die ununterbrochen aus der Erde dringen[4] und jedes   35
Lebewesen, das passieren will, augenblicklich töten.—In der
Schlucht[5] selbst, die etwa fünfzig englische Quadratmeilen
umfaßt, solle ein kleiner Volksstamm leben—mitten unter
üppigster[6] Vegetation—, der der tibetanischen Rasse angehöre,
rote spitze Mützen trage und ein bösartiges satanisches Wesen   40
in Gestalt eines Pfaues[7] anbete.— Dieses teuflische Wesen habe
die Bewohner im Laufe der Jahrhunderte die schwarze Magie
gelehrt und ihnen Geheimnisse geoffenbart, die einst den ganzen Erdball umgestalten sollen; so habe es ihnen auch eine Art
Melodie beigebracht, die den stärksten Mann augenblicklich   45
vernichten könne.

Pompejus lächelte spöttisch.

Sir Roger erklärt ihm, daß er gedenke, mit Hilfe von Taucherhelmen und Tauchertornistern, die komprimierte Luft enthalten
sollen,[8] die giftigen Stellen zu passieren, um ins Innere der   50
geheimnisvollen Schlucht zu dringen.

---

[3] **der in Betracht käme**   who could be considered
[4] **aus der Erde dringen**   come out of the earth
[5] **Schlucht**   ravine
[6] **üppigster**   rankest
[7] **Pfau**   peacock
[8] **Taucherhelmen und Tauchertornistern, die komprimierte Luft enthalten
    sollen**   diving helmets and tanks that were to contain compressed air

Pompejus Jaburek nickte zustimmend und rieb sich vergnügt
die schmutzigen Hände.

० ० ० ०

Der Tibetaner hatte nicht gelogen: dort unten lag im herrlich-
sten Grün die seltsame Schlucht; ein gelbbrauner, wüstenähn- 55
licher Gürtel aus lockerem, verwittertem[9] Erdreich—von der
Breite einer halben Wegstunde[10]—schloß das ganze Gebiet
gegen die Außenwelt ab.

Das Gas, das aus dem Boden drang, war reine Kohlensäure.[11]

Sir Roger Thornton, der von einem Hügel aus die Breite 60
dieses Gürtels abgeschätzt hatte, entschloß sich, bereits am
kommenden Morgen die Expedition anzutreten.—Die Taucherhelme, die er sich aus Bombay* hatte schicken lassen, funktio-
nierten tadellos.

Pompejus trug beide Repetiergewehre[12] und diverse Instru- 65
mente, die sein Herr für unentbehrlich hielt.

Der Afghane hatte sich hartnäckig[13] geweigert mitzugehen
und erklärt, daß er stets bereit sei, in eine Tigerhöhle zu klettern, sich es aber sehr überlegen werde,[14] etwas zu wagen, was
seiner unsterblichen Seele Schaden bringen könne.—So waren 70
die beiden Europäer die einzigen Wagemutigen geblieben.

० ० ० ०

Die kupfernen Taucherhelme funkelten in der Sonne und
warfen wunderliche Schatten auf den schwammartigen[15] Erdboden, aus dem die giftigen Gase in zahllosen, winzigen Bläschen
aufstiegen.—Sir Roger hatte einen sehr schnellen Schritt ein- 75
geschlagen, damit die komprimierte Luft ausreiche, um die
gasige Zone zu passieren.—Er sah alles vor sich in schwankenden Formen wie durch eine dünne Wasserschicht.[16]—Das Sonnenlicht schien ihm gespenstisch grün und färbte die fernen

---

[9] **verwittertem** weatherbeaten
[10] **Wegstunde** hour's walk
[11] **Kohlensäure** carbon dioxide
[12] **Repetiergewehre** repeating rifles
[13] **hartnäckig** stubbornly
[14] **sich es aber sehr überlegen werde** but would have to think it over very
carefully
[15] **schwammartig** spongy
[16] **Wasserschicht** layer of water

Gletscher—das «Dach der Welt» mit seinen gigantischen Profi- 80
len—wie eine wundersame Totenlandschaft.

Er befand sich mit Pompejus bereits auf frischem Rasen und
zündete ein Streichholz an, um sich vom Vorhandensein atmos-
phärischer Luft in allen Schichten zu überzeugen.—Dann nahmen beide die Taucherhelme und Tornister ab. 85

Hinter ihnen lag die Gasmauer wie eine bebende Wasser-
masse.— In der Luft ein betäubender Duft wie von Amberiablüten.[17] Schillernde handgroße Falter,[18] seltsam gezeichnet, saßen
mit offenen Flügeln wie aufgeschlagene Zauberbücher auf stillen Blumen. 90

Die beiden schritten in beträchtlichem Zwischenraume voneinander der Waldinsel zu, die ihnen den freien Ausblick hinderte.

Sir Roger gab seinem tauben Diener ein Zeichen—er schien
ein Geräusch vernommen zu haben.—Pompejus zog den Hahn 95
seines Gewehres auf.[19]

Sie umschritten die Waldspitze, und vor ihnen lag eine
Wiese.—Kaum eine viertel englische Meile vor ihnen hatten
etwa hundert Mann, offenbar Tibetaner, mit roten spitzen Mützen einen Halbkreis gebildet:—man erwartete die Eindring- 100
linge bereits.— Furchtlos ging Sir Roger—einige Schritte
seitlich vor ihm Pompejus—auf die Menge zu.

Die Tibetaner waren in die gebräuchlichen Schaffelle gekleidet, sahen aber trotzdem kaum wie menschliche Wesen aus, so
abschreckend häßlich und unförmlich waren ihre Gesichter, in 105
denen ein Ausdruck furchterregender und übermenschlicher
Bosheit lag.— Sie ließen die beiden nahe herankommen, dann
hoben sie blitzschnell, wie ein Mann, auf das Kommando ihres
Führers die Hände empor und drückten sie gewaltsam gegen
ihre Ohren.— Gleichzeitig schrien sie etwas aus vollen Lungen. 110

Pompejus Jaburek sah fragend nach seinem Herrn und
brachte die Flinte in Anschlag,[20] denn die seltsame Bewegung
der Menge schien ihm das Zeichen zu irgendeinem Angriff zu
sein.—Was er nun wahrnahm, trieb ihm alles Blut zum Herzen:

Um seinen Herrn hatte sich eine zitternde wirbelnde Gas- 115
schicht gebildet, ähnlich der, die beide vor kurzem durchschrit-
ten hatten.—Die Gestalt Sir Rogers verlor die Konturen, als ob
sie von dem Wirbel abgeschliffen[21] würden,—der Kopf wurde
spitzig—die ganze Masse sank wie zerschmelzend in sich
zusammen, und an der Stelle, wo sich noch vor einem Augen- 120

[17] **Amberiablüten** amberia blossoms
[18] **Falter** butterflies
[19] **zog den Hahn seines Gewehres auf** cocked his rifle
[20] **brachte die Flinte in Anschlag** raised his rifle
[21] **abgeschliffen** worn away

blick der sehnige Engländer befunden hatte, stand jetzt ein hell-
violetter Kegel von der Größe und Gestalt eines Zuckerhutes.[22]
Der taube Pompejus wurde von wilder Wut geschüttelt.—
Die Tibetaner schrien noch immer, und er sah ihnen gespannt
auf die Lippen, um zu lesen, was sie denn eigentlich sagen   125
wollten.
    Es war immer ein und dasselbe Wort.—Plötzlich sprang der
Führer vor, und alle schwiegen und senkten die Arme von den
Ohren.—Gleich Panthern stürzten sie auf Pompejus zu.—
Dieser feuerte wie rasend aus seinem Repetiergewehr in die   130
Menge hinein, die einen Augenblick stutzte.
    Instinktiv rief er ihnen das Wort zu, das er vorher von ihren
Lippen gelesen hatte: «Ämälän[23]—. Äm—mä—län,» brüllte er,
daß die Schlucht erdröhnte[24] wie unter Naturgewalten.
    Ein Schwindel ergriff ihn, er sah alles wie durch starke Bril-   135
len, und der Boden drehte sich unter ihm.—Es war nur ein
Moment gewesen, jetzt sah er wieder klar.
    Die Tibetaner waren verschwunden—wie vorhin sein Herr
—; nur zahllose violette Zuckerhüte standen vor ihm.
    Der Anführer lebte noch. Die Beine waren bereits in bläuli-   140
chen Brei[25] verwandelt, und auch der Oberkörper fing schon an
zu schrumpfen—es war, als ob der ganze Mensch von einem
völlig durchsichtigen Wesen verdaut würde.—Er trug keine
rote Mütze, sondern ein mitraähnliches Gebäude,[26] in dem sich
gelbe lebende Augen bewegten.   145
    Jaburek schmetterte ihm den Flintenkolben[27] an den Schädel,
hatte aber nicht verhindern können, daß ihn der Sterbende mit
einer im letzten Moment geschleuderten Sichel am Fuße
verletzte.
    Dann sah er um sich.—Kein lebendes Wesen weit und   150
breit.—
    Der Duft der Amberiablüten hatte sich verstärkt und war fast
stechend[28] geworden.—Er schien von den violetten Kegeln auszugehen, die Pompejus jetzt besichtigte.—Sie waren einander
gleich und bestanden alle aus demselben hellvioletten gallertar-   155
tigen Schleim.[29] Die Überreste Sir Roger Thorntons aus diesen
violetten Pyramiden herauszufinden, war unmöglich.

---

[22] **Zuckerhut** sugarloaf
[23] **Ämälän** a word coined by the author; it has no specific meaning but functions
    as a magic term
[24] **erdröhnte** vibrated
[25] **Brei** mush
[26] **mitraähnliches Gebäude** a thing shaped like a bishop's miter
[27] **Flintenkolben** rifle butt
[28] **stechend** stinging, biting
[29] **gallertartigen Schleim** gelatinous mucus

Pompejus trat zähneknirschend[30] dem toten Tibetanerführer
ins Gesicht und lief dann den Weg zurück, den er gekommen
war.—Schon von weitem sah er im Gras die kupfernen Helme in   160
der Sonne blitzen.—Er pumpte seinen Tauchertornister voll
Luft und betrat die Gaszone.—Der Weg wollte kein Ende nehmen.[31] Dem Armen liefen die Tränen über das Gesicht,—Ach
Gott, ach Gott, sein Herr war tot.—Gestorben, hier, im fernen
Indien!—Die Eisriesen des Himalaya[32] gähnten gen Himmel,—   165
was kümmerte sie das Leid eines winzigen pochenden
Menschenherzens.———

Pompejus Jaburek hatte alles, was geschehen war, getreulich
zu Papier gebracht, Wort für Wort, so wie er es erlebt und
gesehen hatte—denn verstehen konnte er es noch immer nicht   170
—und es an den Sekretär seines Herrn nach Bombay, Adheritol-
lahstraße 17, adressiert.—Der Afghane hatte die Besorgung
übernommen.—Dann war Pompejus gestorben, denn die Sichel
des Tibetaners war vergiftet gewesen.—

«Allah ist das Eins und Mohammed ist sein Prophet»,[33] betete   175
der Afghane und berührte mit der Stirne den Boden. Die Hindujäger hatten die Leiche mit Blumen bestreut und unter frommen
Gesängen auf einem Holzstoße verbrannt.[34]———

Ali Murrad Bey, der Sekretär, war bleich geworden, als er die
Schreckensbotschaft vernahm, und hatte das Schriftstück sofort   180
in die Redaktion[35] der «Indian Gazette» geschickt.—

Die neue Sintflut[36] brach herein.—

Die «Indian Gazette», die die Veröffentlichung des «Falles
Sir Roger Thornton» brachte, erschien am nächsten Tage um
volle drei Stunden später als sonst.—Ein seltsamer und schrek-   185
kenerregender Zwischenfall trug die Schuld an der Verzögerung:

Mr. Birendranath Naorodjee, der Redakteur[37] des Blattes,
und zwei Unterbeamte, die mit ihm die Zeitung vor der Herausgabe noch mitternachts durchzuprüfen pflegten, waren aus dem
verschlossenen Arbeitszimmer spurlos verschwunden. Drei   190
bläuliche gallertartige Zylinder standen statt dessen auf dem
Boden, und mitten zwischen ihnen lag das frischgedruckte Zei-
tungsblatt.—Die Polizei hatte kaum mit bekannter Wichtig-

---

[30] **zähneknirschend**   gnashing his teeth
[31] **wollte kein Ende nehmen**   seemed endless
[32] **Eisriesen des Himalaya**   ice-capped peaks of the Himalaya
[33] **«Allah ist das Eins und Mohammed ist sein Prophet»**   a quotation from the
Koran: "There is no God but God and Mohammed is his prophet"
[34] **auf einem Holzstoße verbrannt**   cremated
[35] **Redaktion**   editorial office
[36] **Sintflut**   deluge
[37] **Redakteur**   editor

tuerei[38] die ersten Protokolle angefertigt, als zahllose ähnliche
Fälle gemeldet wurden. 195

Zu Dutzenden verschwanden die zeitunglesenden und gesti-
kulierenden Menschen vor den Augen der entsetzten Menge,
die aufgeregt die Straßen durchzog.—Zahllose violette kleine
Pyramiden standen umher, auf den Treppen, auf den Märkten
und Gassen—wohin das Auge blickte.— 200

Ehe der Abend kam, war Bombay halb entvölkert. Eine amtliche sanitäre Maßregel hatte die sofortige Sperrung des Hafens,
wie überhaupt jeglichen Verkehrs nach außen[39] verfügt, um
eine Verbreitung der neuartigen Epidemie, denn wohl nur um
eine solche konnte es sich hier handeln, möglichst einzudäm- 205
men.—Telegraph und Kabel spielten Tag und Nacht und schickten den schrecklichen Bericht, sowie den ganzen Fall «Sir
Thornton» Silbe für Silbe über den Ozean in die weite Welt.—

Schon am nächsten Tag wurde die Quarantäne, als bereits
verspätet, wieder aufgehoben. 210

Aus allen Ländern verkündeten Schreckensbotschaften, daß
der «violette Tod» überall fast gleichzeitig ausgebrochen sei
und die Erde zu entvölkern drohe. Alles hatte den Kopf verloren, und die zivilisierte Welt glich einem riesigen Ameisenhaufen,[40] in den ein Bauernjunge seine Tabakpfeife gesteckt 215
hat.—

In Deutschland brach die Epidemie zuerst in Hamburg* aus;
Österreich,* in dem ja nur Lokalnachrichten gelesen werden,
blieb wochenlang verschont.

Der erste Fall in Hamburg war ganz besonders erschütternd. 220
Pastor Stühlken, ein Mann, den das ehrwürdige Alter fast taub
gemacht hatte, saß früh am Morgen am Kaffeetisch im Kreise
seiner Lieben: Theobald, sein Ältester, mit der langen Studentenpfeife, Jette, die treue Gattin, Minchen, Tinchen, kurz alle,
alle. Der greise Vater hatte eben die eingelangte[41] englische 225
Zeitung aufgeschlagen und las den Seinen den Bericht über den
«Fall Sir Roger Thornton» vor. Er war kaum über das Wort
Ämälän hinausgekommen und wollte sich eben mit einem
Schluck Kaffee stärken, als er mit Entsetzen wahrnahm, daß nur
noch violette Schleimkegel[42] um ihn herumsaßen. In dem einen 230
stak noch die lange Studentenpfeife.—

Alle vierzehn Seelen hatte der Herr zu sich genommen.—

Der fromme Greis fiel bewußtlos um.—

Eine Woche später war bereits mehr als die Hälfte der
Menschheit tot. 235

---

[38] **Wichtigtuerei** pompousness
[39] **jeglichen Verkehrs nach außen** all traffic with the outside world
[40] **Ameisenhaufen** anthill
[41] **eingelangt** arrived
[42] **Schleimkegel** blobs of mucus

Einem deutschen Gelehrten war es vorbehalten, wenigstens
etwas Licht in diese Vorkommnisse zu bringen.—Der Umstand,
daß Taube und Taubstumme[43] von der Epidemie verschont blieben, hatte ihn auf die ganz richtige Idee gebracht, daß es sich
hier um ein rein akustisches Phänomen handle.—   240

Er hatte in seiner einsamen Studierstube einen langen wis-
senschaftlichen Vortrag zu Papier gebracht und dessen öffent-
liche Verlesung mit einigen Schlagworten angekündigt.

Seine Auseinandersetzung[44] bestand ungefähr darin, daß er
sich auf einige fast unbekannte indische Religionsschriften be-   245
rief,—die das Hervorbringen von astralen und fluidischen Wirbelstürmen[45] durch das Aussprechen gewisser geheimer Worte
und Formeln behandelten— und diese Schilderungen durch die
modernsten Erfahrungen auf dem Gebiete der Vibrations- und
Strahlungstheorie stützte.—   250

Er hielt seinen Vortrag in Berlin und mußte, während er die
langen Sätze von seinem Manuskripte ablas, sich eines
Sprachrohres[46] bedienen, so enorm war der Zulauf des
Publikums.—

Die denkwürdige Rede schloß mit den lapidaren[47] Worten: 255
«Gehet zum Ohrenarzt, er soll euch taub machen, und hütet
euch vor dem Aussprechen des Wortes 'Ämälän'.»—

Eine Sekunde später waren wohl der Gelehrte und seine
Zuhörer nur mehr leblose Schleimkegel, aber das Manuskript
blieb zurück, wurde im Laufe der Zeit bekannt und befolgt und   260
bewahrte so die Menschheit vor dem gänzlichen Aussterben.

Einige Dezennien[48] später, man schreibt 1950, bewohnt eine
neue taubstumme Generation den Erdball.—

Gebräuche und Sitten anders, Rang und Besitz verschoben.
—Ein Ohrenarzt regiert die Welt.—Notenschriften zu den   265
alchimistischen Rezepten des Mittelalters geworfen,[49]—
Mozart, Beethoven, Wagner der Lächerlichkeit verfallen, wie
weiland Albertus Magnus und Bombastus Paracelsus.[50]—

---

[43] **Taubstumme**   deaf mutes
[44] **Auseinandersetzung**   explanation
[45] **von astralen und fluidischen Wirbelstürmen**   of supernatural and atmos-
pheric cyclones
[46] **Sprachrohr**   megaphone
[47] **lapidaren**   concise, terse
[48] **Dezennien**   decades
[49] **Notenschriften zu den alchimistischen Rezepten des Mittelalters geworfen**
musical scores relegated to the same position as alchemistic formulae of the
Middle Ages
[50] **wie weiland Albertus Magnus und Bombastus Paracelsus**   as in earlier times
Albertus Magnus [scholastic philosopher, 1206–1280] and Bombastus Paracelsus [noted physician, 1493–1541]

In den Folterkammern der Museen fletscht hie und da ein
verstaubtes Klavier die alten Zähne.[51]

Nachschrift des Autors: Der verehrte Leser wird gewarnt, das
Wort «Ämälän» laut auszusprechen.

FRAGEN

1. Was will Sir Roger mit eigenen Augen sehen?
2. Warum muß Pompejus die Worte seines Herrn von den
   Lippen lesen?
3. Wie war das Tal von der Außenwelt abgeschlossen?
4. Was sahen die beiden plötzlich auf der Wiese, nachdem sie
   um die Waldspitze herumgegangen waren?
5. Was taten die Tibetaner, als die Europäer auf sie zukamen?
6. Was erblickte Pompejus an der Stelle, wo Sir Roger gestanden hatte?
7. Woran ist Pompejus gestorben?
8. Warum wurde Pastor Stühlken nicht in einen Schleimkegel
   verwandelt?
9. Was sollten die Leute nach der Meinung des Gelehrten tun,
   um sich vor dem gefährlichen Wort zu schützen?
10. Wovor wird der Leser dieser Geschichte gewarnt?

ZUR BESPRECHUNG DES TEXTES

1. Ein Engländer reist nach Tibet.
2. Giftige Gase und Taucherhelme.
3. Tibetaner halten die Ohren zu und schreien.
4. Eine Weltkatastrophe.
5. Ein Ohrenarzt regiert die Welt.

[51] **In den Folterkammern der Museen fletscht hie und da ein verstaubtes Klavier
die alten Zähne.** In the torture chambers of the museums here and there a
dusty piano bares its old teeth.

GÜNTER DE BRUYN
(1926–)

*Born in Berlin and now a citizen of East Germany, de Bruyn was
a soldier and a prisoner of war for a short time in 1944–45. He
has worked on farms, as a teacher, and as a librarian; since 1963
he has been a full-time writer. De Bruyn is admired in both East
and West Germany, particularly for his social criticism. He first
drew attention with his collection of short stories,* **Ein
schwarzer, abgrundtiefer See**, *where "Renata" appeared.*

*One of his major themes is that of the individual who is trying
to find himself, more often than not without success. Another is
the portrayal of characters, who, in order to survive, struggle to
become wanted and hence accepted. Both Renata and Michael
in our story illustrate these themes. Each wishes to be attractive
to and loved by the other. At the end they seem to have suc-
ceeded and to have at the same time found themselves, but the
last line of the story repeats a question that runs like a motif
through much of the story, and we are left wondering what will
become of them.*

*The problem of guilt is paramount here; in a sense Renata and
Michael are star-crossed lovers who from the beginning of their
acquaintance have the vague feeling that something from the
past hangs over them, something that is eventually recalled with
shocking clarity. The guilt that comes to light is both collective
and individual, neither of which can ever be forgotten.*

*The story clearly draws on personal experience, but is not
strictly autobiographical. The author, with extraordinary psychological skill and insight and an eye for observation, has developed a totally absorbing and credible situation without
burdening the reader with the ideological component that char-
acterizes much socialist literature.*

Renata

1

Es war genau acht Uhr fünfundvierzig, als ich Renata zum
erstenmal sah. Ich weiß das genau, denn der Zug verließ pünktlich um diese Zeit den Bahnhof Katowice,* und sie betrat im
gleichen Moment das Abteil. Der Zug ruckte stark an beim

---

* All items marked with an asterisk are names of places. See Appendix 1, Place
Names.

Abfahren,[1] und ich dachte für einen Augenblick, daß sich die
Tür dadurch von selbst geöffnet hätte. Aber dann sah ich sie in
der Tür stehen und dachte an nichts anderes mehr.

Das war am Montag, dem ersten Juli dieses Jahres; ein Tag,
den ich gewiß nie vergessen werde, so wenig, wie ich Renata
vergessen kann. Immer wieder erschreckt mich der Gedanke,
daß ich den Zug hätte versäumen, daß ich in ein anderes Abteil
hätte einsteigen können.

Als sie in der Tür stand, fiel mir zuerst ihr Haar auf. Sie trug es
gescheitelt[2] und locker nach hinten gekämmt. Von vorn gesehen,[3] erschien es kurz geschnitten, aber als sie den Kopf leicht
zur Seite neigte beim Sprechen, sah ich, daß es lang und hinten
mit einem Kamm etwas unordentlich hochgesteckt war. Aber
nicht deshalb sah ich zuerst ihr Haar an, sondern seiner eigen-
tümlichen Farbe wegen; es war weißblond mit rötlichem
Schimmer.

Noch von der Tür her fragte sie etwas, und ich wandte den
Blick ab, da es mir peinlich war, kein Wort Polnisch zu verstehen. Ich dachte auch nicht über die Bedeutung ihrer Worte
nach, sondern lauschte nur dem Klang ihrer Stimme.

Sie trug einen lose hängenden Pullover, dessen Rot ausgeblichen[4] war. Er war am Hals ausgeschnitten und gab ihre mageren
Schultern frei.[5] Eine schwarze Kette hing bis über die Brust
herab. Ihre Hüften waren schmal, ihre Handgelenke von kind-
licher Zartheit. Bevor sie sich auf den freien Platz zwischen zwei
ältere Frauen setzte, hob sie ihr Köfferchen, um es in das
Gepäcknetz zu legen. Ich sprang auf und half ihr. Sie wandte mir
ihr blasses Gesicht zu, lächelte mit ihrem großen, gar nicht
kindlichen Mund und sagte etwas, was wohl «Danke» bedeuten
konnte. Ich lächelte zurück und schwieg.

Ich hatte viel geschwiegen in den letzten Tagen, weil es mir
unangenehm war, als Deutscher erkannt zu werden. Niemand
hatte mir Veranlassung dazu gegeben; mein Bruder, dessen
Hochzeit Grund dieser Reise war, hatte es mir auszureden versucht, vergebens: Mir war zumute wie einem Menschen mit
schlechtem Gewissen.

Renata saß mir schräg gegenüber,[6] wühlte in ihrem Bastbeutel[7] und nahm Zigaretten heraus. Ich gab ihr Feuer. Wieder

---

[1] **ruckte stark an beim Abfahren** jerked hard as it started
[2] **fiel mir zuerst ihr Haar auf. Sie trug es gescheitelt** I noticed her hair first. She wore it parted
[3] **Von vorn gesehen** Seen from the front
[4] **ausgeblichen** faded
[5] **gab ihre mageren Schultern frei** left her thin shoulders exposed
[6] **mir schräg gegenüber** diagonally across from me
[7] **Bastbeutel** raffia bag

lächelte sie und sagte das polnische Wort, das fast wie das englische «Thank you» klang, und ich lächelte auch und schwieg.
Ich wußte, daß der Zug fast zwei Stunden bis Krakau* fuhr und   45
daß ich diese zwei Stunden nicht würde vergessen können, auch
wenn ich nicht den Mut fand, mich mit ihr bekannt zu machen.
   Alle Leute im Abteil lasen, nur Renata und ich nicht. Der Zug
fuhr noch langsam. Unverputzte Brandmauern schoben sich vor,
stürzten ab in enge Höfe, waren wieder dicht heran und wichen   50
endlich den rußigen Fabriken, den Schloten, Hochöfen und
rauchenden Halden.[8] Und dann, unvermutet bot sich mir ein
Bild, das ich kannte. Es war, als wenn man bei einem Besuch
gezwungen wird, Berge von uninteressanten Fotografien anzusehen, und plötzlich auf das Bild eines Jugendfreundes trifft, der   55
lange tot und vergessen ist. Ich hatte nicht gewußt, daß der Zug
hier vorbeifahren würde. Eine kopfsteingepflasterte Straße,
gerade und unendlich, als Strich sich im Dunst verlierend, keine
Bäume, nur graues, hartes Gras am Rand, links ein grau-rotes
verfallenes Gebäude vor einer mit Wasser gefüllten Lehm-   60
grube,[9] rechts, wo die Industriebahn die Straße kreuzt, fünf
einstöckige Häuser mit Geranien vor den kleinen Fenstern, mit
Gärten, in denen alte Obstbäume stehen, deren Blätter grau
sind, grau wie die Hausmauern und das Gras am Straßenrand,
und hinter allem die Halden und die kulissenhaft im Dunst   65
aufragenden Schlote. In dem ersten der Häuser hatte ich ein
Jahr gelebt, 1940, acht Jahre alt, zu jung, um den Grund für das
plötzliche Verlassen» unserer freundlichen Breslauer* Heimat zu
begreifen, alt genug, um das Bedrückende dieses Aufenthaltes
zu empfinden. Ich hatte Einzelheiten dieses trüben Jahres ver-   70
gessen, aber jetzt nach dem kurzen Blick aus dem Zug war alles
wieder da: die dumpfen, dämmrigen Zimmer, die Entdeckungs-
gänge auf hartverkrusteten Wegen, die Einöde der verlassenen
Grube, der Kot und die Abfälle in der Ruine, das Pfeifen der
Lokomotiven, die Schreie der Rangierer, der rettende Garten,[10]   75
die traurigen Augen der Mutter und die papierene Weiße von
Vaters Gesicht, als sie ihn tot hereintrugen. Ich hörte sie wieder
fluchen, die deutschen Eisenbahner, sah ihre ölverschmierten
Hände, ihre angstverzerrten Gesichter, ich roch die dumpfe

---

[8] **Unverputzte Brandmauern schoben sich vor, stürzten ab in enge Höfe, waren
   wieder dicht heran und wichen endlich den rußigen Fabriken, den Schloten,
   Hochöfen und rauchenden Halden.**   Unplastered walls appeared, gave way
   to narrow courtyards, closed in again and finally gave way to sooty factories,
   smokestacks, blast furnaces and smoking slag piles.
[9] **Lehmgrube**   clay pit
[10] **der rettende Garten**   the garden that made life bearable

Feuchtigkeit der Stuben und den Qualm, der von den Fabriken 80
herübergetrieben wurde. «Es war eine traurige Zeit», sagte
meine Mutter, als ich später davon erzählte, «traurig war alles
dort, auch schon vor Vaters Tod. Aber es sollte ja nur ein Übergang sein, man konnte hoffen. Heute dagegen . . .» Und sie
weinte wie so oft, wenn von Schlesien* die Rede ist. Sie ist sehr 85
alt und einsam.

Als ich mich ins Abteil zurückwandte, traf mein Blick auf den
Renatas. Einige Sekunden lang sahen wir uns an. Sie hatte die
Lippen leicht geöffnet und sah aus, als freute sie sich über etwas.
Dann sah sie wieder zum Fenster hinaus, an dem jetzt mit wach- 90
sender Geschwindigkeit Telegrafenmasten und Felder vorbei-
flogen.

Später nahm sie ein Täschchen aus ihrem Beutel, stand auf
und ging hinaus auf den Gang. Sie ging sehr gerade, mit kleinen
Schritten. 95

Ich kam mir plötzlich so einsam vor wie auf Festen meiner
heiteren Lehrerkollegen. Ich stand auch auf, stellte mich im
Gang an ein Fenster und versuchte, mir die Worte zurechtzule-
gen, die ich ihr sagen wollte. Aber ich war zu aufgeregt; vielleicht war es auch ganz gleich,[11] was ich sagte; sie würde es doch 100
nicht verstehen.

Und dann kam sie den Gang entlang, und ich starrte krampfhaft aus dem Fenster, und erst, als sie neben mir stand und leise
etwas auf polnisch sagte, was vielleicht «Bitte, würden Sie mich
wohl vorbeilassen» hieß, sah ich ihr in die Augen. 105

Sie war mir vorhin, als sie in der Tür gestanden hatte, größer
vorgekommen, als sie in Wirklichkeit war. Sie war mindestens
einen Kopf kleiner als ich und mußte zu mir aufsehen, als sie so
dicht neben mir stand. Ich preßte mich an das Fenster, so daß
zwischen mir und der Abteilwand genug Raum zum Durch- 110
gehen blieb, und versuchte eine dieser dummen Anbiederungsformeln möglichst keck, heiter, unbefangen und zufällig
herauszubringen.[12]

Sie tat noch zwei, drei Schritte, dann blieb sie stehen. Sie
sprach langsam, ein Wort deutlich vom andern absetzend. Es 115
schien, als probierte sie, ehe sie sprach, erst die jeweilige Zungenstellung. Die Lippen bewegte sie kaum dabei. Ihre Wörter
hatten einen weichen Klang. Alle Härten und Schärfen der

[11] **war es auch ganz gleich**   it didn't matter at all
[12] **eine dieser dummen Anbiederungsformeln möglichst keck, heiter, unbefangen und zufällig herauszubringen**   to come up with one of those silly social
clichés, being as natural and casual as possible

deutschen Sprache wurden rund und sanft bei ihr. Sie sprach
nicht ganz richtig, aber sehr schön.   120

2

Wie immer ging Papa schon eine Minute vor Abfahrt des Zuges
die Treppe hinunter. Er fürchtet die Rührung, die ihn jedesmal
wieder überfällt, wenn ich abfahre, obwohl es sich doch immer
nur um den Abschied von einigen Wochen handelt.

Da mein Dienst an diesem Montag erst mittags begann,   125
konnte ich den Zug benutzen, der gegen zehn Uhr in Kraków*
ist. Das ist mir schon Papas wegen sehr lieb, der es sich nie
nehmen läßt,[13] mich zum Bahnhof zu begleiten, und dem doch
das allzu frühe Aufstehen schon schwerfällt. Zwar sieht er mit
seiner Schirmmütze, die älter ist als ich, noch immer sehr verwe-   130
gen aus, doch beginnt bei der leichten Steigung der Bahnhofstraße sein Atem hastig zu pfeifen, wenn wir zu spät losgegangen sind und nicht einige Male stehenbleiben können um
auszuruhen.

Diesmal waren wir so früh losgegangen, daß wir wie von   135
ungefähr den Umweg über die Nikolowska* machen konnten,
am Gefängnis vorbei. Manchmal war er stehengeblieben und
hatte an der grünschimmernden Mauer hinaufgesehen, hinter
der er während der Okkupationszeit gelitten hatte.

Unser Abschied war meines Festtages wegen diesmal   140
besonders herzlich. Ich winkte ihm, ehe er im Treppenschacht
verschwand, noch einmal zu und stand eine Minute später in der
Tür des Abteils, in dem der junge Mann saß, dessen Blick mich
so verwirrte, daß ich die Frage, ob der Platz ihm gegenüber
noch frei sei, nur an ihn richtete. Er tat, als hätte er nicht gehört,   145
half mir jedoch, den Koffer ins Gepäcknetz zu legen, und ich
dankte ihm. Aber noch während ich ihn ansah, hatte ich das
Gefühl, daß es eine Spur zu freundlich war und von ihm als
Annäherungsversuch[14] aufgefaßt werden könnte. Doch er sagte
wieder nichts, ich spürte Angst, nicht zu gefallen, und wünschte   150
mir einen Spiegel, um sehen zu können, ob ich schön genug war.

Mir fiel es schwer, ihn nicht dauernd anzusehen. Vor Verlegenheit[15] rauchte ich. Er gab mir schweigend Feuer und sah
dann wieder zum Fenster hinaus. Als der Zug die Stadt verlassen

---

[13] **Das ist mir schon Papas wegen sehr lieb, der es sich nie nehmen läßt**　I'm glad
about that for Papa's sake, who always insists on
[14] **Annäherungsversuch**　an attempt to strike up an acquaintanceship
[15] **Vor Verlegenheit**　Because I was embarrassed

hatte und die Sosnowicer Chaussee* kreuzte, merkte ich, daß er 155
von der Öde dieser Gegend gefesselt wurde. Nun hatte ich Zeit,
ihn zu betrachten.

Er war groß und hager, sein Gesicht breit, die Stirn unter dem
glatten Haar hoch und von Falten durchzogen.[16] Die braunen
Augen kniff er ständig ein wenig zusammen, was ihm ein fin- 160
steres Aussehen gab. Er ist kurzsichtig und sollte eine Brille
tragen, dachte ich und mußte über mich lächeln, weil sich selbst
in dieser Situation noch die Krankenschwester in mir bemerkbar
machte.

In diesem Augenblick wandte er den Kopf, und unsere Blicke 165
trafen sich wieder. Ich kam mir vor wie eine Schülerin, die
gekichert hat und nun befürchtet, daß der Lehrer die Übeltä-
terin an den noch lachenden Augen erkennen kann. Es dauerte
lange, bis ich mich losreißen konnte von seinem Blick. Glücklich
machte es mich, daß er mich weiter ansah. Es war gut, unter 170
seinem Blick zu sitzen, weil nichts Aufdringliches darin war.

Mir fiel ein, daß ich sicher schlecht gekämmt war.[17] Es war
sehr windig gewesen während des morgendlichen Spazier-
ganges. Ich nahm mein Waschzeug heraus, ging zur Toilette,
besah mich im Spiegel, begutachtete meine Frisur, den Sitz des 175
Pullovers, den Schwung der Kette und fand mich eigentlich
recht hübsch, nur ein bißchen dünn.

Auf dem Gang glaubte ich nicht richtig gehen zu können, als
ich ihn rauchend am Fenster sah. Würde mir eine Entgegnung
einfallen, wenn er mich jetzt ansprach? Ich fürchtete mich 180
davor, aber gleichzeitig hatte ich Angst, daß er diese Gelegenheit könnte vorbeigehen lassen und wir uns in Kraków trennen
würden ohne Aussicht, uns jemals wiederzusehen.

Aber da war ich auch schon bei ihm. Er stand dem Fenster
zugewandt und versperrte den Weg. Ich bat ihn mit einer 185
Stimme, die meine nicht zu sein schien, mich vorbei zu lassen.
Schweigend trat er zur Seite. Ich ging vorbei und wurde traurig,
weil ich nun nie würde seine Stimme hören können. Aber in
diesem Augenblick sprach er. Seine Stimme war tief und etwas
heiser. Aber das stellte ich erst später fest. Denn das einzige, was 190
ich in diesem Moment dachte, war: Er ist ein Deutscher! Und ich
erschrak.

Ich dachte nicht: Er ist Ausländer, es wird schwierig sein, sich
mit ihm zu verständigen, er wird bald wieder wegfahren. Nein,
ich dachte: Er ist Deutscher, und mir fiel Papa ein und die Zeit 195

---

[16] **von Falten durchzogen** wrinkled
[17] **ich sicher schlecht gekämmt war** my hair was a mess

der Besetzung. Es ist nun einmal so, daß die Gedankenverbindung zwischen Deutschland und Wehrmacht so eng ist wie
zwischen Krieg und Tod. Wie das Auge auf grelles Licht durch
Zusammenziehen der Pupille, reagiert unser Gedankenmecha-
nismus auf das Wort deutsch durch Einengung auf Grauunifor-   200
mierte.[18] Und wie das Auge erst wieder nach gewisser Zeit
sehfähig wird, können wir dann weiterdenken und Unterschiede
sehen.

Er sagte etwas sehr Banales, aber das mußte wohl so sein, und
ich war, glaube ich, trotz des Erschreckens froh, daß der Anfang   205
gemacht war.

«Sie sind Deutscher?» fragte ich überflüssigerweise.

«Ja», sagte er, «und da ich kein Wort Polnisch kann, freue ich
mich sehr, daß Sie deutsch sprechen.»

«Es geht schlecht genug. Ich mache Fehler in der Aus-   210
sprache, und vor allem fehlen mir Vokabeln.»

«Sie sprechen wunderbar!» sagte er, und obwohl ich wußte,
daß es nicht stimmte, freute ich mich darüber.

«Wo haben Sie es gelernt?»

«Zu Hause. Meine Mutter war früher Dienstmädchen bei   215
einer deutschen Familie. Damals hat sie es lernen müssen, jetzt
liest sie viel deutsch und lehrt es ihre Tochter.»

«Ich muß Ihrer Mutter dankbar sein dafür!» Er lächelte, als er
das sagte, doch dann setzte er ernst hinzu: «Sicher hat es Ihre
Mutter schwer gehabt damals!»   220

«Sie war bei einer Generaldirektorsfamilie, in der Polnisch
sprechen als unanständig galt.»

«Und nun haßt Ihre Mutter die Deutschen?»

«Sie haßt die deutschen Generaldirektoren!» sagte ich.

Er antwortete nicht, bot mir eine Zigarette an, und wir rauch-   225
ten und sahen aus dem Fenster. Die Zigarette war stark und süß;
ich sah, daß es eine westdeutsche Marke war. Es hatte angefangen zu regnen, die Tropfen zogen schräge Striche über die
Scheiben, über den Feldern hingen tief die Wolken. Der Zug
fuhr sehr schnell, und ich sah an den im Dunst vorbeischwim-   230
menden Bäumen, Scheunen und Dörfern der vertrauten
Strecke, wie rasch die Zeit verfloß.

«Sie wollen auch nach Krakau?» fragte ich schließlich.

«Ja. Es soll eine schöne Stadt sein», antwortete er, aber ich
sah, daß er an anderes dachte.   235

«Krakau ist schön, ich liebe es sehr, aber auch Katowice ist

[18] **durch Einengung auf Grauuniformierte** by limiting it to men in gray uniform

schön, nur anders. Vielleicht ist jede Stadt schön, die man genau
kennt. Aber vergessen Sie nicht, sich Nowa Huta* anzusehen,
unsere neue Stadt!»

«Ich habe davon gehört», sagte er.   240

Dann war es wieder still zwischen uns. Er sah finster aus, aber
ich hatte nicht einen Augenblick das Gefühl, daß er meiner
überdrüssig sei[19] oder an irgend etwas dachte, was mit mir nichts
zu tun hatte. Ich empfand sein Schweigen auch nicht als Unhöflichkeit; ich hatte nur Angst, daß wir zu schnell in Kraków sein   245
würden.

«Sie können sich nicht vorstellen, wie einem Deutschen in
Polen* zumute ist», sagte er dann. «Oder genauer: einem West-
berliner in Polen, einem in Schlesien geborenen Westberliner in
Polen!»   250

«Haß?» fragte ich und hatte Angst vor seiner Antwort.

»Nein», sagte er.

«Heimweh?»

«Nein. Ich erinnere mich ja kaum daran. Meine alte Mutter
hat Heimweh und rennt zu den Schlesiertreffen,[20] um mit   255
anderen zusammen zu sein, die auch Heimweh haben. Bei mir
ist es nichts als Scham und kein vernünftiger Grund dazu. Ich
glaube nicht an die Kollektivschuld, und wir waren Kinder
damals. Aber trotzdem brennt das in einem, wenn einer sagt:
Auschwitz,* oder: Warschau,* oder: Generaldirektoren.»   260

«Entschuldigen Sie, ich hatte das nicht so gemeint», sagte ich
erschrocken.

«Ich weiß, es ist nie so gemeint, aber immer kommt es, in
jedem Gespräch. Auch Ihre Rücksicht, selbst die Herzlichkeit ist
beschämend.«   265

Die Falten auf seiner Stirn waren jetzt sehr tief, und in seinen
Augen war wieder Ratlosigkeit.

«Sie haben recht, wir waren Kinder damals», sagte ich.
«Aber vielleicht liegt der Grund zur Scham gar nicht in der
Vergangenheit?»   270

Ich hatte diesen Satz in der Absicht begonnen, ihn zu trösten,
aber während ich sprach, merkte ich, daß ihm Trost nicht helfen
konnte, daß Ehrlichkeit notwendig war.

«Ich bin Lehrer, falls Sie das meinen», sagte er, nachdem er
mich forschend angesehen hatte, «und erzähle den Kindern   275
jedes Jahr, wenn es der Lehrplan vorschreibt, von den ehemali-

---

[19] **daß er meiner überdrüssig sei**   that he was tired of me
[20] **Schlesiertreffen**   meetings in West Germany of Silesians displaced after
   World War II

gen deutschen Ostgebieten,[21] nicht mit Haß, nicht mit Heimweh, ganz objektiv, Zahlen, Daten. Ist das ein Grund zur
Scham?»

«Vielleicht ist das, was Sie objektiv nennen, nur die halbe 280
Wahrheit?»

Er antwortete nicht, zündete sich eine neue Zigarette an,
ohne mir eine anzubieten, und rauchte in hastigen Zügen.

«Es wäre noch viel zu reden darüber«, sagte er dann, «aber
wir sind wohl schon in Krakau? Haben Sie Zeit für mich?» 285

«Leider muß ich gleich zum Dienst.[22] Wie lange bleiben Sie
hier?»

Der Zug verlangsamte seine Fahrt,[23] und die Leute drängten
aus den Abteilen. Ich bemerkte es kaum, wartete nur darauf, daß
er antwortete, daß er etwas sagte, was die Traurigkeit, die schon 290
in mir aufstieg, zerstreuen würde.

«Ich wollte abends wieder fahren», sagte er zögernd.

«Sie können nicht noch einen Tag bleiben?»

«Es geht nicht, morgen fährt mein Zug von Katowice, übermorgen läuft mein Visum ab. Aber fahren auch Nachtzüge nach 295
Katowice?»

«Ja, um Mitternacht und früh um vier.»

«Und ich kann Sie heute noch sehen?»

Der Zug hielt. Wir wurden von der Menschenmenge der Tür
zugeschoben. Er dachte an meinen Koffer, holte ihn aus dem 300
Abteil. Wir gingen über den Bahnsteig, ich sah, daß der Zug
Verspätung hatte und ich laufen mußte, um den Bus noch zu
bekommen.

«Holen Sie mich um zwanzig Uhr beim Spital ab», sagte ich
und merkte kaum noch, daß ich in einer fremden Sprache 305
redete. «Nein, es ist schwer zu finden. Seien Sie um halb neun
am Französischen Hotel, ja? Nach dem Hotel Francuski müssen
Sie fragen. Dort im Café, ja? Gehen Sie zum Wawel* hinauf,
vergessen Sie den Veit-Stoß-Altar in der Marienkirche[24] nicht,
die Gemälde im Cukinice[25] können Sie sich sparen. Und denken 310
Sie an Nowa Huta. Und nicht vergessen: Hotel Francuski!»

«Hotel Francuski!» sagte er.

«Gut. Sie würden sicher bald Polnisch lernen.»

---

[21] **den ehemaligen deutschen Ostgebieten** the eastern areas of Germany that
were ceded to Poland after World War II
[22] **zum Dienst** go to work
[23] **verlangsamte seine Fahrt** slowed down
[24] **Veit-Stoß-Altar in der Marienkirche** the German sculptor Veit Stoß (c.
1450–1533) was commissioned by St. Mary's Church in Cracow to create the
famous altar depicting the death and assumption of the Virgin Mary
[25] **Cukinice** museum in Cracow

«Wenn Sie es mich lehrten, bestimmt!»
«Do widzenia! Auf Wiedersehen!»   315
«Auf Wiedersehen! Sie kommen bestimmt?»
«Bestimmt! Auf Wiedersehen!»

3

Sie hatte sich in die dem Ausgang zuflutende Menge gedrängt, noch einige Male hatte ich ihr helles Haar gesehen, dann war sie verschwunden. Ich ließ mich langsam der Sperre zutreiben,   320 kaufte in der Bahnhofsvorhalle einen Stadtführer und stand einige Minuten später in dem blumenbunten Park, der wie ein Ring die Stadt umschließt.

Es regnete langsam und gleichmäßig, die Luft war lau und unbewegt. Ich ging, ohne auf den Regen zu achten, durch die   325 Altstadt und dachte an Renata. Ich dachte an sie mit großer Freude, und das, was mich im Gespräch mit ihr bedrückt hatte, war wie weggeblasen. Alles, was ich sah, nahm ich mit wachen Sinnen in mich auf.[26] Aber jeder Eindruck war durchwoben mit Gedanken an sie, deren Namen ich noch nicht einmal kannte.   330 Ich sah die Mauern und Türme, die Kirchen und Häuser, die eleganten Damen und tuchverhüllten[27] Bauersfrauen, die Kirschenverkäufer und Mönche, die Panjewagen[28] und Autos, und in allem war Renata, die hier lebte und ein Teil von alledem war. Wie immer in einer fremden Stadt überfiel mich auch hier das   335 sonderbare Gefühl, das gemischt ist aus Neugierde, Abenteuerlust und Vertrautheit mit allem, was Menschenwerk ist, aber diesmal kam noch etwas anderes dazu: das Bestreben, das alles so zu sehen, wie Renata es sah, das alles so zu lieben, wie Renata es liebte.   340

Ich stand vor dem Marienaltar inmitten eines Schwarms schnatternder Amerikanerinnen, alten, geschmacklos gekleideten Damen mit spitzen Mausgesichtern, künstlichen Blumen auf den Hüten und teuren Fotoapparaten an den sehnigen Hälsen. Sie knipsten nicht nur ihre Reisebegleiterinnen vor dem Altar,   345 sondern auch die Frauen in Umschlagtüchern,[29] die kniend beteten, ohne sich stören zu lassen. Sie gingen in der Kirche umher, als gehörte sie ihnen. Obgleich ich die Hälfte von dem, was sie redeten, verstand, waren sie mir fremder als die betenden Frauen, deren Gesichter ich nicht sehen konnte. Allem Polni-   350 schen fühlte ich mich verbunden, seitdem ich Renata kannte.

---

[26] **nahm ich mit wachen Sinnen in mich auf** I absorbed joyfully
[27] **tuchverhüllten** wrapped in shawls
[28] **Panjewagen** small wooden horse-drawn wagons
[29] **Umschlagtüchern** shawls

Es begann stärker zu regnen. Die Amerikanerinnen trippel-
ten kreischend, mit den Händen ihre Hüte schützend, vom Kirchenportal zum Bus. Ich ließ mich von einem Taxi zum Wawel
hinauffahren, der grau und formlos im Dunst über der Stadt   355
hing.

Der Taxifahrer, ein Männchen mit lustigem Gesicht, erzählte
ununterbrochen, eine witzige Geschichte anscheinend, denn er
kicherte vergnügt in sich hinein, als er aufhörte. Er war ein
sympathischer Mann, ich freute mich darauf, am Abend Renata   360
von ihm erzählen zu können. Aber als ich auf deutsch sagte, daß
ich kein Wort von seiner Erzählung verstanden hätte, da wurde
er sehr korrekt und versuchte im Ton eines Fremdenführers, mir
mit einigen deutschen Brocken vom Wawel und von seiner Geschichte zu erzählen. Er blieb sehr höflich dabei und sprach von   365
Faschisten und nie von Deutschen, aber meine Fröhlichkeit war
dahin, und ich wagte nicht, ihn zu fragen, wo er deutsch sprechen gelernt hatte.

Und als ich nach der Besichtigung der Burg auf der Mauer saß
und auf das im Nebel unter mir liegende Krakau hinuntersah,   370
kam wie von selbst die Frage nach dem Grund meiner Scham
wieder. Weder ich noch mein Vater hatten damals in den
Straßen der Stadt Treibjagden auf Juden veranstaltet oder dies
befohlen. Gewiß, Vater war damals seiner Karriere wegen von
Breslau nach Katowice gegangen, und ich, ein Kind, das kaum   375
lesen konnte, war von der Polenfeindlichkeit angesteckt[30] worden. Aber wem hatte das geschadet? Sicher war manch einer von
denen, die hier gewütet hatten, bei uns wieder ein gemachter
Mann,[31] aber war ich vielleicht schuld daran?

Ich nahm mir vor, meinen Schülern von Krakau zu erzählen.   380
Den Blick vom Wawel auf die Stadt würde ich ihnen schildern,
wie ich ihn selbst nicht erlebt hatte, bei Sonnenschein, wenn die
Weichsel,* der man noch ansieht,[32] daß sie aus den Bergen
kommt, tief unter der steilen Mauer glitzert, wenn die Tau-
benschwärme über der Altstadt kreisen, die Luft über dem   385
Marktplatz flimmert und hinter den flachen Äckern Nowa Huta
zu sehen ist. Und von Renata wollte ich ihnen erzählen und vom
Taxifahrer und vom Wawel und von Frank, der von hier aus die
Mordaktionen befahl.[33]

---

[30] **von der Polenfeindlichkeit angesteckt**   infected with hatred of Poles
[31] **ein gemachter Mann**   a successful man
[32] **der man noch ansieht**   which one can tell by looking
[33] **von Frank, der von hier aus die Mordaktionen befahl**   about Frank, the
    German official who from here issued the orders for the murders (Following
    the German invasion of 1939 Hitler had appointed Hans Frank governor
    general of Poland and his headquarters were in Cracow)

Aber als ich im Sprühregen die steile Straße zur Stadt hinun- 390
terging, war wieder nur noch Renata in meinen Gedanken. Ich
lächelte, wenn ich an die Stellung ihrer Augen[34] beim Rauchen
dachte, und versuchte leise, deutsche Wörter so auszusprechen,
wie sie aus ihrem Munde klangen. Ich war froh, wenn ich an sie
dachte, und war mir nicht bewußt, daß ich am gleichen Tag noch 395
würde abreisen müssen. Die Erwartung des Abends war so groß,
daß Gedanken darüber, was danach sein würde, keinen Platz
mehr hatten.

Schon vor 20 Uhr saß ich im Café des Französischen Hotels
und wartete auf sie. Ich trank, ich rauchte und hörte auf jeden 400
Schritt, auf jedes Geräusch im Garderobenraum. Wenn sich die
Tür öffnete, spannte sich alles in mir vor Freude,[35] um einer
tiefen Enttäuschung Platz zu machen, wenn ein Fremder hereinkam. Und als sie dann wirklich kam, gegen halb neun, schmal
und blond in der Tür stand, den triefenden Regenschirm in der 405
Hand, mir lächelnd zunickte und zurückging, um den Mantel
abzulegen, da saß ich wie gelähmt in meinem Sessel, dachte
daran, daß es sich eigentlich gehörte, ihr nachzugehen, ihr aus
dem Mantel zu helfen, die Garderobe zu bezahlen, konnte mich
aber nicht dazu aufraffen und entschuldigte mich damit, daß es 410
nicht gut war, sich auf der Diele zu begrüßen, wo die ersten
Worte durch das Ausziehen und Bezahlen gestört würden.

Ich blieb also sitzen, bis sie wieder in der Tür erschien und
auf mich zukam, noch immer im roten Pullover mit der schwarzen Kette darüber. Auch ihr Haar war gekämmt wie am Morgen, 415
aber das künstliche Licht gab ihm einen anderen Glanz. Ihr
Gesicht wirkte[36] noch blasser, ihre Augen größer. Sie streckte
mir ihre Hand entgegen, und einer plötzlichen Eingebung folgend, faßte ich sie und führte sie an meine Lippen, vorsichtig,
wie etwas Zerbrechliches. 420

4

Als ich den Kittel überzog, mir von Schwester Kristina die Ge-
schehnisse der letzten zwei Tage berichten ließ und neue Anwei-
sungen geben mußte, wurde ich mir selbst plötzlich fremd; mir
erschien es unglaubwürdig, das Mädchen aus dem Katowicer
Zug zu sein, das Angst gehabt hatte, nicht zu gefallen, das 425
vielleicht rot geworden war und sich mit einem Fremden im
Café verabredet hatte. Und dann fiel mir ein, daß heute mein
Geburtstag war und Ruth mit mir hatte feiern wollen.

Ich ging zur üblichen Zeit zur Besprechung ins Zimmer des
Chefs und rannte dann schnell in den Speiseraum, um Ruth noch 430

---

[34] **an die Stellung ihrer Augen** how her eyes looked
[35] **spannte sich alles in mir vor Freude** I grew tense with joy
[36] **wirkte** looked

zu finden. Aber sie war schon weg; ich rief sie von der Station
aus an und sagte ihr, daß aus der Feier heute nichts würde.
«Das tut mir leid. Stefan wollte auch kommen!»
«Entschuldige mich bitte bei ihm: Ich erkläre dir später mal
alles. Sei nicht böse! Auf Wiedersehen!»   435
«Halt, Renia . . .»
Aber ich hängte ab, weil es mir peinlich war, von Ruth ver-
hört zu werden. Wir waren seit vielen Jahren befreundet und
hatten kaum Geheimnisse voneinander. Sie hatte studiert, war
Kinderärztin geworden und hatte mich immer sehr beeinflußt.   440
Sie war Jüdin. Ihre Eltern waren in Auschwitz umgekommen.
Ich wollte ihr erst morgen von meinem deutschen Freund
erzählen.
Aber als sie nach der Nachmittagsvisite in mein Zimmer trat
und sagte: «Ich mache mir Sorgen um dich; was hast du?», da   445
war ich doch froh, einen Menschen zu haben, dem ich von der
seltsamen Begegnung am Vormittag erzählen konnte. Ich tat es
so kurz und unsentimental wie möglich.
«Ein Deutscher also, aus Westberlin», sagte sie, und ich
spürte kränkende Skepsis. «Und was soll daraus werden? Ein   450
kleines Abenteuer?»
In diesem Augenblick haßte ich ihre kühle Art, die in diesem
Fall nicht galt.
«Es hat keinen Zweck, so darüber zu reden!» sagte ich.
»Ich wollte dich nicht kränken, Renia! Ich will nur, daß du   455
wieder zu denken beginnst. Du mußt dir vorher überlegen, was
daraus werden soll!»
Zum Glück klingelte in diesem Moment mein Telefon und
erinnerte Ruth daran, daß sie auf ihre Station zurück mußte.
Einen Augenblick blieb sie noch in der Tür stehen, aber ich   460
antwortete nicht mehr, sondern nahm den Hörer ab. Es war
Stefan, Ruths Bruder.
«Schade», sagte er nach einigen ungeschickt einleitenden
Floskeln.[37] «Wir hatten uns sehr gefreut. Steckt ein Mann
dahinter?»   465
«Ja, Stefan, ein Mann!»
«Ist er aus Kraków?»
«Nein, ein Deutscher!»
Stefan schwieg einige Zeit.
«Ist er dir so viel wert, daß du ihm deinen Geburtstagsabend   470
opferst?»
«Er ist nur heute hier, Stefan, deshalb!»
«Ach so», sagte er, und ich war mir nicht klar darüber, ob das

---

[37] **nach einigen ungeschickt einleitenden Floskeln**   after a few clumsy introduc-
tory phrases

erleichtert oder noch besorgter klang. Dann erzählte er mir irgendwelche belanglosen Dinge, und erst ganz zum Schluß[38] sagte er: «Bitte, sei vernünftig! Männer auf Reisen wollen etwas erleben. Ein Abend mit einem hübschen Mädchen wird schöner, je unverbindlicher er ist, verstehst du mich? Es wäre zu traurig für dich und für mich!»

»Stefan!» rief ich, aber er hatte schon aufgelegt. Seit zwei Jahren kannten wir uns, und nie war etwas über seine Lippen gekommen, was so geklungen hätte wie das eben.

Der Nachmittag wurde mir sehr lang. Als ich am Abend in das Café trat, überfiel mich mit einem Mal die Angst, daß er nicht dasein könnte. Aber er war da. Und ich sagte: «Guten Abend», und das Deutsche war mir sofort wieder vertraut. Und als er mir die Hand küßte, schien mir das, was in der Eisenbahn trennend zwischen uns gestanden hatte, nicht mehr dazusein.

«Ich freue mich sehr, daß Sie gekommen sind», sagte er. «War Ihnen der Handkuß peinlich?»

«Bin ich rot geworden dabei? Es ist nur, weil ich sonst diese alte Mode immer lächerlich mache!»

«Verzeihen Sie bitte, ich sah heute, daß es hier üblich ist, und da dachte ich, es würde Sie freuen.»

Wir setzten uns und sahen uns an, und mir fiel plötzlich ein, daß es schon halb neun war und das Café um zehn Uhr schloß und wir bald in irgendeine Nachtbar gehen mußten, um noch einen Platz zu bekommen. Am liebsten wäre ich sofort losgegangen, aber er hatte Kaffee bestellt, und wir tranken und rauchten, und ich sah, daß die Ratlosigkeit aus seinen Augen verschwunden und seine Stirn glatt war.

«Und was haben Sie von Krakau gesehen?»

Ich freute mich, daß die Stadt ihm gefiel und er begeistert von Nowa Huta erzählte, das ihn vorher nicht interessiert hatte, aber ich hörte doch nur halb hin, weil ich ihn immer ansah dabei und mich wunderte, wie vertraut mir sein Gesicht schon war.

«Aber ich weiß noch nicht einmal, wie Sie heißen», unterbrach er plötzlich seine Erzählung. «Immer wenn ich heute an Sie gedacht habe, tat es mir leid, Ihren Namen nicht zu kennen.»

«Sie haben an mich gedacht?»

«Ja, ein wenig, und Sie?»

«Ich habe auch an Sie gedacht. Auch: ein wenig. Aber wie heißen Sie?»

«Michael Schwartz. Sagen Sie bitte Micha zu mir, so werde ich zu Hause genannt.»

Für einen Augenblick war ein Abgrund zwischen uns, als er seinen Namen nannte. Aber ich unterdrückte die Frage und

---

[38] **ganz zum Schluß**   right at the end

sagte ihm meinen Namen, er fragte, ob er Renata zu mir sagen
dürfte, und ich bat ihn, mich Renia zu nennen.

«Renia. Spreche ich es richtig?»

«Ganz richtig», sagte ich und war froh, daß meine plötzlich   520
aufkommende Erinnerung nichts zerstört hatte.

«Mir ist, als kenne ich Sie schon jahrelang», sagte er.

Es ging ihm wie mir,[39] und ich sagte es ihm und erzählte von
meinen Schulferien in den Wäldern bei Wroclaw,* an die unsere
Begegnung mich wieder erinnerte.   525

«Sie haben Schulferien bei Breslau verbracht!» sagte er.
«Und ich bin in Breslau geboren und habe kaum noch Erinnerungen daran. Das macht sich bei uns kein Mensch klar,[40] daß es
schon Polen gibt, die Kindheitserinnerungen an Breslau haben.
Selbst die einsichtsvollsten Leute glauben, wenigstens   530
gefühlsmäßig im Recht zu sein. Das muß ich meiner Mutter
erzählen!»

«Ihr Vater lebt nicht mehr?» fragte ich ihn nun doch. «Ist er
im Krieg geblieben?[41] Sie sind nicht böse, daß ich so direkt frage,
nein? Wir haben nicht genug Zeit, um um alles herumzureden!» 535

«Wir wollen nicht an die Zeit denken! Versprechen Sie es
mir? Wir wollen glücklich sein über diese Begegnung bis zum
Schluß, ja?»

«Ja», sagte ich, «das wollen wir!» und ich hoffte, daß er auf
meine Frage nicht mehr eingehen würde.   540

«Mein Vater starb schon 1940. Er kam durch einen Unfall
ums Leben.»[42]

«Es ist sicher schwer gewesen für Sie. Ich verstehe das. Mein
Papa ist vier Jahre im Lager[43] gewesen.»

«Warum müssen wir denn immer wieder darüber reden?»   545

«Es tut mir leid, Micha», sagte ich und wünschte, nicht
gefragt zu haben.

5

Wir hatten uns länger als eine Stunde gegenübergesessen. Alkohol hatten wir nicht getrunken, aber eine leichte Trunkenheit
war doch in uns, als wir aufstanden, um eine Bar zu suchen.   550

Draußen regnete es. Die Straßen waren leer. Wir gingen
durch eine der engen Gassen auf den Markt, in dessen Pflaster[44]

---

[39] **Es ging ihm wie mir**   He felt the same as I did
[40] **Das macht sich bei uns kein Mensch klar**   No one at home would understand
[41] **Ist er im Krieg geblieben?**   Was he killed in the war?
[42] **Er kam durch einen Unfall ums Leben.**   He was killed in an accident.
[43] **Lager**   concentration camp
[44] **Pflaster**   (wet) pavement

sich die Leuchtreklamen spiegelten. Von den Giebeln des
Cukinice platschte das Wasser auf die Straße. Der Turm der
Marienkirche verlor sich in der Schwärze des Nachthimmels. 555
Renata hatte ihren Arm unter meinen geschoben und mir ihre
Hand gelassen. Der Regen trommelte auf den Schirm, auf der
Straße zerplatzten die Tropfen. Wir gingen schweigend, ohne
uns anzusehen, und wurden trotz des Schirmes naß.

«Wenn es heute warm und trocken wäre», sagte sie, «könn- 560
ten wir spazierengehen die ganze Nacht.»

Die Bar war klein. Mit ihren Polstermöbeln und stuckverzierten Wänden wirkte sie wie der intime Salon eines Rokokoschlößchens.[45] Um die runde Tanzfläche waren in Nischen die
Plätze gruppiert, von denen die meisten schon besetzt waren. 565
Der Kellner, der sehr jung war, begrüßte uns mit einer leichten
Verbeugung, die nichts Devotes hatte. Getanzt wurde gerade
nicht, und die Augen aller Anwesenden richteten sich auf uns.
Aber weder Renata noch mich störte das. Wir waren glücklich
miteinander und stolz aufeinander, und als wir auf einer Polster- 570
bank nebeneinander saßen, hatten wir alles um uns vergessen.

Der Kellner erläuterte mit dem Gesicht eines Freundes, zu
Renata gewandt, die Speisekarte. Jedesmal, wenn sie mir eine
seiner weitschweifigen Beschreibungen übersetzte, hörte er mit
gespanntem Gesicht zu und rief dann: «Ja, ja, mein Herr!» Und 575
wenn sie stockte, weil sie nach einem passenden deutschen
Begriff suchte, nahm sein Gesicht einen verzweifelten Ausdruck
an, bis sie das richtige Wort fand. «Blumenkohl, ja, ja, mein
Herr!» rief er dann, das Wort wiederholend, als wäre es auch
ihm gerade eingefallen. 580

«Wollen wir tanzen?»

«Ja, bitte!»

Später standen wir an der Bar, um die sich viele Menschen
drängten, und tranken Wodka. Dann tanzten wir wieder und
tranken wieder; wir tranken, tanzten und lachten, Renata sprach 585
mit Menschen, die sie nicht kannte, wir schüttelten Hände von
Leuten, die uns zutranken, und hielten uns fest, damit wir einander nicht verloren im Gewühl. Als ich sie an unseren Tisch
zurückzog, legte sie ihren Kopf an meine Schulter.

«Es sind alles gute Menschen bei uns», sagte sie, «merkst du 590
es?»

---

[45] **Mit ihren Polstermöbeln und stuckverzierten Wänden wirkte sie wie der
intime Salon eines Rokokoschlößchens.** With its upholstered furniture and
walls decorated with ornamental plaster, it gave the effect of an intimate salon
in a small rococo palace.

Mir war leicht und wirbelig im Kopf. Ich redete viel, sagte ihr, wie schön sie war und wie glücklich sie mich machte, ich streichelte ihr Haar, ich küßte sie, und wir wußten nicht mehr, daß wir nicht allein waren.   595

«Sag Renusia zu mir, wenn du mir etwas Liebes sagen willst!» Ich sagte es oft hintereinander, bis ich es so sagen konnte, daß es ganz richtig klang.

Und dann sah ich plötzlich, daß sie weinte. Ich wollte ihr die Tränen wegküssen, aber sie wandte sich ab. Da streichelte ich   600 nur ihre Hand und wußte, daß es vorbei war mit der Fröhlichkeit.

«Und was soll ich tun ohne dich, nachher, wenn dein Zug wegfährt?»

«Wir wollen es vergessen!»   605

«Ich kann es nicht vergessen!»

«Ich komme wieder, bestimmt komme ich wieder nach Polen und dann nicht nur für einen Abend!»

Da sah sie auf, und ich erschrak vor ihrem Blick, der ihr Gesicht verändert zu haben schien. Ihre Augen waren noch   610 feucht, aber alle Weichheit war aus ihnen verschwunden. Sie sah mich an wie einen Fremden. Angst war in diesem Blick und Entschlossenheit, sie zu überwinden, aber keine Spur mehr von dem Glück und der Traurigkeit der letzten Stunden.

«Aber nicht in Uniform! Bitte, komm nicht in Uniform!» sagte   615 sie.

Ich sah mit einem Mal die Geschmacklosigkeit des Stucks, die Schäbigkeit der Polster, die vom Alkohol gedunsenen Gesichter der Leute,[46] und erst als ich Renata wieder ansah, begriff ich.

«Du tust mir unrecht!»[47] sagte ich. «Ich war ein Kind   620 damals!»

«Glaubst du, daß dadurch das Vergessen leichter würde?»

«Erzähle!»

Sie sah mich nicht an, während sie sprach. Sie saß etwas geduckt neben mir und umklammerte mit den Händen die   625 Tischplatte. Ich sah sie von der Seite, die hohe Stirn, die kleine Nase, den schmalen Hals. Ihr Mund bewegte sich kaum beim Sprechen. Sie sprach ruhig wie immer, oft nach Wörtern suchend, grammatikalisch einwandfrei, oft ungewöhnliche Wendungen benutzend, in der Aussprache schöner, als es rich-   630 tig ist.

---

[46] **die Geschmacklosigkeit des Stucks, die Schäbigkeit der Polster, die vom Alkohol gedunsenen Gesichter der Leute**   the tastelessness of the decorations, the shabby upholstery, the people's faces swollen with alcohol
[47] **unrecht**   an injustice

6

«Wir waren im Jahre neununddreißig aus unserer Wohnung in
der Südvorstadt ausgewiesen worden und wohnten in einem
Dienstgebäude der Eisenbahn[48] an der Sosnowicer Chaussee in
der Nähe des Rangierbahnhofs. Es war eine eintönige Gegend, 635
die einem Angst einjagen konnte, besonders bei trübem Wetter,
wenn der Himmel grau ist wie die Erde und die Häuser. Aus dem
Fenster unserer Stube konnte man die Geleise sehen, die Chaussee und die Halden.

Ich ging noch nicht zur Schule. Papa arbeitete als Rangierer, 640
Mama in Katowice. Sie ging morgens früh weg und kam abends
spät nach Hause, so daß ich sie oft die ganze Woche hindurch
nicht sah. Wenn Papa Nachtschicht hatte, spielte er tagsüber
viel mit mir, erzählte mir Geschichten, oder ich stand dabei,
wenn er Holz hackte, heizte oder Essen kochte. Das waren 645
schöne Stunden. Aber wenn er Normalschicht hatte, war ich den
ganzen Tag allein in dem ungemütlichen Haus, das noch nichts
Heimatliches für mich hatte. Stundenlang saß ich dann bei reg-
nerischem Wetter am Fenster und starrte hinaus in die graue
Einöde und heute wundere ich mich darüber, daß meine Augen 650
damals nicht auch grau und trostlos geworden sind. Den Rangierbahnhof konnte ich nicht sehen von meinen Platz aus, nur
die toten Geleise und die schnurgerade Chaussee, auf der nur
wenig Verkehr war. Manchmal gingen Leute auf dem schwarzen
Schotterweg an den Häusern vorbei, Eisenbahner meist in den 655
mir noch fremden deutschen Uniformen, und manchmal spielten auch Kinder dort. Sie spielten Ball auf dem Weg oder warfen
mit Schottersteinen nach den Schienen. Wenn sie trafen, konnte
ich das metallische Klirren und ihr Jubelgeschrei durch das
geschlossene Fenster hindurch hören. Aber ich weinte nie, 660
wenn ich so allein saß und zusehen mußte. Ich preßte meine
Nase an der Fensterscheibe platt und zergrübelte mir den Kopf
darüber,[49] warum gerade ich dort nicht mitspielen durfte.

Papa gab auf meine Fragen keine mir ausreichende Antwort.
Eine gewisse Scheu, die sich schlecht erklären läßt, die ich aber 665
heute gut begreife, hielt ihn davon ab, dem kleinen Mädchen das
ganze Ausmaß der Unterdrückung klarzumachen, der wir unterworfen waren. Außerdem wollte er wohl vermeiden, daß ich in
allzu große Angst geriet.

Es war aber so, daß neunzehnhundertneununddreißig nach 670
der Okkupation Katowice und das ganze polnische Oberschle-

---

[48] **Dienstgebäude der Eisenbahn** a building for railroad employees
[49] **zergrübelte mir den Kopf darüber** racked my brains trying to figure out

sien* bis weit ins Gebirge hinein zum sogenannten Reichsgebiet[50] erklärt wurden, also nicht zum Generalgouvernement
gehörten. In diesen Reichsgebieten war es bei Strafe verboten,[51]
öffentlich, das heißt also auf der Straße, beim Einkaufen oder in   675
der Kirche, polnisch zu sprechen. Polnische Kinder, die wie ich
kein Wort Deutsch sprachen, konnten also nicht einkaufen
gehen oder auf der Straße spielen. Das traf mich besonders hart,
weil in den anderen Häusern nur noch eine polnische Familie
wohnte, deren Kinder schon groß waren. Ich war sechs Jahre   680
damals: Wie sollte ich begreifen, daß gerade ich wie im
Gefängnis wohnen mußte?

So saß ich also frierend und einsam den Winter und den
regnerisches Frühjahr hindurch. Ich setzte mich ganz in eine
Ecke des Fensters, um möglichst weit den Weg entlang sehen zu   685
können, auf dem Papa kam. Er ging immer mit weit ausholenden
Schritten[52] und winkte zu dem Fenster hin, hinter dem er mich
sitzen und warten wußte. Wenn er um die Hausecke verschwunden war, rannte ich durch die Küche zur Tür, um die letzten
paar Sekunden bis zur endgültigen Geborgenheit ganz mitzuer-   690
leben. Ich hörte dann seine Schritte knirschen, hörte ihn die
Gartentür aufklinken, hörte das Klappern des Schlüsselbundes,
das Quietschen des Schlüssels im Haustürschloß, und dann hing
ich schon an seinem Hals, spürte seine stachligen Wangen und
hatte den vertrauten Öl- und Rauchgeruch in der Nase, der   695
seinen Sachen stets anhaftete. Und wenn wir dann beim Abendbrottisch saßen, war alle Not und Langeweile vergessen.

Aber eines Abends wartete ich vergebens auf ihn. Den
Wecker mit der Glocke obenauf, den ich immer neben mir zu
stehen hatte, stellte ich auf sechs Uhr zurück, als er um halb   700
sieben noch nicht da war. Aber der Selbstbetrug half nicht. Er
war noch nicht da, als der Zeiger die Sieben erreichte, und als es
stockdunkel war, saß ich noch immer am Fenster. Und so saß ich
noch, als die Mama kam, die weiß wurde vor Schreck, mich an
die Hand nahm und mit mir zum Rangierbahnhof lief, wo uns ein   705
Arbeiter hinter der vorgehaltenen Hand zuflüsterte,[53] daß die
Deutschen Papa und fünf andere Kollegen abgeholt und zum
Gefängnis in der Nikolowska gebracht hatten. Mama schluchzte,

---

[50] **zum sogenannten Reichsgebiet** to the so-called territory of the Reich
[51] **bei Strafe verboten** forbidden under the threat of punishment
[52] **weit ausholenden Schritten** long strides
[53] **wo uns ein Arbeiter hinter der vorgehaltenen Hand zuflüsterte** where a
worker whispered to us from behind his hand

während wir den Schotterweg zurückgingen, und ich wußte
doch schon so viel, daß ich nicht fragte, wann Papa zurückkäme. 710
Die Zeit danach wurde dann sehr schlimm. Zwar durfte ich im
Garten spielen, aber die Tage wurden entsetzlich lang. Nachmit-
tags, wenn die Zeit heran war, zu der Papa sonst immer gekommen war, zog es mich immer wieder zu meinem Platz am
Fenster. 715
Zu unseren Nachbarn gehörte ein dunkelhaariger Junge, der
nur wenig älter war als ich. Oft sah ich ihn allein, mit seiner
Mutter oder mit anderen Kindern im Garten spielen. Mir hatte
Mama streng verboten, mit anderen zu sprechen. Der Junge
machte es mir leicht, das Verbot zu beachten; er nahm keine 720
Notiz von mir. Nur manchmal, wenn er sich unbeobachtet
glaubte, sah er neugierig herüber. Sicher war ihm der Umgang
mit mir ebenfalls verboten worden. Er war unerreichbar, aber
wichtig für mich. Morgens konnte ich aufpassen, was er für
Sachen trug, wenn er zur Schule ging. Ich konnte darauf warten, 725
daß er wiederkam, den schwarzen Weg entlang aus der gleichen
Richtung, aus der Papa immer gekommen war. Ich konnte zu
erraten versuchen, welches Spielzeug er in den Garten mitbrin-
gen würde. Und unterhalten konnte ich mich in Gedanken mit
ihm, meine paar deutschen Wörter ausprobieren, die ich bei 730
Mama schon gelernt hatte.
An einem nebligen Nachmittag, als von meinem Fensterplatz
aus nur der Weg und die Geleise zu sehen waren, trugen vier
Männer auf einer Bahre eine zugedeckte Gestalt ins Nachbarhaus. Am Abend erzählt mir Mama, daß der Vater des Jungen tot 735
sei.
Wie ich später erfuhr, hatte dieser Mann, um sich bei seinen
Vorgesetzten beliebt zu machen, polnische Arbeiter des Ran-
gierbahnhofes, darunter auch den Papa, wegen kleiner Vergehen[54] bei der Gestapo denunziert. Da hatten unsere Leute einen 740
Unfall inszeniert,[55] der ihm das Leben gekostet hatte.
Aber davon wußte ich damals natürlich nichts. Ich dachte nur
daran, daß der Junge nun auch keinen Vater mehr hatte, und
stellte mich am nächsten Morgen, als die Mama zur Arbeit
gegangen war, vor die Haustür, um ihn abzupassen, wenn er zur 745
Schule ging. Aber er ging an diesem Tage nicht. Alles blieb still
im Nachbarhaus. Erst am Nachmittag öffnete sich die Tür, und
er ging mit einem Eimer zur Müllgrube.[56] Ich trat in den Regen
hinaus, ging, zitternd vor Aufregung, auf den Nachbargarten zu,

---

[54] **kleiner Vergehen**   minor transgressions
[55] **einen Unfall inszeniert**   staged an accident
[56] **mit einem Eimer zur Müllgrube**   to the garbage pit with a pail

bog die tropfenden Sträucher auseinander und stellte mich an   750
den Zaun.

Als der Junge zurückkam, sah er mich, ging langsamer, blieb
schließlich stehen und sah mich mit zur Seite geneigtem Kopf
an.

«Was ist?» fragte er dann möglichst rauh und grob, wie   755
Jungen dieses Alters meist mit Mädchen reden.

«Du traurig, Papa tot!» sagte ich und mußte einige Male
schlucken, ehe die deutschen Wörter heraus waren.

Er hielt noch immer seinen Kopf zur Seite geneigt und sah
mich unter zusammengezogenen Brauen[57] an. Dann stellte er   760
den Eimer auf den Weg, wühlte in den Hosentaschen, lief zu
mir, drückte mir mit einem «Da!» etwas in die Hand, nahm den
Eimer wieder auf und rannte ins Haus. An der Tür sah er sich
noch einmal um und winkte.

Er hatte mir einen in Papier gewickelten, verschmutzten,   765
zerdrückten, klebrigen Bonbon[58] geschenkt.

Dieser und die folgenden Tage waren sehr schön für mich.
Den Bonbon legte ich in die Glasschale auf der Kommode, die
früher immer voller Süßigkeiten gewesen war, aber schon seit
langem leer stand. Das Wetter war warm geworden; ich konnte   770
viel im Garten sein. Und immer, wenn auch er in den Garten
kam, winkte er mir zu und lachte. Nie hielt er sich bei mir auf,[59]
nie sprachen wir miteinander, aber ich war trotzdem sehr glücklich über diese Freundschaft. Bis dann eines Tages alles anders
wurde.   775

Ich glaube, es war ein Sonntag. Ich sammelte Falläpfel in
meine Schürze. Im Nachbargarten waren einige Kinder zu
Besuch. Die Sonne schien. Mama saß am offenen Fenster und
schrieb, vielleicht einen der vielen vergeblichen Briefe an die
deutschen Behörden mit der Bitte um Auskunft über Papas   780
Schicksal. Die deutschen Kinder hatten Verstecken und Fangen[60] gespielt und saßen nun gelangweilt auf den Haustürstufen.
Mein Freund hatte mit ihnen getobt und mich nicht ein Mal
beachtet. Plötzlich stand er auf und kam auf unseren Garten zu,
dabei winkte er und rief: 785

«Komm, Kleine!»

Ich warf sofort meine Äpfel weg, klopfte mir den Sand von
den Fingern und lief zum Zaun, hinter dem der Junge, freundlich lachend, stand und mir in der geschlossen Hand etwas
hinreichte.   790

---

[57] **unter zusammengezogenen Brauen** frowning
[58] **einen in Papier gewickelten, verschmutzten, zerdrückten, klebrigen
Bonbon** a dirty, squashed, sticky piece of candy wrapped in paper
[59] **Nie hielt er sich bei mir auf** He never spent any time with me
[60] **Verstecken und Fangen** hide and seek

Nie werde ich vergessen können, wie sich plötzlich, als ich am Zaun war, sein Gesichtsausdruck änderte, wie aus dem Lachen ein häßliches Grinsen wurde, wie die Augen sich zusammenzogen[61] und der freundschaftlich vorgestreckte Arm mit jähem Ruck hochschnellte.[62]

Und er schrie mir mit verzerrtem Mund ein schmutziges Schimpfwort zu. Und den Sand warf er mir ins Gesicht, und die anderen Kinder schrien mit, bis die Erwachsenen, die bei dem Krach zum Fenster stürzten, sie zur Ruhe ermahnten; aber sie taten es lachend und gar nicht zornig.

Ich aber stand beschmutzt und verlassen, starr vor Schreck. Und in diesem Sekunden brannte sich etwas in mein Herz, was nicht gelöscht werden kann.»

7

Ich erinnerte mich wieder jeder Einzelheit, der Farbe des Bonbonpapiers, des Kleidchens, das sie trug, des Ausdrucks ihrer Augen, als sie das Schimpfwort hörte. Ich hätte ihr sagen können, wie mir zumute war, als ich mir vornahm, vor den anderen Jungen zu glänzen, wie es mich würgte im Hals,[63] ehe es heraus war, und wie lange es dauerte, ehe der eklige Geschmack im Mund verging. Aber ich sagte nichts davon, weil jedes Wort wie eine Entschuldigung geklungen hätte. Ich schwieg und wußte, daß alles anders sein würde für mich, wenn ich nach Berlin zurückkehrte, daß ich etwas tun müßte, um vor mir selbst noch bestehen[64] zu können nach diesem Abend.

«Du brauchst nichts zu sagen, Micha!»

«Du wußtest es?»

«Ich fürchtete es.»

«Und nun?»

Sie antwortete nicht, sah mich auch nicht an; sie lehnte schweigend ihren Kopf an meine Schulter. Gern hätte ich ihr Haar gestreichelt, wagte es aber nicht.

«Das wirst du niemals vergessen können!» sagte ich.

«Nein! Aber ich liebe dich.»

Wir waren die letzten Gäste. An der Bar war das Licht schon gelöscht. Der Ober war bemüht, uns seine Erschöpfung nicht zu zeigen. Er verabschiedete sich mit Handschlag und besten Wünschen. Als wir unten im Flur waren, preßte Renata sich an mich, und ich streichelte unter dem Mantel ihren Körper.

Es regnete noch immer. Wir gingen durch menschenleere

---

[61] **sich zusammenzogen**   narrowed
[62] **mit jähem Ruck hochschnellte**   was raised with a violent jerk
[63] **wie es mich würgte im Hals**   how it stuck in my throat
[64] **vor mir selbst noch bestehen**   to hold up my head

Straßen und Gassen, überquerten den Parkring und blieben vor 830
einem Mietshaus stehen, das genauso in Berlin oder Hamburg
hätte stehen können. Renata schloß die Haustür auf und schaltete das Treppenlicht an. Von einer nahen Kapelle her schlug
die Uhr.

«Halb drei schon», sagte ich. 835

Da blieb Renata, die vor mir die Treppe hinaufgegangen war,
stehen, und ich sah ihr an,[65] daß sie von mir zu hören erwartete:
Es ist richtig, was wir tun. Aber ich fragte sie:

«Kannst du auch wirklich vergessen, was war?»

FRAGEN

1. Warum ist Polen dem jungen Deutschen nicht fremd?
2. Warum stellte er sich in den Gang des Zuges, während
   Renata weg war?
3. Warum reist Renata mit diesem Zug?
4. Beschreiben Sie Renatas gemischte Gefühle, nachdem der
   junge Mann sie auf Deutsch anredet.
5. Warum hat Renata Angst, daß die Reise zu kurz sein
   könnte?
6. Was besprechen sie, bevor sie den Zug verlassen?
7. Wie hat er seine Zeit in Krakau verbracht?
8. Was hätte Renata an diesem Abend tun sollen?
9. Was stört Ruth und Stefan besonders?
10. Warum weint Renata, als die zwei in einer Bar sitzen?
11. Warum erschrak sie, als Michael versprach, wieder nach
    Polen zu kommen?
12. Warum durfte Renata als Kind nicht mit dem Jungen
    nebenan spielen?
13. Warum wurde Renatas Vater verhaftet?
14. Warum wurde Michaels Vater getötet?
15. Was ist Renata als Kind passiert, das sie nie vergessen kann?

ZUR BESPRECHUNG DES TEXTES

1. Zwei junge Leute kommen auf einem Zug in Polen
   zusammen.
2. «Hotel Francuski! Auf Wiedersehen!»
3. Renatas Freunde sind enttäuscht.
4. Michaels Vater stirbt und Renatas Vater kommt ins
   Gefängnis.
5. «Bitte, komm nicht in Uniform.»
6. «Kannst du auch wirklich vergessen, was war?»

---

[65] **ich sah ihr an** I could tell by her face

WERNER BERGENGRUEN
(1892–1964)

Werner Bergengruen was born in Riga, Latvia (now in the Soviet Union). After studying at several German universities, he fought in World War I. For a few years thereafter he made his living as a journalist and translator, but from 1924 until his death he devoted himself to literature.

Bergengruen's "Die Schatulle," which begins as an intriguing episode of the French Revolution, takes on, before it ends, a puzzling and macabre twist. If its target is any one human failing, it is avarice. But since Bergengruen is an idealist who does not feel compelled to preach, he clothes his message in an adventure story—one with a tragic ending.

Leclef, the jeweler, is not an innocent man who suffers unjustly. Prepared to be an accessory to lawbreaking if he can get away with it, he is hoist with his own petard. To understand the skillful twist Bergengruen introduces, the reader will have to follow very carefully the exchanges with the mysterious woman at the beginning of the story and the conversation that follows at the home of Dr. Pillon. The sudden revelations at the end are confusingly simple. It is remarkable what Bergengruen has done here with a few well-chosen words.

Die Schatulle

Im zweiten Jahre der Konventsherrschaft[1] verließ die Frau des Goldschmiedes und Juweliers Leclef eines Morgens das in der Rue St. Hilaire gelegene Haus ihres Mannes, um sich für einige Tage zu ihrer Schwester nach Versailles* zu begeben. Im Hause blieben nur ihr Mann und der Geselle zurück, denn die Dienst- 5
magd hatte man abschaffen[2] müssen.

Am Nachmittag erschien im Laden eine verschleierte Dame, die den Meister in einer vertraulichen Angelegenheit zu sprechen wünschte.

Er führte sie in die Stube. Sie nahm den Schleier ab; ihr 10
Gesicht war jung und hübsch. Nachdem er ihr versichert hatte, daß sie keinen Lauscher zu fürchten brauche, schickte sie sich

---

[1] **Konventsherrschaft**   the government of the National Convention, one of the parliamentary powers in France in the first years of the Revolution
[2] **abschaffen**   give up

an, ihm ihr Anliegen auseinanderzusetzen.[3] Sie begann mit einigen nichtssagenden Höflichkeiten und nannte ihn dabei «Monsieur» und nicht «Citoyen»,[4] und das hörte der Juwelier immer   15
gern, vorausgesetzt, daß niemand dabei war. Er war ein Geschäftsmann, hatte unter dem alten Regime gut verdient und
fluchte im stillen auf Jakobiner[5] und Philosophen.

«Nein, Monsieur», sagte die Dame endlich, «ich weiß, ich
kann zu Ihnen Vertrauen haben. Ich will daher alle Umschweife[6]   20
fortlassen. Einige hochgestellte Personen im Auslande, deren
Namen ich nicht zu nennen brauche, die es aber verstanden
haben, große Teile ihres Vermögens zu retten, schicken mich zu
Ihnen. Es sind Personen, die in verwandtschaftlichen Beziehungen[7] zu den Häusern Rohan und Montmorency stehen und den   25
Wunsch haben, Wertgegenstände[8] aus dem Besitz dieser und
anderer ihnen verbundener Familien zurückzuerwerben, soweit
sich an diese Gegenstände ihnen teure Erinnerungen knüpfen.»

«Die Personen leben im Auslande, Madame?» fragte Leclef
bedenklich. «Der Konvent hat die Ausfuhr von Edelsteinen und   30
Goldsachen über die Grenzen der Republik verboten.»

«Niemand erwartet von Ihnen einen Verstoß[9] gegen die
Gesetze. Ich weiß, daß Glieder der Familien Rohan und Montmorency Teile des Familienschmuckes an Sie veräußert[10] haben,
um sich die Mittel zur Flucht zu verschaffen. Sie sollen diese   35
Stücke und vielleicht noch andere ähnlicher Herkunft in Paris
verkaufen. Was weiter mit den Pretiosen[11] geschieht, das
braucht Sie nicht zu kümmern.»

«Warum erzählen Sie mir denn, Madame, was mit den Pretiosen weiter geschehen soll?»   40

«Weil ich Sie um genaueste Verschwiegenheit bitten muß.
Diese Bitte werden Sie jetzt begreifen und erfüllen.»

Der Juwelier nickte. «Meine Sache ist das Verkaufen, und ein
Geschäftsmann soll überhaupt keine unnützen Worte machen.»

Nachdem sie die Zusicherung seiner Verschwiegenheit erhal-   45
ten hatte, wurde die Dame offenherziger. Sie erzählte ihm, es
habe sich eine Art geheimen Komitees gebildet, das den Ankauf
und die Wegschaffung der Kostbarkeiten in die Hände genom-

---

[3] **ihm ihr Anliegen auseinanderzusetzen**   to explain her proposition
[4] **«Citoyen»**   "Citizen," the form of address established by the revolutionaries
to replace "Monsieur"
[5] **Jakobiner**   Jacobins, members of the powerful group of agitators who con-
ducted the Reign of Terror
[6] **Umschweife**   digressions
[7] **in verwandtschaftlichen Beziehungen . . . stehen**   are related
[8] **Wertgegenstände**   articles of value
[9] **Verstoß**   offense
[10] **veräußert**   disposed of
[11] **Pretiosen**   jewels

men habe. Er werde begreifen, daß sie ihm die Namen der
Mitglieder nicht nennen wolle außer dem einen, den zu wissen   50
ihm nötig sei. Und zwar handele es sich um einen Arzt, den
Doktor Pillon an der Butte St. Roch.[12] Dieser führe die Kasse[13]
und werde den Kaufpreis erlegen, während sie selber Vollmacht
habe, das Geschäft abzuschließen.

Als Leclef den Namen des Doktors hörte, verließ ihn sein   55
Mißtrauen, das bis zu diesem Augenblicke noch recht groß
gewesen war. Den Doktor Pillon kannte jedes Kind. Er war ein
wohlhabender, in allen Stücken[14] zuverlässiger Mann, dessen
geschickte Kuren höchlich gerühmt wurden. Wiewohl unter
seinen Patienten die Angehörigen des hohen Adels in der Mehr-   60
zahl gewesen waren, hatten die neuen Machthaber ihn unange-
tastet[15] gelassen; wie denn gemeinhin[16] die Ärzte gleich den
Schauspielern von keinem Umsturz etwas zu fürchten haben.

«Ich kenne die Gesetze, Madame», sagte Leclef vorsichtig.
«Ich weiß, daß es verboten ist, andere Zahlungsmittel zu for-   65
dern als Assignaten.[17] Allein Sie werden begreifen— —»

«Der Preis wird in Gold entrichtet»,[18] fiel die Dame ihm
bestimmt ins Wort. «Kein redlicher Mensch bezahlt Goldwaren
und Edelsteine mit wertlosem Papier.»

Nun ließ die Dame sich vorlegen, was der Juwelier an   70
Schmuckstücken aus dem Besitz der genannten Familien an sich
gebracht hatte. Einiges war bereits umgearbeitet. Aber sie erklärte sich bereit, auch diese Stücke zu übernehmen. Die Wahrheit zu sagen, schob Leclef auch manches mit unter, das zu den
Geschlechtern der Montmorency, Rohan oder überhaupt des   75
französichen Adels in gar keiner Beziehung stand.

Die Dame wählte und stellte zusammen. Dann fragte sie nach
dem Preise. Leclef rechnete eine Weile und nannte dann seine
Forderungen. Die Dame zuckte zusammen und erklärte, das sei
zu viel. Wenn das sein letztes Wort sei, so müsse sie ihren   80
Ankauf auf einige wenige Stücke beschränken.

Nun setzte Leclef seine Forderungen hinunter und schwur,
er verliere dabei. Nach einer Weile wurden sie handelseinig.[19]
Die Dame suchte eine dauerhaft gearbeitete[20] Schatulle aus, und
dann wurden die Pretiosen eingepackt. Die Schatulle wurde in   85

Wachstuch geschlagen, Leclef nahm sie unter den Arm, warf
seinen Mantel um und sagte dem Gesellen, er gehe aus.

Die beiden machten sich auf den Weg zur Butte St. Roch. Ein
Aufwärter führte sie in das Wartezimmer des Arztes. Nach einiger Zeit erschien er wieder und bat die Dame, ihm zu folgen.   90
Leclef saß da und überschlug den Gewinn, den er gemacht
hatte. Die Schatulle stand neben ihm auf dem Tisch.

Bald darauf kehrte die Dame in Begleitung des Arztes zurück,
den Leclef vom Sehen kannte. Auch hatte er ihn einmal selbst
bedient, als der Doktor bei ihm eine Tabatiere[21] gekauft hatte.   95

Pillon streckte ihm mit gutmütiger Herzlichkeit die Hand hin.
«Da sind Sie ja, mein lieber Citoyen Leclef», sagte er. «Ich habe
schon den ganzen Nachmittag auf Sie gewartet. Nun, wie gehen
die Geschäfte?»

Der Juwelier begann zu klagen, wie es die Geschäftsleute aus   100
Grundsatz[22] tun, vornehmlich in bewegten Zeiten.

«Aber heute haben Sie wirklich keine Ursache zum Schelten», meinte die Dame, die sich neben ihn gesetzt hatte.

«Meiner Treu,[23] ich verdiene kaum etwas daran», versicherte
Leclef. «Vergessen Sie nicht, daß die Sachen mehrere Jahre als   105
totes Kapital bei mir in den Kassetten[24] gesteckt haben.»

«Nun ja, nun ja», sagte Pillon und trommelte mit den Fingern
auf der Tischplatte. «Haben Sie übrigens schon gehört, daß man
den Brückenzoll[25] wieder einführen will? Was sagen Sie dazu?»

Leclef erwiderte, er fände das unrecht, und wollte auf die   110
Rechnung zu sprechen kommen. Indessen schalt Pillon auf die
hohen Milchpreise, die der Wöchnerinnen halber[26] ganz
besonders zu verdammen seien.

Der Juwelier wartete höflich, bis Pillon mit seinem Satz zu
Ende gekommen war; dann zog er die Rechnung aus seiner   115
Brieftasche, die er schon eine ganze Weile in den Händen hin
und her gedreht hatte. Jetzt schob er das Blatt dem Arzt hin und
sagte hastig:

«Ich bitte Sie, Bürger Doktor, Sie werden Einsicht nehmen[27]
wollen.»   120

«Nun, es wird ja stimmen, lassen Sie gut sein»,[28] antwortete
Pillon.

«Nein, Ordnung muß sein, ich bin ein Geschäftsmann»,
beharrte Leclef. «Sie erlauben, Bürger Doktor.»

[21] **Tabatiere**   snuff box
[22] **aus Grundsatz**   on general principle
[23] **Meiner Treu**   Upon my faith
[24] **Kassetten**   strongboxes
[25] **Brückenzoll**   bridge toll
[26] **der Wöchnerinnen halber**   because of the women in childbed
[27] **Einsicht nehmen**   examine
[28] **lassen Sie gut sein**   never mind

Damit setzte er sich neben den Arzt und begann ihm die 125
einzelnen Posten[29] zu erklären, über das Blatt gebeugt und ab
und zu mit dem gelblichen, gekrümmten Nagel des Zeigefingers
eine Zeile unterstreichend. Der Dame mochte es zu lange
dauern, und sie ging stillschweigend hinaus.

«Nicht wahr, es stimmt?» fragte Leclef, als er fertig war. 130

«Gewiß, gewiß», sagte der Arzt.

«Also dann darf ich wohl höflichst um geneigte Zahlung bitten,[30] mein Bürger Doktor?»

Pillon präsentierte ihm die Tabatiere, die Leclef auf den
ersten Blick wiedererkannte, und sagte, «Langen Sie zu, mein 135
Lieber. Meinen Sie nicht auch, daß wir heuer[31] einen strengen
Winter haben werden?»

Des Juweliers Haut bekam plötzlich eine bleigraue Farbe.
Einen Blick warf er in das väterlich-lächelnde Gesicht des
Arztes, ein zweiter überflog das Zimmer. Die Dame war fort. 140
Die Schatulle war fort.

«Tausend Teufel!» schrie Leclef, sprang auf, stürzte zur Tür,
rannte durch den Korridor.

Am Ende des Korridors standen plötzlich drei Männer und
vertraten ihm den Weg. 145

«Fort! Laßt mich!» schrie er, und seine Stimme überschlug
sich.[32] Er wollte die Männer beiseitestoßen und sich durchzwän-
gen. Allein sie packten ihn, ruhig und unerschüttert, als hörten
sie sein Schreien und Flehen gar nicht, banden ihm Hände und
Füße und trugen ihn davon. Dann wurde er entkleidet und in 150
eine hölzerne Wanne mit kaltem Wasser gelegt. Endlich fand er
sich in einem Zimmer, welches ein Bett enthielt, sonst nichts.

Einige Tage später stürzte Madame Leclef in das Empfangszimmer des Doktor Pillon. «Wo ist mein Mann?» schrie sie. «Wo
ist mein Mann?» 155

«Aber so beruhigen Sie sich doch, Bürgerin», sagte der Arzt
freundlich. «Er ist gut aufgehoben. Wenn es möglich ist, führe
ich Sie nachher zu ihm. Haben Sie die Wäsche mitgebracht?»

Er drückte sie in einen Sessel. Es sah aus, als sei die große
Frau plötzlich klein geworden, in sich zusammengesackt.[33] Sie 160
weinte.

«Ja, was ist denn nur? Was ist denn nur? Was haben Sie denn
mit ihm gemacht? Ich komme aus Versailles. Da sagt der Geselle,
mein Mann sei seit vorgestern bei Ihnen, Ihr Aufwärter sei

---

[29] **Posten** entries
[30] **höflichst um geneigte Zahlung bitten** please ask for payment
[31] **heuer** this year
[32] **seine Stimme überschlug sich** his voice broke
[33] **in sich zusammengesackt** collapsed

gestern dagewesen: wir sollten Wäsche für ihn schicken. Was 165
soll denn das heißen?»

«Aber Bürgerin, Ihr Mann soll doch geheilt werden. Es ist
kein Wunder, er hat Verluste gehabt durch den Umsturz, wir
alle. Nun will er von jedem seine Juwelen bezahlt haben. Aber
ich bringe ihn wieder in Ordnung, seien Sie unbesorgt.»   170

«Mein Mann ist gestört? Großer Gott, wie ist er denn zu
Ihnen gekommen?»

«Ihre Tochter war vorgestern früh bei mir und hat mir alles
auseinandergesetzt. Am Nachmittag hat sie ihn dann hergeführt.
Er kam gutwillig mit, weil sie ihm gesagt hatte, ich würde seine 175
Juwelen bezahlen. Ja, hat Ihre Tochter Ihnen denn nichts davon
erzählt? Sie hat doch in Ihrem Auftrag die Pflegekosten für
einen Monat vorausbezahlt!"

«Meine Tochter? Meine Tochter ist seit acht Jahren tot. Ich
will meinen Mann wiederhaben! Ich will meinen Mann 180
wiederhaben!»

Doktor Pillon erschrak. Er strich der Frau über das dünne
Haar, sprach ihr verwirrt Mut zu und führte sie dann in das
Zimmer des Juweliers.

«Leclef!» schrie sie und wollte auf ihn zustürzen.   185

Allein Leclef erkannte sie nicht. Er hockte auf dem Bett-
rande, nickte mit einem glücklichen Lachen eifrig vor sich hin
und zählte an den ausgespreizten Fingern:

«. . .eine Tabatiere mit Zahlperlen[34] besetzt . . . achtzehn
Perlen . . . dreitausendachthundertfünfundsiebzig Livres[35] . . . 190
das Bracelet mit den Saphiren . . . neuntausendsechshundert-
achtzig Livres . . . der Paragon[36] der Frau Herzogin . . . *à jour*
gefaßt,[37] achtundsiebzig Karat . . . einundsechzigtausenddrei-
hundertundfünfzig Livres . . .»

FRAGEN

1. Was hielt Leclef von der Revolution?
2. Wer soll die Dame zu Leclef geschickt haben?
3. Was konnte die Dame Leclef nicht mitteilen?
4. Wer hatte nichts von der Regierung zu fürchten?
5. Worüber machte sich Leclef zuerst Sorgen?
6. Warum muß Leclef seinen Laden verlassen?
7. Warum stürzte Leclef auf einmal aus dem Zimmer?

---

[34] **Tabatiere mit Zahlperlen**   snuff box decorated with small pearls
[35] **Livres**   French coins worth about nineteen cents at the time
[36] **Paragon**   a general term applied to large gems, especially pearls and diamonds
[37] *à jour* **gefaßt**   with an openwork setting

8. Warum konnte Leclef nicht fort?
9. Wie erklärte der Arzt Leclefs Krankheit?
10. Was tut Leclef am Ende der Geschichte?

ZUR BESPRECHUNG DES TEXTES

1. Leclef wird von einer verschleierten Dame besucht.
2. Juwelen, die Leclef der Dame nicht hätte verkaufen sollen.
3. Dr. Pillon führt die Kasse.
4. Die Dame verschwindet.
5. «Meine Tochter ist tot.»

ANNA SEGHERS
(1900–1983)

Anna Seghers was one of the most prolific and popular writers in East Germany. In 1928 she joined the German Communist party; in 1933 she was arrested by the Nazis and subsequently fled to France and Mexico, returning to Germany in 1947. During her years in exile she began to produce a steady stream of novels and short stories, which brought her international attention. These invariably treat the struggles of the little man, the working class, the persecuted, and those deprived of their rights; not surprisingly, the stories always have a Marxist point of view. Several of her novels have been translated into English; she is probably best known in this country for the 1944 film version of her novel **The Seventh Cross** *that had been published in German and English in 1942.*

"Die Umsiedlerin" describes the plight of a young mother who, with her three children, is forced to leave her home at the end of the war and is assigned to a village farther west, in what is now East Germany. In a straightforward and unadorned style, Seghers shows that there are also "haves" and "have-nots" in a socialist country. The haves get their comeuppance, the have-nots discover that justice—through reason, cooperation, and fairness— eventually triumphs. The socialist theme is inescapable, but not blatant, and the human aspects of the suffering and eventual revival of Anna Nieth's faith outweigh the ideological background.

Die Umsiedlerin

Eine Frau namens Anna Nieth, die Ende des Krieges beim Einzug in Polen* aus ihrer Provinz mit vielen Schicksalsgefährten nach Westen gezogen und schließlich in dem kleinen Dorf Lossen* hängengeblieben war, fühlte sich dort nach drei Jahren noch ebenso schlecht wie am ersten Tag. Der Bauer Beutler, der 5 sie aufnehmen mußte, verstaute sie mit ihren zwei Kindern in einem Abstellraum hinter der Küche. Da er verarmt und verbittert war durch Krieg, Besatzung und Ungewißheit, bekamen sie schon zu den ersten drei Scheiben Brot am ersten Abend keinen anderen Belag als Redensarten:[1] «Ihr habt uns gerade noch 10

---

[1] **Redensarten** empty phrases

---

* All items marked with an asterisk are names of places. See Appendix 1, Place Names.

gefehlt»,[2] und: «Wo vier nicht satt werden, können sieben verhungern», und «Das möchte ich wissen, wie lange gedenkt ihr
zu bleiben?»

Das wußte die Nieth selbst nicht. Ihr Mann war gefallen, sie
konnte nicht weiterziehen, der Ort war ihr nun mal zugewie- 15
sen.[3] Die Kinder gingen auch bald in Lossen zur Schule. Sie
selbst nahm jede Art Aushilfsarbeit an, um das Notwendigste zu
erstehen. Der Beutler aber und seine drei Bäuerinnen, Frau,
Mutter und Schwiegertochter—der Sohn war gefallen—, gönn-
ten ihr nicht mal ein Eckchen des Küchenherdes, geschweige 20
den Kochtopf. Frau Nieth kam jeden Tag müder und trauriger
von der Arbeit, begierig auf etwas Wärme vom Herd und von
Menschen, und wurde, wenn sie die Suppe kaum angerührt
hatte, zurück in den Abstellraum gescheucht. Es war darin kalt
und finster, und ihre Kinder kamen so spät wie möglich, um die 25
Suppe zu schlucken; sie wurden immer scharf angefahren,[4]
wenn sie die Küche durchtrabten. Da hatten sie keinen anderen
Zuspruch als den Hofhund. Der hatte sie durch eine Ritze her-
ausgeschnüffelt; er hatte sich schnell mit den Nachbarn hinter
der Wand befreundet, er begrüßte sie jeden Abend winselnd 30
und jaulend. So daß seine Schnauze hinter dem Spalt das einzige
auf dem Hof war, was ihnen Güte ersetzte.

Man nannte die Fremden auch immer weiter im Dorf «die
Flüchtlinge» statt «die Umsiedler», wie sie in den Gesetzen
hießen; obwohl die meisten genau wie die armen Bauern des 35
Dorfes ihr Feld bei der Landverteilung erhalten hatten und von
der Maschinenausleihstation[5] versorgt wurden und ganz
besonders der Neulehrer sich ihrer Kinder annahm, der Niethschen und der übrigen fremden; denn wie ein guter Vater war er
am meisten für die da, die ihn am meisten brauchten. 40

So gingen Sommer und Winter dahin, und Säen und Ernten,
die Erde vergaß den Krieg, sie war besser eingeteilt als jemals
zuvor, und mit Hilfe des Bauernberaters der MAS[6] rascher und
klüger gefurcht und gedüngt, sie dehnte sich vor Behagen in
solchem Frieden und saugte ihn auf wie Regen und gab ihn in 45
Frucht zurück.

Es gab aber nichts, was die Nieth zum Gedeihen brachte. Sie
war zwar erschöpft, aber jung und kräftig hier angekommen, sie
war bald abgewelkt, ihr Gesichtlein war spitzig geworden, ihre
Augen glänzten nur bei einer Erinnerung. Sie wurde zwar nicht 50
mehr mit Brocken und Almosen für ihre Aushilfsarbeit bezahlt,

---

[2] **Ihr habt uns gerade noch gefehlt**   You are all we needed
[3] **der Ort war ihr nun mal zugewiesen**   she had simply been assigned to the place
[4] **sie wurden immer scharf angefahren**   they were always harshly spoken to
[5] **Maschinenausleihstation**   farming machinery pool
[6] **MAS**   abbreviation of Maschinenausleihstation

sondern nach dem vorgeschriebenen Tarif,[7] sie hatte den Kindern Schuhe gekauft und sich eine Schürze und Wäsche. Sie
fand allmählich heraus, daß dieses und jenes neue Gesetz ihr
unter die Arme griff, von ihrem Glück aber war in keinem   55
Gesetz die Rede.[8] So stickig, so freudlos war ihre Kammer, und
ohne Freude kann man nicht leben. Die Wirtsstube stand auch
ihr manchmal offen zu einer Versammlung, zu einem Kino, sie
hörte und sah sich alles an, sie dachte schon lange vor Schluß:
Gleich muß ich wieder zurück in das Loch. Die Umsiedler saßen 60
auch immer wie zur Strafe getrennt von den eingesessenen
Bauern[9] auf besonderen Bänken, und weil die Nieth vor Gram
wie verstummt und ertaubt war,[10] saß sie selbst unter den
eigenen Leuten allein.

   Es gab eine Bauernversammlung kurz vor der Ernte. Der   65
Landrat kam aus der Stadt, um nach dem Rechten zu sehen.[11] Da
kamen ernste Dinge zur Sprache, die die ganze Republik betrafen. Die reichen Bauern saßen in einem Klumpen beisammen,
sie hörten aufmerksam zu, sie wurden sich ohne Worte eins aus
den Augenwinkeln.[12]   70
   Sie wußten, daß eine Kommission über ihnen schwebte. Die
hatte die Absicht, anders als bisher das «Soll»[13] zu bestimmen;
nicht mehr nach der Anzahl der Hektar,[14] sondern nach Ertragsfähigkeit dieser Hektar, nach Hilfsbedürftigkeit des Besitzers,
nach dessen Vermögen an Pferden, Menschen, Maschinen. Bei 75
manchen Gesetzen war es vernünftig, sich breit wie ein Gaul
davorzustellen, sie einzuspannen und umzuschmeißen,[15] damit
sie zunächst als unausführbar existierten, bei anderen Gesetzen
war es vernünftig, zu einem Mäuschen zusammenzuschrumpfen
und durch einen winzigen Spalt zu kriechen. Das neue Gesetz 80
schien eins von dieser Sorte zu werden. Es war noch nicht
schwarz auf weiß da, es stand nicht auf der Tagesordnung, es lag
aber schon im Wirtshausrauch.[16] Die einen erwarteten es
mißtrauisch, die andern zufrieden und erleichtert.

---

[7] **vorgeschriebenen Tarif**   prescribed wage scale
[8] **ihr unter die Arme griff, von ihrem Glück aber war in keinem Gesetz die
    Rede**   helped her but no law addressed her happiness
[9] **eingesessenen Bauern**   local farmers
[10] **weil die Nieth vor Gram verstummt und ertaubt war**   because Mrs.
    Nieth's anger made her seem deaf and dumb
[11] **um nach dem Rechten zu sehen**   to see if everything was going according to
    law
[12] **sie wurden sich ohne Worte eins aus den Augenwinkeln**   they agreed with
    one another by means of looks, not words
[13] **Soll**   quota
[14] **Hektar**   1 hectar = 2½ acres
[15] **sich breit wie ein Gaul davorzustellen, sie einzuspannen und
    umzuschmeißen**   to take a stand to block, limit, and overthrow them
[16] **es lag aber schon im Wirtshausrauch**   there was already talk of it in the
    smoke-filled tavern

Der Landrat war der Sohn eines Landarbeiters, er hatte am 85
eigenen Leib erfahren,[17] was Eingesperrtsein und Befreiung
bedeutet. Er wußte, was die Pflicht eines Landrats war: das Volk
seines Landes zu beraten. Da kamen ernste Dinge zur Sprache,
die ganz besonders das Dorf betrafen.

Bevor die Maschinenstation zur Ernte antrat, mußte Ordnung 90
im Dorf sein. Was nützten die guten neuen Traktoren auf einer
neu eingeteilten Erde, wenn dieser Klumpen dahinten von listigen und verschlagenen[18] Bauern gar nicht davon angerührt
wurde? Wie konnte man den Frieden schützen, wenn man die
Erde nicht schützte? Und wie die Ernte einbringen, wenn man 95
nicht dem Dorf zuerst Friede brachte? Was Ämter mit Ehren
und Würden hier trug,[19] war von jeher aus diesem Klumpen
gekommen. Der Bürgermeister—derselbe Mensch aus demselben Klumpen, schon in der Hitlerzeit, schon in der Zeit der
Weimarer Republik.[20] Sein Schwager—von jeher in Ehren und 100
Würden in jeder Art Vorstand. Jetzt war er der Vorstand der
«Vereinigung gegenseitiger Bauernhilfe».[21] Darunter verstand
ein solcher Mensch, daß er zuerst mal den Bauern der eigenen
Sippschaft half.

Der Landrat und die Vertreter der Partei und der Gewerk- 105
schaft hörten sich alles geduldig an. Sie hatten auf einem Stück
Papier alle Schliche und Listen und Gaunereien,[22] zum Beispiel
die Anklagen gegen den Lehrer, von dem sie aber genau
wußten, daß er gut war. Zuerst, vor der Rede, hatte die ganze
Bauernversammlung gerauscht.[23] Dann hatte die Rede des 110
Landrats sie wie mit Mähbindern umgelegt und gebündelt. Die
einzelnen Menschenhäuflein, wie sie zusammengehörten nach
ihren Meinungen, ihren Mienen.

Am äußersten Ende der Bank, auf der die Umsiedler saßen,
hörte sich die Frau Nieth alles an. Sie saß überhaupt nur hier, 115
um nicht in dem Dreckloch zu sitzen. Sie verstand nichts von
Partei und von Gewerkschaft. Sie wußte, auf all diese Sachen
schimpften die Leute, bei denen sie arbeiten mußte, genauso
grob wie auf sie. Sie ging manchmal zum Bürgermeister, um im
Stall und im Haushalt zu helfen. Er erlaubte ihr nie, einen Rest 120
für die Kinder mitzunehmen, er verhöhnte sie. Sie wehrte sich
nicht, sie dachte: Das ist nun mal so. Sie hörte jetzt mit großem
Erstaunen zu, wie einer der reichen Bauern nach dem anderen

[17] **am eigenen Leib erfahren**   experienced personally
[18] **listigen und verschlagenen**   sly and cunning
[19] **Was Ämter mit Ehren und Würden hier trug**   Whoever held office here with honor and dignity
[20] **Weimarer Republik**   the German government that existed from 1919 until 1933, when it was overthrown by Hitler
[21] **Vereinigung gegenseitiger Bauernhilfe**   farmers' mutual assistance society
[22] **Schliche und Listen und Gaunereien**   tricks, ruses, and stratagems
[23] **gerauscht**   whispered

gescholten wurde, als könne man mit ihnen umgehen wie sonst
diese Leute mit ihr. Der Landrat setzte sogar den Bürgermeister   125
ab, den die Nieth für unangreifbar gehalten hatte, für unverrückbar in seinem schönen Haus.

Ihr spitzes Gesicht bekam einen Hauch,[24] ihre Augen glänzten bei dem Gedanken, es sei vielleicht gar nicht alles wahr, was
ihre Brotherren und Hausherren ihr erzählten. Es sei vielleicht   130
doch was dran an der Republik.[25] Die neuen Gesetze seien
vielleicht nicht schlecht, der Landrat sei vielleicht ehrlich.

Der Landrat ermunterte nun die Versammlung, da er schon
einmal in Lossen war, alle Sorgen zur Sprache zu bringen. Er
drehte sogar seinen Kopf nach der Umsiedlerbank. Er fragte   135
sogar die Umsiedler, ob sie alle schon in den Wohnungen säßen,
die ihnen gesetzlich zustünden.[26]

Bei dieser Frage sahen alle Dorfleute streng die Flüchtlinge
an, als ob sie sie warnen wollten, hier eine Beschwerde verlauten
zu lassen. Die nickten auch bloß, denn es war ihnen klar, das   140
Dorf blieb zurück und der Landrat ging, und wer etwas sagte,
der hatte dann nichts zu lachen.[27]

Da war es still in der Wirtsstube, und der Landrat sah, daß die
Listigen, die er vorhin gescholten hatte, zufriedener wurden
und schmunzelten. Da drängte er noch einmal, und die Köpfe   145
drehten sich noch einmal zu der Bank.

Die Nieth aber dachte, für sie könnte es gar nicht mehr
schlimmer werden. Da könnte sie ruhig einmal versuchen, ob
wirklich etwas an dieser Freiheit dran sei.

Sie stand plötzlich auf, was alle erstaunte, denn sie war sonst   150
immer stumm. Sie sagte: »Wie ich hierherkam, da hat man mich
mit meinen Kindern in ein Dreckloch gestopft, und ich habe
gewohnt wie in einem Schweinestall, und ich wohne noch immer
wie in einem Schweinestall, und mehr sage ich nicht.« Die
Bauernburschen starrten sie an und dachten: Gar nicht schlecht   155
sieht die aus, das hat man vorher gar nicht gemerkt.

Der Bauer Beutler und seine drei Frauen starrten die Nieth
wütend an. Der Landrat schrieb auf: Frau Nieth bei dem Bauern
Beutler.

Es war kein Vergnügen für die Nieth, abends nach Hause zu   160
gehen. Der Beutler stellte ihr noch einen Fuß,[28] bevor sie in ihre
Tür witschte, und es prasselte auf sie los aus den vier Mäulern.[29]

---

[24] **einen Hauch**   a touch of color
[25] **Es sei vielleicht doch was dran an der Republik.**   Perhaps there was something to the Republic after all.
[26] **die ihnen gesetzlich zustünden**   to which they were entitled by law
[27] **der hatte dann nichts zu lachen**   would regret it
[28] **stellte ihr noch einen Fuß**   confronted her
[29] **es prasselte auf sie los aus den vier Mäulern**   a storm of abuse from the four
mouths engulfed her

Zu schlagen wagten sie nicht. Frau Nieth war auch alles eins, sie
war erleichtert, weil sie ihrem Herzen Luft gemacht hatte,[30] sie
hoffte nicht einmal stark auf Hilfe, sie hatte schon alle Kraft
verloren, sich eine Veränderung vorzustellen.

Am nächsten Morgen, als sie auf Arbeit war, kam einer zu
Beutler, vom Landrat geschickt. Da er die Lebensumstände der
Nieth so fand, wie sie es geschildert hatte, bestimmte er gleich
ein neues Quartier. So daß die Nieth schon die folgende Nacht
bei dem Bauern Donnarth mit ihren Kindern verbrachte. In
einem kleinen ganz guten Zimmer mit Fenstern. Nicht, daß der
Donnarth ein Engel war! Er hatte sich zwar gefreut, als der
Beutler geschimpft worden war, doch nur, weil die Donnarths
von alters her[31] mit den Beutlers in Fehde lebten. Jetzt, als er die
Fremden selbst aufnehmen mußte, war er verärgert, besonders
als man ihn zwang, einen Schrank in die Küche zu schieben. Er
war ein brummiger Mensch, aber nicht so giftig wie Beutler.
Seine Frau war kinderlieb. Seine zwei Jungens arbeiteten mit
ihm auf dem Feld. Sie aßen immer alle zusammen an einem
Tisch mit den neuen Bewohnern, und bald gewöhnte sich eins
ans andere. Als eins der Niethschen Kinder Husten bekam,
machte ihm die Frau Donnarth von selbst einen Brustwickel. Sie
steckte beiden auch oft was Süßes zu.

Die Ernte begann. Es war regnerisch. Donnarth, der zu den
armen Bauern gehörte und einen Vertrag mit der Maschinenstation abschloß, erwartete ungeduldig den Traktor. Denn dieses
Jahr war alles früh reif. Die reichen Bauern, die eigene Traktoren besaßen und keine Verträge abschlossen, schimpften,
höhnten und warnten. Sie triumphierten, als die Pause zwischen
Gerste und Hafer kürzer als sonst war, als ein «russischer Traktor» versagte und kein Ersatzteil in Eile zu finden war, als ein
Mähbinder, der in der Werkstatt geprüft worden war, schon auf
dem dritten Feld steckenblieb. Sie sehnten jede Art von Versagen und Fehlern herbei.

Das Feld, auf dem der Mähbinder steckenblieb, gehörte dem
Donnarth. Er schimpfte und klagte. Er sagte daheim, er bereue
jetzt selbst, daß er nicht auf den Rat erfahrener Bauern gehört
hätte. Die Nieth, die auch hier nicht viel sprach, legte plötzlich
los: «Was die Ihnen Gutes raten, ist sicher nichts. Die raten nur
immer sich selbst. Das Wetter kann man nicht ändern. An einer
Maschine kann immer mal was nicht stimmen.» Das ganze Dorf,
zumal ihre Landsleute waren erstaunt, wie sie plötzlich den
Donnarths auf dem Felde half. Sie fragten sie abends: »Was ist
denn in dich gefahren? Die ganze Zeit hast du gesagt, hier
würdest du dich nie eingewöhnen. Warum strengst du dich jetzt

---

[30] **ihrem Herzen Luft gemacht hatte**   had gotten it off her chest
[31] **von alters her**   from time immemorial

an, als wärst du daheim?« Die Nieth erwiderte: »Weil es mir so
ist.«[32] Die Leute fragten: »Wieso denn?« Die Nieth erwiderte:
»Weil man gerecht war.«

Sie half auch beim Dreschen und, als die Felder umgepflügt   210
waren, da und dort in der Wirtschaft.[33] Sie sang manchmal dabei.
Die Söhne sahen sie dann verstohlen an und dachten, die fremde
Frau sei ganz gut zu betrachten. Sie schämte sich nicht mehr,
durchs Dorf zu gehen. Sie vermied nur, den Beutlers zu begegnen. Die Kinder schlichen sich manchmal an den Hof, nur um   215
den Hund wiederzusehen.

FRAGEN

1. Wie wurden Frau Nieth und ihre Kinder von der Bauernfa-
   milie aufgenommen?
2. Warum war ihr Leben in Lossen so elend?
3. Warum ging sie immer wieder in die Wirtsstube?
4. Warum hat der Landrat Mitleid mit den Umsiedlern?
5. Warum hat Frau Nieth gewagt, ihre Meinung
   auszusprechen?
6. Was ist am nächsten Tag geschehen?
7. Inwiefern war die neue Wohnung besser als die alte?
8. Warum hat Frau Nieth angefangen, bei der Arbeit zu
   singen?

ZUR BESPRECHUNG DES TEXTES

1. Ein unglückliches Leben in Lossen.
2. Eine Bauernversammlung findet statt.
3. Frau Nieth spricht ihre Meinung aus.
4. Frau Donnarth war kinderlieb.
5. Das Gesetz ist gerecht und bringt Glück.

---

[32] «Weil es mir so ist.» "Because that's the way I am."
[33] **in der Wirtschaft** in the general operation of the farm

CHRISTOPH MECKEL
(1935–)

Christoph Meckel has been equally active and successful in the fields of art and literature. He has illustrated his own work with etchings and has even published picture stories in which the only words are those in captions. His stark drawings and prints express in visual terms what he attempts to convey with language in his poems and stories.

Meckel's stories can perhaps best be described as grotesque fairy tales. His imagination fuses the impossible with the real to create an atmosphere in which the absurd seems normal. Like the fairy tale or the fable Meckel's stories seem to have a moral. As one feels the full impact of Meckel's surrealistic images and reflects on them, a constellation of meanings begins to emerge, not one of which can by itself convey the author's intent. These shifting meanings revolve around such concepts as good and evil, humanity, brutality, and compassion. The world revealed in the pictures, poems, and stories of Christoph Meckel is usually a gruesome one, in which chances of improvement are dim and flight seems hopeless. Good and evil are there, but the good is not victorious; indeed, perhaps the reverse is true.

Die Krähe

Ich durchquerte die Wälder im Sommer, es waren dichte Wälder, die kein Ende nahmen. Und an einem Morgen traf ich einen Mann, der mit zerfetzter Jacke und schmutzigen Stiefeln im Unterholz stand; er schrie und pfiff durch die Finger (das hatte mich auch von meinen Wegen gelockt) und rief viele 5 Namen wieder und wieder in die endlosen Wälder voller Gemurmel und Gebalz, Geknister[1] und grünem Schweigen. Als ich in seine Nähe kam, winkte er mich heran und sagte, er suche einen Tiger.

Es gab in diesen Wäldern keine großen Tiere und keine 10 Raubtiere, aber ich fragte nicht lange, denn ich hatte Neugier genug und viel Zeit, ließ mir die Namen sagen und half dem Mann den Tiger suchen. Ich lief durch Gestrüpp und hohes, schneidendes Gras und rief die Namen des Tigers umher in der Windstille und hörte, wie der Mann sich entfernt vor mir durch 15 das Dickicht arbeitete, pfeifend und schreiend, und nach langer

---

[1] **Gebalz, Geknister**   mating calls, rustling

Zeit vergeblichen Suchens in den Wäldern traf ich ihn wieder,
und er sagte: Wir müssen jetzt einen Bären suchen, ich habe auf
den Waldhügeln einen Bären laufen sehn, und das heißt, daß der
Tiger sich verwandelt hat, es gibt keinen Tiger mehr.   20
    Und wir machten uns von neuem auf in die Wälder, gingen
getrennte Wege und riefen in das viele Zwielicht² alle die
Namen, und ich hörte Tappen und Knistern, Holz knacken und
schwere Tritte auf Laub und Stein in Nähe und Ferne, und als
ich den Mann im schwarzen Innersten der Wälder wiedertraf,   25
sagte er: Ich habe einen weißen Elefanten durch die Büsche
gehn sehn, es gibt jetzt keinen Bären mehr. Und wir trennten
uns wieder und kämpften uns durch Wald und wieder Wald,
endlos und kühl, riefen viele Namen und suchten den Elefanten
und fanden ihn nicht. Und nach Stunden sagte der Mann: Von   30
jetzt ab müssen wir einen Wolf suchen, und wir suchten nach
dem Wolf, und am Nachmittag fand ich den Mann erschöpft auf
einem Baumstumpf sitzend, und er sagte: Ich habe den Wolf sich
nahe vor mir verwandeln sehn, jetzt müssen wir einen schwarzen Fuchs suchen. Mit Ästen und Stecken stießen wir in die   35
Sandgruben und Baumwurzelschächte,³ in die ungangbaren
Dickichte und Tümpelinseln;⁴ und ich kletterte auf einen Baum,
saß hoch über den Waldböden, sah weit über die Wälder und in
den durchlichteten⁵ Himmel, stieg wieder ab, kroch über die
Moose und durch die Farnfelder, aber ich fand keinen schwar- 40
zen Fuchs.
    Was soll ich mit dem Fuchs machen, wenn ich ihn finde,
fragte ich den Mann. Du mußt mich rufen, sagte er, du mußt ihn
festhalten bis ich komme. Also lief ich von neuem durch die
Wälder, jetzt sehr müde, und traf gegen Abend eine manns-   45
große Krähe im Unterholz reglos stehend, und ich verhielt im
Laufen⁶ und fragte: Bist du es, Krähe, die hier gesucht wird?
    Die Krähe nickte und humpelte auf mich zu.
    Weiß der Mann schon, daß du eine Krähe bist, fragte ich, hat
er dich schon gesehen?   50
    Nein, sagte die Krähe, er sucht den schwarzen Fuchs jetzt
noch. Die Krähe schien sehr erschöpft zu sein.
    Ich helfe suchen, sagte ich, das weißt du vermutlich, oder?⁷
    Ja, ich weiß es, sagte die Krähe, ich sah dich an mir vorbeilau-
fen, als ich Bär war und hinter einem Steinhaufen verschnaufte. 55
    Da hättest du mich leicht zerreißen können, sagte ich.

---

² **viele Zwielicht**   pervasive twilight
³ **Baumwurzelschächte**   tunnels under the tree roots
⁴ **Tümpelinseln**   islands in shallow pools
⁵ **durchlichteten**   luminous
⁶ **verhielt im Laufen**   stopped running
⁷ **oder**   don't you

Ja, sagte die Krähe, das hätte ich leicht tun können, aber es lag mir nicht viel daran.[8] Jetzt könnte ich dich zerhacken, falls du mir nicht zuvorkommst und deinen Stecken in meinen Schnabel stößt oder sonst etwas tust, aber es liegt mir nicht viel daran. 60

Ich wußte nicht recht, was ich mit dem Tier anfangen sollte, ich sagte: Wenn du willst, sage ich dem Mann nichts davon, daß ich dich als Krähe getroffen habe. Du kannst hierbleiben, ich werde den Mann von dir fernhalten. Ich weiß ja eigentlich gar nicht, was hier vorgeht. Du kannst verschnaufen, aber du mußt 65 wach bleiben. Ich komme wieder.

Die Krähe trat von einem Bein auf das andere.

Was wird der Mann mit dir tun, wenn er dich findet, fragte ich, was hat er vor?

An die Kette legen oder in einen Verschlag stecken,[9] antwor- 70 tete die Krähe, ich vermute es nur. Ich weiß es nicht genau. Er kann mich auch schlachten und auffressen, es kommt darauf an, was ihm einfällt, wenn er mich als Krähe findet.

Hat er ein Recht auf dich, fragte ich, ich meine, hat er dir einen schönen Verschlag gebaut, als du Tiger warst, hat er dich 75 gefüttert?

Er hat mich schon gejagt, bevor ich Tiger war, sagte die Krähe, er ist ein großer Jäger.

Ich fragte die Krähe: Hast du noch einmal vor, dich zu ver- wandeln, Krähe? 80

Sie antwortete: Ich kann es noch einmal tun, ein einziges Mal noch.

Gut, sagte ich, ich werde also den Mann weiterhin nach dem schwarzen Fuchs suchen lassen. Und ich ging durch die Wälder, traf den Mann heiser von Brüllen und müde, und wir verabrede- 85 ten uns, weiter nach dem schwarzen Fuchs zu suchen.

Ich habe den Tiger gejagt und alle Tiere davor, sagte der Mann. Ich habe den Bären gejagt und den Elefanten, jetzt jage ich den schwarzen Fuchs. Ich bin Jäger, davon lebe ich, und ich brauche das Tier, ich will es besitzen. Und sollte es als Papagei[10] 90 auf den Türmen Pekings hocken, ich würde es jagen.

Was hast du mit ihm vor, fragte ich.

Was ich mit ihm vorhabe? Das ist doch ganz gleich, rief der Mann ungeduldig, haben muß ich es, besitzen will ich es; und nun geh und such den schwarzen Fuchs! 95

Und wir trennten uns, und während der Jäger nach dem schwarzen Fuchs in den Wäldern brüllte, lief ich zu der Krähe.

---

[8] **es lag mir nicht viel daran** I wasn't much interested
[9] **An die Kette legen oder in einen Verschlag stecken** Chain me up or put me in a pen
[10] **Papagei** parrot

Ich war jetzt selber besessen, die Krähe für mich zu haben. Sie
stand noch am alten Fleck. Willst du mit mir kommen, fragte ich
sie, du gefällst mir, du würdest nicht mehr gejagt werden . . .   100
  Die Krähe sah mich an und nickte mit dem großen Kopf. Wir
gingen nun, torkelnd[11] die Krähe und schläfrig an meiner Seite,
den Ausgang der Wälder suchen, fanden ihn spät am Abend, als
die Dämmerung den Wald schon finster machte, und gingen
hinaus in die Ebene.   105
  Der Jäger wird die Wälder nicht verlassen, sagte ich, hier
kannst du verschnaufen.
  Und die Krähe legte sich ins Gras, ich legte meinen Kopf
unter die Flügel der Krähe, die Nacht über schliefen wir in der
Ebene nahe den Wäldern, aus denen es schrie und brummte,   110
und am nächsten Morgen standen wir auf und gingen zusammen
fort.

  Und wir liefen durch den heißen Tag, der auf der Ebene
leuchtete. Am Rand des flachen Landes verschwanden die
Wälder klein und grau, um uns war spärliches Gras, das im Wind   115
sich bewegte. Und nach Stunden des Laufens durch die Ebene
fragte ich die Krähe, ob sie nicht auffliegen könne, um nachzu-
sehn, wo wir uns befänden.
  Ich kann nicht fliegen, sagte die Krähe.
  Ich bat die Krähe, es wenigstens zu versuchen. Sie schüttelte   120
ihre Flügel, schlug um sich, hüpfte, sie drehte sich schwerfällig,
zog die Füße ein, schleifte mit den Flügeln am Boden, daß es
staubte, aber es kam nicht mehr zustande[12] als ein paar meter-
hohe, kurze, ungeschickte Sprünge. Die Krähe atmete rasselnd
und hatte wilde Augen.   125
  Ja, du kannst wirklich nicht fliegen, sagte ich, laß es also sein.
Und wir gingen weiter in der großen Hitze. Nach Stunden
kamen wir in ein Dorf. Dort waren Bäume, in deren Schatten wir
uns ausruhten. Wir wuschen uns an einem Brunnentrog.[13] Die
Krähe sprang, nachdem ich getrunken hatte, in das Wasser,   130
schlug mit den Flügeln, schüttelte sich, stäubte Wasser umher,
zog Wasser durch den Schnabel in großen lauten Schlucken. Es
versammelten sich viele Leute in den Haustüren und um den
Brunnen, zeigten mit Fingern auf die Krähe und lachten,
umringten sie ohne Vorsicht, aber die Krähe merkte es nicht   135
oder achtete nicht darauf. Ich erklärte den Leuten, daß ich das
Tier zu einem Zirkus in die Stadt brächte. Ich verspreche mir
eine Menge Geld, sagte ich. Nach kurzer Zeit verließen wir das

---

[11] **torkelnd** staggering, reeling
[12] **es kam nicht mehr zustande** nothing more was accomplished
[13] **Brunnentrog** trough of a fountain

Dorf (die Leute wichen nur widerwillig vor der Krähe zurück), und ich entschuldigte mich bei der Krähe: Du mußt mich nicht falsch verstehn, Krähe, sagte ich, ich brauche eine Ausrede für die Leute. 140

Das habe ich schon verstanden, sagte die Krähe. Sie schien nicht besonders verlegen zu sein.

Und wir gingen weiter in der Ebene, kamen durch leichte Hügel, und es wurde Nachmittag. Ich will dir einen Vorschlag machen, sagte ich, du hast doch noch eine Verwandlung übrig, nicht wahr, du hast es gesagt. 145

Ja, sagte die Krähe, warum willst du es wissen?

Was für eine ist es, fragte ich weiter, ist es eine auffällige?[14] 150

Ist es unbedingt nötig, daß du es weißt, fragte die Krähe.

Siehst du, Krähe, sagte ich, das wäre ein Vorschlag, hör ihn dir an: Wir werden jetzt durch viele Dörfer kommen und gelegentlich in eine Stadt. Wir werden viele Leute sehn, tausend und mehr an einem Tag, du verstehst. Es wäre einfacher, wenn du dich noch einmal verwandeltest, falls dich das unauffälliger machen würde. 155

Warum, fragte die Krähe, ich bin eine Krähe, jeder kann sich mit einer Krähe sehen lassen.

Das schon,[15] sagte ich, aber hast du mal eine richtige Krähe gesehn? 160

Nein, sagte die Krähe, ich weiß sehr wenig von Krähen. Ich erfahre von dir zum erstenmal, daß ich Krähe bin und Krähe heiße.

Siehst du, das ist es, sagte ich. Die richtigen Krähen sind klein, du bist dreißigmal, vielleicht vierzigmal so groß wie eine gewöhnliche Krähe. Und du bist die einzige Krähe, die je so groß gewesen ist. Deshalb bist du, wenn wir länger unter die Leute kommen, als Krähe ungültig.[16] Als Hund zum Beispiel würdest du kaum auffallen, denn es gibt hunderterlei[17] Hunde, sehr große, sehr kleine. Aber es gibt nur eine Krähensorte, jeder kennt sie. 165 170

Die Krähe lief neben mir her und grübelte lange. Ich verstehe dich nicht ganz, sagte sie dann. Ich will mir meinen letzten Teil noch aufheben, verstehst du, weil er der letzte ist. Früher habe ich schnell und unbedenklich gewechselt, aber jetzt muß ich mir lange überlegen, ehe ich etwas aufgebe. Das ist das eine. Das andere ist: warum soll ich nicht die Krähe bleiben, die ich bin. Ich bin gerne Krähe, wie ich zum Beispiel gerne Elefant war und 175

---

[14] **eine auffällige**   a striking one
[15] **Das schon**   That's true
[16] **ungültig**   invalid, inadmissible
[17] **hunderterlei**   hundreds of kinds of

nur ungern Wolf nach dem Elefanten wurde. Ich möchte schon 180
am liebsten Krähe bleiben, auch in den Städten, durch die wir
kommen werden, wie du sagst.

Du könntest wieder gejagt werden, sagte ich.

Daran habe ich nicht gedacht, sagte die Krähe.

Es wäre aber gut, daran zu denken, sagte ich. Wir übernach- 185
teten in einer Hütte in der Nähe eines Flusses, in der Nacht kam
Regen nieder, der leis auf dem Blechdach der Hütte dengelte.
Und am Morgen sagte mir die Krähe: Du mußt mich nicht falsch
verstehn, ich habe auch meinen Stolz als Krähe, ich möchte
Krähe bleiben, auch wenn wir in eine Stadt kommen, in der man 190
so große Krähen nicht kennt. Ich bleibe Krähe.

Gut, sagte ich, du sollst Krähe bleiben. Wenn ich könnte,
würde ich dich zur Verwandlung zwingen, aber ich kann es
nicht. Und dein Stolz macht mir auch Freude.—Ein paar Tage
gingen wir durch Gras und Ebenen flußabwärts.[18] 195

Wir kamen später in eine Stadt, es war Frühherbst und die
Nächte waren kühl geworden. Ich führte die Krähe über die
Korsos[19] und großen Straßen. Sie war noch nie in einer Stadt
gewesen, aber schien nicht besonders verwirrt, sondern lief mit
hellen, ruhigen Augen neben mir her. Am Abend des ersten 200
Tages warf man Steine auf uns; die Krähe zuckte zusammen. Wir
waren bald von vielen Menschen eingekreist, wurden schneller
und schneller durch die Straßen getrieben. Ich wurde bald
festgehalten.

Ich kenne die Stadt nicht, Krähe, sagte ich, als die Leute 205
näher kamen, ich weiß nicht, wo du dich verkriechen könntest.

Die Krähe blieb schweigsam und unruhig in meiner Nähe.

Verwandle dich jetzt, sagte ich, als die Leute mich wegdräng-
ten, verwandle dich, schnell!

Nein, sagte die Krähe. Ich sah, daß sie anfing zu zittern. Ihre 210
Flügelspitzen zuckten. Sie versuchte mit den Flügeln zu schlagen. Es flogen nun schon viele Steine auf die Krähe. Ihr Schnabel
stand weit offen.

Verwandle dich doch, schrie ich, los, verwandle dich!

Aber die Krähe lief und hüpfte schwerfällig weiter die Straße 215
entlang, die Menge wich vor ihr zurück, so weit sie konnte. Es
folgten die Krähe immer mehr Leute und immer schneller, und
immer mehr Steine prasselten auf die Krähe, die unter den
Steinschlägen schwankte und torkelte.

Da sah sich die Krähe nach mir um. Sie suchte mit ihren 220
kleinen wilden, ratlosen Augen, bis sie mich in der Menschen-

---

[18] **flußabwärts** downstream
[19] **Korsos** avenues

menge gefunden hatte. Dann verwandelte sie sich. Es ging sehr
langsam, sie räkelte sich[20] qualvoll, schwarze Krähenfedern wirbelten über der Menge, die entsetzt zurückschreckte und sich
zu einem Knäuel zusammenstaute.[21] Die Krähe veränderte sich   225
lautlos, beulte sich ein und aus,[22] dann war sie fertig. Eine riesige
schwarze blinde Katze stand allein gegen die Menge mit nassen,
leeren Augenhöhlen und gesträubten Haaren, in denen Krähenfedern hingen. Sie fauchte in lauten, heiseren Stößen.[23] Sie
bewegte sich nicht vom Fleck, tastete nur ein wenig am Boden   230
um sich her.

Ich verstand die Krähe jetzt besser. Die Leute warfen nun
wieder Steine auf die Katze, immer mehr Steine. Die Katze
drehte sich fauchend um sich selber auf einem Fleck, bis sie
umfiel. Es flogen immer noch Steine und Krähenfedern herum.   235
Man hatte mich längst losgelassen. Und ich lief davon durch die
fremde Stadt.

FRAGEN

1. Wie benahm sich der Mann im Walde?
2. Warum mußten die beiden einen Bären suchen?
3. Was fand er schließlich?
4. Was versprach der Erzähler?
5. Was konnte die Krähe nur noch einmal tun?
6. Warum bat der Erzähler, die Krähe aufzufliegen?
7. Was sagte der Erzähler den Dorfbewohnern?
8. Welchen Vorschlag machte der Erzähler?
9. Was antwortete die Krähe darauf?
10. Warum wollte die Krähe Krähe bleiben?
11. Was ist der Krähe in der Stadt passiert?

ZUR BESPRECHUNG DES TEXTES

1. Ein Jäger sucht einen Tiger.
2. Eine mannsgroße Krähe.
3. Die Krähe und der Erzähler kommen zu einem Dorf.
4. Vom Dorf zur Stadt.
5. Die letzte Verwandlung der Krähe.

---

[20] **räkelte sich**   contorted itself
[21] **sich zu einem Knäuel zusammenstaute**   huddled together in a tight knot
[22] **beulte sich ein und aus**   contracted and expanded
[23] **fauchte in lauten, heiseren Stößen**   spat loudly and hoarsely

UWE FRIESEL

(1939–)

Uwe Friesel, a north German living in Hamburg, is the author of novels, short stories and radio plays, and is well known as a translator, especially of Vladimir Nabokov. Much of his own work concentrates on themes that appear in "Dann Autobahn Hamburg-Berlin": daily life, growing up, and family relationships with their attendant problems.

In this story the boy Jakob, like so many of his contemporaries, is caught in a kind of no-man's-land between his divorced parents. This has affected him beyond his years; he has matured in one sense faster than other youngsters, but he is still a twelve-year-old, ecstatic over his new soccer jersey and bicycle. The problem is, however, not only his. The father, too, finds himself on the horns of a similar dilemma, and seems incapable of doing anything about it. For both of them, but especially for the father, life is further complicated by the discordant atmosphere surrounding the aging grandparents and the lack of communication between youth and age.

Friesel manages to acquaint us with a variety of relationships (all of them problematic) in this story. He does this by highlighting Jakob's astute remarks and the way in which they and thoughts about the grandparents recur in the mind of the father as he drives to Berlin on the icy Autobahn. The isolation of all the individuals in the story and the consequent lack of human warmth seem to be reflected in the ice, cold, and isolation of the long night journey.

Dann Autobahn Hamburg-Berlin

Obwohl es erst fünf war, eben dunkel nach einem wäßrigen Zwielicht, war er schon müde. Wahrscheinlich hatte er auch dem Jungen zuviel zugemutet. Der war neben ihm fast eingeschlafen während der Fahrt. Dabei hatte er sich so darauf gefreut.   5

So ein Zwölfjähriger mit neuem Fußballtrikot und BMX-Fahrrad prahlt wie ein Alter: Na klar halt ich das durch,[1] aber nur, wenn wir mit dem Auto fahren.

Er hatte gelächelt und gesagt, also gut, wenn es dir soviel Spaß macht. Die Großeltern sind zwar etwas—etwas wunderlich. Alt eben. Sie leben im Altenheim. Unter lauter Alten. Sie—   10

---

[1] **Na klar halt ich das durch**   Of course I can do it

lachen oft an der falschen Stelle. Großvater hört ja auch nicht richtig.

«Der hört schon ganz richtig. Der hört nur manchmal nicht zu!» sagte der Junge.

Er hatte dazu geschwiegen. Mag sein, du hast recht, Jakob, 15 hatte er gedacht, nur, im Ergebnis ist es dasselbe: dein Großvater reagiert nicht. Sondern redet ganz plötzlich und übergangslos von anderen Dingen. Unerfreulichen Dingen. Sein Gebiß scheuert den Gaumen wund. Seine Schlafanzughosen sind falsch 'rum, sobald er sie anziehen will. 20

Und hatte dann laut gesagt: «Er hat keinen Geschmack mehr. Das Essen ist schlecht.» «Das mit dem Geschmack ist Großmutter. Die schmeckt nichts mehr. Sagt sie. Aber dann merkt sie doch, daß das Essen schlecht ist», meinte der Junge schlau. «Also, wie ist es: fahren wir mit dem Auto?» 25

Er hatte überlegt. Ich könnte ihn auch erst zu seiner Mutter bringen und dann weiterfahren zu den Eltern. Es ist dieselbe Strecke, nur anders herum. Der Junge wäre schon am frühen Nachmittag zu Hause, er selber wäre zum Kaffeetrinken bei den Eltern, und so gegen achtzehn Uhr, achtzehn Uhr dreißig, 30 könnte er wieder unterwegs sein. Nein. Wenn er noch bis nach Berlin* wollte, müßte er das Kind gleich mittags in Bremervörde* abliefern. Wäre dann am frühen Nachmittag in Glückstadt,* vorausgesetzt, die Elbfähre war in Betrieb,[2] und könnte dort schon um vier wieder verschwinden. Über die neue Auto- 35 bahn wäre er dann um zehn herum in Berlin. Spätestens. Am Heiligabend, dachte er, gibt es keine Geschwindigkeitskontrollen.

«Was ist denn nun: Auto oder Bahn?»

Ob er denn nicht lieber sofort heim nach Bremervörde wolle, 40 zu seiner Mutter, zur Bescherung?[3] hatte er zurückgefragt. Er wolle doch sicher wissen, was er zu Weihnachten bekomme. «Ich habe doch schon was von *dir*—das Trikot und das Fahrrad!» sagte der Junge und sah ihn an mit diesem schrägen, mißtrauischen Blick: du willst dich doch nur wieder rausreden,[4] 45 du hast schon wieder keine Zeit für mich. Nicht einmal heute.

Fast wie die Großeltern am Telefon. Als er vorsichtig andeutete, dies Jahr könnte es so sein, daß er am Heiligabend den Jungen bei sich hätte, am ersten Feiertag nach Berlin führe und erst am zweiten nachmittags nach Glückstadt käme, sonst wäre 50

---

[2] **die Elbfähre war in Betrieb**   the Elbe ferry was running
[3] **zur Bescherung**   for the opening of the presents
[4] **rausreden**   wriggle out

---

* All items marked with an asterisk are names of places. See Appendix 1, Place Names.

alles eine einzige Hatz,[5] hatte seine Mutter gesagt «Mit uns
kannst du es ja machen!»[6] und hatte aufgelegt.
Man wird nie erwachsen. Man ist geschieden und hat ein
Kind, das bei seiner Mutter lebt, Übereinkunft beider Elternteile,[7] man erledigt seine Arbeit zur Zufriedenheit der Firma, ist 55
geachtet bei den Kollegen, die Freundin aus Berlin kommt
immer mal auf Besuch, man selbst fährt immer mal nach Berlin.
Doch man wird nicht erwachsen.
   Ich seh's ja ein: der Junge hat es auszubaden.[8] Er ist es, der
leidet. Immer nur die andern werden von ihren Vätern mit dem 60
Auto von der Schule abgeholt. Oder sonntags in den Heidepark
kutschiert. In metallic lackierten Autos, die hundertfünfzig
Sachen fahren und eine Straßenlage haben, die haut dich glatt
vom Hacken, hey![9] Im Grunde muß ich mich freuen, daß eine
Fahrt zu den Großeltern in meiner verrosteten Kiste so sensa- 65
tionell sein soll.
   «Also gut: wir fahren!» hatte er lächelnd gesagt. Der Junge
hat mit den Fäusten auf der Brust getrommelt und Dschun-
gelschreie ausgestoßen vor Begeisterung.
   Also doch andersherum: Hamburg* Glückstadt Bremervörde. 70
Von dort aus über die B[10] 71 nach Zeven*, dann Autobahn
Hamburg-Berlin. Ein Irrsinn.
   Die ganze Zeit über hatte der Junge wie überdreht von
seinem Fußballtrikot geschwärmt. Wie er sich grün-schwarz
gestreift im Tor wiegen und auch noch die schärfsten Bälle vom 75
Lattenkreuz pflücken würde.[11] Und das BMX-Rad: damit könnte
man senkrechte Steilwände hochfahren,[12] guck mal, Papi, so
steil! Aber Jakob, *so* steil geht doch gar nicht, da übertreibst du.
Nein! Du müßtest mal zugucken, wenn wir die Böschung
hochrasen unten an der Oste.* Aber du bist ja nie da. 80
   Es gab ihm einen Stich.[13]
   Das Essen sei jetzt unvorstellbar, sagte seine Mutter in der
unverständlich mümmelnden Sprache, die sie sich seit einiger

[5] **eine einzige Hatz** one big rush
[6] **«Mit uns kannst du es ja machen!»** You can get away with that with us!
[7] **Übereinkunft beider Elternteile** agreement on the part of both parents
[8] **hat es auszubaden** has to pay for it
[9] **die hundertfünfzig Sachen fahren und eine Straßenlage haben, die haut dich glatt vom Hacken, hey!** that go 150 kph [about 93 mph] and hold the road so well that they just blow your mind, wow!
[10] **B** Bundesstraße (federal highway)
[11] **Wie er sich grün-schwarz gestreift im Tor wiegen und auch noch die schärf-sten Bälle vom Lattenkreuz pflücken würde.** How he would weave back and forth in his green and black striped jersey, stopping the hardest shots at the goal.
[12] **senkrechte Steilwände hochfahren** ride up perpendicular walls
[13] **Es gab ihm einen Stich.** That hurt.

Zeit zugelegt hatte. Sie kaute unentwegt vor sich hin,[14] seit sie
kein Gebiß mehr trug. Nie wieder ein Gebiß! *Ihr* sollte es nicht 85
so ergehen wie dem Vater mit seinem ewig wunden Gaumen.
Unvorstellbar, das Essen! Dergleichen wird nicht einmal
Schweinen vorgesetzt. Das kann ich mir nicht vorstellen, Mutter, hatte er geantwortet. Natürlich nicht. Du sitzt ja auch warm
und trocken in deinem Hamburg. Aber das hat doch nichts mit 90
dem Essen zu tun. Ich kann mir einfach nicht vorstellen, daß
siebenundachtzig Senioren in einem anerkannt guten, staatlich
verwalteten[15]—Das ist es ja gerade! Sie ziehen dir den letzten
Pensionsgroschen[16] aus der Tasche, und dann sitzt du vor
deinem Suppenteller, und es gucken mehr Augen rein als raus.[17] 95
Vielleicht tun sie das aus Diät-Gründen, Vater. Vielleicht ist es
für den Organismus im Alter besser, wenn—Ha! Von wegen,[18]
für den Organismus besser! Sieh mich doch an, wie ich heruntergekommen bin! Ganze neunzig Pfund wiege ich noch! hatte der
Vater plötzlich geschrien, mit Fistelstimme, die ständig umzu- 100
kippen drohte. Nein nein, mein Sohn: in den drei Jahren, die wir
hier nun schon hocken, bin ich um Jahrzehnte gealtert. Und
Mutti vergißt alles. Auf Mutti kann ich mich schon gar nicht
verlassen. Gestern ist sie hingefallen und hat sich den Fuß ver-
knackst. Zeig mal. Ich fühle nichts. Habt ihr schon einen Arzt— 105
Arzt, Arzt! Was wissen denn Ärzte!

Jakob hatte am Fenster gesessen und in den Garten geblickt
mit seinen Birken und der Begrenzung aus Fichten. Nun drehte
er sich um und sagte: «Ohne Ärzte würden viel mehr Leute
sterben.» Eine Stille entstand. Man sah kleine Flocken vor dem 110
Balkonfenster entlangtreiben. Na und? hatte der Großvater aus-
gerufen, na und? Komm, gehen wir, Jakob: ich glaube, wir
machen den Großeltern mit unserem Besuch keine Freude.

Seine Mutter hatte auf der Stelle zu weinen angefangen, sein
Vater hatte geschrien: «Sowas will ich hier nicht hören! Raus! 115
Raus!», und hatte die Tür hinter ihnen zugeschlagen.

Am Ende des Korridors hatte wie in einem Guckkasten eine
gigantische Douglasfichte voller Lametta[19] gestanden.

Den ganzen Weg von Glückstadt bis Bremervörde, auch auf
der Fähre, als sie aus dem Auto stiegen, um von oben auf die 120

---

[14] **Sie kaute unentwegt vor sich hin** She chewed uninterruptedly
[15] **staatlich verwalteten** state administered
[16] **den letzten Pensionsgroschen** last penny of pension
[17] **es gucken mehr Augen rein als raus** more eyes look in than there are circles of
fat (Fettaugen) on the surface of the soup, i.e., it's so watery one can't eat it
[18] **Von wegen** What do you mean
[19] **Lametta** tinsel

schwarze Elbe zu blicken mit den schemenhaften Tankern und den dumpfen Signalen der Nebelhörner, hatte er versucht, dem Jungen zu erklären, warum sich die Großeltern so sonderbar verhielten. Jakob hatte schweigend zugehört. «Ich weiß», hatte er schließlich gesagt, «ich weiß, was Du sagen willst: sie sind 125 allein, obwohl sie zu zweit sind.»

Aus Bremervörde war er zum Glück noch schneller weggekommen. Seine geschiedene Frau hielt nicht viel vom Familie-Spielen aus höherem Anlaß.[20] Sie hatte ihren neuen Freund zum Kaffee eingeladen, gleich würde er da sein, danach wollte man 130 die Lichter anzünden und die Geschenke auspacken. Er hatte noch gemeinsam mit ihr in der Tür gestanden und zugesehen, wie Jakob mit dem grünen Fußballhemd überm Pullover mit dem neuen Geländerad im Wirbel der Schneeflocken verschwand und wieder auftauchte, dann hatte er dem Jungen 135 einen Kuß gegeben, hatte «Frohes Fest!» gerufen und war ins Auto gestiegen. Allein, obwohl zu zweit. Ich weiß, was du sagen willst. Eine tolle Fahrt, Papa, wirklich.

Mal dichter, mal offener jetzt der Vorhang aus Schnee. Schnüre aus Schnee, treibende Insektenwolken, die auf der 140 Windschutzscheibe zerplatzten, befremdliches Feuerwerk. Seine Müdigkeit wuchs. Sinnlos, das Fernlicht einzuschalten. Die Lichtkegel zwei fahle Kreise, ineinander verwachsen, waberndes Unendlichkeitszeichen,[21] das dauernd vor ihm zurückwich. 145

Warm und trocken in deinem Hamburg. Dabei ist Hamburg eine der feuchtesten Städte. Besonders im Spätherbst und im Winter. Da ist es trostlos. Ich rede nicht von diesen glasklaren Januartagen mit Schlittschuhlauf auf der Alster,* Glühwein und Eissegeln. Ich rede von diesem feinen Sprühregen, der durch 150 jede Jacke dringt, auch durch Windjacken. Ich rede von diesem leeren Geruch nachts in den U-Bahnhöfen. Von der Einsamkeit. Warum freuten sie sich nicht, daß sie noch im Alter zusammen waren? Warum haßten sie sich?

Plötzlich, zwischen Maschen* und dem Abbieger nach 155 Lübeck,* klarte es auf. Nur ein unangenehmer Seitenwind auf den Elbbrücken wirbelte losen Schnee vor sich her. Er schaltete das Radio ein wegen der Verkehrsinformationen. Warum kriege

---

[20] **vom Familie-Spielen aus höherem Anlaß** of playing family out of higher motives
[21] **Die Lichtkegel zwei fahle Kreise, ineinander verwachsen, waberndes Unendlichkeitszeichen** The lights were two pale circles, intermingled, shifting signs of infinity

ich jetzt diesen Sender nicht, da drüben sind doch die Sende-
masten, man sieht sogar die Lichter, Rot vor Tintenblau, 160
Blauschwarz, Nachtschwarz.

Hinter dem Abbieger nach Berlin—er war schon mitten im
Sachsenwald* und schien der einzige auf der ganzen Autobahn
zu sein —gelang es ihm endlich, die Stimme des Ansagers her-
auszufiltern. Ein Tief über der Ostsee.* Trifft auf ein kaltes 165
östliches Hoch. Feuchte Meeresluft, Gefahr von Straßenglätte,
vor allem im Grenzbereich zur DDR. Streckenweise Schneefall.
Besorgt blickte er nach vorn auf die Fahrbahn. Ein entgegen-
kommender LKW[22] blinkte. Was will er: blende ich ihn? Auf
einmal merkte er, wie er mitsamt dem Auto zur Seite glitt. Er 170
umklammerte das Lenkrad, zog sachte den Fuß vom Gas. Der
Wagen ging weiter schräg ab. Als er fast den Seitenstreifen
erreicht hatte, fuhr er wieder Spur.[23]

Das Herz schlug ihm bis zum Kragen.[24] Die Augen brannten.
Ruhig, ganz ruhig. Keine Panik. Macht überhaupt nichts, wenn 175
du dich eine Stunde verspätest.

In der neuen Raststätte an der Grenze drei Leute am Tresen.[25] Sie hatten ihm den Rücken zugewandt. Zwei davon standen. Sie warteten auf die Pächterin, eine junge resolute Frau,
die gerade für den, der saß, ein Spiegelei in die Pfanne geschla- 180
gen und einen Leberkäse[26] aus einer Plastikhülle gepellt hatte.

«Ich möchte telefonieren», sagte er, «draußen die Telefone
sind zugefroren.»

«Kann doch nicht angehen!»[27] sagte die Frau. «Doch», sagte
er, «die Knöpfchen. Sie lassen sich nicht eindrücken.» 185

«Da siehste mal![28] Wenn wir gleich dichtmachen und jemand
muß dringend telefonieren: geht nicht!» sagte die Frau und
stellte ihm den Apparat hin.

«Hallo, Ruth? Ich bin's. Du—Eis auf der Autobahn, Glatteis.
Die letzten fünfzig Kilometer bin ich nur im Schritt[29]— wie? 190
Nein. Natürlich komme ich. Aber was! Ich? Hier an der Grenze.
Wird wohl etwas später. Die Eltern, ja. Mit Jakob, ja. Nein, ging
nicht schneller. Also bis nachher.»

---

[22] **LKW (Lastkraftwagen)** truck
[23] **fuhr er wieder Spur** he straightened out
[24] **Das Herz schlug ihm bis zum Kragen.** His heart was in his throat.
[25] **am Tresen** at the counter
[26] **Leberkäse** veal loaf
[27] **Kann doch nicht angehen!** Surely that can't be!
[28] **Da siehste mal!** There you see!
[29] **bin ich nur im Schritt [gefahren]** I just crept along

Beim Zoll lief alles sachlich-routiniert[30] wie immer. Der
Zöllner West wollte seinen Paß sehen, der Vopo sein Ohr.[31] 195
Kaum aus dem Grenzbereich heraus, begann die große Leere
links und rechts. Und keine Rücklichter. Alle halbe Stunde mal
ein Scheinwerferpaar auf der Gegenseite. Reiß dich zusammen.
Nicht einschlafen! Eine tolle Fahrt, Papa. Wirklich.
Was ist das für ein orangener Klotz? Er zog den Wagen nach 200
links auf die Decke aus Neuschnee. Neben ihm fiel ein Räumfahrzeug mit rotierenden Lichtern ins Dunkel zurück. Vorn alles
weiß. Ab und an reflektierte ein Begrenzungspfahl. Auf der
rechten Fahrbahn, ganz schwach, eine Reifenspur, der er folgte.
Der Schneefall nahm wieder zu. Eisklumpen wuchsen auf den 205
Wischerblättern. Er starrte durch einen schlierigen Halbmond
in das hereinstürzende Gewimmel, worin sich die Scheinwerfer
festrannten. Das kann ich mir nicht vorstellen, Mutter. Natürlich
nicht, du sitzt ja warm und trocken in deinem Auto. Eine Wand.
Er trat auf die Bremse. Der Wagen stand sofort, schräg unter 210
einer Brücke, die Lichter gegen die seitliche Böschung
gerichtet.
Er überlegte, ob er dies nicht als Fingerzeig nehmen sollte.
Hier stehenbleiben sollte, bis das Wetter besser wurde. Dazu
mußte er den Motor laufen lassen, sonst sprang er womöglich 215
nicht mehr an. Außerdem, man konnte erfrieren ohne Heizung.
Immer mal wieder zeigten sie Bilder von steckengebliebenen
Fahrzeugen, derer Insassen erfroren waren.
Er stieg aus, brach die Placken[32] von den Scheibenwischern
und fuhr weiter. Er war jetzt sehr wach. Fahrradtempo. Schritt- 220
tempo. Und wieder die blinkenden Warnlampen, diesmal links
und rechts der Fahrbahn. Er fuhr mitten zwischen ihnen durch.
Die Fahrer standen neben ihren Fahrzeugen. Einer von ihnen
tippte sich mit dem Finger an die Stirn. Er fuhr ins Nichts.
Als die Scheiben wieder zuwuchsen, weil die Scheiben- 225
wischer nicht mehr mitkamen,[33] sah er im letzten Moment die
Ausfahrt zu einer Parkbucht und bog ab.
Vor ihm stand ein zweiter Wagen mit laufendem Motor. Jetzt
sah er auf der Beifahrerseite der Frontscheibe den Oberkörper
eines vermummten Mannes auftauchen, der einen Arm schräg 230

---

[30] **sachlich-routiniert** routinely
[31] **der Vopo sein Ohr** The East German customs official (Vopo = *Volkspo*lizist)
      wanted to see his face to compare it with the picture on the pass
[32] **Placken** ice
[33] **Als die Scheiben wieder zuwuchsen, weil die Scheibenwischer nicht mehr
      mitkamen** When the windshield iced up again because the wipers couldn't
      keep up

nach vorn hielt. Demonstrativ stieg er aus, schabte Eis und
Schnee von den Scheiben. Der Polizist ging wortlos an ihm
vorüber, der Hund hing hechelnd im Geschirr, Dampfwolken
ausatmend.[34] Was denn: suchen die hier Leute? Am Heiligabend? Bei so einer Kälte? Bloß weg hier. Sonst mach ich mich   235
noch verdächtig, in deren Augen, nur, weil ich angehalten bin.

Er überholte einen Mercedes, dessen Fahrerin mit masken-
haftem Ausdruck nach vorn starrte, die Hände ans Lenkrad
gekrallt. Nicht ablenken lassen. Warm und trocken. Wie alt sie
geworden war! Ja, sie sah jetzt aus wie ihre eigene Mutter. Wie   240
seine winzige Großmutter, damals. Die hatte auch ständig vor
sich hin gekaut, ständig vor sich hin, bis das schlaffe Fleisch der
Backentaschen[35] von innen roh wurde. Dann starb sie.

Mit einemmal war die Straße dunkel. Ein Sprühfahrzeug[36]
fuhr vor ihm her. In der Ferne standen einzelne Lichter über   245
den Äckern. Dann war die Fahrbahn ohne Schnee.

Er startete durch. Brücken und Begrenzungspfähle flogen
vorüber. Im Autoradio, das die ganze Zeit Weihnachtsoratorium[37] gespielt hatte, verlas eine genau artikulierende weibliche
Stimme eine Wettermeldung: im Nordwesten der DDR sei mit   250
Niederschlägen zu rechnen.

Der Ost-Grenzer[38] wollte sich sein Ohr sehen. Spät dran,
junger Mann. Trotzdem, frohes Fest. Die Hand kam durch die
Luke und reichte den Paß zurück. Er lächelte gequält, sah auf
die Uhr: Mitternacht! Mitternacht? Volle fünf Stunden habe ich   255
in dieser Schneewüste—

Gleich hinter dem Westzoll parkte er an der Telefonzelle und
wählte die Nummer seiner Freundin. Niemand nahm ab. Er
hängte wieder ein, ließ die Groschen noch einmal durchrut-
schen. Nach dem sechsten Klingeln Ruths belegte Stimme, inz-   260
wischen sei die Gans verkohlt, er könne ja dann morgen
kommen.

Aufgelegt.

Die spinnt ja wohl![39] Er ließ den ersten Groschen in den
Schlitz fallen. Den zweiten hielt er fest. Er sah auf den Hörer in   265
seiner Hand, hängte ein und stieg wieder ins Auto.

Vielleicht haben sie am Savignyplatz* geöffnet, im Zwiebel-

---

[34] **der Hund hing hechelnd im Geschirr, Dampfwolken ausatmend**   the dog
strained at his leash panting, his breath steaming
[35] **das schlaffe Fleisch der Backentaschen**   the loose flesh on the inside of her
cheeks
[36] **Sprühfahrzeug**   truck spreading sand
[37] **Weihnachtsoratorium**   The Christmas Oratorio of J. S. Bach
[38] **Der Ost-Grenzer**   The East German border guard. See fn. 31.
[39] **Die spinnt ja wohl!**   She must be crazy!

fisch.[40] Vielleicht treffe ich da sogar Kumpel von früher. Da sitzt
man warm und——

    Er fing an, ein Lied zu pfeifen, irgend so einen Ohrwurm der   270
letzten Wochen,[41] und fuhr über die strahlend erleuchtete, aus-
gestorbene Heerstraße* Richtung City.

FRAGEN

1. Warum fahren Vater und Sohn nach Glückstadt?
2. Wieso ist Weihnachten für den Vater sehr kompliziert?
3. Wie weiß der Vater, daß der Junge leidet?
4. Was muß der Vater tun, nachdem er Glückstadt verläßt,
   bevor er nach Berlin weiterfahren kann?
5. Warum dauert die Fahrt nach Berlin so lange?
6. Warum telephoniert er von der Raststätte?
7. Warum fährt er nicht zu seiner Freundin in Berlin?

ZUR BESPRECHUNG DES TEXTES

1. «...du hast schon wieder keine Zeit für mich.»
2. «...sie sind allein, obwohl sie zu zweit sind.»
3. Ein Telephonanruf nach Berlin von der Autobahn.
4. Eine tolle Fahrt!
5. Ein zweiter Anruf von Berlin aus.

---

[40] **Zwiebelfisch**   restaurant in West Berlin
[41] **Ohrwurm der letzten Wochen**   recent hit song

GÜNTER EICH
(1907–1972)

Günther Eich, born in Lebus on the Oder, studied law and Oriental languages at the Universities of Leipzig and Berlin. He fought in World War II and was taken prisoner by the Americans. He was married to Ilse Aichinger, herself a prominent writer.

He is noted primarily for his lyric poetry and his contributions to the Hörspiel, or radio play, for which his pioneering and original work helped set high artistic standards. In these works Eich is concerned with the individual's relationship to the larger world. Each of us, according to Eich, must give our life some sense of direction, some meaning. If we succeed, we will have attained the highest end we may hope and strive for. The goals of Eich's characters have little resemblance to those pursued in the normal workaday world. The emphasis is on the inner life, on the ability to reconcile what one must do with what one wishes to do. Dream and reality are the poles of life, and one who is able to fuse these into a whole enters upon an entirely new existence. That such a person might appear ridiculous to others does not matter in the least.

In the story that follows, Eich writes of just such a person, a man whose success, measured by material standards, is slight, but who has learned to live in two worlds without divorcing himself from either. Eich does not poke fun at his stiltwalker; rather, he seems to regard him with a gentle sympathy, and even envy, for having realized the ideal that so many seek but so few can attain.

Der Stelzengänger

Ich komme mit vielen Menschen zusammen, und es gibt kaum einen darunter, der glücklich wäre. Ich aber bin es, denn mir ist es gelungen, das Ziel zu erreichen, das ich seit frühester Jugend erstrebte. Ich habe den Beruf, den ich wollte: ich bin Vertreter der Firma Astrol, die Schuhkreme herstellt und vertreibt. 5

Damit ist die praktische Seite meiner Tätigkeit bezeichnet, aber erst in Verbindung mit dem Höheren,[1] das zu jedem wahren Beruf und auch zu meinem gehört, erfüllt er mich mit immerwährendem Glück. Wie soll ich dem, der es nicht kennt, dieses Glück erklären? 10

---

[1] **Höheren** higher aspect

Der oberflächliche Zuschauer ist nicht imstande, die beiden
Aufgaben meines Berufes als eine einzige zu sehen. Habe ich in
einer Ortschaft alle Läden, die Schuhkreme führen, besucht und
die Bestellungen aufgenommen, so kehre ich zu meinem Wagen
zurück, um den sich meist schon eine größere oder kleinere   15
Menge versammelt hat. Vor allem kommen Kinder. Nicht die
grellfarbigen Reklameflächen auf den Seitenwänden des Autos
locken die Kinder an—Wagen dieser Art sieht man viele, wenn
man auch zugeben muß, daß die Astrolfarben[2] (Giftgrün und
Purpurrot hart nebeneinandergesetzt) auf eine gewissermaßen   20
schmerzhafte Weise anziehend wirken, wie das Auge der Viper
auf den Frosch. Indessen ist es doch der ungewöhnliche Aufbau
meines Wagens, der die Aufmerksamkeit erregt und hin und
wieder auch denjenigen betroffen[3] stehen läßt, der viel gesehen
und die natürliche Neugier verloren hat. An den Seitenwänden 25
nämlich sind Leitern angebracht, eine rechts, eine links, schräg
zur Mitte geneigt, sich nach oben verjüngend[4] und über die
Decke des Wagens hinaus in die Höhe ragend. Zwischen den
beiden Leitern dreht sich ein überlebensgroßer giftgrüner Herrenschuh im Kreise. Purpurne Schnürriemen hängen groß wie   30
Vorhangtroddeln[5] seitlich an ihm herab. Zieht man daran, und
die Kinder verfallen bald genug darauf, so wird damit das Gangwerk eines Grammophons bewegt, das sich im Innern des
Wagens befindet, und es ertönt je nach der Reihenfolge[6] eine
getragene,[7] muntere oder innige Musik, von einigen werbenden 35
Worten[8] gefolgt. Die besondere Wirkung besteht darin, daß die
Reklame durch die Handlung ausgelöst wird, die die Kinder für
verboten halten, während sie durch diese Meinung zu eben
jener Handlung recht eigentlich verführt werden sollen. So stürzen denn auch, wenn ich mich dem Wagen nähere, immer einige 40
Übeltäter, unwissentlich meine Helfershelfer, mit schlechtem
Gewissen davon. Die anderen blicken mir erwartungsvoll entgegen. Ich sehe ernst an ihnen vorbei, öffne die Tür in der Rückwand, steige ein und schließe hinter mir zu. Im Dunkeln kleide
ich mich um.   45
    Ich muß gestehen, daß mich auch heute noch, wenn ich allein
in dem engen Wageninnern bin, bisweilen ein Herzklopfen
befällt, eine dem Weinen nahe Spannung vor dem Augenblick,

---

[2] **Astrolfarben**   colors of the Astrol company
[3] **betroffen**   taken aback
[4] **schräg zur Mitte geneigt, sich nach oben verjüngend**   sloping toward each
other, tapering at the top
[5] **Vorhangtroddeln**   curtain tassels
[6] **je nach der Reihenfolge**   according to the cycle
[7] **getragene**   solemn
[8] **einigen werbenden Worten**   a few words of advertising

da ich die Wagentür wieder öffnen werde. Vielleicht ist dem
Schauspieler ähnlich zumute, der sich in seiner Garderobe für 50
seinen Auftritt vorbereitet. Dabei ist das, was ich zu tun habe,
ein viel innigeres und tieferes Beginnen als ein Auftritt auf dem
Theater: bin ich doch dabei, zu mir selbst zu gelangen.[9]

Wenn ich die purpurne Hose angezogen habe, die doppelt so
lang ist wie meine Beine und deshalb sorgfältig hochgekrempelt 55
werden muß, und das giftgrüne Wams, das auf Rücken und Brust
die Aufschrift «Astrol» trägt, nehme ich den roten Zylinder in
die Hand und setze ihn auf, wenn ich die Tür wieder geöffnet
und den Kopf als erstes hinausgestreckt habe.

So gekleidet gehe ich an eine der Leitern—ich pflege dabei 60
regelmäßig abzuwechseln—und steige die Sprossen empor,
während ich gleichzeitig rechts und links zwei an der Leiter
verborgen befestigte Stelzen löse. Bin ich auf der vorletzten
Stufe angelangt, lasse ich die beiden überlangen Hosenbeine
über die Stelzen gleiten, so daß sie bis zur vollen Länge ausrol- 65
len, steige dann einige Stufen hinunter, bis meine Hände das
Holz unter dem Gewand fassen können und die Füße auf den
Tritten der Stelzen Halt finden. Ich stoße mich leicht vom
Wagen ab und beginne meinen Gang durch die Straßen, hoch
über den Köpfen der jauchzenden und johlenden Menge. 70

Ich weiß noch wohl, wie ich als Kind zum erstenmal einen
solchen Stelzengänger erblickte. Mit wehenden Frackschößen[10]
kam er durch die Allee. Von den Feldern zog ein Rauch von
Kartoffelkraut herüber. Immer erinnern mich die Kartoffelfeuer
an ihn. Meine Mutter hielt mich auf dem Arm, und ich schaute 75
zu ihm empor, gegen meine Gewohnheit still, denn dies erschien mir als das Wunderbarste, was ich bisher gesehen hatte.
Der Stelzenmann beugte sich zu mir herab, wahrhaftig, das
konnte er, und während mir sein bärtiges Gesicht ganz nahe
schien, steckte er mir ein Malzbonbon in den Mund. Mit diesem 80
Bonbon nahm ich das Verlangen in mir auf, so zu werden wie er.

Als ich ihn nach Jahren noch einmal sah, hatte er von seinem
Zauber nichts eingebüßt.[11] Immer deutlicher wurde mir, daß es
nichts Größeres auf der Welt gab, als ein Stelzengänger zu sein.

Die Menschen verstehen es nicht, glücklich zu werden, weil 85
sie ihre Ziele ändern oder aufgeben, von jeder Schwierigkeit
zum Ausweichen verführt.[12] Auch bei mir gab es Hindernisse,
und ich habe viel Geduld gebraucht, sie zu überwinden und die
Rückschläge ohne Verzweiflung hinzunehmen. Schon die

---

[9] **zu mir selbst zu gelangen** of finding my real self
[10] **Frackschößen** coattails
[11] **eingebüßt** lost
[12] **zum Ausweichen verführt** diverted

Übung des Stelzengehens, das ich in frühester Jugend begann,   90
hätte mich in die Wüste der Hoffnungslosigkeit führen können.
Denn sich recht und schlecht fortzubewegen,[13] genügte nicht,
ich mußte es ja zur Meisterschaft bringen, und diese Gangart
durfte mir keine Geheimnisse verborgen halten. Es kommt dabei
vor allem darauf an, den Eindruck des Selbstverständlichen[14]   95
hervorzurufen und schließlich eine gewisse tänzerische Anmut
zu erreichen, die ohne Schwerkraft scheint. Bis dahin ist es
freilich weit, aber ich darf sagen, daß ich es nicht an Opfern habe
fehlen lassen.[15] Seit meinem sechsten Lebensjahr ist kein Tag
vergangen, an dem ich nicht mehrere Stunden trainiert hätte.   100
Noch heute verbringe ich, von meinen Vorführungen abgesehen, drei bis vier Stunden täglich auf den Stelzen, sommers, wie
winters, gleichgültig gegen Regen, Schnee, Glatteis oder Morast,[16] im Autoverkehr der Großstadt, auf Wiesen und in Wäldern; ich überquere Flüsse, Gletscher und Felsgebiete. Von   105
alpinistischem Rang ist meine Stelzenbesteigung der Dufourspitze.[17] Als Kind schon gewöhnte ich mich daran, auf den Stelzen zu schlafen, gegen einen Baum oder eine Mauer gelehnt. Ich
gewann Wettläufe gegen Kurzstreckenläufer und galoppierende
Pferde. Auf langen Wanderungen erprobte ich meine Ausdauer,   110
auf Treppen und fahrenden Lastwagen meine Geschicklichkeit.
Es gelang mir, die üblichen Stelzenmodelle durch verschiedene
Verbesserungen zu vervollkommnen, und ich glaube, daß die
Geräte, die ich jetzt benutze, in dieser Hinsicht unübertrefflich
sind. Ich fertige sie mir selbst an und habe nur drei paare in   115
Gebrauch, eines mit Licht- und Läutesignalen für den
Großstadtverkehr, ein hölzernes für Langstreckenläufe und
eines aus Leichtmetall für die Vorführungen.

   Was indessen bedeuten die Schwierigkeiten auf dem Wege
zur Meisterschaft im Vergleich zu jenen anderen, die mir die   120
verständnislose Umwelt bereitete? Ich will von Spott und allen
Demütigungen schweigen, die ich erdulden mußte, ehe ich die
erste Etappe[18] auf meinem Wege, die Lehrstelle[19] in den Astrol-
werken, erreicht hatte.

   Hier aber, wo ich glaubte, meinem Ziel nahe zu sein, erhob   125
sich ein neues Hindernis, das mich fast gezwungen hätte, meine
Pläne aufzugeben. Ich entdeckte bald, daß die Stelzenreklame
von der Firma nicht mehr geübt wurde, glaubte aber zunächst,

---

[13] **sich recht und schlecht fortzubewegen**   just managing to move along
[14] **des Selbstverständlichen**   of second nature
[15] **ich es nicht an Opfern habe fehlen lassen**   I did not spare any pains
[16] **Glatteis oder Morast**   ice or mud
[17] **Von alpinistischem Rang ist meine Stelzenbesteigung der Dufourspitze.**   My
ascent of Mount Dufour on stilts was a mountain- climbing achievement of the
first order.
[18] **Etappe**   stage
[19] **Lehrstelle**   apprenticeship

diese Tatsache zu meinem Vorteil auslegen zu können. Offenbar
fehlte es an geschultem Nachwuchs. Doch als ich es eines Tages 130
wagte, mich in der Reklameabteilung zu erkundigen, erfuhr ich
zu meinem Schrecken, daß nicht die Absicht bestand, diese Art
der Werbung wieder aufzunehmen. Sie galt als veraltet.

Ich war wie betäubt und grübelte wochenlang über einen
Ausweg nach. Sollte ich mich wirklich für besiegt erklären und 135
zugeben, daß all meine Pläne verfehlt waren, weil es einigen
wenigen an Einsicht mangelte? Wie anderseits konnte ich, der
letzte Angestellte, die Direktoren überzeugen, daß sie die höchsten Werte über Bord geworfen, daß sie alles, was die Welt mit
ihrem Namen verknüpfte, leichtsinnig vertan hatten? Eine Idee 140
nach der anderen kam mir, alle verwarf ich wieder. Ich las die
Biographie des Demosthenes,[20] vielleicht half eine schnelle
feurige Rede. Aber die Steine unter der Zunge bewiesen mir,
daß ich kein Redner war. Sollte ich statt dessen einen Brief an
die Werkleitung schreiben und mit unwiderleglichen Argumen- 145
ten ihre bessere Einsicht wecken? Nein, die Sätze, die ich ins
Konzept schrieb,[21] waren matt und ungeeignet, Begeisterung zu
entfachen. Ich begriff: wenn überhaupt etwas überzeugen
konnte, so waren es meine Stelzen.

Ich stahl in der Fabrik zwei grün-purpurne Emailleschilder[22] 150
mit der Aufschrift «Astrol», befestigte sie mir mit Draht auf
Rücken und Brust und stelzte täglich nach Dienstschluß[23] durch
die Straßen. Das blieb nicht ohne Eindruck. Nach drei oder vier
Tagen ließ man mich in die Werkleitung rufen.

Dieser unbeschreibliche Augenblick, wo ich mein Ziel in 155
einem Blitz dicht vor mir sah! Halb im Rausch ging ich über den
Fabrikhof und die glänzend gewachsten Treppen zu den Büros
hinauf. Ich vergaß anzuklopfen und stand unvermittelt in der
Stille der Räume, die ich noch nie betreten hatte. Ein unfreund-
liches, weiß gepudertes Gesicht wandte sich nach mir um. Ich 160
glaubte, dieser Unmut würde sich in Freundlichkeit verwandeln, wenn ich meinen Namen sagte, aber eine scharfe Stimme
belehrte mich anders. Entweder der Unfug, so hieß es, unter-
bliebe, oder ich sei zum nächsten Ersten[24] entlassen. Ich weiß
nicht, wie ich die Tür und die Klinke fand. 165

Nachdem ich den Flur entlang und die Treppe hinabgegan-
gen war, blieb ich auf dem Absatz stehen und sah auf den

---

[20] **Demosthenes** Greek orator (384–322 B.C.) who corrected a speech impedi-
ment by speaking with pebbles under his tongue
[21] **ins Konzept schrieb** drafted
[22] **Emailleschilder** enamel signs
[23] **nach Dienstschluß** after work
[24] **zum nächsten Ersten** as of the first of next month

Fabrikhof. Das Fenster stand offen, und ein lauer trauriger Wind
wehte von den Schrebergärten²⁵ herüber.

Ich schloß das Fenster, ging wieder hinauf, den Flur entlang,   170
und trat zum zweitenmal ohne anzuklopfen in das Zimmer. Das
Mädchen saß jetzt schreibend vor ihrer Maschine, und ich
beeilte mich zu sprechen, bevor sie noch aufblicken konnte.
«Ich werde den Unfug fortsetzen», sagte ich, «ich werde ihn
fortsetzen, auch wenn man mich entläßt. Ich werde auch nach   175
meiner Entlassung nicht damit aufhören.» Das Mädchen zog die
Brauen hoch. «Warten Sie einen Augenblick!» sagte sie und
verschwand im Nebenzimmer. Ich blieb ganz ruhig stehen,
während mir gleichsam die Seele heftig zitterte.

Es war die gleiche Ruhe, mit der ich wenige Augenblicke   180
später dem Leiter der Astrolwerke gegenübertrat. Ich erwartete
Erregung und scharfe Worte, aber zu meiner Überraschung
begegnete er mir mit fast väterlicher Freundlichkeit. Ich glaubte
meinen Ohren nicht zu trauen, als er sich für meine Stelzen-
gänge im Dienste der Firma bedankte. «Ich wünschte», sagte er,   185
«alle Angehörigen der Astrolwerke wären von demselben Geist
beseelt. Aber—» fuhr er fort, und er stand hinter seinem
Schreibtisch auf und beugte sich vor, um mich von seinem Platz
aus recht betrachten zu können, «aber haben Sie nicht bedacht,
daß Sie uns vielleicht eher schaden als nützen, wenn Sie, ents-   190
chuldigen Sie, in Ihren geflickten Hosen, ein Blechschild auf der
Brust und Draht an den Hüften, die Astrolwerke repräsen-
tieren?»

Ich merkte, wie ich errötete. Er hatte natürlich recht. «Ich
werde das ändern», sagte ich. «Ändern?» erwiderte er, «die   195
Firma hat kein Geld dafür.»—«Ich habe nicht gemeint», sagte
ich erstaunt, «daß die Firma es ändern soll, ich will es ändern.
Ich werde der Firma keine Schande machen. Ich werde nicht
eher wieder auf Stelzen, als bis Sie mit meinen Hosen zufrieden
sind. Das verspreche ich. Ich habe ohnedies schon auf einen   200
Anzug gespart.²⁶ Ich werde mir rote Hosen kaufen und ein
grünes Jackett. Sie haben völlig recht.» Er starrte mich an und
murmelte: «Gut, gut.» Dann reichte er mir die Hand über den
Tisch, und ich schlug ein. «Ich bin einverstanden», sagte er.
«Ich danke Ihnen», erwiderte ich. Er nickte mir zu, und ich   205
wandte mich zum Gehen. «Noch eins», sagte er, «warum tun Sie
das eigentlich?» Ich verstand die Frage nicht. Was meinte er
denn? Erwartete er, daß ich tagsüber für die Firma arbeite und
abends für mich auf den Stelzen ginge? Es gibt freilich heute
noch Leute, die meinen, Vertreterbesuch und Stelzengang seien   210
voneinander zu trennen. Aber wie das Geschäft niedrig ist ohne

---

²⁵ **Schrebergärten**   tiny private garden plots
²⁶ **auf einen Anzug gespart**   been saving to buy a suit

die ideale Erhöhung durch die Stelzen, so schwebte ich anderseits gleichsam im luftleeren Raum, falls ich ohne die Verbindung mit dem Gemeinen die Stelzen bestiege.[27] Eines ist nicht
ohne das andere—nur so bleibt die Welt in Harmonie.   215
    Man verzeihe mir, daß ich glücklich bin. Ich möchte mein
Glück nicht nur für mich—ich möchte es auch anderen mitteilen, und bisweilen glaube ich, daß es mir gelingt. In der Dämmerung stelze ich durch die Straßen einer kleinen Stadt. Im
leichten Spiel der Arme, im mühelosen Schritt fühle ich mich   220
dem blassen Sichelmond[28] und dem aufziehenden Nachtgewölk[29] nahe. Unter den Stelzen spüre ich die wunderbare Erde,
die Kugel, die im Weltraum kreist. Auf Rücken und Brust leuchten mir die Buchstaben «Astrol». Unermüdlich folgen mir trip-
pelnde Schritte, und ich höre den eifrigen Atem und abgerissene   225
Worte des Entzückens, sie klingen wie Gesang. Da wo die erste
Laterne brennt, beuge ich mich hinab und blicke in das heiße,
gerötete Gesicht eines Kindes. Es schaut mich an, und in seinen
Augen sehe ich die Flamme der Begeisterung leuchten, die nie
mehr erlöschen wird. So ist es bisweilen.   230

FRAGEN

1. Warum war der Erzähler glücklich?
2. Was wirkte so anziehend auf seine Zuschauer?
3. Was machte der Erzähler in seinem Wagen?
4. Wie sah er aus, als er aus dem Wagen stieg?
5. Was hatte er schon als Kind tun können?
6. Was war seine größte Leistung?
7. Was brachte ihn fast zur Verzweiflung?
8. Was sagte ihm das Mädchen im Büro des Direktors?
9. Wie benahm sich der Leiter der Werke?
10. Was versprach er?
11. Wann wußte er, daß er sein Ziel erreicht hatte?

ZUR BESPRECHUNG DES TEXTES

1. Ein Mann, der mit seinem Leben zufrieden ist.
2. «Ich bin dabei, zu mir selbst zu gelangen.»
3. Der Stelzengänger wird in die Werkleitung gerufen.
4. Das Verhältnis des Stelzengängers zu Kindern.

[27] **Aber wie das . . . Stelzen bestiege.** But business is base without the ideal
elevation given it by stilts; conversely, I should hover in a vacuum, as it were, if
I got on stilts without maintaining contact with the ordinary business world.
[28] **Sichelmond**   crescent moon
[29] **aufziehenden Nachtgewölk**   gathering clouds of night

STEPHAN HERMLIN
(1915–)

Few fighters against Nazism have experienced the travails of Stephan Hermlin, author of poems, stories and essays. He joined the Communist youth organization at the age of sixteen; in 1936 he fled Germany. Arrested during the war in occupied France, he managed to escape to Switzerland, where he was interned until the cessation of hostilities. He was returned to Germany in 1945 and settled in East Germany in 1947.

Hermlin's works are often concerned with the resistance to fascism, and "In einer dunklen Welt" is an absorbing example of this theme. The narrator attempts to discover the facts behind the arrest and execution of a friend with whom he had worked in the resistance movement. While in England on business he contacts his dead friend's sister, who is now married to a British officer. He is seeking some details for a book he is writing; but what he discovers is a cruel combination of irony and the inhumanity of an era which, although past, is still with us.

There is a strong autobiographical element in this story, as is evident from a book that Hermlin published in 1951, **Die erste Reihe***, a collection of portraits of young resistance fighters in the early years of the Nazi movement. The shadow of the Third Reich looms large in his work, as it does for such West German writers as Heinrich Böll and Günter Grass.*

In einer dunklen Welt

Ich lernte Hermann R. im Sommer des Jahres 1933 kennen. Der Mann, der uns zusammengebracht hatte, war gleich gegangen. Es war noch ganz hell draußen, durch das offene Fenster kam ein Wind. Wir hatten uns, jeder mit seinem Bierglas, an einen Tisch unter dem Radioapparat mit seiner Marschmusik gesetzt. 5 In der kleinen Friedenauer* Kneipe gab es zu dieser frühen Abendstunde keine weiteren Gäste. Träge spülte der Wirt hinter der Theke seine Gläser. Zwischen ihm und unserem Gespräch erhob sich die dröhnende Wand des Hohenfriedberger.[1] Unbekannte Leute, irgendwo, hatten Hermann R. zu mir ge- 10

---

[1] **erhob sich die dröhnende Wand des Hohenfriedberger**   rose the droning wall of the "Hohenfriedberger March"

schickt und zu der illegalen Gruppe, die ich leitete. Er war der
neue Instrukteur.

Wir trafen uns von da an öfter, eigentlich jede Woche.
Manchmal verschwand Hermann für einige Zeit. Ich vermutete
ihn auf schwierigen, kühnen Unternehmungen. Ungeduldig   15
wartete ich auf die Postkarte mit dem vereinbarten Text, aus
dem ich herauslesen konnte, wann und wo er mich sprechen
wollte—am Zoo,* in der Potsdamer Straße* oder am Alexanderplatz.* Ein-, zweimal erwähnte er im Gespräch Amsterdam,
Paris, Städte, die ich damals nicht kannte und deren Namen mir   20
phantastisch ins Ohr klangen. Ich stellte, wie es bei uns üblich
war, niemals Fragen, die seine Person, seine Tätigkeit, seine
Reisen betrafen. War mir irgendein Ereignis, eine Situation
nicht klar, so überlegte er einen Augenblick lang. Während er
seinen schönen dunkelhaarigen Kopf zur Seite neigte, schien   25
sein Blick zerstreut zu werden, aber nur, weil er sich auf etwas
Wunderbares, Entlegenes konzentrierte, das er allein zu sehen
vermochte. Er trug seine Erklärungen mit leiser, eilender, dann
wieder zögernder Stimme vor, Erklärungen, die etwas Unfehlbares und Schlüssiges hatten,[2] weil sie eine Menge überra-   30
schender, mir unbekannter Tatsachen zu einer Beweiskette ver-
banden. Ich liebte und bewunderte Hermann R., der nur ein
paar Jahre älter und dabei soviel reifer, kühler und wissender
war als ich.

Meist sahen wir uns nur wenige Minuten. Die Konspiration   35
hat ihre Regeln, und Hermann hatte selten Zeit. «Also, mach's
gut . . .», sagte er, kniff seine dunklen Augen spaßhaft zusammen und war schon auf seinem Rad auf und davon. Manchmal
dauerte unsere Begegnung nur einen Augenblick, nämlich dann,
wenn Hermann mir Material für meine Gruppe brachte, ein paar   40
Flugblätter oder auf ganz dünnes Papier gedruckte Zeitungen
oder andere Schriften, die als Reclam-Hefte[3] getarnt waren.
Einmal war ein neues, im Ausland erschienenes Buch von
Heinrich Mann[4] dabei. Wir trafen uns dann, auf die Minute
genau, in einem Schöneberger Park* oder auf einer Bank im   45
Tiergarten.* Jeder von uns hatte sein Rad und eine Mappe bei
sich. Die meine war leer. Wir wechselten unauffällig die Map-
pen und gingen auseinander.

---

[2] **die etwas Unfehlbares und Schlüssiges hatten**   which had something irrefutable and final about them
[3] **Reclam-Hefte**   a series of small, inexpensive paperback books
[4] **Heinrich Mann (1871–1950)**   older brother of Thomas Mann, and also a
novelist

Manchmal hatte Hermann Zeit. Dann machten wir unendliche Spaziergänge durch das nächtliche Berlin,* die Räder 50
neben uns herschiebend, von Steglitz* bis zum Kurfürstendamm* und von da wieder die Charlottenburger Chaussee* entlang bis zum Lustgarten* und noch weiter in den Berliner
Norden hinauf. Wir redeten und redeten. Es störte mich nicht,
daß ich von Hermann nichts wußte, nichts von seiner Vergan- 55
genheit, nicht, wo er wohnte, daß ich nicht einmal wußte, ob der
Name, mit dem ich ihn anredete, sein wirklicher Name war. Am
meisten sprachen wir natürlich über Politik, von den Kriegsvor-
bereitungen der Nazis, den Februarkämpfen in Paris und Wien,[5]
den Verhaftungen, von der unvermeidlich kommenden Revolu- 60
tion. Wir diskutierten über Bücher, Konzerte, Ausstellungen,
Boxkämpfe. Manchmal redeten wir auch über Mädchen. Hermann kannte meine Freundin, die in meiner Gruppe arbeitete.
Ich wußte nicht, ob er an jemand hing; er sprach von Mädchen
ohne Scheu, aber auch ohne prahlerische Andeutungen,[6] die 65
junge Leute manchmal lieben und die mich immer abstießen.
Zwei- oder dreimal erwähnte er eine jüngere Schwester in
einem Ton naiver Bewunderung. «Das ist ein Mädel!» sagte er
und zog die Brauen hoch. Einmal fügte er, mit einem scherzhaf-
ten Seitenblick auf mich, hinzu: «Eigentlich würdet ihr gut 70
zueinander passen . . .» Ich war verlegen, denn seine Stimme
hatte ernst geklungen. «Seht ihr euch eigentlich ähnlich?»
fragte ich, nur um etwas zu sagen. «Ich weiß nicht, ich glaube, ja
. . .», antwortete er. Aber da wechselten wir schon das Thema.

Wir waren junge Leute, die ihre Zeit ernster sahen als die 75
meisten ihrer Altersgenossen, die diese Zeit verändern wollten
und liebten und die nicht wußten, was auf sie zukam:[7] Verwirrung, schreiende Schmerzen, Enttäuschung und Tod. Wir
kämpften, so gut wir konnten, aber wir wußten noch lange nicht,
mit wem wir es aufgenommen hatten.[8] 80

Ich erfuhr von Hermanns Verhaftung im Spätherbst 1935, ein
halbes Jahr, bevor ich ins Ausland ging. Keiner wußte etwas von
den Umständen der Verhaftung. Offenbar ein Spitzel. Man
wußte nicht genau, wo Hermann saß; wahrscheinlich in der
Prinz-Albrecht- Straße.* Es gab übrigens in unserem Kreis keine 85

---

[5] **Februarkämpfen in Paris und Wien** In February 1934 there was a suppres-
sion of the Socialists in Vienna and an uprising in Paris
[6] **prahlerische Andeutungen** boastful innuendos
[7] **was auf sie zukam** what lay ahead for them
[8] **wir wußten noch lange nicht, mit wem wir es aufgenommen hatten** we
hadn't an inkling of the kind of opposition we faced

weiteren Verhaftungen. Hermann hatte keine Namen genannt,
soviel war sicher. Wir hatten es nicht anders erwartet.

In den folgenden Jahren hörte ich manchmal im Traum seine
abwechselnd hastende und zögernde Stimme, sah ihn manchmal
vor mir in irgendwelchen Ländern, irgendwelchen Städten,   90
unter Fliegerbomben, in der Baracke eines Lagers. Sein Gesicht
wurde immer undeutlicher, es war aber für mich immer als das
seine kenntlich. Es war spitzbübisch, nachdenklich, oder einfach
zerquält und tot.

Kurze Zeit nach dem Ende des Krieges und meiner Rückkehr   95
besuchte ich im zerschlagenen Berlin eine Ausstellung von
Dokumenten und Bildern aus dem deutschen Widerstandskampf. An einer Wand sah ich plötzlich Hermann R.s Gesicht. Es
tauchte gleichzeitig aus dem Nebel der vergrößerten Photographie und aus dem meines eigenen Gedächtnisses. Eine kurze   100
Notiz unter dem Bild besagte, daß Hermann R. 1940 im Stein-
bruch von Buchenwald* erschossen worden war. Schon damals
stand für mich fest, daß ich über ihn etwas schreiben, dieses
Lächeln auf der verwischten Photographie davor bewahren
würde, ganz zu vergehen. Wie viele von denen, die ihn gekannt   105
hatten, waren noch übrig . . . Wie viele von den Übriggeblie-
benen dachten noch seiner . . . Ich hatte ihn gekannt, wenn auch
nur eine kurze Zeit lang; es war meine Aufgabe, davon zu berichten. Wie das geschehen sollte, war mir nicht klar. Die Sache
drängte nicht, blieb aber im Hintergrund deutlich sichtbar ste-   110
hen und brachte sich von Zeit zu Zeit in Erinnerung. Ich hatte,
während ich nach dem Schicksal anderer Freunde forschte,
mich auch nach Hermann erkundigt, mit wenig Glück übrigens.
Was mir von aus dem Lager Geretteten zugetragen wurde[9]—es
waren zwei oder drei, die sich seiner entsannen—, blieb   115
schattenhaft.

Der Fall begann für mich dringlicher zu werden, als ich ein
paar Jahre später ein kleines Buch über Leute meiner Generation schreiben wollte, die gegen Hitler gekämpft hatten und in
diesem Kampf untergegangen waren. Ich hatte mir damals den   120
Plutarch vorgenommen, ich las zum erstenmal wieder seit
meiner Schulzeit Livius und Sueton.[10] Mir stand etwas vor
Augen, das der Prosa dieser Historiker nacheifern sollte; sie

---

[9] **Was mir von aus dem Lager Geretteten zugetragen wurde** Whatever information I got from those who survived the camp

[10] **Plutarch (50 A.D.-ca. 125)** Greek biographer of famous Greeks and Romans;
Livius Livy (59 B.C.-17 A.D.), Roman historian; **Sueton** Suetonius (ca. 70
A.D.-ca. 140 A.D.), biographer of the Roman emperors

hatten um der Größe des Gegenstandes willen auf falsches Pathos und unziemliche Weitschweifigkeit verzichtet.[11] Ich stellte eine Liste von Namen auf, unter denen sich auch der Hermanns befand.

Ich wollte herausfinden, ob noch einige seiner Angehörigen erreichbar seien. Meine Nachforschungen ergaben, daß seine Mutter noch während des Krieges in Berlin gestorben war; seine Schwester, jene Schwester, von der er mir zuweilen so rühmend und verheißungsvoll[12] gesprochen hatte, befand sich im Ausland; sie war erst vor zwei Jahren als Frau eines britischen Offiziers aus Berlin nach London verzogen. Sie war jetzt eine Mrs. Young; ihre Adresse hatte ich erhalten.

Ich erläuterte mein Anliegen in einem ziemlich ausführlichen Brief. Das Bild, so schrieb ich, das ich von Hermann zu geben beabsichtige, müsse Relief erhalten;[13] ich benötige manches, was Hermanns Kindheit und Jugend, den ganzen Abschnitt seines Lebens beträfe, der vor unserem Zusammentreffen gelegen hatte. Ich bäte darum, Einsicht nehmen zu dürfen in Briefe und Dokumente, falls solche erhalten geblieben seien. Mein Name, so hoffe ich, sei ihr nicht unbekannt dank der Freundschaft, die mir ihr Bruder entgegengebracht hatte. «Diese Freundschaft», schloß ich, «rechtfertigt sicherlich die Erwartung, daß Sie meinen Plan unterstützen werden.»

Die Antwort blieb nicht lange aus. Mein Name, hieß es da, sei der Briefschreiberin hier und da begegnet, sie entsinne sich noch gut der Wärme, mit der ihr Bruder von mir gesprochen hatte, jedoch gebe sie die vorhandenen Andenken ungern aus den Händen, das Anfertigen von Kopien sei beschwerlich, kurz, sie hielte es für das beste, wenn man einmal in London über die Angelegenheit reden würde, zumal für sie in absehbarer Zeit eine Reise nach Berlin nicht in Betracht käme. Unüberhörbar klang aus dem Brief Bedenklichkeit.[14] Ich werde es nicht leicht haben, dachte ich.

Es ergab sich,[15] daß ich ein Vierteljahr darauf aus verschiedenen Gründen nach London fahren mußte. Ich kündigte meinen Besuch Mrs. Young rechtzeitig an. Seit den letzten

---

[11] **sie hatten um der Größe des Gegenstandes willen auf falsches Pathos und unziemliche Weitschweifigkeit verzichtet** because of the grandeur of the subject they renounced false pathos and inappropriate long-windedness
[12] **so rühmend und verheißungsvoll** in terms so full of praise and promise
[13] **müsse Relief erhalten** must be filled out
[14] **Unüberhörbar klang aus dem Brief Bedenklichkeit.** There was an unmistakable tone of diffidence in the letter.
[15] **Es ergab sich** It came about

Vorkriegsjahren war ich nicht mehr in dieser Stadt gewesen, an 160
die mich manches band, die mir von mehreren Besuchen her
wohl bekannt, aber doch unvertraut war, eine räumlich entfernte[16] Verwandte, die man als Kind scheu und beklommen
liebt.

Ich fuhr vom Bahnhof in ein kleines Hotel in Kensington.* 165
Die Sache, die der eigentliche Anlaß meiner Reise gewesen war,
hatte ich bald hinter mich gebracht. Am nächsten Morgen rief
ich Mrs. Young an.

«Ich bin es selbst», sagte eine Stimme. «Sie wünschen?» Ich
schwieg verblüfft, und die Stimme fuhr fort: «Verzeihen Sie, 170
natürlich, ich weiß, wer Sie sind, was Sie wünschen. Ich habe oft
über Ihren Brief nachgedacht.»

«Vielleicht könnten wir . . .», sagte ich, aber die Stimme
unterbrach mich.

«Hermann hat mir oft von Ihnen erzählt», sagte sie langsam. 175
«Oder vielmehr, gar nicht so oft, denn ich sah ihn nur noch
selten, meine Mutter und ich, wir sahen ihn nur noch selten und
wußten gar nicht recht, was er eigentlich trieb. Ihren Namen
nannte er übrigens nie, aber er sprach von einem bestimmten
Freund, und als Sie schrieben, begriff ich, daß Sie dieser Freund 180
waren.»

«Ja», sagte ich, «ich war dieser Freund.»

Ihre Stimme überhastete sich manchmal, manchmal zögerte
sie. Nach einer Weile merkte ich, daß ich jedesmal, wenn sie
sprach, den Atem anhielt, um dieser Stimme nachzulauschen,[17] 185
um eine andere Stimme in ihr zu finden, die natürlich tiefer und
sicherer gewesen war und einmal gesagt hatte: «Eigentlich würdet ihr gut zueinander passen . . .»

«Ich möchte», sagte ich, «sehr gern mit Ihnen über Hermann
reden.» 190

«Mein Gott», sagte sie, «wie lange das her ist. Hermann, du
lieber Gott. Mein großer Bruder, der sich über uns auch nicht
gerade den Kopf zerbrach.[18] Er wollte lieber die Welt verändern. Und dann geschah das Unglück, das man ja hatte vorausse-
hen können.» 195

«Er hat», sagte ich, «auch an Sie gedacht. Gerade an Sie hat
er gedacht. Er . . .»

«Ich weiß, was Sie meinen», sagte die Stimme. «Man hat ja
seither eine Menge Dinge erfahren, die man damals nicht
wußte.» 200

---

[16] **räumlich entfernte**   who lived far away
[17] **um dieser Stimme nachzulauschen**   in order to eavesdrop on this voice
[18] **der sich über uns auch nicht gerade den Kopf zerbrach**   who didn't exactly
    concern himself about us

«Vielleicht könnten wir uns sehen, Mrs. Young», sagte ich
jetzt. «Ich wäre froh, wenn ich einmal zu Ihnen kommen
dürfte.»

Im Hörer rauschte es. «Das geht jetzt leider nicht», sagte die
Stimme nach einer Weile. «Ich bin den ganzen Tag beschäftigt.»   205
«Vielleicht paßt es Ihnen morgen besser», sagte ich. «Oder
übermorgen.»

«Aber Sie sind ja hartnäckig, mein Lieber», sagte die Stimme
mit spöttischer Verwunderung. Ich fühlte, daß ich erbebte,
denn es war Hermanns Stimme, die eben vernehmbar gewesen   210
war, aber auch die Stimme einer Frau, seiner Schwester, die ihm
vielleicht ähnlich sah, die er von mir gepriesen, vor seinem
inneren Auge neben mir erblickt hatte. «Warum diese Eile?
Warum überhaupt all diese Dinge wieder ans Tageslicht bringen? Die Toten soll man ruhen lassen. Wir haben damals alle   215
genug durchgemacht.»

«Ich komme zu Ihnen, wann Sie wollen», sagte ich erbittert,
«morgen oder übermorgen oder noch später. Mein Visum ist für
zwei Wochen gültig.»

«Ich sehe, daß man Sie nicht so leicht los wird.» Die Stimme   220
versuchte heiter zu klingen, aber ich hörte nur den Ärger in ihr.
«Hören Sie zu. Bei mir zu Hause geht es nicht. Treffen wir uns
lieber in der Stadt. Heute abend um acht.» Sie nannte mir ein
Restaurant in Soho,* das ich kannte.

«Ich werde um acht dort sein», sagte ich. «Sie werden mich   225
finden. Auf meinem Tisch wird die 'Financial Times' liegen. Ich
vermute, die Leute werden in dieses Lokal nicht ausgerechnet
mit der 'Financial Times' kommen.»

Sie lachte kurz und hängte ab.

Ich vertrieb mir die Zeit, so gut es ging, ließ mich von meinem   230
Freund D. in den Saville-Club einladen, ging langsam durch
Albany,* um wieder einmal zu sehen, wer dort wann gewohnt
hatte, las im Hyde Park* eine Menge Zeitungen und fand mich
zehn Minuten vor acht in dem Restaurant ein, das ziemlich voll
war. Dem Kellner sagte ich, daß ich eine Dame erwarte. Ich   235
trank einen Campari[19] und behielt die Tür im Auge. Es war
beinahe halb neun, als der Kellner an meinen Tisch trat und
sagte, er irre sich wohl nicht, ich müsse es gewiß sein, den eine
Dame am Telefon erwarte, bitte, hier entlang, dort drüben sei
die Kabine.   240

---

[19] **Campari**   Italian aperitif

«Es ist mir wirklich unangenehm», sagte die Stimme. «Aber ich fürchte, ich werde nicht kommen können.»

«Ich warte gern eine Weile», antwortete ich.

«Ich habe es mir überlegt«,[20] sagte sie. «Ich möchte nicht kommen. Ich ertrage Aufregungen nicht. Überhaupt, es ist so lange her, was soll das Ganze . . .»

«Ich schulde es ihm», sagte ich, «verstehen Sie das nicht?»

«Ich verstehe Sie durchaus», sagte die Stimme. «Aber ich zweifle, ob Sie mich verstehen. Mein Leben hat sich geändert, es ist überhaupt jetzt alles anders, ich bin froh, daß es so ist. Wenn Sie über Hermann schreiben und Ihr Buch erscheint da drüben, könnte mir das sogar noch Unannehmlichkeiten einbringen.» Die Stimme hatte jetzt überhaupt keine Ähnlichkeit mehr mit irgendeiner anderen. Sie kam aus der eisigen Ferne. Sie brach plötzlich ab.

«Ich glaube», sagte ich, «Sie machen sich ganz unnötige Sorgen. Wer soll Sie denn mit einem gewissen Hermann R. in Verbindung bringen, wenn Sie es nun einmal so nicht haben wollen?»

«Es gibt eine Menge Leute», sagte die Stimme, «die sich mit Vorliebe um fremde Angelegenheiten kümmern.[21] Wissen Sie das nicht? Hier wissen ziemlich viele, daß ich Deutsche bin, daß ich aus Berlin komme, wie ich als Mädchen hieß.»

In mir wuchs ein taubes, totes Gefühl. «Das kann nicht Ihr Ernst sein»,[22] sagte ich. «Ich bin Hermanns wegen nach London gekommen, nicht nur seinetwegen, gewiß, aber vor allem seinetwegen.»

«Es tut mir wirklich leid», sagte die Stimme. «Es tut mir aufrichtig leid. Ich habe Sympathie für Sie, obwohl Sie einer von den Leuten sind, die ständig vergangene Dinge aufrühren und die Welt nicht in Ruhe lassen.»

«Welche Welt meinen Sie?» fragte ich. «Vielleicht wäre es in der Welt ein wenig ruhiger und vernünftiger zugegangen, wenn Leute wie Hermann etwas zu sagen gehabt hätten. Aber man hat ihn umgebracht.»

«Ich will nicht mit Ihnen streiten», sagte die Stimme. «Ich will Ihnen auch nichts ausreden. Aber auf mich können Sie nicht rechnen.»

«Warten Sie», sagte ich, «warten Sie. Denken Sie einmal nach . . .»

[20] **Ich habe es mir überlegt** I've changed my mind
[21] **die sich mit Vorliebe um fremde Angelegenheiten kümmern** who take a great interest in matters that don't concern them
[22] **Das kann nicht Ihr Ernst sein** You can't be serious about that

«Es ist mein letztes Wort», sagte die Stimme. «Übrigens, noch eins . . . Eigentlich möchte ich es Ihnen gar nicht sagen. Aber vielleicht ist es besser, wenn Sie es wissen: Als er verhaftet war, hat Hermann nicht mehr daran geglaubt.»

«Woran hat er nicht mehr geglaubt?» fragte ich und fühlte 285
eine Kälte in mir.

«Er hat nicht mehr daran geglaubt», sagte die Stimme. «An seine Ideen, an Ihre Ideen. Er hat eben an das Ganze nicht mehr geglaubt. Er glaubte nicht mehr, daß es sich gelohnt hatte. Ich habe ihn in der Haft noch einmal gesehen, ehe sie ihn nach 290
Buchenwald brachten. Er hat es mir selber gesagt.»

«Sie lügen», sagte ich. «Jetzt haben Sie ihn eben zum zweitenmal umgebracht. Aber das soll Ihnen nicht gelingen.»

«Werden Sie nicht pathetisch», sagte die Stimme. «Gute Nacht!» 295

Es klickte in der Leitung, ein Summen schwoll an, tausend undeutliche Stimmen wisperten.

Als ich die Tür der Telefonkabine öffnete, stolperte ich. Ich kam bis zu meinem Tisch und setzte mich. In meinem Kopf waren tausend wirre Gedanken oder auch kein einziger. Ich 300
bestellte noch einen Campari. Als der Kellner ihn brachte, sagte er: «Ich glaube, die Dame möchte Sie noch einmal sprechen.» Ich stürzte zurück in die Telefonkabine.

«Ich möchte wirklich nicht, daß wir uns auf so schroffe Weise trennen», sagte die Stimme. «Sie sind ein Idealist und können 305
nicht begreifen, daß normale Leute ihr Leben so einzurichten suchen, wie es die Zeit verlangt. Seien Sie mir nicht böse . . .»

«Ich sagte vorhin», erwiderte ich, «Sie hätten ihn zum zweitenmal umgebracht. Ich habe wohl etwas übertrieben. Aber Sie haben ihn damals angezeigt.» 310

Wieder wisperten die Stimmen. Eine stumpfe, dumpfe Ruhe breitete sich zwischen uns. Dann sagte Mrs. Young: «Ja.» Eine Pause trat ein. «Was wissen Sie denn», sagte sie, «gar nichts wissen Sie mit Ihrem blödsinnigen Idealismus. Ich war sechs Jahre jünger als Hermann, aber alt genug, um begreifen zu 315
können, was er trieb und wohin er es trieb. Ich wollte nicht seinen Tod, wo denken Sie hin,[23] er war doch mein Bruder. Er sollte nur einen Denkzettel kriegen und lernen, daß man auf seine Familie Rücksicht zu nehmen hat. Man sprach doch damals von Schutzhaft, die Gefangenen sollten in sich gehen, hieß es, 320
sich in eine neue Gemeinschaft einfügen. Ich wollte nicht seinet-

---

[23] **wo denken Sie hin** what are you thinking about?

wegen vom Studium ausgeschlossen werden, ich wollte mir nicht mein Leben verderben lassen. Meine Mutter hat bis zu ihrem Tode nichts davon gewußt. Und er hat auch nicht geahnt . . .» 325

Ich nahm langsam den Hörer vom Ohr, ließ ihn an der Leitungsschnur hängen und ging leise aus der Kabine. Dann zahlte ich und verließ das Lokal.

Ich ging wie in einem Schlaf durch die Straßen. Manchmal erwachte in mir ein Gedanke: Vielleicht hatte Hermann mich in 330 Verdacht gehabt. Ich erwachte einmal hier, einmal dort. Ich erkannte in meiner halben Bewußtlosigkeit eine Straße, einen Platz.

Aus Lyon's Corner House* drang der Jazz. Wie dunkle Tiere lagen große Rolls-Royce-Automobile vor den Türen von Park 335 Lane.* An den Espresso-Cafés weiter oben standen junge Leute, lachten und sangen. Eine Stimme in Halbdunkel sagte: «Vergessen Sie uns nicht, Sir!» Ich beugte mich vor und sah einen Mann, der unbeweglich dastand und an mir vorbeisah. Er trug ein Schild vor der Brust. Ich trat noch näher und konnte jetzt die 340 Inschrift lesen: PEOPLE LIVING IN A WORLD OF DARKNESS DESPERATELY NEED YOUR HELP. In kleineren Buchstaben stand darunter: The Royal School for the Blind, Leatherhead, Surrey. Ich suchte in meinen Taschen nach ein paar Schillingen.

Über der Stadt lag eine Glocke von Staub, Licht und Geräu- 345 schen. Im Nachthimmel brannte der Widerschein ferner Straßen. Aus den Lüften drang Düsengeheul. Ich fühlte, daß jetzt sehr weit weg irgendwo sich ein leiser, ziehender Schmerz auf den Weg machte, um zu mir zu stoßen.[24] Er hatte eine lange Strecke vor sich und viel Zeit. Aber ich war ruhig. Er würde mich schon 350 erreichen.

FRAGEN

1. Was war das Verhältnis zwischen Hermann und dem Erzähler?
2. Was war der Hauptgrund ihrer Begegnungen in Berlin?
3. Warum wurde der Erzähler nicht verhaftet?
4. Wie wollte der Erzähler die Geschichte von Hermann bekannt machen?
5. Warum mußte er an Frau Young schreiben?

---

[24] **sich ein leiser, ziehender Schmerz auf den Weg machte, um zu mir zu stoßen** a dull, aching pain started to make its way to me

6. Warum war er überrascht, als er zum ersten Mal mit Frau Young telephonierte?
7. Warum war das Telephongespräch so schwierig für den Erzähler?
8. Warum rief Frau Young den Erzähler zum ersten Mal im Restaurant an?
9. Warum hat sie ihn ein zweites Mal im Restaurant angerufen?
10. Warum führte der Erzähler das Gespräch nicht zu Ende?

ZUR BESPRECHUNG DES TEXTES

1. Das Verhältnis zwischen Hermann R. und dem Erzähler.
2. «Eigentlich würdet ihr gut zueinander passen.»
3. Der Erzähler entschließt sich, ein Buch zu schreiben.
4. Das erste Telephongespräch mit Frau Young.
5. «Jetzt haben Sie ihn eben zum zweiten Mal umgebracht.»
6. «Ich wollte nicht seinen Tod.»

MARIE LUISE KASCHNITZ
(1901–1974)

Marie Luise Kaschnitz once said that death would always be a central theme of her writing. It is the subject not only of her first major postwar work, a dramatic poem entitled "Totentanz," published in 1947, but also of many of her stories, including "Gespenster." In "Totentanz" the dead, violently cut down by war before they could experience the fulfillment of life, are lost souls condemned for all eternity to a limbo where they can find no peace. They have not really lived, and therefore they cannot really die. In death they restlessly seek the life they never knew on earth and never will know. "Gespenster" deals with the same theme. Like many of this writer's narratives, it begins with an account of events rooted in everyday reality; but the story gradually takes on an aura of mystery and finally defies rational explanation. So plausibly is the whole sequence of events presented, so skillful is the fusion of the real with the unreal, that the suggestion of supernatural manifestations compels belief.

Kaschnitz, who was one of the foremost lyric poets in Germany, had an unusually accurate feeling for language and the nuances of verbal expression. To understand better both the story and the artistry of the writer, one should read "Gespenster" several times, noting how subtly language is used to achieve a synthesis of the fantastic and the real, particularly in the evocation of an atmosphere of mystery around the English girl's actions.

Gespenster

Ob ich schon einmal eine Gespenstergeschichte erlebt habe? O ja, gewiß—ich habe sie auch noch gut im Gedächtnis, und will sie Ihnen erzählen. Aber wenn ich damit zu Ende bin, dürfen Sie mich nichts fragen und keine Erklärung verlangen, denn ich weiß gerade nur so viel, wie ich Ihnen berichte und kein Wort 5 mehr.

Das Erlebnis, das ich im Sinn habe, begann im Theater, und zwar im Old Vic Theater in London, bei einer Aufführung Richards II. von Shakespeare. Ich war damals zum ersten Mal in London und mein Mann auch, und die Stadt machte einen 10 gewaltigen Eindruck auf uns. Wir wohnten ja für gewöhnlich auf

dem Lande, in Österreich,* und natürlich kannten wir Wien*
und auch München* und Rom,* aber was eine Weltstadt war,
wußten wir nicht. Ich erinnere mich, daß wir schon auf dem
Weg ins Theater, auf den steilen Rolltreppen der Untergrund- 15
bahn hinab- und hinaufschwebend und im eisigen Schluchtenwind[1] der Bahnsteige den Zügen nacheilend, in eine seltsame
Stimmung von Erregung und Freude gerieten und daß wir dann
vor dem noch geschlossenen Vorhang saßen, wie Kinder, die
zum ersten Mal ein Weihnachtsmärchen auf der Bühne sehen. 20
Endlich ging der Vorhang auf, das Stück fing an, bald erschien
der junge König, ein hübscher Bub, ein play boy, von dem wir
doch wußten, was das Schicksal mit ihm vorhatte, wie es ihn
beugen würde und wie er schließlich untergehen sollte, machtlos aus eigenem Entschluß. Aber während ich an der Handlung 25
sogleich den lebhaftesten Anteil nahm und hingerissen von den
glühenden Farben des Bildes und der Kostüme keinen Blick
mehr von der Bühne wandte, schien Anton abgelenkt und nicht
recht bei der Sache, so als ob mit einem Male etwas anderes
seine Aufmerksamkeit gefangen genommen hätte. Als ich mich 30
einmal, sein Einverständnis suchend, zu ihm wandte, bemerkte
ich, daß er gar nicht auf die Bühne schaute und kaum darauf
hörte, was dort gesprochen wurde, daß er vielmehr eine Frau ins
Auge faßte, die in der Reihe vor uns, ein wenig weiter rechts,
saß und die sich auch einige Male halb nach ihm umdrehte, 35
wobei auf ihrem verlorenen Profil[2] so etwas wie ein schüchternes Lächeln erschien.

Anton und ich waren zu jener Zeit schon sechs Jahre verheiratet, und ich hatte meine Erfahrungen und wußte, daß er
hübsche Frauen und junge Mädchen gern ansah, sich ihnen auch 40
mit Vergnügen näherte, um die Anziehungskraft seiner schönen,
südländisch geschnittenen Augen zu erproben. Ein Grund zu
rechter Eifersucht war solches Verhalten für mich nie gewesen,
und eifersüchtig war ich auch jetzt nicht, nur ein wenig ärgerlich, daß Anton über diesem stärkenden Zeitvertreib[3] ver- 45
säumte, was mir so besonders erlebenswert erschien. Ich nahm
darum weiter keine Notiz von der Eroberung, die zu machen er
sich anschickte; selbst als er einmal, im Verlauf des ersten Aktes
meinen Arm leicht berührte und mit einem Heben des Kinns
und Senken der Augenlider zu der Schönen hinüberdeutete, 50
nickte ich nur freundlich und wandte mich wieder der Bühne zu.

[1] **eisigen Schluchtenwind**   icy wind (as in a gorge)
[2] **verlorenen Profil**   partially glimpsed face
[3] **über diesem stärkenden Zeitvertreib**   thanks to this bracing pastime

* All items marked with an asterisk are names of places. See Appendix 1, Place
Names.

In der Pause gab es dann freilich kein Ausweichen mehr. Anton schob sich nämlich, so rasch er konnte, aus der Reihe und zog mich mit sich zum Ausgang, und ich begriff, daß er dort warten wollte, bis die Unbekannte an uns vorüberging, vorausgesetzt, daß sie ihren Platz überhaupt verließ. Sie machte zunächst dazu freilich keine Anstalten, es zeigte sich nun auch, daß sie nicht allein war, sondern in Begleitung eines jungen Mannes, der, wie sie selbst, eine zarte bleiche Gesichtsfarbe und rötlichblonde Haare hatte und einen müden, fast erloschenen Eindruck machte. Besonders hübsch ist sie nicht, dachte ich, und übermäßig elegant auch nicht, in Faltenrock[4] und Pullover, wie zu einem Spaziergang über Land. Und dann schlug ich vor, draußen auf und ab zu gehen und begann über das Stück zu sprechen, obwohl ich schon merkte, daß das ganz sinnlos war.

Denn Anton ging nicht mit mir hinaus, und er hörte mir auch gar nicht zu. Er starrte in fast unhöflicher Weise zu dem jungen Paar hinüber, das sich jetzt erhob und auf uns zukam, wenn auch merkwürdig langsam, fast wie im Schlaf. Er kann sie nicht ansprechen, dachte ich, das ist hier nicht üblich, das ist nirgends üblich, aber hier ist es ein unverzeihliches Vergehen. Indessen ging das Mädchen schon ganz nahe an uns vorbei, ohne uns anzusehen, das Programm fiel ihm aus der Hand und wehte auf den Teppich, wie früher einmal ein Spitzentüchlein, suivez-moi, Anknüpfungsmittel[5] einer lange vergangenen Zeit. Anton bückte sich nach dem glänzenden Heftchen, aber statt es zurückzureichen, bat er, einen Blick hineinwerfen zu dürfen, tat das auch, murmelte in seinem kläglichen Englisch allerlei Ungereimtes[6] über die Aufführung und die Schauspieler und stellte den Fremden endlich sich und mich vor, was den jungen Mann nicht wenig zu erstaunen schien. Ja, Erstaunen und Abwehr zeigten sich auch auf dem Gesicht des jungen Mädchens, obwohl es doch sein Programm augenscheinlich mit voller Absicht hatte fallen lassen und obwohl es jetzt meinem Mann ganz ungeniert in die Augen schaute, wenn auch mit trübem, gleichsam verhangenem[7] Blick. Die Hand, die Anton nach kontinentaler Sitte arglos ausgestreckt hatte, übersah sie, nannte auch keinen Namen, sondern sagte nur, wir sind Bruder und Schwester, und der Klang ihrer Stimme, der überaus zart und süß und gar nicht zum Fürchten war, flößte mir einen merkwürdigen Schauder ein. Nach diesen Worten, bei denen Anton wie ein Knabe errötete, setzten wir uns in Bewegung, wir

[4] **Faltenrock**   pleated skirt
[5] **ein Spitzentüchlein, suivez-moi, Anknüpfungsmittel**   a small lace handkerchief, a "follow me" device, a means of making contact
[6] **Ungereimtes**   disconnected remarks
[7] **verhangenem**   clouded

gingen im Wandelgang[8] auf und ab und sprachen stockend
belanglose Dinge, und wenn wir an den Spiegeln vorüberkamen,
blieb das fremde Mädchen stehen und zupfte an seinen Haaren   95
und lächelte Anton im Spiegel zu. Und dann läutete es, und wir
gingen zurück auf unsere Plätze, und ich hörte zu und sah zu
und vergaß die englischen Geschwister, aber Anton vergaß sie
nicht. Er blickte nicht mehr so oft hinüber, aber ich merkte
doch, daß er nur darauf wartete, daß das Stück zu Ende war und   100
daß er sich den entsetzlichen und einsamen Tod des gealterten
Königs kein bißchen zu Herzen nahm. Als der Vorhang gefallen
war, wartete er das Klatschen und das Wiedererscheinen der
Schauspieler gar nicht ab, sondern drängte zu den Geschwistern
hinüber und sprach auf sie ein, offenbar überredete er sie, ihm   105
ihre Garderobemarken[9] zu überlassen, denn mit einer ihm sonst
ganz fremden, unangenehmen Behendigkeit schob und wand er
sich gleich darauf durch die ruhig wartenden Zuschauer und
kehrte bald mit Mänteln und Hüten beladen zurück; und ich
ärgerte mich über seine Beflissenheit und war überzeugt davon,   110
daß wir von unseren neuen Bekannten am Ende kühl entlassen
werden würden und daß mir, nach der Erschütterung, die ich
durch das Trauerspiel erfahren hatte, nicht anderes bevorstand,
als mit einem enttäuschten und schlechtgelaunten Anton nach
Hause zu gehen.   115
     Es kam aber alles ganz anders, weil es, als wir angezogen vor
die Tür traten, stark regnete, keine Taxis zu haben waren und
wir uns in dem einzigen, das Anton mit viel Rennen und Winken
schließlich auftreiben konnte, zu viert zusammenzwängten,[10]
was Heiterkeit und Gelächter hervorrief und auch mich meinen   120
Unmut vergessen ließ. Wohin? fragte Anton, und das Mädchen
sagte mit seiner hellen süßen Stimme: Zu uns. Es nannte dem
Chauffeur Straße und Hausnummer und lud uns, zu meinem
großen Erstaunen, zu einer Tasse Tee ein. Ich heiße Vivian,
sagte sie, und mein Bruder heißt Laurie, und wir wollen uns mit   125
den Vornamen nennen. Ich sah das Mädchen von der Seite an
und war überrascht, um wieviel lebhafter es geworden war, so
als sei es vorher gelähmt gewesen und sei erst jetzt in unserer
oder in Antons körperlicher Nähe imstande, seine Glieder zu
rühren. Als wir ausstiegen, beeilte sich Anton, den Fahrer zu   130
bezahlen, und ich stand da und sah mir die Häuser an, die
aneinandergebaut und alle völlig gleich waren, schmal mit
kleinen, tempelartigen Vorbauten und mit Vorgärten,[11] in denen

[8] **Wandelgang**   foyer
[9] **Garderobemarken**   coat checks
[10] **zu viert zusammenzwängten**   crowded in, all four of us
[11] **tempelartigen Vorbauten und mit Vorgärten**   temple-like porticos and with
     gardens in front

überall dieselben Pflanzen wuchsen, und ich dachte unwillkürlich, wie schwer es doch sein müsse, ein Haus hier wiederzuer- 135
kennen, und war fast froh, im Garten der Geschwister doch
etwas Besonderes, nämlich eine sitzende steinerne Katze zu
sehen. Währenddem hatte Laurie die Eingangstür geöffnet, und
nun stiegen er und seine Schwester vor uns eine Treppe hinauf.
Anton nahm die Gelegenheit wahr, um mir zuzuflüstern, ich 140
kenne sie, ich kenne sie gewiß, wenn ich nur wüßte, woher.
Oben verschwand Vivian gleich, um das Teewasser aufzusetzen,
und Anton fragte ihren Bruder aus, ob sie beide in letzter Zeit im
Ausland gewesen seien und wo. Laurie antwortete zögernd,
beinahe gequält, ich konnte nicht unterscheiden, ob ihn die 145
persönliche Frage abstieß oder ob er sich nicht erinnern konnte,
fast schien es so, denn er strich sich ein paarmal über die Stirn
und sah unglücklich aus. Er ist nicht ganz richtig,[12] dachte ich,
alles ist nicht ganz richtig, ein sonderbares Haus, so still und
dunkel und die Möbel von Staub bedeckt, so als seien die Räume 150
seit langer Zeit unbewohnt. Sogar die Birnen[13] der elektrischen
Lampen waren ausgebrannt oder ausgeschraubt, man mußte
Kerzen anzünden, von denen viele in hohen Silberleuchtern[14]
auf den alten Möbeln standen. Das sah nun freilich hübsch aus
und verbreitete Gemütlichkeit. Die Tassen, welche Vivian auf 155
einem gläsernen Tablett hereinbrachte, waren auch hübsch, zart
und schön blau gemustert, ganze Traumlandschaften waren auf
dem Porzellan zu erkennen. Der Tee war stark und schmeckte
bitter, Zucker und Rahm gab es dazu nicht. Wovon sprecht ihr,
fragte Vivian, und sah Anton an, und mein Mann wiederholte 160
seine Fragen mit beinahe unhöflicher Dringlichkeit. Ja, antwortete Vivian sofort, wir waren in Österreich, in—aber nun
brachte auch sie den Namen des Ortes nicht heraus und starrte
verwirrt auf den runden, von einer feinen Staubschicht bedeck-
ten Tisch. 165
　　In diesem Augenblick zog Anton sein Zigarettenetui heraus,
ein flaches goldenes Etui, das er von seinem Vater geerbt hatte,
und das er, entgegen der herrschenden Mode, Zigaretten in
ihren Packungen anzubieten, noch immer benutzte. Er klappte
es auf und bot uns allen an, und dann machte er es wieder zu und 170
legte es auf den Tisch, woran ich mich am nächsten Morgen, als
er es vermißte, noch gut erinnern konnte.
　　Wir tranken also Tee und rauchten, und dann stand Vivian
plötzlich auf und drehte das Radio an und über allerhand grelle
Klang- und Stimmfetzen[15] glitt der Lautsprecherton in eine sanft 175

---

[12] **Er ist nicht ganz richtig**　There is something peculiar about him
[13] **Birnen**　bulbs
[14] **Silberleuchtern**　silver candelabras
[15] **Klang- und Stimmfetzen**　fragments of music and voices

klirrende Tanzmusik. Wir wollen tanzen, sagte Vivian, und sah
meinen Mann an, und Anton erhob sich sofort und legte den Arm
um sie. Ihr Bruder machte keine Anstalten, mich zum Tanzen
aufzufordern, so blieben wir am Tisch sitzen und hörten der
Musik zu und betrachteten das Paar, das sich im Hintergrund des   180
großen Zimmers hin und her bewegte. So kühl sind die Englän-
derinnen also nicht, dachte ich und wußte schon, daß ich etwas
anderes meinte, denn Kühle, eine holde, sanfte Kühle ging nach
wie vor[16] von dem fremden Mädchen aus, zugleich aber auch
eine seltsame Gier, da sich ihre kleinen Hände wie Saugnäpfe   185
einer Kletterpflanze[17] an den Schultern meines Mannes festhiel-
ten und ihre Lippen sich lautlos bewegten, als formten sie
Ausrufe der höchsten Bedrängnis und Not.[18] Anton, der damals
noch ein kräftiger junger Mann und ein guter Tänzer war, schien
von dem ungewöhnlichen Verhalten seiner Partnerin nichts zu   190
bemerken, er sah ruhig und liebevoll auf sie herunter und
manchmal schaute er auf dieselbe Weise auch zu mir herüber,
als wolle er sagen, mach dir keine Gedanken, es geht vorüber, es
ist nichts. Aber obwohl Vivian so leicht und dünn mit ihm
hinschwebte, schien dieser Tanz, der, wie es bei Radiomusik   195
üblich ist, kein Ende nahm und nur in Rhythmus und Melodie
sich veränderte, ihn ungebührlich[19] anzustrengen, seine Stirn
war bald mit Schweißtropfen bedeckt, und wenn er einmal mit
Vivian nahe bei mir vorüberkam, konnte ich seinen Atem fast
wie ein Keuchen oder Stöhnen hören. Laurie, der ziemlich   200
schläfrig an meiner Seite saß, fing plötzlich an, zu der Musik den
Takt zu schlagen, wozu er geschickt bald seine Fingerknöchel,
bald den Teelöffel verwendete, auch mit dem Zigarettenetui
meines Mannes synkopisch auf den Tisch klopfte, was alles der
Musik etwas atemlos Drängendes verlieh und mich in plötzliche   205
Angst versetzte. Eine Falle, dachte ich, sie haben uns hier her-
aufgelockt, wir sollen ausgeraubt oder verschleppt werden, und
gleich darauf, was für ein verrückter Gedanke, wer sind wir
schon, unwichtige Fremde, Touristen, Theaterbesucher, die
nichts bei sich haben als ein bißchen Geld, um notfalls nach der   210
Vorstellung noch etwas essen zu gehen. Plötzlich wurde ich sehr
schläfrig, ich gähnte ein paarmal verstohlen. War nicht der Tee,
den wir getrunken hatten, außergewöhnlich bitter gewesen,
und hatte Vivian die Tassen nicht schon eingeschenkt hereinge-
bracht, so daß sehr wohl in den unseren ein Schlafmittel hätte   215
aufgelöst sein können und in denen der englischen Geschwister

---

[16] **nach wie vor**   now as before
[17] **Saugnäpfe einer Kletterpflanze**   suction cups of a climbing vine
[18] **der höchsten Bedrängnis und Not**   of extreme anguish
[19] **ungebührlich**   unduly

nicht? Fort, dachte ich, heim ins Hotel, und suchte den Blick
meines Mannes wieder, der aber nicht zu mir hersah, sondern
jetzt die Augen geschlossen hielt, während das zarte Gesicht
seiner Tänzerin ihm auf die Schulter gesunken war.   220
    Wo ist das Telefon? fragte ich unhöflich, ich möchte ein Taxi
bestellen. Laurie griff bereitwillig hinter sich, der Apparat stand
auf einer Truhe, aber als Laurie den Hörer abnahm, war kein
Summzeichen[20] zu vernehmen. Laurie zuckte nur bedauernd
mit den Achseln, aber Anton war jetzt aufmerksam geworden, er   225
blieb stehen und löste seine Arme von dem Mädchen, das ver-
wundert zu ihm aufschaute und beängstigend schwankte, wie
eine zarte Staude[21] im Wind. Es ist spät, sagte mein Mann, ich
fürchte, wir müssen jetzt gehen. Die Geschwister machten zu
meiner Überraschung keinerlei Einwände, nur noch ein paar   230
freundliche und höfliche Worte wurden gewechselt. Dank für
den reizenden Abend und so weiter, und dann brachte der
schweigsame Laurie uns die Treppe hinunter zur Haustür, und
Vivian blieb auf dem Absatz oben stehen, lehnte sich über das
Geländer und stieß kleine, vogelleichte Laute aus, die alles   235
bedeuten konnten oder auch nichts.
    Ein Taxistand war in der Nähe, aber Anton wollte ein Stück zu
Fuß gehen, er war zuerst still und wie erschöpft und fing dann
plötzlich lebhaft zu reden an. Gesehen habe er die Geschwister
bestimmt schon irgendwo und vor nicht langer Zeit, wahrschein-   240
lich in Kitzbühel* im Frühjahr, das sei ja gewiß ein für Ausländer
schwer zu behaltender Name, kein Wunder, daß Vivian nicht
auf ihn gekommen sei. Er habe jetzt sogar etwas ganz Bes-
timmtes im Sinn, vorhin, beim Tanzen sei es ihm eingefallen,
eine Bergstraße, ein Hinüber- und Herübersehen von Wagen zu   245
Wagen,[22] in dem einen habe er gesessen, allein, und in dem
anderen, einem roten Sportwagen, die Geschwister, das Mädchen am Steuer, und nach einer kurzen Stockung im Verkehr,
einem minutenlangen Nebeneinanderfahren, habe es ihn überholt und sei davongeschossen auf eine schon nicht mehr ver-   250
nünftige Art. Ob sie nicht hübsch sei und etwas Besonderes,
fragte Anton gleich darauf, und ich sagte, hübsch schon und
etwas Besonderes schon,[23] aber ein bißchen unheimlich, und ich
erinnerte ihn an den modrigen Geruch in der Wohnung und an
den Staub und das abgestellte Telefon. Anton hatte von dem   255
allem nichts bemerkt und wollte auch jetzt nichts davon wissen,
aber streitlustig waren wir beide nicht, sondern sehr müde, und

---

[20] **Summzeichen**   dial tone
[21] **zarte Staude**   fragile plant
[22] **ein Hinüber- und Herübersehen von Wagen zu Wagen**   a looking back and
   forth from one car to the other
[23] **schon . . . schon**   certainly . . . certainly

darum hörten wir nach einer Weile auf zu sprechen und fuhren
ganz friedlich nach Hause ins Hotel und gingen ins Bett.

Für den nächsten Vormittag hatten wir uns die Tate-Galerie[24]   260
vorgenommen, wir besaßen auch schon einen Katalog dieser
berühmten Bildersammlung, und beim Frühstück blätterten wir
darin und überlegten uns, welche Bilder wir anschauen wollten
und welche nicht. Aber gleich nach dem Frühstück vermißte
mein Mann sein Zigarettenetui, und als ich ihm sagte, daß ich es   265
auf dem Tisch bei den englischen Geschwistern zuletzt gesehen
hätte, schlug er vor, daß wir es noch vor dem Besuch des
Museums dort abholen sollten. Ich dachte gleich, er hat es
absichtlich liegenlassen, aber ich sagte nichts. Wir suchten die
Straße auf dem Stadtplan, und dann fuhren wir mit einem   270
Autobus bis zu einem Platz in der Nähe. Es regnete nicht mehr,
ein zartgoldener Frühherbstnebel lag über den weiten Parkwie-
sen, und große Gebäude mit Säulen und Giebel tauchten auf und
verschwanden wieder geheimnisvoll im wehenden Dunst.

Anton war sehr guter Laune und ich auch. Ich hatte alle   275
Beunruhigung des vergangenen Abends vergessen und war
gespannt, wie sich unsere neuen Bekannten im Tageslicht ausnehmen und verhalten würden. Ohne Mühe fanden wir die
Straße und auch das Haus und waren nur erstaunt, alle Läden
heruntergelassen zu sehen, so als ob drinnen noch alles schliefe   280
oder die Bewohner zu einer langen Reise aufgebrochen seien.
Da sich auf mein erstes schüchternes Klingeln hin nichts rührte,
schellten wir dringlicher, schließlich fast ungezogen lange und
laut. Ein altmodischer Messingklopfer[25] befand sich auch an der
Tür, und auch diesen betätigten wir am Ende, ohne daß sich   285
drinnen Schritte hören ließen oder Stimmen laut wurden.
Schließlich gingen wir fort, aber nur ein paar Häuser weit die
Straße hinunter, dann blieb Anton wieder stehen. Es sei nicht
wegen des Etuis, sagte er, aber es könne den jungen Leuten
etwas zugestoßen sein, eine Gasvergiftung[26] zum Beispiel, Gas-   290
kamine[27] habe man hier überall, und er habe auch einen im
Wohnzimmer gesehen. An eine mögliche Abreise der Geschwister wollte er nicht glauben, auf jeden Fall müsse die Polizei
gerufen werden, und er habe auch jetzt nicht die Ruhe, im
Museum Bilder zu betrachten. Inzwischen hatte sich der Nebel   295
gesenkt, ein schöner, blauer Nachsommerhimmel[28] stand über
der wenig befahrenen Straße und über dem Haus Nr. 79, das, als
wir nun zurückkehrten, noch ebenso still und tot dalag wie
vorher.

[24] **Tate-Galerie**   the Tate Gallery, one of the great art museums in London
[25] **Messingklopfer**   brass door knocker
[26] **eine Gasvergiftung**   gas poisoning
[27] **Gaskamine**   gas heaters
[28] **Nachsommerhimmel**   Indian summer sky

Die Nachbarn, sagte ich, man muß die Nachbarn fragen, und 300
schon öffnete sich ein Fenster im nächsten, zur Rechten gele-
genen Haus, und eine dicke Frau schüttelte ihren Besen über
den hübschen Herbstastern des Vorgärtchens aus. Wir riefen sie
an und versuchten, uns ihr verständlich zu machen. Einen Fami-
liennamen wußten wir nicht, nur Vivian und Laurie, aber die 305
Frau schien sofort zu wissen, wen wir meinten. Sie zog ihren
Besen zurück, legte ihre starke Brust in der geblümten Bluse auf
die Fensterbank und sah uns erschrocken an. Wir waren hier im
Haus, sagte Anton, noch gestern abend, wir haben etwas liegen-
gelassen, das möchten wir jetzt abholen, und die Frau machte 310
plötzlich ein mißtrauisches Gesicht. Das sei unmöglich, sagte sie
mit ihrer schrillen Stimme, nur sie habe den Schlüssel, das Haus
stünde leer. Seit wann, fragte ich unwillkürlich und glaubte
schon, daß wir uns doch in der Hausnummer geirrt hätten,
obwohl im Vorgarten, nun im hellen Sonnenlicht, die steinerne 315
Katze lag.

Seit drei Monaten, sagte die Frau ganz entschieden, seit die
jungen Herrschaften tot sind. Tot? fragten wir und fingen an,
durcheinander zu reden, lächerlich, wir waren gestern zusammen im Theater, wir haben bei ihnen Tee getrunken und Musik 320
gemacht und getanzt.

Einen Augenblick, sagte die dicke Frau und schlug das Fenster zu, und ich dachte schon, sie würde jetzt telefonieren und
uns fortbringen lassen, ins Irrenhaus oder auf die Polizei. Sie
kam aber gleich darauf auf die Straße hinaus, mit neugierigem 325
Gesicht,[29] ein großes Schlüsselbund[30] in der Hand. Ich bin nicht
verrückt, sagte sie, ich weiß, was ich sage, die jungen Herrschaften sind tot und begraben, sie waren mit dem Wagen im Ausland
und haben sich dort den Hals gebrochen, irgendwo in den Bergen, mit ihrem blödsinnig schnellen Fahren. 330

In Kitzbühel, fragte mein Mann entsetzt, und die Frau sagte,
so könne der Ort geheißen haben, aber auch anders, diese aus-
ländischen Namen könne niemand verstehen. Indessen ging sie
uns schon voraus, die Stufen hinauf und sperrte die Tür auf, wir
sollten nur sehen, daß sie die Wahrheit spreche und daß das 335
Haus leer sei, von ihr aus könnten wir auch in die Zimmer, aber
Licht könne sie nicht anmachen, sie habe die elektrischen Birnen für sich herausgeschraubt, der Herr Verwalter[31] habe nichts
dagegen gehabt.

Wir gingen hinter der Frau her, es roch dumpf und muffig, 340
und ich faßte auf der Treppe meinen Mann bei der Hand und
sagte, es war einfach eine ganz andere Straße, oder wir haben

---

[29] **mit neugierigem Gesicht**   with an expression of curiosity on her face
[30] **Schlüsselbund**   bunch of keys
[31] **Herr Verwalter**   superintendent

alles nur geträumt, zwei Menschen können genau denselben Traum haben in derselben Nacht, so etwas gibt es, und jetzt wollen wir gehen. Ja, sagte Anton ganz erleichtert, du hast recht, 345 was haben wir hier zu suchen, und er blieb stehen und griff in die Tasche, um etwas Geld herauszuholen, das er der Nachbarsfrau für ihre Mühe geben wollte. Die war aber schon oben ins Zimmer getreten, und wir mußten ihr nachlaufen und auch in das Zimmer hineingehen, obwohl wir dazu schon gar keine Lust 350 mehr hatten und ganz sicher waren, daß das Ganze eine Verwechslung oder eine Einbildung war. Kommen Sie nur, sagte die Frau und fing an, einen Laden heraufzuziehen, nicht völlig, nur ein Stückchen, nur so weit, daß man alle Möbel deutlich erkennen konnte, besonders einen runden Tisch mit Sesseln drum 355 herum und mit einer feinen Staubschicht auf der Platte, einen Tisch, auf dem nur eine einziger Gegenstand, der jetzt von einem Sonnenstrahl getroffen aufleuchtete, ein flaches, goldenes Zigarettenetui, lag.

FRAGEN

1. Wo fängt die erzählte Geschichte an?
2. Warum schaute der Mann gar nicht auf die Bühne?
3. Was geschah in der Pause?
4. Wie gelang es Anton, mit der Frau zu sprechen?
5. Was tat Anton, sobald das Stück zu Ende war?
6. Was flüsterte Anton seiner Frau zu, als sie auf der Treppe waren?
7. Was für einen Eindruck machte die Wohnung?
8. Was tat Anton, als Tee serviert wurde?
9. Was für Gedanken gingen Antons Frau durch den Kopf, als sie alleine da saß?
10. Was bemerkte Anton gar nicht, als er bei den Engländern war?
11. Was behauptete die Nachbarin?
12. Wie endet die Geschichte?

ZUR BESPRECHUNG DES TEXTES

1. Ein österreichisches Ehepaar besucht das Theater in London.
2. Die Österreicher werden zum Tee eingeladen.
3. «Alles ist nicht ganz richtig.»
4. Anton glaubt, daß er das junge Paar schon einmal gesehen hat.
5. Anton vermißt sein Zigarettenetui.

GABRIELE WOHMANN
(1932–)

Gabriele Wohmann studied languages and music in Frankfurt, and for a few years she was a teacher before deciding to devote herself wholly to writing. She has published novels, poetry, radio and television plays, and short stories. Her works deal for the most part with people living a bourgeois everyday life, a life where human communication is virtually impossible because people have isolated themselves from their milieu, which has itself lost all perspective.

In "Wiedersehen in Venedig" we see a man and a woman meeting for the first time in seven years, although they have corresponded regularly. He, a writer, has married in the meantime. She has become a physician. Their acquaintance dates from a time when they were both patients in a sanatorium in Davos, Switzerland (the scene of Thomas Mann's great novel, Der Zauberberg). There, like the protagonists of Mann's novel, they had allowed themselves to be overcome by a kind of morbidity and negativism, bringing out a tendency to succumb to whims and fancies.

The male figure (never named) is a chauvinist, hypocritical and scheming, who in his blind egoism thinks he knows Ruth through and through. He is also certain that he can control himself well enough so that she will not realize that he has changed since the Davos days, and he is equally convinced that she has remained as she was then.

Wohmann describes the couple's hours together in Venice with devastating irony; only once, shortly before they part, does the man's conceit show any sign of cracking. He is immediately confident that he has repaired his façade and self-esteem by giving her the parting kiss that he knows she wants. The story ends with a twist of irony that effectively tells us "You can't go home again."

Wiedersehen in Venedig*

Das einzig Positive an der Sache war, daß sie nur kurz Zeit hätten. Er mußte am Abend wieder bei Lin in der Pension sein, und sie kam nur auf der Durchreise nach Rom*, wo sie einen Ärztekongreß besuchen wollte. Das würde alles vereinfachen. Fünf oder sechs Stunden waren schließlich keine lange Zeit. In 5

---

* All items marked with an asterisk are names of places. See Appendix 1, Place Names.

fünf oder sechs Stunden könnte sie nicht die Entdeckung machen, daß er sich langweilte. Würde er sich langweilen? Oder war es anstrengend genug, und darum alles andere als langweilig, ihr den Freund von früher vorzuspielen?

Vielleicht war auch Venedig nicht der geeignete Schauplatz für ein Rendezvous, wie sie es vorhatten: es war so tendenziös, durch die Fremdenverkehrswerbung mit erschreckender Aufdringlichkeit zu einem Treffpunkt für Verliebte gemacht.[1] Und wirklich hatte sie auf ihre Karte mit einer Begeisterung zugesagt, die ihre Kenntnis von dem amourösen Fluidum[2] dieser Stadt verriet. «Ausgerechnet in Venedig», hatte sie geschrieben und «Venedig» mit zwei dicken Strichen hervorgehoben, «ausgerechnet da soll es sein, daß ich Dich wiedersehe und daß wir miteinander alte Erinnerungen auskramen! Wir werden durch die Gäßchen bummeln und uns in der schlanken schwarzen Gondel eines braunhäutigen Gondoliere durch die Kanäle gleiten lassen. Wie herrlich! Ja, ja, ja, ich freue mich!»

Und das Seltsame war, daß auch er sich freute. Obwohl er fürchtete, sich vor ihr zu blamieren.[3] Alte, gutbekannte Furcht! Sie hatte ihn auch damals oft befallen, vor sieben Jahren, als sie für ganz Davos* das ideale Paar zu sein schienen. Aber die Atmosphäre ihres Sanatoriums hatte seine Schauspielerei begünstigt; die Morbidität, die schon in einem Namen wie Davos mitklang, erleichterte es ihm, eine Rolle zu spielen. Mit Wonne hatte er sich exaltiert, mit Genuß alle negativistischen Kräfte in sich entfaltet;[4] der geographische Punkt, auf dem sie sich befanden, harmonierte vollendet mit ihren Übertreibungen und Verrücktheiten, die dünne Luft hatte sie sorgloser und bedenkenloser ein ihnen ungemäßes Leben führen lassen.[5]

In mancher Beziehung war Venedig ebenso morbid wie Davos. Warum also nicht wieder zurückfallen in jenen Ton des Gefühlsüberschwangs und der gleichzeitigen Lebensverneinung, in dem sie dort oben geschwelgt hatten? Der Tod hatte sie beide damals abgelehnt, denn sie wären ihm zu leicht anheimge-

---

[1] **durch die Fremdenverkehrswerbung mit erschreckender Aufdringlichkeit zu einem Treffpunkt für Verliebte gemacht** made into a rendezvous for lovers by the office of tourism with frightening obtrusiveness

[2] **amourösen Fluidum** amorous atmosphere

[3] **sich vor ihr zu blamieren** of making a fool of himself in front of her

[4] **Mit Wonne hatte er sich exaltiert, mit Genuß alle negativistischen Kräfte in sich entfaltet** Joyfully he had let himself become overexcited; with pleasure he had let all the negative forces in him develop

[5] **die dünne Luft hatte sie sorgloser und bedenkenloser ein ihnen ungemäßes Leben führen lassen** the thin air had let them, more carefree and unreflecting, lead a life unsuited to them

fallen. Wahrscheinlich liebte er den Kampf mit zäheren 40
Naturen, die sich gewaltsam ans Leben klammerten; ihre blas-
phemische Verneinung alles Lebensvollen und Gesunden mußte
ihn wohl beleidigt oder gelangweilt haben. Kerngesund konnten
die Ärzte beide nach einem Jahr, kurz hintereinander, entlassen.
Seitdem hatten sie sich regelmäßig geschrieben, und der Ton 45
ihrer Briefe war genau der gleiche wie der ihrer Unterhaltungen
auf den Davoser Spaziergängen; sie schienen sich weiterhin sehr
gut zu verstehen. Mit einem geschmeichelten Schmunzeln
kramte er aus der Erinnerung die unzähligen Komplimente hervor, die sie ihm gemacht hatte, wenn sie zusammen durch die 50
heroische Gebirgswelt wanderten oder abends in einem obsole-
ten, aber romantischen kleinen Lokal heißen Rotwein tranken.
Ruth war von der Vorstellung hingerissen, seine Muse zu sein—
Dichterfreundin, wenn nicht gar Dichtergeliebte—und sie war
darauf aus,[6] ihn zu inspirieren, mit einem Feuereifer, der nichts 55
davon merken ließ, daß sie einen amusischen Vater, eine mate-
rialistische, fortschrittsgläubige Mutter und drei lebenslustige,
atheistische und antigefühlige Geschwister hatte. Sie war wundergläubig und humorlos. Als Äquivalent für so viel Überschwang mußte schließlich die Medizin herhalten, an die sie sich 60
wie an einen Strohhalm klammerte. Die Musik—sie geigte
schlecht und ohne den geringsten rhythmischen Rückhalt, aber
mit Emphase—, Philosophie und Dichtung: dies Edle und
Schöne und Erhabene war nun nur noch dem Privatleben gestat-
tet. Und für sie war es so wohl am besten. 65
Er hatte sie vor sieben Jahren schon genauso gut gekannt und
durchschaut wie heute. Sie schien ihm ein Kaleidoskop zu sein:
je nachdem, wie man sie anpackte, veränderte sie die Anordnung ihrer bunten Seelenmuster.[7] Es war so leicht, mit ihr aus-
zukommen, wenn man sich nur ein bißchen auf sie einstellte. Sie 70
war rasch entzündbar wie trockenes Holz, sie fing sofort Feuer,
so, als mangele es ihr an eigener Glut. Er hatte sie beinah
geliebt, obwohl sie schon damals etwas enervierend war mit
ihrer Sucht, sich selbst und ihren Partner in ständiger Hochspannung zu halten. Heute mußte er sich zusammennehmen, er 75
durfte nichts davon ahnen lassen, daß er sich zu sehr verändert
hatte, um auch nur noch für eine Zeit von fünf oder sechs
Stunden die Davoser Rolle zu übernehmen.
Sie hatten sich im Café Florian verabredet. Er war pünkt-
licher als sie, und er ärgerte sich darüber. Als sie das Café betrat, 80
wehrte sich alles in ihm, was sich inzwischen normalisiert hatte:

---

[6] **sie war darauf aus**   she was determined
[7] **veränderte sie die Anordnung ihrer bunten Seelenmuster**   she changed the
arrangement of her bright collection of temperamental patterns

du liebe Zeit,[8] sie sah ja noch genauso aus wie damals, unverändert. Nur eleganter war sie geworden; und selbstbewußter.
Aber Eigenschaften, die er an anderen Frauen schätzte, ärgerten
ihn bei Ruth. Sie gaben sich die Hand, und er rückte ihr den   85
Stuhl zurecht, auf dem sie sich etwas geziert niederließ. Sie war
auch noch genauso mager im Gesicht. Er schämte sich, daß er,
wie er wußte und immer wieder zu hören bekam, mittlerweile
ganz schön angesetzt hatte:[9] das war das äußere Zeichen seiner
Normalisierung. Er zog den Bauch ein und ließ das Kinn ein   90
bißchen fallen, das machte die Wangen schmaler.

Natürlich wollte sie nichts essen. Essen aus Genuß, nur, weil
es schmeckte, war eine Sünde; Epikuräertum[10] eine Vorstufe zur
Hölle. So saßen sie beim Espresso und rauchten. Sie erzählte,
zum Glück war sie nicht schüchtern. Man brauchte aus ihr nie-   95
mals Bekenntnisse hervorzulocken, sie lieferte sie freiwillig und
ungefragt. Aber was sie heute erzählte, nach sieben Jahren
Trennung, war nichts als eine Sammlung von Tagesereignissen:
kleine Neuigkeiten aus ihrem beruflichen Leben, Erlebnisse aus
dem Sprechzimmer, Familienmeldungen. Nur hin und wieder   100
fiel ein Wort oder ein Satz, der ihn aufhorchen ließ: hier schlum-
merten Davoser Reminiszenzen. Er ging nur darauf ein, nur auf
diese Anklänge.[11] Sie sollte nicht denken—und sie mußte es ihm
wohl förmlich ansehen—sie könnte nicht mehr ganz sie selber
sein, bei ihm. So kam es, daß sie bald nur noch in der Davoser   105
Terminologie redeten.

Später wanderten sie durch die Straßen. Sollte er ihren Arm
nehmen? Als er es endlich tat, hatte er ein schlechtes Gewissen,
weil er sich nicht wohl dabei fühlte. Sie standen auf der Piazza
vor der orientalischbunten Fassade des San Marco.[12] Sie   110
schwelgte. Diese Pracht! Um nicht einstimmen zu müssen, gab
er ihr Geschichtsunterricht. Er redete wie ein Fremdenführer,
er versetzte sie ins dreizehnte Jahrhundert, er ließ sie miterle-
ben, wie Venedig zur Weltmacht wurde. Ergriffen schritt sie die

---

[8] **wehrte sich alles in ihm, was sich inzwischen normalisiert hatte: du liebe
Zeit** everything in him rebelled against what had in the meantime been
normalized: for heaven's sake
[9] **ganz schön angesetzt hatte** had put on quite a bit of weight
[10] **Epikuräertum** Epicureanism, a philosophy emphasizing pleasure; developed
by Epicurus (342 B.C.-270 B.C.)
[11] **Er ging nur darauf ein, nur auf diese Anklänge.** He reacted only to these, to
these echoes.
[12] **orientalischbunten Fassade des San Marco** colorful oriental façade of St.
Mark's Cathedral

Bilderreihe der Schöpfungsgeschichte ab,[13] und übertrieben 115
ehrfürchtig blieb er immer ein bißchen zurück. Erheuchelte
Andächtigkeit[14] trieb ihn zu einer Art Spiel: er hielt vor jedem
Bild ein paar Sekunden länger an als sie, bis sie schließlich
ebenso lange in die Betrachtung jedes Bildes versunken blieb.
Im Kirchenraum, angesichts des flimmernden Kuppelge- 120
wölbes,[15] wurde ihre Bewunderung zur Ekstase, vor dem
Hochaltar mit der Pala d'oro[16] zu stummer Andacht.

«Byzantinische Emails», murmelte er, «zehntes oder elftes
Jahrhundert.»

Kaum hatten sie die kühle Abgestorbenheit der Kirche verlas- 125
sen und standen geblendet im Freien, als sie die nächste Kirche
zu sehen begehrte: San Zaccaria.[17]

«Beginnende Renaissance», erläuterte er.

Was muß man noch alles gesehen haben? überlegte er und
fluchte leise, als er an die Fülle der Sehenswürdigkeiten dachte, 130
die sie noch zu bewältigen hätten. Tatsächlich ging es wieder
zurück zum Dogenpalast,[18] dessen verschiedenfarbige Steinfas-
sade sie lange bestaunte.

«Als schwebten die Wände über diesen zarten Bogen», sagte
sie. 135

«Ja, wirklich», sagte er übereifrig. Wie anstrengend sie doch
war! Warum hatte er sich nur auf sie gefreut? Warum hatte er
erleichtert aufgeatmet, als sich Lins Kopfschmerzen am Mittag
so verschlimmerten, daß sie nicht mitkommen konnte? Was für
eine Dummheit von ihm, nicht daran zu denken, daß sie Venedig 140
würde aussaugen wollen bis auf den letzten Tropfen. Na, wenn
sie es wenigstens genoß. Um es ihr noch reizvoller zu machen,
brachte er seinen Mund übertrieben nah an ihr Ohr und flüsterte
ihr zu, daß er sich freue. Zerstreut und dankbar lächelte sie kurz
zu ihm auf, um sich dann wieder ganz dem Schauen anheimzu- 145
geben. Durch die Porta della Carta* gelangten sie in den Innenhof vor die Marmorfassade von Antonio Rizzo.[19] Und dann half
er ihr sanft die Gigantentreppe hinauf ins Innere des Palastes,
seine Hand berührte den grauen Stoff ihres Kostüms. Er war

---

[13] **Ergriffen schritt sie die Bilderreihe der Schöpfungsgeschichte ab** deeply
moved, she walked along the series of pictures portraying the creation
[14] **Erheuchelte Andächtigkeit** hypocritical reverence
[15] **Im Kirchenraum, angesichts des flimmernden Kuppelgewölbes** In the interior of the church, confronted with the shimmering vaulted dome
[16] **Pala d'oro** an elaborate medieval altarpiece of gold, silver, and enamel work
[17] **San Zaccaria** Church of Saint Zacharias
[18] **Dogenpalast** palace of the doges (rulers of Venice)
[19] **Antonio Rizzo** Venetian architect (1430–1499)

froh, ihr jetzt mit berühmten Namen imponieren zu können:
Tizian, Giorgione, Veronese, Tintoretto.[20] Nach drei Stunden
Kunsthistorik war er am Ende; er verwünschte die Gesetze des
auslaugenden[21] venezianischen Tourismus.

«Was nun?» fragte er, obwohl er wußte, daß sie jetzt die
Gondelfahrt erwartete. Aber die Gondoliere waren unver-   155
schämt teuer. Und er fühlte sich schwach im Magen, er hätte
etwas essen müssen, und zwar nicht sündhaft essen, nicht aus
hedonistischer Sucht, sondern aus bitterer Notwendigkeit, um
sich am Leben zu erhalten. Ihr Vorschlag war weit schlimmer,
als er gefürchtet hatte: sie strebte zur Akademiegalerie.* Schon   160
im sechzehnten Jahrhundert war ihm übel, im achtzehnten sank
er auf einen Hocker. In die Betrachtung von Longhis «Hochzeit»[22] versunken, hörte sie seinen Magen nicht knurren. Endlich gingen sie ins Freie und aßen auf der Piazza Ravioli und
Frittola.[23]   165

«Was für einen Wein möchtest du?» fragte er danach,
wesentlich milder gestimmt durch das gute Völlegefühl im
Magen. Er bestellte Veronese,[24] nur des Namens wegen, nur
damit sie quasi doch in den Höhen der Kunst verweilen konnte,
während sie sich der niedrigen Beschäftigung des Trinkens hin- 170
gab. Jetzt war es endlich richtig: die Musikkapelle lieferte den
letzten Schrei italienischer Musikexportware, und in der unter-
gehenden Sonne glitzerte das falsche Gold der Mosaiken. Er
hatte Lust zu sagen: ich finde es sehr schön, aber trotzdem zum
Verrücktwerden kitschig.[25] Stattdessen aber gehorchte er der   175
Verpflichtung, sie begehrlich-verliebt anzusehen[26] und kam sich
widerwärtig und lächerlich dabei vor.

«Wie geht's deiner Frau?» fragte sie.

«Oh, danke, sehr gut», antwortete er eine Nuance zu eifrig.
«Bis auf die Kopfschmerzen heute.»   180

«Wie ist sie so?»[27]

Ihre unbekümmerte Ruhe ärgerte ihn. Obwohl ihm Eifersucht lästig gewesen wäre, überaus lästig, so fand er es doch
unangebracht, daß sie so offensichtlich gar keine fühlte.

---

[20] **Tizian, Giorgione, Veronese, Tintoretto** famous Renaissance painters: Titian
    (1487–1576), Giorgione (1475–1510), Veronese (1528–1588), Tintoretto
    (1518–1594)
[21] **auslaugenden** exhausting
[22] **Longhis «Hochzeit»** Longhi's (1702–1785) painting ''Nuptials''
[23] **Frittola** dough cooked in deep fat
[24] **Veronese** a white wine
[25] **zum Verrücktwerden kitschig** kitschy enough to drive me crazy
[26] **sie begehrlich-verliebt anzusehen** to look at her with desire and love
[27] **so** at such times

«Ganz anders als du!» sagte er und biß sich sofort auf die 185
Lippen. Aber er hatte ihr die beste Antwort gegeben: Lin war
wirklich ganz anders. Um das Verletzende, das in seiner Heftigkeit lag, abzuschwächen, fügte er hinzu: «Ich glaubte, ich
müßte mir ein Extrem zu mir selbst aussuchen: les extrêmes
se touchent.»[28]   190
«Ja, richtig», sagte sie, «aber erzähl mir doch, was treibst
denn du?»
Er rückte unbehaglich auf seinem Sitz hin und her: ja, was
trieb er, was tat er vom Morgen bis zum Abend? Sie stand um
fünf auf und fing mit Atemübungen und kalten Abreibungen 195
ihren Arbeitstag an, der nie vor Mitternacht endete. Und er? Ja,
richtig, er schrieb an seinem neuen Buch. Daß er nicht gleich
darauf gekommen war! Das kam von diesen blöden Ferien, die er
eigentlich nur Lin zuliebe[29] nach Venedig gelegt hatte. Wie
beleidigend, daß Ruth ihn nicht sofort, gleich nach ihrer 200
Ankunft nach seiner Arbeit gefragt hatte.
«Ich schreibe», sagte er kühl, «wie du wissen könntest.»
«Ach ja», sagte sie, «Du schreibst wieder was.» Sie war an
seiner Arbeit nicht mehr interessiert als ein Erwachsener am
Spiel eines Vierjährigen.   205
«Ja», sagte er kurz, «ein uraltes Thema: Mann, erste Frau,
zweite Frau. Die alte Dreiecksgeschichte. Aber ich packe sie
ganz anders an als üblich, wirklich neuartig.»
Sie hatte immer noch keinen Funken mehr Anteilnahme in
ihren dunklen Mandelaugen. So gab er es auf und fragte hoff- 210
nungsvoll, wann ihr Zug ginge.
«Überhaupt kein Zug geht», strahlte sie zurück, «ich bin mit
dem Wagen da!»
Er war sprachlos vor Erstaunen und Neid. Wie sie sich doch
selbständig gemacht hatte in diesen sieben Jahren! Wie sie damit 215
auftrumpfte, auch ohne ihn auskommen zu können. Er vergaß,
daß sie nur ein Auto, er aber eine Ehefrau ins Gefecht führen
konnte, wenn es galt, dem andern die geringere Unabhängigkeit
nachzuweisen. Aber äußerlich tat er erfreut. Warum sie das
nicht gleich gesagt habe? Und ob sie gern fahre? Was für ein 220
Typ?[30] Er verwandelte sich vom Kunsthistoriker in einen Auto-
sachverständigen. Sie wußte überraschend gut Bescheid.[31]
Venedig war immer noch da, als sie spät am Abend durch die
«Calli»[32] schlenderten, aber er glaubte, sie habe es vergessen.

---

[28] **les extrêmes se touchent**   opposites attract each other
[29] **nur Lin zuliebe**   only for Lin's sake
[30] **Was für ein Typ?**   What kind of a car?
[31] **wußte überraschend gut Bescheid**   was surprisingly well informed
[32] **Calli**   pedestrian passages

Es war nur noch Staffage.[33] Sie blieb auf einer kleinen Brücke   225
stehen und warf ein Geldstück ins Wasser. Lange stand sie über
das Geländer gebeugt. Sicher erwartet sie, daß ich sie jetzt
küsse, dachte er. Natürlich. In Davos habe ich sie auch immer
geküßt. Sie wird enttäuscht sein, wenn ich es jetzt unterlasse.
Für sie gibt es keinen Grund, daß ich es nicht tue. Sie würde   230
mich für jammervoll bourgeois halten, wenn ich es wegen Lin
nicht täte. Er spürte, wie sie ein bißchen zusammenschreckte,
als er seine Arme um sie legte, und er war zufrieden, daß ihr
Mund nur zaghaft seinen Kuß erwiderte. Wie mädchenhaft sie
immer noch war! Gewiß hatte sie vor lauter Arbeit keine Gele-   235
genheit mehr gehabt, sich zu verlieben.

Selbstbewußt ging er neben ihr her: Nicht die erschöpfendste
kunsthistorische Belehrung, nicht die komprimierteste vene-
zianische Romantik hatte so viel vermocht wie dieser zwar
widerwillig, aber genial verabreichte Kuß. Er deutete ihr   240
Schweigen als melancholisches Verlangen; so behagte es ihm.
Eine ausgezeichnete Situation; er war verheiratet, er hatte ihr
einen folgenlosen Kuß gegeben. Sehr gut so. Sie liebte ja Emo-
tionen, da hatte sie welche. Er war vollkommen sicher, daß sie
auf den Kuß gewartet hatte.   245

Ihr Wagen parkte auf der Piazzale Roma.* Er brachte sie zur
nächsten Vaporettostation.[34] Seine Stimmung war so hochgemut, daß er sie beim Abschied auf dem leise schaukelnden
Bootssteg noch einmal küßte. Sie lächelte ihm zu mit ihrem alten
Madonnenlächeln: da schmerzte es plötzlich ein bißchen, daß es   250
nicht mehr Davos war. Es war Venedig.

Einen Monat später bekam er den ersten Brief seit ihrem
Abschied. Nach den Einleitungsworten, mit denen sie sich entschuldigte, weil sie auf der Rückreise nicht mehr in Venedig hatte
Station machen können, die Zeit sei einfach zu knapp für diesen   255
Umweg gewesen und Rom so interessant, erschrak er heftig:
«. . . denn es fiel mir so schwer zu heucheln. Ich habe mich
verstellt, die ganze Zeit über. Ich bin anders geworden in den
sieben Jahren, und meine Briefe hatten es nicht verraten sollen.
Denn es tat mir so leid, daß Du allein der alte geblieben sein   260
mußtest. Darum erwiderte ich auch die beiden Küsse, die Du
mir gabst. Aber sie waren das Schrecklichste . . .»

---

[33] **Staffage**   empty show [on her part]
[34] **Vaporettostation**   motor launch stop [for public transportation]

FRAGEN

1. Warum sind diese beiden Menschen in Italien?
2. Unter welchen Umständen haben sie sich kennengelernt?
3. Warum ärgert er sich über Ruth, als sie im Café sitzen?
4. Wie verbringen sie die Zeit vor dem Essen?
5. Welche Wirkung hat ihre Begeisterung für Venedig auf ihn?
6. Wie hat sich Ruths Meinung über seinen Beruf seit Davos geändert?
7. Warum beneidet er ihre Selbstständigkeit?
8. Warum hat er sie auf der Brücke geküßt?
9. Warum erschrak er, als er ihren Brief las?

ZUR BESPRECHUNG DES TEXTES

1. Eine Ärztin fährt nach Venedig.
2. Er glaubt, sie ist immer noch wie in Davos.
3. «Schon im 16. Jahrhundert war ihm übel.»
4. «Ich bin mit dem Wagen da.»
5. «Sicher erwartet sie, daß ich sie jetzt küsse.»
6. «Ich habe mich verstellt, die ganze Zeit über.»

ARTHUR SCHNITZLER
(1862–1931)

In "Der Witwer," Schnitzler records the collapse of a bereaved man's world under the shock of a profoundly disturbing discovery. In rapid succession, love, marriage, and friendship are revealed to him as deceptions. For a time he manages to persuade himself that he understands and forgives, unaware that he is in fact rationalizing his longing in order to save the one relationship he values above all others. But the respite he gains is only momentary; the truth is finally forced on him, and he is left totally disillusioned. No real contact or understanding exists among the people who inhabit Schnitzler's world. Life is a deceptive game in which the players never really know anything about one another.

Arthur Schnitzler practiced medicine in Vienna before he turned to literature. He was very much interested in the psychological aspects of medical treatment, and the experience he gained in this field proved of great value to him when he began to write about the fin de siècle environment in which he spent a part of his life. He saw around him a society in which the basic values had deteriorated, a world of individuals seeking escape from themselves. In the face of a crisis human relationships collapsed, revealing that they were empty forms; those who had put their faith in these relationships found themselves betrayed, like the widower in the story that follows.

Der Witwer

Er versteht es noch nicht ganz; so rasch ist es gekommen.

An zwei Sommertagen ist sie in der Villa krank gelegen, an zwei so schönen, daß die Fenster des Schlafzimmers, die auf den blühenden Garten sehen, immer offen stehen konnten; und am Abend des zweiten Tages ist sie gestorben, beinahe plötzlich, 5 ohne daß man darauf gefaßt war.—Und heute hat man sie hinausgeführt, dort über die allmählich ansteigende Straße, die er jetzt vom Balkon aus, wo er auf seinem Lehnstuhl sitzt, bis zu ihrem Ende verfolgen kann, bis zu den niederen weißen Mauern, die den kleinen Friedhof umschließen, auf dem sie 10 ruht.

Nun ist es Abend; die Straße, auf die vor wenig Stunden, als die schwarzen Wagen[1] langsam hinaufrollten, die Sonne herab-

---

[1] **die schwarzen Wagen** the black funeral carriages

gebrannt hat, liegt im Schatten; und die weißen Friedhofs-
mauern glänzen nicht mehr.   15
Man hat ihn allein gelassen; er hat darum gebeten. Die
Trauergäste[2] sind alle in die Stadt zurückgefahren; die
Großeltern haben auf seinen Wunsch auch das Kind mitgenommen, für die ersten paar Tage, die er allein sein will. Auch im
Garten ist es ganz still; nur ab und zu hört er ein Flüstern von 20
unten: die Dienstleute stehen unter dem Balkon und sprechen
leise miteinander. Er fühlt sich jetzt müde, wie er es noch nie
gewesen, und während ihm die Lider immer und immer von
Neuem zufallen,—mit geschlossenen Augen sieht er die Straße
wieder in der Sommerglut des Nachmittags, sieht die Wagen,   25
die langsam hinaufrollen, die Menschen, die sich um ihn drängen,—selbst die Stimmen klingen ihm wieder im Ohr.
Beinah alle sind dagewesen, welche der Sommer nicht allzuweit fortgeführt hatte, alle sehr ergriffen vom dem frühen und
raschen Tod der jungen Frau, und sie haben milde Worte des   30
Trostes zu ihm gesprochen. Selbst von entlegenen Orten sind
manche gekommen, Leute, an die er gar nicht gedacht; und
Manche, von denen er kaum die Namen kannte, haben ihm die
Hand gedrückt. Nur der ist nicht dagewesen, nach dem er sich
am meisten gesehnt, sein liebster Freund. Er ist freilich ziemlich 35
weit fort—in einem Badeort an der Nordsee,* und gewiß hat ihn
die Todesnachricht zu spät getroffen, als daß er noch rechtzeitig
hätte abreisen können. Er wird erst morgen da sein können.
Richard öffnet die Augen wieder. Die Straße liegt nun völlig
im Abendschatten, nur die weißen Mauern schimmern noch 40
durchs Dunkel, und das macht ihn schauern. Er steht auf, verläßt
den Balkon und tritt ins angrenzende[3] Zimmer. Es ist das seiner
Frau— gewesen. Er hat nicht daran gedacht, wie er rasch hin-
eingetreten ist; er kann auch in der Dunkelheit nichts mehr
darin ausnehmen; nur ein vertrauter Duft weht ihm entgegen. 45
Er zündet die blaue Kerze an, die auf dem Schreibtisch steht,
und wie er nun das ganze Gemach in seiner Helle und Freundlichkeit zu überschauen vermag, da sinkt er auf den Diwan hin
und weint.
Lange weint er;—wilde und gedankenlose Tränen, und wie 50
er sich wieder erhebt, ist sein Kopf dumpf und schwer. Es
flimmert ihm vor den Blicken,[4] die Kerzenflamme auf dem
Schreibtisch brennt trüb. Er will es lichter haben, trocknet seine

---

[2] **Trauergäste** mourners
[3] **angrenzende** adjoining
[4] **Es flimmert ihm vor den Blicken** There is a flickering before his eyes

---

* All items marked with an asterisk are names of places. See Appendix 1, Place
Names.

Augen und zündet alle sieben Kerzen des Armleuchters an, der
auf der kleinen Säule neben dem Klavier steht. Und nun fließt ₅₅
Helle durchs ganze Gemach, in alle Ecken, der zarte Goldgrund
der Tapete glitzert, und es sieht hier aus wie an manchem
Abend, wenn er hereingetreten ist und sie über einer Lektüre⁵
oder über Briefen fand. Da hat sie aufgeschaut, sich lächelnd zu
ihm gewandt und seinen Kuß erwartet.—Und ihn schmerzt die ₆₀
Gleichgültigkeit der Dinge um ihn, die weiter starr sind und
weiter glitzern,⁶ als wüßten sie nicht, daß sie nun etwas Trau-
riges und Unheimliches geworden sind. So tief wie in diesem
Augenblick hat er es noch nicht gefühlt, wie einsam er geworden
ist; und so mächtig wie in diesem Augenblick hat er die Sehn- ₆₅
sucht nach seinem Freunde noch nicht empfunden. Und wie er
sich nun vorstellt, daß der bald kommen und liebe Worte zu ihm
reden wird, da fühlt er, daß doch auch für ihn das Schicksal noch
etwas übrig hat, das Trost bedeuten könnte. Wär' er nur endlich
da! . . . Er wird ja kommen, morgen früh wird er da sein. Und da ₇₀
muß er auch lang bei ihm bleiben; viele Wochen lang; er wird
ihn nicht fortlassen, bevor es sein muß. Und da werden sie beide
im Garten spazierengehen und, wie früher so oft, von tiefen und
seltsamen Dingen sprechen, die über dem Schicksal des
gemeinen Tages sind. Und abends werden sie auf dem Balkon ₇₅
sitzen wie früher, den dunklen Himmel über sich, der so still und
groß ist; werden da zusammen plaudern bis in die späte Nacht-
stunde, wie sie es ja auch früher so oft getan, wenn sie, die in
ihrem frischen und hastigen Wesen an ernsteren Gesprächen
wenig Gefallen fand,⁷ ihnen schon längst lächelnd gute Nacht ₈₀
gesagt hatte, um auf ihr Zimmer zu gehn. Wie oft haben ihn
diese Gespräche über die Sorgen und Kleinlichkeiten der Alltäg-
lichkeit⁸ emporgehoben;—jetzt aber werden sie mehr, jetzt
werden sie Wohltat, Rettung für ihn sein.

Immer noch geht Richard im Zimmer hin und her, bis ihn ₈₅
endlich der gleichmäßige Ton seiner eigenen Schritte zu stören
anfängt. Da setzt er sich vor den kleinen Schreibtisch, auf dem
die blaue Kerze steht, und betrachtet mit einer Art von Neugier
die hübschen und zierlichen⁹ Dinge, die vor ihm liegen. Er hat
sie doch eigentlich nie recht bemerkt, hat immer nur das Ganze ₉₀
gesehen. Die elfenbeinernen Federstiele,¹⁰ das schmale Papier-

---

⁵ **über einer Lektüre**   with a book
⁶ **die weiter starr sind und weiter glitzern**   that remain lifeless and continue to
  gleam
⁷ **die in ihrem frischen und hastigen Wesen an ernsteren Gesprächen wenig
  Gefallen fand**   who with her fresh, lively personality found little pleasure in
  more serious conversations
⁸ **Kleinlichkeiten der Alltäglichkeit**   pettiness of everyday life
⁹ **zierlichen**   dainty
¹⁰ **elfenbeinernen Federstiele**   ivory penholders

messer, das schlanke Petschaft mit dem Onyxgriff,[11] die kleinen
Schlüsselchen, welche eine Goldschnur zusammenhält; er
nimmt sie nacheinander in die Hand, wendet sie hin und her und
legt sie wieder sachte auf ihren Platz, als wären es wertvolle und   95
gebrechliche Dinge. Dann öffnet er die mittlere Schreibtischlade und sieht da im offenen Karton das mattgraue Briefpapier
liegen, auf dem sie zu schreiben pflegte, die kleinen Kuverts mit
ihrem Monogramm, die schmalen, langen Visitenkarten mit
ihrem Namen. Dann greift er mechanisch an die kleine Seiten-   100
lade, die versperrt ist. Er merkt es anfangs gar nicht, zieht nur
immer wieder, ohne zu denken. Allmählich aber wird das gedankenlose Rütteln ihm bewußt, und er müht sich und will endlich
öffnen und nimmt die kleinen Schlüssel zur Hand, die auf dem
Schreibtisch liegen. Gleich der erste,[12] den er versucht, paßt   105
auch; die Lade ist offen. Und nun sieht er, von blauen Bändern
sorgfältig zusammengehalten, die Briefe liegen, die er selbst an
sie geschrieben. Gleich den, der oben liegt, erkennt er wieder.
Es ist sein erster Brief an sie, noch aus der Zeit der Brautschaft.[13]
Und wie er die zärtliche Aufschrift liest, Worte, die wieder ein   110
trügerisches Leben in das verödete Gemach zaubern,[14] da atmet
er schwer auf und spricht dann leise vor sich hin, immer wieder
dasselbe: ein wirres, entsetzliches: Nein . . . nein . . . nein . . .

Und er löst das Seidenband und läßt die Briefe zwischen den
Fingern gleiten. Abgerissene Worte[15] fliegen vor ihm vorüber,   115
kaum hat er den Mut, einen der Briefe ganz zu lesen. Nur den
letzten, der ein paar kurze Sätze enthält—daß er erst spät
abends aus der Stadt herauskommen werde—daß er sich unsäglich freue, das liebe, süße Gesicht wiederzusehen—, den liest er
sorgsam, Silbe für Silbe—und wundert sich sehr; denn ihm ist,   120
als hätte er diese zärtlichen Worte vor vielen Jahren geschrieben—nicht vor einer Woche, und es ist doch nicht länger her.

Er zieht die Lade weiter heraus, zu sehen, ob er noch was
fände.

Noch einige Päckchen liegen da, alle mit blauen Seidenbän-   125
dern umwunden, und unwillkürlich lächelt er traurig. Da sind
Briefe von ihrer Schwester, die in Paris lebt—er hat sie immer
gleich mit ihr lesen müssen; da sind auch Briefe ihrer Mutter mit
dieser eigentümlich männlichen Schrift, über die er sich stets
gewundert hat. Auch Briefe mit Schriftzügen[16] liegen da, die er   130

---

[11] **das schlanke Petschaft mit dem Onyxgriff** the slender seal with the onyx
handle
[12] **Gleich der erste** The very first one
[13] **Brautschaft** engagement
[14] **ein trügerisches Leben in das verödete Gemach zaubern** conjure an illusion
of life into the desolate room
[15] **Abgerissene Worte** Random words
[16] **Schriftzügen** handwriting

nicht gleich erkennt; er löst das Seidenband und sieht nach der
Unterschrift— sie kommen von einer ihrer Freundinnen, einer,
die heute auch dagewesen ist, sehr blaß, sehr verweint.[17]—Und
ganz hinten liegt noch ein Päckchen, das er herausnimmt wie die
anderen und betrachtet.—Was für eine Schrift? Eine unbe-   135
kannte.—Nein, keine unbekannte . . . Es ist Hugos Schrift. Und
das erste Wort, das Richard liest, noch bevor das blaue Seidenband herabgerissen ist, macht ihn für einen Augenblick erstarren . . . Mit großen Augen schaut er um sich, ob denn im Zimmer
noch alles ist, wie es gewesen, und schaut dann auf die Decke   140
hinauf, und dann wieder auf die Briefe, die stumm vor ihm
liegen und ihm doch in der nächsten Minute alles sagen sollen,
was das erste Wort ahnen ließ . . . Er will das Band entfernen—
es ist ihm, als wehrte es sich, die Hände zittern ihm, und er reißt
es endlich gewaltsam auseinander. Dann steht er auf. Er nimmt   145
das Päckchen in beide Hände und geht zum Klavier hin, auf
dessen glänzend schwarzen Deckel das Licht von den sieben
Kerzen des Armleuchters fällt. Und mit beiden Händen auf das
Klavier gestützt, liest er sie, die vielen kurzen Briefe mit der
kleinen verschnörkelten Schrift,[18] einen nach dem andern, nach   150
jedem begierig, als wenn er der erste wäre. Und alle liest er sie,
bis zum letzten, der aus jenem Orte an der Nordsee gekommen
ist—vor ein paar Tagen. Er wirft ihn zu den übrigen und wühlt[19]
unter ihnen allen, als suche er noch etwas, als könne irgend was
zwischen diesen Blättern aufflattern, das er noch nicht entdeckt,   155
irgend etwas, das den Inhalt aller dieser Briefe zunichte machen
und die Wahrheit, die ihm plötzlich geworden, zum Irrtume
wandeln könnte . . . Und wie endlich seine Hände innehalten, ist
ihm, als wäre es nach einem ungeheuren Lärm mit einem Male
ganz still geworden . . . Noch hat er die Erinnerung aller jener   160
Geräusche: wie die zierlichen Gerätschaften auf dem Schreibtisch klangen . . . wie die Lade knarrte . . . wie das Schloß
klappte . . . wie das Papier knitterte und rauschte . . . den Ton
seiner hastigen Schritte . . . sein rasches, stöhnendes Atmen—
nun aber ist kein Laut mehr im Gemach. Und er staunt nur, wie   165
er das mit einem Schlage[20] so völlig begreift, obwohl er doch nie
daran gedacht. Er möchte es lieber so wenig verstehen wie den
Tod; er sehnt sich nach dem bebenden heißen Schmerz, wie ihn
das Unfaßliche bringt,[21] und hat doch nur die Empfindung einer
unsäglichen Klarheit, die in all seine Sinne zu strömen scheint,   170

---

[17] **sehr verweint**   with eyes swollen from weeping
[18] **verschnörkelten Schrift**   florid handwriting
[19] **wühlt**   rummages
[20] **mit einem Schlage**   suddenly
[21] **wie ihn das Unfaßliche bringt**   as it is caused by the incomprehensible

so daß er die Dinge im Zimmer mit schärferen Linien sieht als
früher und die tiefe Stille zu hören meint, die um ihn ist. Und
langsam geht er zum Diwan hin, setzt sich nieder und sinnt . . .
Was ist denn geschehen?

Es hat sich wieder einmal zugetragen,[22] was alle Tage ge-   175
schieht, und er ist einer von denen gewesen, über die Manche
lachen. Und er wird ja auch gewiß—, morgen oder in wenigen
Stunden schon—wird er all das Furchtbare empfinden, das
jeder Mensch in solchen Fällen empfinden muß . . . er ahnt es ja,
wie sie über ihn kommen wird, die namenlose Wut, daß dieses   180
Weib zu früh für seine Rache gestorben; und wenn der andere
wiederkehrt, so wird er ihn mit diesen Händen niederschlagen
wie einen Hund. Ah, wie sehnt er sich nach diesen wilden und
ehrlichen Gefühlen— und wie wohler[23] wird ihm dann sein als
jetzt, da die Gedanken sich stumpf und schwer durch seine Seele 185
schleppen[24] . . .

Jetzt weiß er nur, daß er plötzlich alles verloren hat, daß er
sein Leben ganz von vorne beginnen muß wie ein Kind; denn er
kann ja von seinen Erinnerungen keine mehr brauchen. Er
müßte jeder erst die Maske herunterreißen, mit der sie ihn   190
genarrt.[25] Denn er hat nichts gesehen, gar nichts, hat geglaubt
und vertraut, und der beste Freund, wie in der Komödie, hat ihn
betrogen . . . Wäre es nur der, gerade der nicht gewesen! Er
weiß es ja und hat es ja selbst erfahren, daß es Wallungen[26] des
Blutes gibt, die ihre Wellen kaum bis in die Seele treiben, und es 195
ist ihm, als wenn er der Toten alles verzeihen könnte, was sie
wieder rasch vergessen hätte, irgend wen,[27] den er nicht
gekannt, irgendeinen, der ihm wenigstens nichts bedeutet hätte
—nur diesen nicht, den er so lieb gehabt hat wie keinen anderen
Menschen und mit dem ihn ja mehr verbindet, als ihn je mit   200
seinem eigenen Weib verbunden, die ihm niemals auf den dunkleren Pfaden seines Geistes[28] gefolgt ist; die ihm Lust und Behagen,[29] aber nie die tiefe Freude des Verstehens gegeben. Und
hat er es denn nicht immer gewußt, daß die Frauen leere und
verlogene Geschöpfe sind, und ist es ihm denn nie in den Sinn   205
gekommen, daß ein Weib ein Weib ist, wie alle anderen, leer,
verlogen und mit der Lust, zu verführen? Und hat er denn nie

---

[22] **Es hat sich wieder einmal zugetragen**   It has happened again
[23] **wie wohler**   how much better
[24] **die Gedanken sich stumpf und schwer durch seine Seele schleppen**   the
thoughts drag themselves dully and heavily through his mind
[25] **genarrt**   made a fool of
[26] **Wallungen**   agitations
[27] **irgend wen**   anyone
[28] **auf den dunkleren Pfaden seines Geistes**   along the more secret paths of his
mind
[29] **Lust und Behagen**   joy and comfort

gedacht, daß sein Freund den Weibern gegenüber,[30] so hoch er
sonst gestanden sein mag, ein Mann ist wie andere Männer und
dem Rausch eines Augenblickes erliegen konnte? Und verraten   210
es nicht manche scheuen Worte dieser glühenden und zitternden Briefe, daß er anfangs mit sich gekämpft, daß er versucht
hat, sich loszureißen, daß er endlich dieses Weib angebetet und
daß er gelitten hat? . . . Unheimlich ist es ihm beinahe, wie ihm
alles das so klar wird, als stünde ein Fremder da, ihm's zu   215
erzählen. Und er kann nicht rasen, so sehr er sich danach sehnt;
er versteht es einfach, wie er es eben immer bei andern verstanden hat. Und wie er nun daran denkt, daß seine Frau da draußen
liegt, auf dem stillen Friedhof, da weiß er auch, daß er sie nie
wird hassen können und daß aller kindische Zorn, selbst wenn er   220
noch über die weißen Mauern hinflattern könnte, doch auf dem
Grabe selbst mit lahmen Flügeln hinsinken würde. Und er
erkennt, wie manches Wort, das sich kümmerlich als Phrase
fristet, in einem grellen Augenblicke seine ewige Wahrheit zu
erkennen gibt,[31] denn plötzlich geht ihm der tiefe Sinn eines   225
Wortes auf, das ihm früher schal geklungen: Der Tod versöhnt.
Und er weiß es: wenn er jetzt mit einem Male jenem anderen
gegenüberstände, er würde nicht nach gewaltigen und strafen-
den Worten suchen, die ihm wie eine lächerliche Wichtigtuerei
irdischer Kleinlichkeit der Hoheit des Todes gegenüber er-   230
schienen[32]—nein, er würde ihm ruhig sagen: Geh, ich hasse dich
nicht.
     Er kann ihn nicht hassen, er sieht zu klar. So tief kann er in
andere Seelen schauen, daß es ihn beinahe befremdet. Es ist, als
wäre es gar nicht mehr sein Erlebnis—er fühlt es als einen   235
zufälligen Umstand, daß diese Geschichte gerade ihm begegnet
ist. Er kann eigentlich nur eines nicht verstehen: daß er es nicht
immer, nicht gleich von Anfang an gewußt und—begriffen hat.
Es war alles so einfach, so selbstverständlich, und aus denselben
Gründen kommend wie in tausend anderen Fällen. Er erinnert   240
sich seiner Frau, wie er sie im ersten, zweiten Jahre seine Ehe
gekannt, dieses zärtlichen, beinahe wilden Geschöpfes, das ihm
damals mehr eine Geliebte gewesen ist als eine Gattin. Und hat
er denn wirklich geglaubt, daß dieses blühende und verlan-
gende Wesen, weil über ihn die gedankenlose Müdigkeit der   245
Ehe[33] kam—eine andere geworden ist? Hat er diese Flammen

---

[30] **den Weibern gegenüber**   as far as women are concerned
[31] **das sich kümmerlich als Phrase fristet, in einem grellen Augenblicke seine
     ewige Wahrheit zu erkennen gibt**   that lives on miserably as a commonplace
     phrase reveals its eternal truth in a blinding flash
[32] **die ihm wie eine lächerliche Wichtigtuerei irdischer Kleinlichkeit der Hoheit
     des Todes gegenüber erschienen**   which seemed to him a ridiculous exaggera-
     tion of earthly pettiness compared to the dignity of death
[33] **die gedankenlose Müdigkeit der Ehe**   the thoughtless routine of marriage

für plötzlich erloschen gehalten, weil er sich nicht mehr nach
ihnen sehnte? Und daß es gerade—Jener war, der ihr gefiel, war
das etwa verwunderlich? Wie oft, wenn er seinem jüngeren
Freunde gegenübersaß, der trotz seiner dreißig Jahre noch die 250
Frische und Weichheit des Jünglings in den Zügen und in der
Stimme hatte—wie oft ist es ihm da durch den Sinn gefahren:
Der muß den Weibern wohl gefallen können . . . Und nun erinnert er sich auch, wie im vorigen Jahre gerade damals, als . . . es
begonnen haben mußte, wie Hugo damals eine ganze Zeit hin- 255
durch ihn seltener besuchen kam als sonst . . . Und er, der
richtige Ehemann, hat es ihm damals gesagt: Warum kommst du
denn nicht mehr zu uns? Und hat ihn selbst manchmal aus dem
Büro abgeholt, hat ihn mit herausgenommen aufs Land, und
wenn er fort wollte, hat er selbst ihn zurückgehalten mit 260
freundschaftlich scheltenden Worten. Und niemals hat er was
bemerkt, nie das geringste geahnt. Hat er denn die Blicke der
beiden nicht gesehen, die sich feucht und heiß[34] begegneten?
Hat er das Beben ihrer Stimmen nicht belauscht, wenn sie zueinander redeten? Hat er das bange Schweigen nicht zu deuten 265
gewußt, das zuweilen über ihnen war, wenn sie in den Alleen
des Gartens hin und her spazierten? Und hat er denn nicht
bemerkt, wie Hugo oft zerstreut, launisch und traurig gewesen
ist—seit jenen Sommertagen des vorigen Jahres, in denen . . . es
begonnen hat? Ja, das hat er bemerkt, und hat sich auch wohl 270
zuweilen gedacht: Es sind Weibergeschichten,[35] die ihn quälen
—und sich gefreut, wenn er den Freund in ernste Gespräche
ziehen und über diese kleinlichen Leiden erheben konnte . . .
Und jetzt, wie er dieses ganze vergangene Jahr rasch an sich
vorübergleiten läßt, merkt er nicht mit einem Mal, daß die 275
frühere Heiterkeit des Freundes nie wieder ganz zurückgekom-
men ist, daß er sich nur allmählich daran gewöhnt hatte, wie an
alles, was allmählich kommt und nicht mehr schwindet? . . .
Und ein seltsames Gefühl quillt in seiner Seele empor,[36] das
er sich anfangs kaum zu begreifen traut, eine tiefe Milde—ein 280
großes Mitleid für diesen Mann, über den eine elende Leidenschaft wie ein Schicksal hereingebrochen ist; der in diesem
Augenblick vielleicht, nein, gewiß, mehr leidet als er; für diesen
Mann, dem ja ein Weib gestorben, die er geliebt hat, und der vor
einen Freund treten[37] soll, den er betrogen. 285
Und er kann ihn nicht hassen; denn er hat ihn noch lieb. Er
weiß ja, daß es anders wäre, wenn—sie noch lebte. Da wäre
auch diese Schuld etwas, das von ihrem Dasein und Lächeln den

[34] **feucht und heiß**   passionately
[35] **Weibergeschichten**   affairs with women
[36] **quillt in seiner Seele empor**   wells up in his soul
[37] **treten**   appear

Schein des Wichtigen liehe.[38] Nun aber verschlingt dieses unerbittliche Zuendesein[39] alles, was an jenem erbärmlichen Aben-   290
teuer bedeutungsvoll erscheinen wollte.

In die tiefe Stille des Gemachs zieht[40] ein leises Beben . . .
Schritte auf der Treppe.—Er lauscht atemlos; er hört das Schlagen seines Pulses.

Draußen geht die Tür.[41]   295

Einen Augenblick ist ihm, als stürze alles wieder hin, was er in
seiner Seele aufgebaut; aber im nächsten steht es wieder fest.
—Und er weiß, was er ihm sagen wird, wenn er hereintritt: Ich
hab' es verstanden—bleib!

Eine Stimme draußen, die Stimme des Freundes.   300

Und plötzlich fährt ihm durch den Kopf, daß dieser Mann
jetzt, ein Ahnungsloser, da hereintreten wird, daß er selbst es
ihm erst wird sagen müssen . . .

Und er möchte sich vom Diwan erheben, die Tür verschließen— denn er fühlt, daß er keine Silbe wird sprechen   305
können. Und er kann sich ja nicht einmal bewegen, er ist wie
erstarrt. Er wird ihm nichts, kein Wort wird er ihm heute sagen,
morgen erst . . . morgen . . .

Es flüstert draußen. Richard kann die leise Frage verstehen:
«Ist er allein?»   310

Er wird ihm nichts, kein Wort wird er ihm heute sagen;
morgen erst—oder später . . .

Die Tür öffnet sich, der Freund ist da. Er ist sehr blaß und
bleibt eine Weile stehen, als müßte er sich sammeln, dann eilt er
auf Richard zu und setzt sich neben ihn auf den Diwan, nimmt   315
seine beiden Hände, drückt sie fest,—will sprechen, doch ver-
sagt ihm die Stimme.

Richard sieht ihn starr an, läßt ihm seine Hände. So sitzen sie
eine ganze Weile stumm da.

Mein armer Freund, sagt endlich Hugo ganz leise.   320

Richard nickt nur mit dem Kopf, er kann nicht reden. Wenn
er ein Wort herausbrächte, könnte er ihm doch nur sagen: Ich
weiß es . . .

Nach ein paar Sekunden beginnt Hugo von neuem: Ich wollte
schon heute früh da sein. Aber ich habe dein Telegramm erst   325
spät abends gefunden, als ich nach Hause kam.

Ich dachte es, erwidert Richard und wundert sich selbst, wie
laut und ruhig er spricht. Er schaut dem andern tief in die Augen
. . . Und plötzlich fällt ihm ein, daß dort auf dem Klavier—die

---

[38] **das von ihrem Dasein und Lächeln den Schein des Wichtigen liehe**   that
would receive from her existence and smile the appearance of being important
[39] **unerbittliche Zuendesein**   inexorable finality
[40] **zieht**   penetrates
[41] **geht die Tür**   the door opens

Briefe liegen. Hugo braucht nur aufstehen, ein paar Schritte zu 330
machen—und sieht sie . . . und weiß alles. Unwillkürlich faßt
Richard die Hände des Freundes—das darf noch nicht sein; er
ist es, der vor der Entdeckung zittert.

Und wieder beginnt Hugo zu sprechen. Mit leisen, zarten
Worten, in denen er es vermeidet, den Namen der Toten auszu- 335
sprechen, fragt er nach ihrer Krankheit, nach ihrem Sterben. Und
Richard antwortet. Er wundert sich anfangs, daß er das kann;
daß er die widerlichen und gewöhnlichen Worte für all das
Traurige der letzten Tage findet. Und ab und zu streift sein
Blick[42] das Gesicht des Freundes, der blaß, mit zuckenden Lip- 340
pen lauscht.

Wie Richard innehält, schüttelt der andere den Kopf, als hätte
er Unbegreifliches, Unmögliches vernommen. Dann sagt er: es
war mir furchtbar, heute nicht bei dir sein zu können. Das war
wie ein Verhängnis.[43] 345

Richard sieht ihn fragend an.

Gerade an jenem Tag . . . in derselben Stunde waren wir auf
dem Meer.

Ja, ja . . .

Es gibt keine Ahnungen! Wir sind gesegelt, und der Wind war 350
gut, und wir waren so lustig . . . Entsetzlich, entsetzlich.

Richard schweigt.

Du wirst doch aber jetzt nicht hier bleiben, nicht wahr?

Richard schaut auf. Warum?

Nein, nein, du darfst nicht. 355

Wohin soll ich denn gehen? . . . Ich denke, du bleibst jetzt bei
mir? . . . Und eine Angst überfällt ihn, daß Hugo wieder weggehen könnte, ohne zu wissen, was geschehen.

Nein, erwiderte der Freund, ich nehme dich mit, du fährst
mit mir weg. 360

Ich mit dir?

Ja . . . Und das sagt er mit einem milden Lächeln.

Wohin willst du denn?

Zurück! . . .

Wieder an die Nordsee? 365

Ja, und mit dir. Es wird dir wohltun. Ich lasse dich ja gar nicht
hier, nein! . . . Und er zieht ihn wie zu einer Umarmung an sich
. . . Du mußt zu uns! . . .

Zu uns? . . .

Ja. 370

Was bedeutet das «zu uns»? Bist du nicht allein?

Hugo lächelt verlegen: Gewiß bin ich allein . . .

---

[42] **streift sein Blick**   he glances at
[43] **Das war wie ein Verhängnis.**   It was as though it were predestined.

Du sagst «uns» . . .

Hugo zögert eine Weile. Ich wollte es dir nicht gleich mitteilen, sagt er dann.   375

Was? . . .

Das Leben ist so sonderbar—ich habe mich nämlich verlobt . . .

Richard schaut ihn starr an . . .

Darum meint' ich: «Zu uns» . . . Darum geh' ich auch wieder   380
an die Nordsee zurück, und du sollst mit mir fahren.—Ja? Und
er sieht ihm mit hellen Augen ins Gesicht.

Richard lächelt. Gefährliches Klima an der Nordsee.

Wieso?

So rasch, so rasch! . . . Und er schüttelt den Kopf.   385

Nein, mein Lieber, erwidert der andere, nicht eben rasch. Es
ist eigentlich eine alte Geschichte.

Richard lächelt noch immer. Wie? . . . eine alte Geschichte?

Ja.

Du kennst deine Braut von früher her? . . .   390

Ja, seit diesem Winter.

Und hast sie lieb? . . .

Seit ich sie kenne, erwidert Hugo und blickt vor sich hin, als
kämen ihm schöne Erinnerungen.

Da steht Richard plötzlich auf, mit einer so heftigen Bewe-   395
gung, daß Hugo zusammenfährt und zu ihm aufschaut. Und da
sieht er, wie zwei große fremde Augen auf ihm ruhen, und sieht
ein blasses, zuckendes Gesicht über sich, das er kaum zu kennen
glaubt. Und wie er angstvoll sich erhebt, hört er, wie von einer
fremden, fernen Stimme, kurze Worte zwischen den Zähnen   400
hervorgepreßt: «Ich weiß es.» Und er fühlt sich an beiden
Händen gepackt und zum Klavier hingezerrt, daß der Armleuchter auf der Säule zittert. Und dann läßt Richard seine Arme
los und fährt[44] mit beiden Händen unter die Briefe, die auf dem
schwarzen Deckel liegen, und wühlt, und läßt sie hin und her   405
fliegen . . .

Schurke![45] schreit er, und wirft ihm die Blätter ins Gesicht.

FRAGEN

1. Was kann der Mann von seinem Balkon aus sehen?
2. Wer ist nicht rechtzeitig angekommen?
3. Wo geht Richard hin, nachdem er den Balkon verlassen hat?
4. Warum sehnt Richard sich nach dem Freund?

---

[44] **fährt** digs
[45] **Schurke!** Scoundrel!

5. Welche von den Briefen an seine Frau liest Richard?
6. Wann schrieb Hugo den letzten Brief an Richards Frau?
7. Was will er seinem Freund sagen, wenn er ihn sieht?
8. Wann muß das Verhältnis zwischen Hugo und Richards Frau begonnen haben?
9. Was tat Hugo, als er hereinkam?
10. Warum kam Hugo nicht früher?
11. Wie lange hatte Hugo seine Braut schon gekannt?
12. Was tat Richard schließlich mit den Briefen, die Hugo an seine Frau geschrieben hatte?

ZUR BESPRECHUNG DES TEXTES

1. Die Trauergäste sind alle fort.
2. «Wäre der Freund nur endlich da.»
3. Die kleine Seitenlade am Schreibtisch seiner Frau.
4. Richard wird wütend auf den Freund.
5. Richard spürt Mitleid für den Freund.
6. «Es ist eigentlich eine alte Geschichte.»

HANS WERNER RICHTER
(1908–)

*Hans Werner Richter did not begin his career as a writer until
after World War II. He had been active in the book trade before
the war, until, like so many others, he was taken into the army.
His active military service ended in 1943, when he became an
American prisoner of war. Following his return to civilian life,
he began to take an active part in the literary affairs of postwar
Germany, co-founding the Gruppe '47, whose annual meetings
played a seminal part in the emerging literary life of West
Germany.*

*Much of his work reflects his strong antiwar feelings, in his
earlier novels expressed in a combination of realism and senti-
ment; in later works he castigates the amorality of much of West
Germany's bourgeois society. In our story, from a volume published in 1965, he satirizes the literary fads that come and
go—wildly touted for a short time, then quickly collapsing, only
to be replaced by others, each in turn as absurd as its
predecessor.*

*"Das Ende der I-Periode" is a biting parody of such critical
absurdities. He ridicules the weathervane behavior of the critics
and the sheeplike reactions of that large segment of the public
only too willing to follow blindly the latest fad as it is served up
to them by the self-proclaimed arbiters of fashion and taste.*

Das Ende der I-Periode

Theo Heinz Theo, mit bürgerlichem Namen Franz Walter Leh-
mann, entdeckte das I. Bevor er das I entdeckte, wurde er
geboren, ging zur Schule, besuchte die Universität, machte sein
Staatsexamen, wurde Dramaturg. In seiner Jugend interessierte
er sich für Fußball, später für Literatur. Schon früh wurde ihm   5
der Reiz des Gegensatzes bewußt. Er schrieb darüber: 'Der
Gegensatz ist der Gegensatz des Gegensatzes ohne Gegensatz.'
    Nach diesem Grundsatz lebte er. Trugen die einen noch die
Haarmode des vergangenen Jahres, trug er bereits die des kommenden, waren ihre Hosenbeine breit, waren seine eng, war ihr   10
Pullover ausgeschnitten, war seiner hochgeschlossen,[1] gingen
sie glattrasiert, ließ er sich einen Bart stehen, wuchs ihnen der
Bart, entfernte er den seinen. Unübertroffen in modischen Din-

---

[1] **war ihr Pullover ausgeschnitten, war seiner hochgeschlossen** if their
sweaters were V-neck, his was turtleneck

gen, stimulierte er durch den revolutionären Gegensatz die
Mode selbst, und als ihn der Fußball zu langweilen begann, 15
übertrug er diese Methode auf die Literatur.

Hier entdeckte er den Stuhl. Einen gewöhnlichen. Das war zu
der Zeit, als die Literatur sich mit weitläufigen Dingen, großen
Räumen, gesellschaftlichen Umwälzungen, also mit Themen
beschäftigte, die sie nicht bewältigen konnte. Theo Heinz Theo 20
hielt das für unerträglich. Er zerlegte den Stuhl. Zuerst in vier
Beine. Über jedes Bein schrieb er einen Text von zehn Zeilen. Er
nannte die Texte Text. Der Verleger fand Text zu kurz, Theo
Heinz Theo fand ihn zu lang. Er hätte Text gern noch einmal
zerlegt, in zwei Teile, in Te und xt. Der Verleger bestand auf 25
einem Untertitel: Kantate—Kantate auf vier Beine.

Das Buch wurde ein Erfolg. Die Kritiker, einer neuen Mode
gegenüber, kapitulierten. Nach zwei Monaten des Widerstandes
schlossen sie sich geschlossen der neuen Mode an.

Theo Heinz Theo wurde von allen Dichter-Reise-Vermitt- 30
lungsbüros fast gleichzeitig an- und aufgefordert.[2] Er begann zu
reisen, von Universität zu Universität, von einer Aula in die
andere. Sein Ruhm stieg, der Verleger baute sich ein neues
Haus. Theo Heinz Theo wurde von ihm eingeladen, in dem
Swimmingpool täglich zu baden, falls er es für notwendig hielte. 35
Er hielt es nicht für notwendig.

Das Stuhlbein wurde zur allgemeinen Mode. Wer es noch
nicht besaß, schaffte sich eins an. Dort, wo Theo Heinz Theo
auftauchte, um seine Texte zu lesen, wurden sie aus Ermangelung an Theo-Heinz-Theo-Werken als Souvenirs gehandelt. 40
Seine Vorlesungen waren überfüllt. Das Publikum saß dichtgedrängt, Mund an Mund, Ohr an Ohr, Arm an Arm, Bein an Bein,
unübersehbar[3] in Hörsälen, Nebensälen, Prachtsälen; Mikro-
phone übertrugen Theo Heinz Theos Fistelstimme an jedes Ohr,
bis auf die Straße hinaus. 45

Mit der Zeit fühlte er sich bedrängt. Seine Schweißausbrüche[4] während der Lesungen wurden immer heftiger. Je häu-
figer er seine Texte las, um so mehr erschienen sie ihm veraltet.
Zu lang, zu unpräzis, thematisch nicht straff genug. Mit jedem
Vortrag wuchs er über sein eigenes Stuhlbein hinaus. Er 50
beschloß sich zurückzuziehen, und er zog sich zurück.

Wieder begann er zu denken. Die Zeit der Kurzform in Tex-
ten war vorüber, das spürte er. Er sah sich jeden Gegenstand in
seinem Zimmer an, untersuchte ihn sorgsam auf seine litera-

---

[2] **wurde von allen Dichter-Reise-Vermittlungsbüros fast gleichzeitig an- und
aufgefordert** was in great demand simultaneously by every agency specializ-
ing in writers' junkets
[3] **unübersehbar** in vast numbers
[4] **Schweißausbrüche** outpourings of sweat

rische Tragfähigkeit:[5] das Bett, den Nachttisch, die Lampe, die   55
Uhr.

Eines Abends im Bett entdeckte er den Plattfuß. Sofort
zerschnitt er Plattfuß in drei Teile, in Pla, ttf und uß, zersägte
diese Teile wiederum in Teile, setzte sie neu zusammen, warf sie
in die Luft, zerkaute sie zwischen seinen Zähnen. Aber sie gaben   60
nichts her.[6] Seine Nächte waren unruhig und ohne Schlaf:
Nächte zerquälter Poetik.

In einer solchen Nacht erschien ihm das I. Es war seinem
eigenen Alphabet entsprungen. Nervös schwebte es über sein
Bett, gaukelte um die Lampe, sonnte sich sekundenlang im   65
Licht, federte[7] an die Decke.

Es war, wie Theo Heinz Theo mit geschlossenen Augen fest-
stellte, jugendlich vital, sonnig heiter, unkonventionell aufgeschlossen, leichtfüßig astral, merkantil gelassen,[8] schlank,
erleuchtet, geläutert, hell, so wie Theo Heinz Theo das I weder   70
gesehen noch beachtet hatte. Ein Glockenschlag hoher Poetik
stand zitternd im Raum. Theo Heinz Theo spürte es. Das I war
die Idee.

Er sprang auf. Er versuchte es einzufangen. Schwerfällig hob
er sich zur Decke empor, gaukelte hinter dem I her um die   75
Lampe herum, ergriff es nicht ohne Brutalität und begann zu
experimentieren.

Zuerst zerschnitt er es in vier Längsstreifen, dann in Querstreifen,[9] dann die so entstandenen Karos[10] in kleinere und
größere Stücke. Das I schrie. 'Still', sagte Theo Heinz Theo und   80
warf es in seinen Ölofen. Sofort nahm die Ölflamme die Form
des I an. Theo Heinz Theo nannte es eine Offenbarung.

Der Verleger war begeistert. Das Buch erschien ein halbes
Jahr später. Es hatte nur achtzig Seiten. Auf jeder Seite standen
I's, insgesamt fünftausenddreihundertunddrei. Die Titelseite   85
trug ein doppeltes I. Beide I's waren durch einen Punkt in der
Mitte vereint. Dies war Theo Heinz Theos einzige Konzession.
Das Buch wurde zu einer Sensation. Zum erstenmal in der Lite-
raturgeschichte konnte man ein Buch von oben nach unten, von
unten nach oben, von vorn nach hinten, von hinten nach vorn,   90
kreuz und quer,[11] und wie immer man wollte, lesen. Ja, man
konnte es während der Lektüre sogar auf den Kopf stellen, und
es war immer noch lesbar.

[5] **seine literarische Tragfähigkeit**   its ability to carry literary significance
[6] **Aber sie gaben nichts her.**   They were not productive.
[7] **federte**   bounced
[8] **merkantil gelassen**   casually businesslike
[9] **Querstreifen**   horizontal strips
[10] **Karos**   squares
[11] **kreuz und quer**   in all directions

Wieder waren die Kritiker verblüfft. Erregt und gefaßt zugleich starrten sie auf das I. Stimmen des Widerspruchs wurden 95
von dem Verleger niedergekämpft und als völlig veraltet abgetan. Er war bereits im Geschäft. Die Übersetzer drängten sich
in seinem Vorzimmer, ausländische Verleger erbaten per
Fernschreiber dringend die Option. Nach zahlreichen Telefonaten untereinander ergaben sich auch die letzten Kritiker. Ge- 100
schlossen schlossen sie sich der neuen Mode an.

Die I-Periode dauerte vier Jahre. Theo Heinz Theos Buch
wurde zum Bestseller und zur allgemeinen Reiselektüre. Der
Werbeslogan *Reise nie ohne I* hing in allen Motels von der Costa
Brava* bis zur Küste Finnlands, von Shannon* bis Teheran, vom 105
Nordwesten Irlands bis zum Persischen Golf. Theo Heinz Theo
wurde insgesamt dreiundvierzigmal preisgekrönt.[12] Die Preisrichterkollegien[13] (es waren immer dieselben) aller Städte, Vereine und Selbstbedienungsläden rissen sich um ihn.[14] Es fiel
ihnen nie etwas anderes ein als Theo Heinz Theos I. 110

Wieder begann Theo Heinz Theo zu reisen. Jetzt reiste er
von Botschaft zu Botschaft, las in Syrien,* im Libanon,* in
Athen,* in Uganda. Auf Wunsch der Botschafter vertauschte er
seinen Pullover mit einem Frack. Das Zeremoniell der Vorlesung war immer dasselbe. Der jeweilige Botschafter hielt einen 115
Einleitungsvortrag über die Notwendigkeit des I, über Sinn,
Gestalt, Gehalt und Form, über die einmalige Wirkung und
belebende Existenz des I schon in Goethes Prosa. Dann bestieg
Theo Heinz Theo das Podium. Kaum öffnete er den Mund, kam
das erste I. Spontan geriet das Publikum in Verzückung. Schon 120
beim dritten I brachen ältere Damen in Tränen aus. Beim vierten oder fünften I horchte das diplomatische Corps auf und
nahm Haltung an. Beim achten I begannen die internationalen
I-Fans den I-Takt zu trommeln. Nach einem Dutzend von I's war
der Saal ein brodelndes Durcheinander[15] von Tränen, Rührung, 125
Sinnenfreude, von zuckenden Beinen, Füßen, Händen, Ohren,
Nasen, eine einzige I-Influenza, wie Theo Heinz Theo es nannte.
Er modulierte jedes I in seinen spezifischen Tönen, Farben und
Aspekten. Bald klang es hell, leicht, astral, bald dunkel, vital,
bekömmlich. Jedes I hatte seine eigene individuelle Existenz, 130
seine eigene Ausstrahlung und sein eigenes literarisches
Gesicht. Das letzte I, das er in den Saal mehr hauchte als sprach,

---

[12] **preisgekrönt**   awarded prizes
[13] **Preisrichterkollegien**   prize juries
[14] **rissen sich um ihn**   fought over him
[15] **ein brodelndes Durcheinander**   a feverish confusion

---

* All items marked with an asterisk are names of places. See Appendix 1, Place
Names.

war der Höhepunkt, das I schlechthin,[16] ein I, das alle Eigenschaften der anderen in sich vereinte, umschloß, aufhob, noch
einmal aufleuchten ließ und dann vernichtete.   135
    Der darauf folgende Beifall war einzigartig. Ein Orkan der
weinenden Lust, des jubelnden Hochmuts und der literarischen
Freude. Ältere Snobs rissen sich begeistert ihre neuesten Kra-
watten vom Hals und warfen sie mit einem heiser gehauchten
'Nein—Nein' auf das Podium. Theo Heinz Theo nahm alles wie   140
selbstverständlich[17] hin. Lächelnd zog er seinen Frack aus und
ließ ihn sanft in die beifalljubelnde Menge fallen. Dort wurde er
zerrissen, aufgeteilt und in tausend kleinen I-Fetzen zu Souvenirs verarbeitet.
    Immer mehr Kritiker schlugen Theo Heinz Theo für den   145
Nobelpreis vor. Einige verfaßten Kommentare, Erläuterungen,
Analysen zu Werk, Leben und Gestalt von Theo Heinz Theo und
kamen so zu Ruhm und Ansehen. Nur die Einladung zu Werkstattgesprächen[18] lehnte Theo Heinz Theo ab. Die internatio-
nale Mode hatte sich längst des I bemächtigt. Auch physisch   150
versuchte sich die junge Generation dem I-Kult anzupassen.
Mädchen und Jünglinge wurden immer mehr zu Strichen ätherisch abstrakter Art.[19] Die Haarfrisur beider Geschlechter ver-
jüngte sich zu I-Punkten. Selbst die Autoindustrie verschloß sich
dem Einfluß der modernen Literatur nicht länger. Der erste   155
I-Wagen kam heraus, und Theo Heinz Theo begrüßte ihn, als er
vom Fließband lief, mit zweihundert ausgewählten I's.
    Als der erste I-Apfelsinenzerstäuber[20] angezeigt wurde, war
der Höhepunkt überschritten. Theo Heinz Theo begann bei
seinen Vorträgen zu stottern. Anfälle von Unlust sperrten ihm   160
sekundenlang die Lippen. Seine I's wurden langweilig, vertrock-
net, alt, und plötzlich wurde ihm bewußt, daß alles bereits
vorüber sei, überholt, verbraucht, eine literarische Mode, die
ihm nichts mehr bedeute.
    Überstürzt zog er sich in die Einsamkeit zurück.   165
    Wieder saß er bedrückt auf seinem Stuhl. Es war der Stuhl,
den er einmal in einer Form besungen hatte, die ihm jetzt als ein
vergangenes Jahrhundert eingefrorener Literatur vorkam. Aber
auch die Zeit des I erschien ihm nun eine epische, eine Periode
der Kurzform gewiß, doch nicht eine Epoche der möglichen   170
kürzesten Form. Wieder und wieder griff er ohnmächtig in

---

[16] **das I schlechthin**   the I to end all I's
[17] **wie selbstverständlich**   for granted
[18] **Werkstattgesprächen**   interviews (in his study)
[19] **wurden immer mehr zu Strichen ätherisch abstrakter Art**   more and more
     looked like marks of an ethereally abstract kind
[20] **Apfelsinenzerstäuber**   orange crusher

schlaflosen Nächten zum Alphabet. Er versuchte es mit dem Z, dem Y, dem W, experimentierte mit dem K herum, öffnete das O. Alle Experimente endeten im Profanen.[21] In einer solchen Nacht zersägte er wütend das widerspenstige A. Er sägte es von oben nach unten durch, zersägte die beiden Hauptteile in kleinere Teile, zerschnitt diese in noch kleinere Stücke und versuchte, die so entstandenen A- Teilchen in einem Kleinstmörser zu zertrümmern.[22]

Der Kleinstmörser, ein neues Hilfsmittel der Industrie, war ein Mittelding zwischen Elektronenbeschleuniger und veraltetem Atomgeschütz, Marke Honest John, für private Zwecke. Theo Heinz Theo hatte sich dieses Gerät mehr aus Liebhaberei angeschafft. Erst in den letzten Tagen war ihm sein experimenteller Charakter bewußt geworden, und die Zertrümmerung des A war der erste Versuch, den Apparat seinen literarischen Zwecken dienstbar zu machen.

Neugierig sah er der Reaktion der A-Teilchen zu. Er war—so schien es ihm—einer neuen Entdeckung auf der Spur. Etwas geschah, etwas Ungewöhnliches. In seiner Freude stellte er den Kleinstmörser ab, schabte die zertrümmerten A-Teilchen zusammen und warf sie in seinen Ölofen. Was jetzt geschah, kam unerwartet. Mit ungeheurer Kraft strebten die A-Teilchen zueinander.[23] Sie wollten sich fusionieren, und bevor Theo Heinz Theo begriff, was in seinem Ölofen vor sich ging,[24] erreichte der Fusionsprozeß seinen Höhepunkt. Eine Explosion riß den Ofen auseinander, und Theo Heinz Theo flog auf einem donnernden neu entstandenen A in die Luft.

Das war der erste gelungene Fusionsversuch der Meta-Literar-Physik. Er blieb jedoch unbekannt. Erst zehn Jahre später kam Theo Heinz Theo zur Erde zurück. Nach einem radioaktiven Regen, der über West-Turkestan* niederging, fanden sich Teile eines Ersatzzahns. Sie ergaben, von fachkundigen Experten zusammengesetzt, jene I-Form, die Theo Heinz Theos Zahnarzt bei der Gestaltung neuer Zähne bevorzugt hatte. Schatten von A- Kernteilchen wurden in der Rinde des Zahns entdeckt, womit nicht nur Theo Heinz Theos Ableben, sondern auch die erste Fusionsexplosion der Meta-Literar-Physik ihre Würdigung fand.

Der Zahn wurde zu einer Berühmtheit. Ausgestellt im Theo-Heinz-Theo-Literatur-Museum, zog er alljährlich die inzwi-

---

[21] **im Profanen** in the profane, that is, without a trace of the spiritual
[22] **in einem Kleinstmörser zu zertrümmern** to pulverize in a supermortar
[23] **strebten . . . zueinander** were attracted to each other
[24] **vor sich ging** was happening

schen alt gewordenen I-Fans an. Die letzte Rede vor diesem
Zahn hielt Professor Mischendorf, der eigentliche Erfinder der
Meta-Literatur-Physik. In äußerst knapper, wenn auch bril-
lanter Form, wandte er sich von der I-Periode ab.   215

Eine neue Mode war entstanden, eine Art Überkurzform. Sie
war weder sichtbar noch hörbar darzustellen. Statt zu schreiben,
dachten jetzt die Schreibenden das zu Schreibende. Immer noch
— wie zu Theo Heinz Theos Zeiten—reisten die modernen
Dichter von Ort zu Ort. Schweigend standen sie nun auf den   220
Podien, geehrt vom Beifall des Publikums.

Die Kritiker, wiederum verblüfft, zerfielen, jeder mit dem
anderen und jeder zugleich mit sich selbst. Dann schlossen sie
sich geschlossen der neuen Mode an. Wo ihre Kritiken bisher
erschienen waren, brachten die Zeitungen leere Stellen, die   225
vom wißbegierigen Publikum mit großer Freude erwartet und
verschlungen wurden.

So folgte auf die I-Periode eine Epoche der Zehntelsekunden-
Meditation.

FRAGEN

1. Wie zeigte sich Theos Liebe zum Gegensatz?
2. Wie kam Theo zu seinem ersten literarischen Erfolg?
3. Was tut er, nachdem er sich von seinem ersten großen
   Erfolg zurückgezogen hat?
4. Was ist das Ungewöhnliche an Theos I-Buch?
5. Vergleichen Sie Theos I-Kult mit Pop-Kulten, die Sie
   kennen!
6. Warum beginnt er, mit anderen Buchstaben zu experimentieren?
7. Was war die Folge seines Experimentierens mit dem A?
8. Warum standen plötzlich leere Stellen in den Zeitungen, wo
   früher Kritiken gedruckt wurden?

ZUR BESPRECHUNG DES TEXTES

1. Das Stuhlbein wurde zur allgemeinen Mode.
2. Das I ersetzt das Stuhlbein.
3. I-Fetzen von Theos Frack wurden als Souvenirs verkauft.
4. Theo fliegt in die Luft.
5. Leere Stellen erscheinen in den Zeitungen.

GEORG HEYM
(1887–1912)

Georg Heym was one of the most important of the young expres-
sionist poets who about 1910 began to rebel against the tradi-
tional views of language and art. The eyes of these young writers
were directed inward: they were interested in expressing their
personal reactions to the world, not in describing it objectively.

In addition to the unique poems with which Heym built his
reputation, he wrote a series of short stories; most of these, like
"Das Schiff," are steeped in horror. The pictures of misery,
torture, terror, and violent death so frequent in his works are
prophetic glimpses of the chaos that was to sweep across Europe
soon after his premature death. Heym was one of many who
sensed that the old order was about to end, and his apocalyptic
images vividly evoke the infernal forces about to be unleashed.
There is no calm or peace, no dignity or heroism, in the universe
he envisions. Death and destruction are the only realities in a
world without hope.

A ship at sea, one of the oldest metaphors for life, is the focal
point in the following story. Heym, a master of the German
language, has used the image of the ship that will never reach
port to weave a pitiless tale of the utter hopelessness of man's
existence. The reader should notice particularly how adjectives
denoting colors intensify the expressive value of the images,
whose vivid clarity and emotional force account in great part for
the impact of the work.

Das Schiff

Es war ein kleiner Kahn, ein Korallenschiffer, der über Kap
York* in der Harafuhra* seekreuzte. Manchmal bekamen sie im
blauen Norden die Berge von Neuguinea* ins Gesicht, manchmal im Süden die öden australischen Küsten wie einen schmutzigen Silbergürtel, der über den zitternden Horizont gelegt war.   5
Es waren sieben Mann an Bord. Der Kapitän, ein Engländer,
zwei andere Engländer, ein Ire, zwei Portugiesen und der chinesische Koch. Und weil sie so wenig waren, hatten sie gute
Freundschaft gehalten.

---

* All items marked with an asterisk are names of places. See Appendix 1, Place
Names.

Nun sollte das Schiff herunter nach Brisbane* gehen. Dort 10
sollte gelöscht werden,[1] und dann gingen die Leute auseinander,
die einen dahin, die andern dorthin.

Auf ihrem Kurs kamen sie durch einen kleinen Archipel,
rechts und links ein paar Inseln, Reste von der großen Brücke,
die einmal vor einer Ewigkeit die beiden Kontinente von Austra- 15
lien und Neuguinea verbunden hatte. Jetzt rauschte darüber der
Ozean, und das Lot[2] kam ewig nicht auf den Grund.

Sie ließen den Kahn in eine kleine schattige Bucht der Insel
einlaufen und gingen vor Anker.[3] Drei Mann gingen an Land, um
nach den Bewohnern der Insel zu suchen. 20

Sie wateten durch den Uferwald, dann krochen sie mühsam
über einen Berg, kamen durch eine Schlucht, wieder über einen
bewaldeten Berg. Und nach ein paar Stunden kamen sie wieder
an die See.

Nirgends war etwas Lebendes auf der ganzen Insel. Sie hör- 25
ten keinen Vogel rufen, kein Tier kam ihnen in den Weg. Überall
war eine schreckliche Stille. Selbst das Meer vor ihnen war
stumm und grau. «Aber jemand muß doch hier sein, zum Teufel», sagte der Ire.

Sie riefen, schrien, schossen ihre Revolver ab. Es rührte sich 30
nichts, niemand kam. Sie wanderten den Strand entlang durch
Wasser, über Felsen und Ufergebüsch, niemand begegnete
ihnen. Die hohen Bäume sahen auf sie herab wie große
gespenstische Wesen ohne Rauschen, wie riesige Tote in einer
furchtbaren Starre.[4] Eine Art Beklemmung,[5] dunkel und 35
geheimnisvoll, fiel über sie her. Sie wollten sich gegenseitig ihre
Angst ausreden. Aber wenn sie einander in die weißen Gesichter
sahen, so blieben sie stumm.

Sie kamen endlich auf eine Landzunge, die wie ein letzter
Vorsprung, eine letzte Zuflucht in die See hinauslief. An der 40
äußersten Spitze, wo sich ihr Weg wieder umbog, sahen sie
etwas, was sie für einen Augenblick starr werden ließ.

Da lagen übereinander drei Leichen, zwei Männer, ein Weib,
noch in ihren primitiven Waschkleidern.[6] Aber auf ihrer Brust,
ihren Armen, ihrem Gesicht, überall waren rote und blaue 45
Flecken wie unzählige Insektenstiche. Und ein paar große Beu-

---

[1] **sollte gelöscht werden**   they were to unload the ship
[2] **Lot**   sounding lead
[3] **gingen vor Anker**   dropped anchor
[4] **in einer furchtbaren Starre**   in horrible rigidity
[5] **Beklemmung**   fear
[6] **Waschkleidern**   cotton clothes

len waren an manchen Stellen wie große Hügel aus ihrer geborstenen Haut getrieben.

So schnell sie konnten, verließen sie die Leichen. Es war nicht der Tod, der sie verjagte. Aber eine rätselhafte Drohung schien auf den Gesichtern dieser Leichname zu stehen, etwas Böses schien unsichtbar in der stillen Luft zu lauern, etwas, wofür sie keinen Namen hatten, und das doch da war, ein unerbittlicher eisiger Schrecken.

Plötzlich begannen sie zu laufen, sie rissen sich an den Dornen. Immer weiter. Sie traten einander fast auf die Hacken.[7]

Der letzte, ein Engländer, blieb einmal an einem Busch hängen;[8] als er sich losreißen wollte, sah er sich unwillkürlich um. Und da glaubte er hinter einem großen Baumstamm etwas zu sehen, eine kleine schwarze Gestalt wie eine Frau in einem Trauerkleid.[9]

Er rief seine Gefährten und zeigte nach dem Baum. Aber es war nichts mehr da. Sie lachten ihn aus, aber ihr Lachen hatte einen heiseren Klang.

Endlich kamen sie wieder an das Schiff. Das Boot ging zu Wasser[10] und brachte sie an Bord.

Wie auf eine geheime Verabredung[11] erzählten sie nichts von dem, was sie gesehen hatten. Irgend etwas schloß ihnen den Mund.

Als der Franzose am Abend über die Reeling lehnte, sah er überall unten aus dem Schiffsraum, aus allen Luken und Ritzen scharenweise[12] die Armeen der Schiffsratten ausziehen. Ihre dicken, braunen Leiber schwammen im Wasser der Bucht, überall glitzerte das Wasser von ihnen.

Ohne Zweifel, die Ratten wanderten aus.

Er ging zu dem Iren und erzählte ihm, was er gesehen hatte. Aber der saß auf einem Tau,[13] starrte vor sich hin und wollte nichts hören. Und auch der Engländer sah ihn wütend an, als er zu ihm vor die Kajüte kam. Da ließ er ihn stehen.

Es wurde Nacht und die Mannschaften gingen herunter in die Hängematten. Alle fünf Mann lagen zusammen. Nur der Kapitän schlief allein in einer Koje[14] hinten unter dem Deck. Und die Hängematte des Chinesen hing in der Schiffsküche.

---

[7] **Hacken**   heels
[8] **blieb . . . hängen**   got caught
[9] **Trauerkleid**   mourning dress
[10] **Das Boot ging zu Wasser**   The boat was launched
[11] **Wie auf eine geheime Verabredung**   As though by secret agreement
[12] **aus allen Luken und Ritzen scharenweise**   in swarms from all portholes and cracks
[13] **Tau**   coil of rope
[14] **Koje**   cabin

Als der Franzose vom Deck herunterkam, sah er, daß der Ire und der Engländer miteinander ins Prügeln geraten waren.[15] Sie wälzten sich zwischen den Schiffskisten herum, ihr Gesicht war blau vor Wut. Und die andern standen herum und sahen zu. Er fragte den einen von den Portugiesen nach dem Grund dieses Zweikampfes und erhielt die Antwort, daß die beiden um einen Wollfaden zum Strumpfstopfen,[16] den der Engländer dem Iren fortgenommen hätte, ins Hauen[17] gekommen wären.

Endlich ließen sich die beiden los, jeder kroch in einen Winkel der Kajüte und blieb da sitzen, stumm zu den Späßen der andern.

Endlich lagen sie alle in den Hängematten, nur der Ire rollte seine Matte zusammen und ging mit ihr auf Deck.

Oben durch den Kajüteneingang war dann wie ein schwarzer Schatten zwischen Bugspriet und einem Tau[18] seine Hängematte zu sehen, die zu den leisen Schwingungen des Schiffes hin und her schaukelte.

Und die bleierne Atmosphäre einer tropischen Nacht, voll von schweren Nebeln und stickigen Dünsten, senkte sich auf das Schiff und hüllte es ein, düster und trostlos.

Alle schliefen schon in einer schrecklichen Stille, und das Geräusch ihres Atems klang dumpf von fern, wie unter dem schweren Deckel eines riesigen schwarzen Sarges hervor.

Der Franzose wehrte sich gegen den Schlaf, aber allmählich fühlte er sich erschlaffen[19] in einem vergeblichen Kampf, und vor seinem zugefallenen Auge zogen die ersten Traumbilder, die schwankenden Vorboten[20] des Schlafes. Ein kleines Pferd, jetzt waren es ein paar Männer mit riesengroßen altmodischen Hüten, jetzt ein dicker Holländer mit einem langen weißen Knebelbart,[21] jetzt ein paar kleine Kinder, und dahinter kam etwas, das aussah wie ein großer Leichenwagen, durch hohle Gassen[22] in einem trüben Halbdunkel.

Er schlief ein. Und im letzten Augenblick hatte er das Gefühl, als ob jemand hinten in der Ecke stände, der ihn unverwandt anstarrte. Er wollte noch einmal seine Augen aufreißen, aber eine bleierne Hand schloß sie zu.

Und die lange Dünung[23] schaukelte unter dem schwarzen

---

[15] **miteinander ins Prügeln geraten waren**   had got into a fight
[16] **Wollfaden zum Strumpfstopfen**   woolen thread for darning socks
[17] **ins Hauen**   to blows
[18] **Bugspriet und einem Tau**   the bowsprit and a rope
[19] **erschlaffen**   weaken
[20] **schwankenden Vorboten**   wavering heralds
[21] **Knebelbart**   twisted mustache
[22] **hohle Gassen**   cavernous streets
[23] **Dünung**   swell

Schiffe, die Mauer des Urwaldes warf ihren Schatten weit hinaus in die kaum erhellte Nacht, und das Schiff versank tief in die mitternächtliche Dunkelheit.

Der Mond steckte seinen gelben Schädel[24] zwischen zwei hohen Palmen hervor. Eine kurze Zeit wurde es hell, dann verschwand er in die dicken, treibenden Nebel. Nur manchmal erschien er noch zwischen den treibenden Wolkenfetzen, trüb und klein, wie das schreckliche Auge der Blinden.

Plötzlich zerriß ein langer Schrei die Nacht, scharf wie mit einem Beil.[25]

Er kam hinten aus der Kajüte des Kapitäns, so laut, als wäre er unmittelbar neben den Schlafenden gerufen. Sie fuhren in ihren Hängematten auf, und durch das Halbdunkel sahen sie einander in die weißen Gesichter.

Ein paar Sekunden blieb es still; auf einmal hallte es wieder, ganz laut, dreimal. Und das Geschrei weckte ein schreckliches Echo in der Ferne der Nacht, irgendwo in den Felsen, nun noch einmal, ganz fern, wie ein ersterbendes Lachen.

Die Leute tasteten nach Licht, nirgends war welches zu finden. Da krochen sie wieder in ihre Hängematten und saßen ganz aufrecht darin wie gelähmt, ohne zu reden.

Und nach ein paar Minuten hörten sie einen schlürfenden Schritt[26] über Deck kommen. Jetzt war es über ihren Häuptern, jetzt kam ein Schatten vor der Kajütentür vorbei. Jetzt ging es nach vorn. Und während sie mit weit aufgerissenen Augen einander anstarrten, kam von vorn aus der Hängematte des Iren noch einmal der laute, langgezogene Schrei des Todes. Dann ein Röcheln,[27] kurz, kurz, das zitternde Echo und Grabesstille.

Und mit einem Male drängte sich der Mond wie das fette Gesicht eines Malaien[28] in ihre Tür, über die Treppe, groß und weiß, und spiegelte sich in ihrer schrecklichen Blässe.[29]

Ihre Lippen waren weit auseinander gerissen, und ihre Kiefer vibrierten[30] vor Schrecken.

Der eine der Engländer hatte einmal den Versuch gemacht, etwas zu sagen, aber die Zunge bog sich in seinem Munde nach rückwärts, sie zog sich zusammen; plötzlich fiel sie lang heraus wie ein roter Lappen[31] über seine Unterlippe. Sie war gelähmt, und er konnte sie nicht mehr zurückziehen.

---

[24] **Schädel** skull
[25] **scharf wie mit einem Beil** as sharply as if an ax had struck
[26] **einen schlürfenden Schritt** shuffling footsteps
[27] **Röcheln** death rattle
[28] **Malaien** Malay
[29] **Blässe** pallor
[30] **Kiefer vibrierten** jaws were shaking
[31] **Lappen** rag

Ihre Stirnen waren kreideweiß. Und darauf sammelte sich in
großen Tropfen der kalte Schweiß des maßlosen Grauens.[32]   160
Und so ging die Nacht dahin in einem phantastischen Halbdunkel, das der große versinkende Mond unten auf dem Boden
der Kajüte ausstreute. Aber auf den Händen der Matrosen erschienen manchmal seltsame Figuren, uralten Hieroglyphen
vergleichbar, Dreiecke, Pentagrammata,[33] Zeichnungen von   165
Gerippen[34] oder Totenköpfen, aus deren Ohren große Fledermausflügel[35] herauswuchsen.

Langsam versank der Mond. Und in dem Augenblick, wo sein
riesiges Haupt oben hinter der Treppe verschwand, hörten sie
aus der Schiffsküche vorn ein trockenes Ächzen und dann ganz   170
deutlich ein leises Gemecker, wie es alte Leute an sich haben,[36]
wenn sie lachen.

Und das erste Morgengrauen flog mit schrecklichem Fittich[37]
über den Himmel.

Sie sahen sich einander in die aschgrauen Gesichter, kletter-   175
ten aus ihren Hängematten, und mit zitternden Gliedern krochen sie alle herauf auf das Verdeck.

Der Gelähmte mit seiner heraushängenden Zunge kam
zuletzt herauf. Er wollte etwas sagen, aber er bekam nur ein
gräßliches Stammeln heraus. Er zeigte auf seine Zunge und   180
machte die Bewegung des Zurückschiebens. Und der eine der
Portugiesen faßte seine Zunge an mit vor Angst blauen Fingern
und zwängte ihm die Zunge in den Schlund[38] zurück.

Sie blieben dicht aneinandergedrängt vor der Schiffsluke[39]
stehen und spähten ängstlich über das langsam heller werdende   185
Deck. Aber da war niemand. Nur vorn schaukelte noch der Ire in
seiner Hängematte im frischen Morgenwind, hin und her, hin
und her, wie eine riesige schwarze Wurst.

Und gleichsam, wie magnetisch angezogen, gingen sie langsam in allen Gelenken schlotternd[40] auf dem Schläfer zu. Keiner   190
rief ihn an. Jeder wußte, daß er keine Antwort bekommen
würde. Jeder wollte das Gräßliche solange wie möglich hinaus-
schieben. Und nun waren sie da, und mit langen Hälsen starrten
sie auf das schwarze Bündel da in der Matte. Seine wollene
Decke war bis an seine Stirn hochgezogen. Und seine Haare   195

---

[32] **maßlosen Grauens**   utter horror
[33] **Pentagrammata**   five-pointed stars
[34] **Gerippen**   skeletons
[35] **Fledermausflügel**   batwings
[36] **Gemecker, wie es alte Leute an sich haben**   bleating sound, of the kind that
old people make
[37] **Fittich**   pinions
[38] **Schlund**   throat
[39] **Schiffsluke**   hatchway
[40] **in allen Gelenken schlotternd**   trembling in every limb

flatterten bis über seine Schläfen. Aber sie waren nicht mehr schwarz, sie waren in dieser Nacht schlohweiß[41] geworden. Einer zog die Decke von dem Haupte herunter, und da sahen sie das fahle Gesicht einer Leiche, die mit aufgerissenen und verglasten Augen in den Himmel starrte. Und die Stirn und die Schläfen waren übersät mit roten Flecken, und an der Nasenwurzel[42] drängte sich wie ein Horn eine große blaue Beule heraus.

«Das ist die Pest.» Wer von ihnen hatte das gesprochen? Sie sahen sich alle feindselig an und traten schnell aus dem giftigen Bereich des Todes zurück.

Mit einem Male kam ihnen allen zugleich die Erkenntnis, daß sie verloren waren. Sie waren in den mitleidlosen Händen eines furchtbaren unsichtbaren Feindes, der sie vielleicht nur für eine kurze Zeit verlassen hatte. In diesem Augenblick konnte er aus dem Segelwerk heruntersteigen oder hinter einem Mastbaum hervorkriechen; er konnte in der nämlichen Sekunde schon aus der Kajüte kommen oder sein schreckliches Gesicht über den Bord heben, um sie wie wahnsinnig über das Schiffsdeck zu jagen.

Und in jedem von ihnen keimte[43] gegen seine Schicksalsgenossen eine dunkle Wut, über deren Grund er sich keine Rechenschaft geben konnte.[44]

Sie gingen auseinander. Der eine stellte sich neben das Schiffsboot, und sein bleiches Gesicht spiegelte sich unten im Wasser. Die andern setzten sich irgendwo auf die Bordbank,[45] keiner sprach mit dem andern, aber sie blieben sich doch alle so nahe, daß sie in dem Augenblick, wo die Gefahr greifbar wurde, wieder zusammenlaufen konnten. Aber es geschah nichts. Und doch wußten sie alle, es war da und belauerte sie.

Irgendwo saß es. Vielleicht mitten unter ihnen auf dem Verdeck, wie ein unsichtbarer weißer Drache,[46] der mit seinen zitternden Fingern nach ihrem Herzen tastete und das Gift der Krankheit mit seinem warmen Atem über das Deck ausbreitete.

Waren sie nicht schon krank, fühlten sie nicht irgendwie eine dumpfe Betäubung[47] und den ersten Ansturm eines tödlichen Fiebers? Dem Mann an Bord schien es so, als wenn unter ihm das Schiff anfing zu schaukeln und zu schwanken, bald schnell, bald

---

[41] **schlohweiß** pure white
[42] **Nasenwurzel** base of the nose
[43] **keimte** arose
[44] **über deren Grund er sich keine Rechenschaft geben konnte** the reason for which he could not explain to himself
[45] **Bordbank** railing
[46] **Drache** dragon
[47] **Betäubung** dulling of the senses

langsam. Er sah sich nach dem andern um und sah in lauter grüne
Gesichter, wie sie in Schatten getaucht waren und schon ein   235
schreckliches Blaßgrau in einzelnen Flecken auf den eingesun-
kenen Backen trugen.

Vielleicht sind die überhaupt schon tot und du bist der einzige, der noch lebt, dachte er sich. Und bei diesem Gedanken
lief ihm die Furcht eiskalt über den Leib. Es war, als hätte   240
plötzlich aus der Luft heraus eine eisige Hand nach ihm
gegriffen.

Langsam wurde es Tag.

Über den grauen Ebenen des Meeres, über den Inseln, überall lag ein grauer Nebel, feucht, warm und erstickend. Ein   245
kleiner roter Punkt stand am Rande des Ozeans, wie ein entzündetes[48] Auge. Die Sonne ging auf.

Und die Qual des Wartens auf das Ungewisse trieb die Leute
von ihren Plätzen.

Was sollte nun werden? Man mußte doch einmal herunterge-   250
hen, man mußte etwas essen.

Aber der Gedanke, dabei vielleicht über Leichen steigen zu
müssen . . .

Da, auf der Treppe hörten sie ein leises Bellen. Und nun kam
zuerst die Schnauze des Schiffshundes zum Vorschein. Nun der   255
Leib, nun der Kopf, aber was hing an seinem Maul? Und ein
rauher Schrei des Entsetzens kam aus vier Kehlen zugleich.

An seinem Maule hing der Leichnam des alten Kapitäns; seine
Haare zuerst, sein Gesicht, sein ganzer fetter Leib in einem
schmutzigen Nachthemde kam heraus, von dem Hunde langsam   260
auf das Deck gezerrt. Und nun lag er oben vor der Kajütentreppe, aber auf seinem Gesicht brannte dieselben schrecklichen roten Flecken.

Und der Hund ließ ihn los und verkroch sich.

Plötzlich hörten sie ihn fern in einem Winkel laut murren, in   265
ein paar Sätzen[49] kam er von hinten wieder nach vorn, aber als er
an dem Großmast vorbeikam, blieb er plötzlich stehen, warf sich
herum, streckte seine Beine wie abwehrend[50] in die Luft. Aber
mitleidlos schien ihn ein unsichtbarer Verfolger in seinen Krallen[51] zu halten.   270

Die Augen des Hundes quollen heraus,[52] als wenn sie auf
Stielen[53] säßen, seine Zunge kam aus dem Maul. Er röchelte ein
paarmal, als wenn ihm der Schlund zugedrückt würde. Ein

---

[48] **entzündetes** inflamed
[49] **Sätzen** leaps
[50] **wie abwehrend** as if to ward off something
[51] **Krallen** claws
[52] **quollen heraus** popped out
[53] **Stielen** stalks

letzter Krampf schüttelte ihn, er streckte seine Beine von sich, er war tot.

Und gleich darauf hörte der Franzose den schlürfenden Schritt neben sich ganz deutlich, während das Grauen wie ein eherner Hammer auf seinen Schädel schlug.

Er wollte seine Augen schließen, aber es gelang ihm nicht. Er war nicht mehr Herr seines Willens.

Die Schritte gingen geradeswegs auf das Deck, auf den Portugiesen zu, der sich rücklings gegen die Schiffswand gelehnt hatte und seine Hände wie wahnsinnig in die Bordwand[54] krallte.

Der Mann sah offenbar etwas. Er wollte fortlaufen, er schien seine Beine mit Gewalt vom Boden reißen zu wollen, aber er hatte keine Kraft. Das unsichtbare Wesen schien ihn anzufassen. Da riß er gleichsam wie im Übermaß seiner Anstrengung[55] seine Zähne auseinander, und er stammelte mit einer blechernen[56] Stimme, die wie aus einer weiten Ferne heraufzukommen schien, die Worte: «Mutter, Mutter.»

Seine Augen brachen,[57] sein Gesicht wurde grau wie Asche. Der Krampf seiner Glieder löste sich. Und er fiel vornüber, und er schlug schwer mit der Stirn auf das Deck des Schiffes.

Das unsichtbare Wesen setzte seinen Weg fort, er hörte wieder die schleppenden Schritte. Es schien auf die beiden Engländer loszugehen. Und das schreckliche Schauspiel wiederholte sich noch einmal. Und auch hier war es wieder derselbe zweimalige Ruf, den die letzte Todesangst aus ihrer Kehle preßte, der Ruf: «Mutter, Mutter», in dem ihr Leben entfloh.

Und nun wird es zu mir kommen, dachte der Franzose. Aber er kam nicht, alles blieb still. Und er war allein mit den Toten.

Der Morgen ging dahin. Er rührte sich nicht von seinem Fleck. Er hatte nur den einen Gedanken, wann wird es kommen. Und seine Lippen wiederholten mechanisch immerfort diesen kleinen Satz: «Wann wird es kommen, wann wird es kommen?»

Der Nebel hatte sich langsam verteilt. Und die Sonne, die nun schon nahe am Mittag stand, hatte das Meer in eine ungeheure strahlende Fläche verwandelt, in eine ungeheure silberne Platte, die selber wie eine zweite Sonne ihr Licht in den Raum hinausstrahlte.

Es war wieder still. Die Hitze der Tropen brodelte[58] überall in der Luft. Die Luft schien zu kochen. Und der Schweiß rann ihm

---

[54] **Bordwand**   ship's side
[55] **im Übermaß seiner Anstrengung**   with superhuman energy
[56] **blechernen**   tinny
[57] **brachen**   grew dim
[58] **brodelte**   smoldered

in dicken Furchen[59] über das graue Gesicht. Sein Kopf, auf
dessen Scheitel die Sonne stand,[60] kam ihm vor wie ein riesiger   315
roter Turm, voll von Feuer. Er sah seinen Kopf ganz deutlich von
innen heraus in den Himmel wachsen. Immer höher und immer
heißer wurde er innen. Aber drinnen, über eine Wendeltreppe,[61] deren letzte Spiralen sich in dem weißen Feuer der
Sonne verloren, kroch ganz langsam eine schlüpfrige weiße   320
Schnecke.[62] Ihre Fühler tasteten sich in den Turm herauf,
während ihr feuchter Schweif[63] sich noch in seinem Halse
herumwand.

Er hatte die dunkle Empfindung, daß es doch eigentlich zu
heiß wäre, das könnte doch eigentlich kein Mensch aushalten.   325

Da—bum—schlug ihm jemand mit einer feurigen Stange auf
den Kopf, er fiel lang hin. Das ist der Tod, dachte er. Und nun lag
er eine Weile auf den glühenden Schiffsplanken.

Plötzlich wachte er wieder auf. Ein leises dünnes Gelächter
schien sich hinter ihm zu verlieren. Er sah auf, und da sah er: das   330
Schiff fuhr, das Schiff fuhr, alle Segel waren gesetzt. Sie bauschten sich weiß und blähend,[64] aber es ging kein Wind, nicht der
leiseste Hauch. Das Meer lag spiegelblank, weiß, eine feurige
Hölle. Und in dem Himmel oben, im Zenith, zerfloß die Sonne
wie eine riesige Masse weißglühenden Eisens. Überall troff sie   335
über den Himmel hin, überall klebte ihr Feuer, und die Luft
schien zu brennen. Ganz in der Ferne, wie ein paar blaue
Punkte, lagen die Inseln, bei denen sie geankert hatten.

Und mit einem Male war das Entsetzen wieder oben, riesengroß wie ein Tausendfüßler,[65] der durch seine Adern lief und sie   340
hinter sich erstarren machte, wo er mit dem Gewimmel[66] seiner
kalten Beinchen hindurchkam.

Vor ihm lagen die Toten. Aber ihr Gesicht stand nach oben.
Wer hatte sie umgedreht? Ihre Haut war blaugrün. Ihre weißen
Augen sahen ihn an. Die beginnende Verwesung[67] hatte ihre   345
Lippen auseinandergezogen und die Backen in ein wahnsinniges
Lächeln gekräuselt.[68] Nur der Leichnam des Iren schlief ruhig in
seiner Hängematte. Er versuchte, sich langsam an dem Schiffs-
bord in die Höhe zu ziehen, gedankenlos.

---

[59] **Furchen** furrows
[60] **die Sonne stand**   the sun beat down
[61] **Wendeltreppe**   spiral staircase
[62] **Schnecke** snail
[63] **Schweif** tail
[64] **bauschten sich weiß und blähend**   bellied out white and bloated
[65] **Tausendfüßler**   millipede
[66] **Gewimmel**   scrabbling
[67] **Verwesung**   decomposition
[68] **gekräuselt**   distorted

Aber die unsagbare Angst machte ihn schwach und kraftlos. 350
Er sank in seine Knie. Und jetzt wußte er, jetzt wird es kommen.
Hinter dem Mastbaum stand etwas. Ein schwarzer Schatten.
Jetzt kam es mit seinem schlürfenden Schritte über Deck. Jetzt
stand es hinter dem Kajütendache, jetzt kam es hervor. Eine alte
Frau in einem schwarzen altmodischen Kleid, lange weiße 355
Locken fielen ihr zu beiden Seiten in das blasse, alte Gesicht.
Darin steckten ein Paar Augen von unbestimmter Farbe wie ein
Paar Knöpfe, die ihn unverwandt ansahen. Und überall war ihr
Gesicht mit den blauen und roten Pusteln[69] übersät, und wie ein
Diadem standen auf ihrer Stirn zwei rote Beulen, über die ihr 360
weißes Großmutterhäubchen[70] gezogen war. Ihr schwarzer Reif-
rock knitterte,[71] und sie kam auf ihn zu. In einer letzten Ver-
zweiflung richtete er sich mit Händen und Füßen auf. Sein Herz
schlug nicht mehr. Er fiel wieder hin.

Und nun war sie schon so nahe, daß er ihren Atem wie eine 365
Fahne[72] aus ihrem Munde wehen sah.

Noch einmal richtete er sich auf. Sein linker Arm war schon
gelähmt. Etwas zwang ihn stehenzubleiben, etwas Riesiges hielt
ihn fest. Aber er gab den Kampf noch nicht auf. Er drückte es mit
seiner rechten Hand herunter, er riß sich los. 370

Und mit schwankenden Schritten, ohne Besinnung, stürzte er
den Bord entlang, an dem Toten in der Hängematte vorbei,
vorn, wo die große Strickleiter[73] vom Ende des Bugspriets zu
dem vordersten Maste herauflief.

Er kletterte daran herauf, er sah sich um. 375

Aber die Pest war hinter ihm her. Jetzt war sie schon auf den
untersten Sprossen.[74] Er mußte also höher, höher. Aber die Pest
ließ nicht los, sie war schneller wie er, sie mußte ihn einholen.
Er griff mit Händen und Füßen zugleich in die Stricke, trat da
und dorthin, geriet mit einem Fuße durch die Maschen,[75] riß ihn 380
wieder heraus, kam oben an. Da war die Pest noch ein paar
Meter entfernt. Er kletterte an der höchsten Rahe[76] entlang. Am
Ende war ein Seil.[77] Er kam an dem Ende der Rahe an. Aber wo
war das Seil? Da war leerer Raum.

Tief unten war das Meer und das Deck. Und gerade unter ihm 385
lagen die beiden Toten.

---

[69] **Pusteln** pustules
[70] **Großmutterhäubchen** grandmother's cap
[71] **Reifrock knitterte** hoopskirt rustled
[72] **Fahne** streamer
[73] **Strickleiter** rope ladder
[74] **Sprossen** rungs
[75] **geriet mit einem Fuße durch die Maschen** slipped through the mesh with
one foot
[76] **Rahe** yard
[77] **Seil** rope

Er wollte zurück, da war die Pest schon am anderen Ende der
Rahe.

Und nun kam sie freischwebend[78] auf dem Holze heran wie
ein alter Matrose mit wiegendem Gang.[79]   390

Nun waren es nur noch sechs Schritte, nur noch fünf. Er
zählte leise mit, während die Todesangst in einem gewaltigen
Krampf seine Kinnbacken[80] auseinanderriß, als wenn er gähnte.
Drei Schritte, zwei Schritte.

Er wich zurück, griff mit den Händen in die Luft, wollte sich   395
irgendwo festhalten, überschlug sich[81] und stürzte krachend auf
das Deck, mit dem Kopf zuerst auf eine eiserne Planke. Und da
blieb er liegen mit zerschmettertem Schädel.[82]

Ein schwarzer Sturm zog schnell im Osten über den stillen
Ozean auf. Die Sonne verbarg sich in den dicken Wolken, wie   400
ein Sterbender, der ein Tuch über sein Gesicht zieht. Ein paar
große chinesische Dschunken,[83] die aus dem Halbdunkel her-
auskamen, hatten alle Segel besetzt und fuhren rauschend vor
dem Sturm einher mit brennenden Götterlampen und Pfeifengetön.[84] Aber an ihnen vorbei fuhr das Schiff riesengroß wie der   405
fliegende Schatten eines Dämons. Auf dem Deck stand eine
schwarze Gestalt. Und in dem Feuerschein schien sie zu wachsen, und ihr Haupt erhob sich langsam über die Masten,
während sie ihre gewaltigen Arme im Kreise herumschwang
gleich einem Kranich[85] gegen den Wind. Ein fahles Loch tat sich   410
auf in den Wolken. Und das Schiff fuhr geradeswegs hinein in
die schreckliche Helle.

FRAGEN

1. Warum waren die Männer auf dem Schiff gute Freunde?
2. Was sollte in Brisbane geschehen?
3. Warum gingen drei Männer an Land?
4. Was fanden sie auf der Insel?
5. Wo schlief der Ire?
6. Wo kam der Schrei her?
7. Was taten die Männer, als sie auf Deck waren?

---

[78] **freischwebend**   balancing along
[79] **mit wiegendem Gang**   with a rolling gait
[80] **Kinnbacken**   jaws
[81] **überschlug sich**   tumbled head over heels
[82] **mit zerschmettertem Schädel**   with a crushed skull
[83] **Dschunken**   junks
[84] **Götterlampen und Pfeifengetön**   lanterns to appease the gods and the sound
of flutes
[85] **Kranich**   crane

8. Wie war das Wetter am frühen Morgen?
9. Woher wußten die Männer, daß der Kapitän tot war?
10. Was sah der eine hinter dem Mastbaum?
11. Wie versuchte der Franzose, sich zu retten?
12. Wie starb der Franzose?

ZUR BESPRECHUNG DES TEXTES

1. Drei Leichen liegen am Strande.
2. Die Ratten wandern aus.
3. «Das ist die Pest.»
4. Ein Todesschrei in der Nacht.
5. Eine alte Frau in einem schwarzen Kleid.

WOLFGANG HILDESHEIMER
(1916–)

Wolfgang Hildesheimer, another of the generation of German writers to achieve fame after World War II, writes in revolt against the conventional way of viewing and understanding the world; in fact, he seems to imply that the world is not to be understood at all. He admits that much of what he writes should be classified as absurd. His characters are often artists, confidence men, people with shady reputations, who frequently hide behind masks. While they and their environment at first seem real enough, the reader eventually discovers that, more often than not, their world is an illusion, a place where the most absurd events may occur in what seems a perfectly normal atmosphere. People here accept what others do as a part of the ordinary scheme of things, and at the same time assume that their own absurd actions are in no way unusual.

The situations that Hildesheimer develops, in an ironic and satirical manner, often slide into the grotesque and the surrealistic, but his fine sense of timing and balance lend them a deceptive credibility. A skillful, witty narrator, much given to punning, he yet writes with a specific moral intent, as is illustrated in the following story of the studio party—without doubt a telling exposure of modern social shallowness.

Das Atelierfest

Seit einiger Zeit findet in dem Atelier neben meiner Wohnung ein rauschendes Fest statt. Ich habe mich an diesen Umstand gewöhnt, und das Rauschen stört mich gewöhnlich nicht mehr. Aber manchmal, da gibt es Höhepunkte, da tobt es,[1] und ich sehe mich veranlaßt, beim Hauswirt Beschwerde einzulegen.[2]   5 Nachdem ich das mehrmals getan hatte, kam er eines Abends, um sich selbst von dem Lärm zu überzeugen. Aber wie es eben so ist—zu diesem Zeitpunkt hatte eine ruhige Periode eingesetzt, und die Folge war, daß der Hauswirt meine Klage als unberechtigt zurückwies. Ich hoffte, ihn vielleicht auf opti-   10 schem Wege von dem unhaltbaren Zustand überzeugen zu können: zu diesem Zweck öffnete ich den Kleiderschrank und ließ ihn durch eine Ritze in der Rückwand einen Blick auf das Fest werfen. Denn hinter dem Schrank befindet sich ein Loch in der .

---

[1] **da tobt es**   there is an uproar
[2] **Beschwerde einzulegen**   to lodge a complaint

Mauer von der Größe eines Bullauges[3] in einer Kabine zweiter 15
Klasse. Er sah eine Weile hindurch, aber alles, was er von sich
gab,[4] als er aus dem Schrank stieg, war ein Grunzen der Kenntnisnahme. Dann ging er, und als ich einige Stunden später—als
es nämlich wieder tobte—durch das Loch sah, war der Hauswirt
ein überzeugter Teilnehmer des Atelierfestes. 20

Ein wenig verstört ging ich im Wohnzimmer auf und ab, aber
wie immer bei solchen Anlässen erschwerte mir die strenge,
unverrückbare Anordnung der Gegenstände meinen Pendelweg.[5] Schon bei leichtem Anstoß klirrt das Bleikristall in den
Regalen, der Teakholztisch wackelt, obgleich ich dauernd Ziga- 25
rettenschachteln unter die Füße lege, und die leichtfüßige fin-
nische Vase kippt bei geringster Gelegenheit um, als sei das ihre
Funktion. Schließlich blieb ich vor dem Druck von Picassos
blauer Jugend[6] stehen. Wie großartig, dachte ich, sind doch
diese originalgetreuen Wiedergaben,[7] wie raffiniert die 30
moderne Reproduktionstechnik. Auf diese und ähnliche Art
werden nämlich nach solchen Ärgernissen meine Gedanken in
andere Bahnen geleitet. Besänftigt, wenn nicht gar geläutert,
gehe ich dann zum Kühlschrank, um ein Glas kalten Pfefferminz-
tee zu genießen, ein vorzügliches Getränk für solche Zustände: 35
jeder kleine Schluck bestätigt, daß man im Kampf gegen die
Auflehnung wieder einmal den Sieg davongetragen hat. Danach:
eine Patience.[8]

Denn in dieser Wohnung, die ich schon lange als meine
eigene betrachte, scheinen sich die Bräuche durch meine Über- 40
nahme nicht geändert zu haben. Sie haften an Einrichtung und
Ausstattung.[9] Die Atmosphäre bedingt die Handlungen der
Bewohner, und oft habe ich gar das Gefühl, ich müsse in irgendein sachliches Büro gehen, jedoch die Ausführung dieses
Gedankens scheitert an meiner mangelnden Entschlußkraft;[10] 45
zudem weiß ich nicht, welcher Art das Büro sei. Aber es ist
schließlich noch nicht aller Tage Abend,[11] wie ich oft zu mir
selbst sage.

---

[3] **Bullauges** porthole
[4] **alles, was er von sich gab** the only sound that he made
[5] **erschwerte mir die strenge, unverrückbare Anordnung der Gegenstände meinen Pendelweg** the strict, unchangeable arrangement of objects made my pacing back and forth difficult
[6] **Druck von Picassos blauer Jugend** reproduction from Picasso's youthful "blue" period
[7] **originalgetreuen Wiedergaben** accurate reproductions
[8] **eine Patience** a game of solitaire
[9] **Sie haften an Einrichtung und Ausstattung.** They cling to fixtures and furnishings.
[10] **scheitert an meiner mangelnden Entschlußkraft** fails because of my indecision
[11] **es ist schließlich noch nicht aller Tage Abend** time will tell

Immer seltener schaue ich durch das Loch. Ich bemerke, daß
der Menschenbestand drüben wechselt. Gäste, die am Anfang   50
dabei waren, sind inzwischen gegangen, andere dafür gekommen. Manche scheinen sich sogar verdoppelt zu haben, wie zum
Beispiel der Dichter Benrath, den ich ständig an zwei Stellen zu
gleicher Zeit zu sehen vermeine: eine beinahe tendenziöse
Augentäuschung! Ich bemerke, daß Gerda Stoehr sich die Haare   55
gefärbt hat—vielleicht mit Farben, die ehemals mir gehörten;
ich erkenne die Halldorff, die ich zum letztenmal vor acht
Jahren als Maria Stuart[12] gesehen habe (übrigens ein
unvergeßlicher Eindruck!), Frau von Hergenrath ist gegangen
—vielleicht ist sie inzwischen gestorben?—, aber der Glaser, ja, 60
der ist immer noch—und war auch die ganze Zeit— dabei.

Er war dabei an jenem Nachmittag, als das Atelier noch mir
gehörte, jenem denkwürdigen Nachmittag, als ich nach meiner
langen, unfruchtbaren Periode wieder anfangen wollte zu
malen. Er wechselte einige zerbrochene Fensterscheiben aus   65
und hämmerte leise vor sich hin. Meine Frau lag im Nebenzimmer und schlief; draußen regnete es: die Stimmung ist mir noch
gegenwärtig. Im Vorgefühl, nun nach Wochen des Suchens
einer Eingebung auf der Spur zu sein, mischte ich vergnügt die
Farben und erfreute mich am würzigen Duft der Emulsionen.   70

Der Glaser glaste still und schwieg: er würde nicht stören, so
dachte ich. Aber als ich die Leinwand auf die Staffelei stellte,
sagte er: «Ich male auch.»

«So», sagte ich kühl, vielleicht habe ich auch «ach» gesagt,
jedenfalls war mein Kommentar einsilbig.   75

«Ja», fuhr er dennoch ermuntert fort: «Bergmotive in Was-
serfarben. Aber nicht so modern wie diese Sachen, wo man nicht
weiß, was oben oder unten ist. Ich male, was ich sehe.» Er
sprach mit der aggressiven Autorität des Amateurs. «Kennen Sie
den Landschaftsmaler Linnertsrieder? Ich male so wie der.»   80

Ich sagte, daß ich diesen Landschaftsmaler nicht kenne, und
beschloß, nun doch mit dem Beginn der Arbeit zu warten, bis
der Glaser sich entfernt habe. Denn ich kannte diesen schmalen
Stimmungsgrat: wenn ich meiner Reizbarkeit freie Bahn ließe,
würde sofort die Konzeption meines Bildes ins Wanken gera-   85
ten.[13] Ich setzte mich in einen Sessel, zündete mir eine Zigarette
an und versuchte, den kommenden Schaffensakt vor mir herzuschieben,[14] sanft, sanft, damit er nicht verletzt werde.

[12] **Maria Stuart**   title role in play by Friedrich Schiller (1759– 1805)
[13] **diesen schmalen Stimmungsgrat: wenn ich meiner Reizbarkeit freie Bahn
   ließe, würde sofort die Konzeption meines Bildes ins Wanken geraten**   this
   mood's narrow ridge: if I gave way to my irritation, the plan of my picture
   would immediately begin to totter
[14] **den kommenden Schaffensakt vor mir herzuschieben**   to push the impending
   creative act before me [for the sake of preserving the inspiration until it could
   be committed to canvas]

Aber bevor der Glaser mit seiner Arbeit fertig war, kam Frau
von Hergenrath. Ich hörte auf zu schieben und unterdrückte 90
einen Atemstoß der Resignation. Es galt Ruhe zu bewahren: sie
war eine Mäzenin,[15] die Wesentliches zu meinem Lebensunterhalt beitrug. Denn die Kunst geht nach Brot,[16] wie jedermann,
der nichts davon versteht, oft und gern versichern wird.

«Ich komme», sagte die Gute, «um mich nach Ihnen umzuse- 95
hen.»[17] Dabei sah sie sich um, als suche sie mich zwischen den
Bildern. «Ich höre, Sie gehen durch eine unfruchtbare
Periode.»

Ich war nun wahrhaftig nicht geneigt, mich mit Frau von Hergenrath über die Tücken meiner Muse zu unterhalten. Daher 100
versicherte ich ihr, das Gegenteil sei der Fall, ich erfreue mich
voller Schaffenskraft, wobei ich mit vitaler Geste auf die umher-
stehenden Bilder als Zeugen wies. Sie waren zwar alt, und Frau
von Hergenrath hatte sie alle bereits mehrere Male gesehen,
aber ich konnte mich auf ihr mangelhaftes Gedächtnis verlassen. 105
In der Tat ging sie mit frischer, unsachlicher Kritik daran, mehr
als einmal das Gegenteil dessen zu äußern, was ich als ihre
frühere Meinung in Erinnerung hatte. Aber wenigstens der
Glaser war verstummt. Er hatte schweigend das Hämmern
wieder aufgenommen. Ich stellte fest, daß der Regen nachgelas- 110
sen hatte. Die Zeit stand still.

Dieser einschläfernde Nachmittag nahm eine jähe Wendung,
als Engelhardt plötzlich ins Zimmer stürzte, Engelhardt, der
unausstehliche Gesellschafter mit seiner tödlichen Herzlichkeit,
dem man aber nicht böse sein darf. Ein reifer Camembert[18] ist 115
er, unter seiner unangenehmen Schale weich, was ihn letzten
Endes noch anrüchiger[19] macht. Das auch noch! Ich zuckte
zusammen bei dem Gedanken an den erwarteten Schulterschlag. Er küßte Frau von Hergenrath die Hand, stürzte sich
dann auf mich und schlug zu. Dabei rief er zuerst etwas mit 120
«alter Knabe» und fragte dann: «Was macht die Kunst?»[20]

«Na ja, es geht», sagte ich. Die Antwort auf solche Fragen
variierte ich von Fall zu Fall nur gering. Es war mir niemals
gelungen, eine Entgegnung zu finden, die zugleich kurz und
erschöpfend ist, und es war auch nicht nötig, denn die Frage- 125
steller schienen stets mit diesen vagen Worten zufrieden zu sein.

«Ich sehe», fuhr dieser Mensch fort, indem er sich Frau von
Hergenrath bei der Besichtigung einiger besonders schwacher

---

[15] **Mäzenin**   patroness (Mäzen: Maecenas, famed Roman patron of the arts)
[16] **geht nach Brot**   has to eat (that is, must pay its way)
[17] **um mich nach Ihnen umzusehen**   to check on you
[18] **Camembert**   soft, strong-smelling French cheese
[19] **anrüchiger**   more infamous (derived from *riechen*, "smell," the adjective here
also suggests "smellier")
[20] **«Was macht die Kunst?»**   "How are things in the art business?"

Frühwerke anschloß, «die Muße²¹ küsst dich unentwegt. Das
wollen wir begießen.»²² Er zog eine Flasche Kognak aus der   130
Rocktasche. In seiner Fähigkeit, sein einziges Ziel im Leben—
die sogenannte Hochstimmung—zu verwirklichen, war er wahrhaft beneidenswert. «Ein begabter Hund, was?» fragte er Frau
von Hergenrath. Er meinte mich. Ich war damit beschäftigt,
Gläser zu holen, sah daher nicht, ob er sie dabei—wie es seine   135
Art war—in die Seite puffte.²³

    Hier stieß meine Frau zu uns. Das Geräusch des Entkorkens²⁴
weckt sie immer, weckt sie selbst auf einige Entfernung, es
wirkt, wo Küchenwecker versagen. Sie wandelte auf uns zu und
begrüßte uns verhalten. Ich hatte das Gefühl, daß sie außer mir   140
niemanden so recht erkannte: es wurde ihr immer recht schwer,
sich nach dem Mittagsschlaf im Leben zurechtzufinden, aber
nach einigen Glas Schnaps gewann sie ihre—oft eigenwillige—
Perspektive wieder. Engelhardt reichte ihr ein großzügiges
Maß. Dann wollte er Frau von Hergenrath einschenken; sie aber   145
legte ihre flache Hand auf das Glas und sagte, sie trinke niemals
um diese Zeit. Diese Feststellung enthielt natürlich eine Spitze,
auf mich gerichtet: ein Mäzenat, dessen Nutznießer am hellichten Tag außerkünstlerischer Tätigkeit nachgehe, sei zu überprüfen!²⁵ Aber diese Feinheit nahm Engelhardt nicht wahr. Unter   150
Anwendung dessen, was man vielleicht mit seiner spaßigen
Überredungskunst bezeichnen könnte, gelang es ihm, sie zu
einem sogenannten halben Gläschen zu bewegen. Damit war die
Basis zur Überschreitung ihrer Vorsätze geschaffen, und hiernach sprach sie, wie man sagt, dem Kognak eifrig zu.²⁶   155

    Leider gelang es mir nicht, Engelhardt daran zu hindern,
auch dem Glaser einen Schluck anzubieten. Dieser hatte bis
dahin sinnlos vor sich hingehämmert, obgleich er längst mit
seiner Arbeit fertig sein mußte. Es gefiel ihm hier. Auf Engel-
hardts Aufforderung hin kam er nun zum Tisch, sagte: «Ich bin   160
so frei» und kippte sich²⁷—man kann es nicht anders aus-
drücken—die Flüssigkeit in den Hals. «Ich male auch», sagte er
daraufhin zu Engelhardt, gleichsam um die Aufnahme in
unseren Kreis gerechtfertigt erscheinen zu lassen. «Wer malt
nicht?» fragt dieser albern, aber damit konnte der Glaser nichts   165

---

²¹ **Muße** leisure (a pun on *Muse*)
²² **Das wollen wir begießen.** Let's drink to that.
²³ **puffte** nudged
²⁴ **Geräusch des Entkorkens** sound of a bottle being uncorked
²⁵ **ein Mäzenat, dessen Nutznießer am hellichten Tag außerkünstlerischer Tätig-
    keit nachgehe, sei zu überprüfen** a patronage of which the beneficiary
    engaged in extra–artistic activities in broad daylight was a matter to be
    investigated
²⁶ **sprach . . . dem Kognak eifrig zu** partook zealously of the cognac
²⁷ **«Ich bin so frei» und kippte sich** "Don't mind if I do," and tossed

anfangen und verwickelte meine Frau in ein—freilich einsei-
tiges—Gespräch über Kunst.

So saßen wir denn, als sich die Tür öffnete und ein mir
fremdes Paar—vermutlich ein Ehepaar—eintrat. Da meine
Frau über dem Getränk ihre Pflichten als Gastgeberin vergessen 170
hatte, stand ich auf und begrüßte die beiden so freundlich, wie
es mir unter den Umständen gegeben war. Der Mann stellte sich
vor—den Namen verstand ich nicht; ich habe beim Vorstellen
noch niemals einen Namen verstanden, denn jeder Name trifft
mich zu unvorbereitet— und sagte, er käme mit einer Empfeh- 175
lung von Hébertin in Paris. «Aha, Hébertin», sagte ich und
nickte, als sei mir die mit ihm verbrachte Periode meines Lebens
gegenwärtig; dabei hatte ich noch nie von ihm gehört. Ich stellte
das Paar meiner Frau und den anderen vor, indem ich einige
Vokale murmelte, die ich in ihren Namen gehört zu haben 180
glaubte, und betonte dabei die Empfehlung von Hébertin, aber
dieser schien bei niemandem eine Gedankenverbindung hervorzurufen.[28] Meine Frau holte Gläser, Engelhardt zog eine zweite
Flasche aus einer anderen Rocktasche, und schon war das Paar
im schönsten Sinne bei mir zu Hause. 185

Irgendwie war die Situation außer Kontrolle geraten. Erstens
beunruhigte mich der Anblick des Glasers; er hatte seine Hand
auf Frau von Hergenraths Arm gelegt und erklärte ihr soeben,
daß er das male, was er sehe, aber sie hörte nicht zu, sondern
trällerte leise. Zweitens hatte mich ein Gefühl hilfloser Melan- 190
cholie ergriffen. Die Vision des geplanten Bildes war in sich
zusammengestürzt, die Muse verhüllten Gesichtes[29] entflohen:
sie hatte nichts zurückgelassen als einen tantalisierenden Terpentinduft.[30] Ich sah auf das unbekannte Paar. Beide rauchten
Zigarren. Sie schienen sich wohl zu fühlen. Die Frau erzählte 195
soeben meiner Frau, daß Hébertin in die Rue Marbeau gezogen
sei und immer noch—leider—seiner alten Angewohnheit
fröne.[31] Dem Mienenspiel[32] der Frau nach zu urteilen, mußte es
sich um etwas Schlimmeres als Rauschgift[33] handeln.

Inzwischen hatte Engelhardt, der Herr der Situation, noch 200
mehrere Leute angerufen—er selbst nannte diesen Akt:
«Zusammentrommeln»[34]—und ihnen erklärt, bei mir sei ein
Fest im Gange. Er forderte sie auf, zu kommen und Freunde,
Verwandte, vor allem aber Flaschen möglichst potenten Inhalts

---

[28] **eine Gedankenverbindung hervorzurufen**   to call up any association
[29] **verhüllten Gesichtes**   with veiled countenance
[30] **Terpentinduft**   odor of turpentine
[31] **seiner alten Angewohnheit fröne**   was addicted to his old habit
[32] **Mienenspiel**   facial expression
[33] **Rauschgift**   narcotics
[34] **Zusammentrommeln**   drumming up [a group of people]

mitzubringen. Nur mit Mühe gelang es mir, den Glaser davon 205
abzuhalten, das gleiche zu tun. Ich klopfte ihm freundschaftlich
auf die Schulter und erklärte ihm, daß, wenn zu viele Leute
kämen, man gegenseitig nichts mehr voneinander habe;[35] denn
das Wesentliche jeder Geselligkeit sei doch schließlich das
«Gespräch». Das leuchtete ihm ein. 210

Zuerst kam Gerda Stoehr, flankiert von zwei älteren Herren,
untadelig, sozusagen mit Stil, geborene Beschützer, beide.
Befremdet sahen sie sich um. Aber als ihr Schützling meine Frau
in Kindersprache begrüßte, lächelten sie einander bestätigend
zu, und der Prozeß des Auftauens begann, der nun vor nichts 215
und niemandem mehr haltmachte.

Und dann brach der laute Schwarm der Gäste herein, jeder
mit einer oder mehreren Flaschen beladen. Einige unter ihnen
kannte ich, so zum Beispiel Vera Erbsam, eine intime Busenfeindin[36] meiner Frau, die mir immer Augen gemacht hat (wie man 220
so schön sagt), bis ich ihr eines Tages erzählte, daß mein Vater
eine Dampfbäckerei[37] in Dobritzburg* betriebe; seitdem sah sie
mich nur noch argwöhnisch an. Trotzdem war sie gekommen
und hatte einen jungen Mann mitgebracht, den ich ebenfalls
oberflächlich kannte, ein Assessor oder Referendar,[38] wenn das 225
nicht überhaupt das gleiche ist. Er sah aus wie ein Bräutigam,
vermutlich war er der ihre. Dann war da ein Filmschauspielerehepaar rätselhafter Herkunft, sie hießen de Pollani, aber wohl
nicht wirklich, waren wohl auch in Wirklichkeit kein Ehepaar.
Ich hatte die Frau einmal gemalt, bei welcher Gelegenheit sie 230
ihre Sonnenbrille abgenommen hatte. Ich hörte Engelhardt, der
inzwischen die Rolle des Gastgebers übernommen hatte, Frau
de Pollani mit «darling» anreden, womit er das Panorama der
Welten, auf deren Boden er sich mit Sicherheit bewegte, um
einen weiteren Ausschnitt[39] vergrößerte. 235

Es ist unnötig, hier weiter auf andere Gäste als Individuen
einzugehen. Um der Stimmung gerecht zu werden, genüge es,
zu sagen, daß noch vor Anbruch der Nacht der Gästekörper eine
homogene Masse war, in welcher dauernd nüchterne Neuan-
kömmlinge untertauchten, um beinahe sofort Glieder der Allge- 240

---

[35] **man gegenseitig nichts mehr voneinander habe**   people would no longer be
able to enjoy one another's company
[36] **Busenfeindin**   bosom enemy
[37] **Dampfbäckerei**   steam bakery
[38] **Assessor oder Referendar**   titles marking two stages, preceding full qualifica-
tion, in the study of law and other fields
[39] **um einen weiteren Ausschnitt**   by an additional segment (pun on *Ausschnitt*,
which also means décolleté)

---

* All items marked with an asterisk are names of places. See Appendix 1, Place
Names.

meinheit zu werden. «Das ganze Leben müßte ein Atelierfest
sein», hörte ich nicht weit von mir einen jungen Kollegen sagen.
«Das ganze Leben ist ein Atelierfest», sagte der Bärtige[40] neben
ihm. Er war Kunstkritiker, auch berühmt für seine treffenden ex
tempore-Aphorismen.[41] Mir fiel ein, daß ich ihn diesen Abend 245
zum Essen eingeladen hatte, aber er schien sich mit der veränderten Situation abgefunden zu haben. Er stand da, lächelte
versonnen in sein Glas und tippte dauernd mit der Schuhspitze
an den fetten Schmitt-Holweg, der, kolossal und trunken, am
Boden lag. Er war Bildhauer, trug seine Berufung mit schmerz- 250
licher Erbitterung, der er lallend Ausdruck verlieh,[42] und sah
aus, als habe Rabelais[43] ihn im Rausch erfunden.

Kurz vor Mitternacht wurde ich an die Wand gedrückt, und
zwar mit dem Gesicht zur Mauer. Ein bacchantischer Zug[44]
wälzte sich an mir vorbei und machte es mir unmöglich, vermit- 255
tels einer halben Drehung mich wenigstens auf meine eigenen
Bilder setzen zu können. In dieser verzweifelten Lage entdeckte
ich einen Hammer in der Tasche meines Nebenmannes. Es war
der Glaser. Ich rief: «Gestatten Sie einen Augenblick»—obgleich Höflichkeit hier völlig fehl am Platze[45] war, denn man 260
konnte sich kaum noch verständlich machen—, nahm ihm den
Hammer aus der Tasche und begann, damit die Wand aufzu-
hauen.

Da ich hinten nicht weit ausholen durfte, um die Gäste nicht
zu gefährden, war diese Arbeit anstrengend und ging recht 265
langsam von der Hand. Zuerst bröckelte der Putz[46] in kleinen
Scheiben ab, dann lockerte sich der Beton,[47] der als Kies[48] und
Sand abfiel und bald mir zu Füßen einen Haufen bildete. Die
Gesellschaft hinter mir schien einen Höhepunkt erreicht zu
haben, aber es kümmerte mich nicht. Aus der Ecke an der 270
anderen Seite hörte ich durch den trunkenen Lärm eine Frauenstimme ein anstößiges[49] Lied singen. Unter gewöhnlichen
Umständen wäre mir das wegen Frau von Hergenrath peinlich
gewesen, aber nun, da ich im Begriff war, aus dem Atelier zu
schlüpfen, war es mir gleichgültig. Übrigens erkannte ich auch 275
bald, daß es Frau von Hergenrath war, die sang: offensichtlich

---

[40] **der Bärtige** the man with the beard
[41] **treffenden ex tempore-Aphorismen** pertinent extemporary aphorisms
[42] **der er lallend Ausdruck verlieh** to which he gave stammering expression
[43] **Rabelais** François Rabelais (1494–1553), French writer renowned for his
satirical and earthy writings
[44] **bacchantischer Zug** bacchanalian procession
[45] **fehl am Platze** out of place
[46] **Putz** plaster
[47] **Beton** concrete
[48] **Kies** gravel
[49] **anstößiges** ribald

besaß sie Eigenschaften, von denen ich nichts geahnt hatte, da
sie wohl auch einer gewissen Entfesselung bedurften, um voll
hervortreten zu können.

Das Loch wuchs. Nach einiger Zeit stieß ich auf der anderen   280
Seite durch und konnte mit Hilfe des einbrechenden Lichtkegels[50] die Lage im Schlafzimmer meiner Nachbarn überblicken.
Sie hießen Gießlich, heißen wohl immer noch so und sind auch
in gewissem Sinne wieder meine Nachbarn. Es waren modern
eingestellte,[51] dabei aber rechtschaffene Leute, aber diese letz-   285
tere Eigenschaft hat sich nun wohl ein wenig geändert—und
zwar zugunsten der ersteren Eigenschaft—, und ich will meine
Schuld daran nicht leugnen.

Beide hatten sich in den Betten aufgerichtet, schalteten das
Licht an und begrüßten mich erstaunt, aber nicht unfreundlich: 290
ja, ich muß sagen, sie legten eine gewisse liebevolle Nachsicht
zur Schau,[52] wie sie Künstler nur selten von seiten bürgerlicher
Mitmenschen erfahren, vor allem in solch ungewöhnlichen
Situationen. Vielleicht waren sie sich beim Erwachen sofort
ihrer Aufgeschlossenheit bewußt geworden. Ich grüßte aus Ver-   295
legenheit zunächst nur kurz und hämmerte weiter, bis die Öffnung die Ausmaße erreicht hatte, die sie auch jetzt noch hat.
Dann fragte ich etwas unbeholfen: «Darf ich nähertreten?» und
schob mich, ohne die Antwort abzuwarten, hindurch.

Nachdem ich mir mit der Hand den Betonstaub[53] von den   300
Schultern gebürstet hatte, um diesen nächtlichen Auftritt nicht
allzu improvisiert erscheinen zu lassen, sagte ich: «Bitte, entschuldigen Sie die Störung zu so später Stunde; aber ich bin
gekommen, um Sie zu einem Atelierfest einzuladen, das heute
nacht bei mir stattfindet.» Pause. «Es geht sehr lustig zu.»[54]   305

Die Gießlichs sahen einander an, eine Geste, der ich mit
Erleichterung entnahm, daß meine Einladung als Gegenstand
der Erörterung gelten durfte.[55] Ich wollte sofort wieder einhaken,[56] aber da sagte Herr Gießlich mit einem, wie mir schien,
etwas süßlichen Lächeln, daß er mir zwar für die freundliche   310
Einladung danke, aber daß ein Ehepaar in ihren Jahren, wenn
auch modern eingestellt, doch wohl kaum mehr so recht in eine
Versammlung von Menschen gehöre, deren gemeinsame Lebensaufgabe—nämlich die Kunst—auch ein gemeinsames Schicksal bedinge, welches sie—die Gießlichs—nun einmal nicht   315

---

[50] **einbrechenden Lichtkegels**   cone of light that broke through
[51] **modern eingestellte**   progressive
[52] **sie legten eine gewisse liebevolle Nachsicht zur Schau**   they exhibited a certain affectionate consideration
[53] **Betonstaub**   concrete dust
[54] **Es geht sehr lustig zu.**   Things are pretty lively.
[55] **als Gegenstand der Erörterung gelten durfte**   might be considered a subject
for discussion
[56] **einhaken**   pick up the conversation

teilten. Aber gerade, sagte ich, Künstler habe ja eben die Eigenschaft, jeden Außenstehenden sogleich spüren zu lassen, daß er bei ihnen zu Hause sei; außerdem gäbe es bei mir da drüben eine bunte Mischung von Gästen, von adligen Mäzenen bis zu einfachen Handwerkern. Ich entfaltete zum erstenmal in dieser 320 Nacht eine gewaltige Beredsamkeit, mit der ich auch schließlich die Gießlichs für das Fest zu erwärmen vermochte, ja, es gelang mir sogar, sie dazu zu überreden, sich nicht erst anzuziehen und in Nachtgewändern hinüberzuschlüpfen, indem ich sagte, drüben seien alle recht leicht bekleidet. Das war zwar eine Lüge, 325 aber ich verspürte das wachsende Bedürfnis, nun endlich allein zu sein.

Sie standen von ihren Betten auf. Herr Gießlich hatte einen gestreiften Pyjama an, sie trug ein Nachthemd. Er half ihr in den Morgenrock[57] wie in einen Abendmantel und lief, nun schon 330 ungeduldig, auf und ab, während sie sich vor ihrem Toilettenspiegel das Haar kämmte. Es war mir also tatsächlich gelungen, in ihnen Feuer und Flamme zu entfachen;[58] nachträglich fragte ich mich, welche der Verlockungen wohl den Ausschlag gegeben hatte: die menschenfreundlichen Eigenschaften der 335 Künstler? Oder die Gegenwart adliger Mäzene? Wenn ich durch das Loch schaue, denke ich allerdings, daß es wohl doch die Sache mit der leichten Bekleidung war, die in erschreckendem Maße zu Wahrheit wird.[59]

Zuerst zwängte sich Herr Gießlich durch das Loch. Er muß 340 drüben sofort festen Fuß gefaßt haben, denn er reichte von dort galant seiner Frau die Hand, als helfe er ihr, die hohen Stufen einer Droschke[60] zu erklimmen. Ich mußte an meiner Seite zupacken, denn Frau Gießlichs Umfang war beträchtlich, ist es übrigens heute noch. Aber auch sie hatte sicheren Boden 345 erreicht. Ich war allein.

Unter einigem Kraftaufwand[61] schob ich den schweren Kleiderschrank vor das Loch, wo er heute noch steht. Nun wurde es wesentlich ruhiger, denn die Kleider im Schrank dämpften den Schall. Zudem war vielleicht auch eine Ermattung auf dem Fest 350 eingetreten, eine ruhigere Periode zwischen Höhepunkten.

Erschöpft ließ ich mich auf eines der beiden Betten sinken und versuchte, die Situation zu überdenken, aber ich war zu müde und kam über die Verarbeitung unmittelbarer Eindrücke nicht mehr hinaus,[62] hatte schließlich auch einen anstrengenden 355

---

[57] **Morgenrock** dressing gown
[58] **in ihnen Feuer und Flamme zu entfachen** in getting them aroused
[59] **zu Wahrheit wird** is coming true
[60] **Droschke** carriage
[61] **Unter einigem Kraftaufwand** by applying considerable strength
[62] **kam über die Verarbeitung unmittelbarer Eindrücke nicht mehr hinaus** no farther than pondering on immediate impressions

Abend hinter mir. Von weitem hörte ich das Pfeifen einer Loko-
motive, und ich weiß noch, daß ich froh war, nun über dem
Rauschen des Festes nebenan—im Augenblick schien es nicht
mehr als ein Summen—andere Geräusche wahrnehmen zu können. Durch die Vorhänge sah ich, daß es heller wurde, also die   360
Tageszeit anbrach, zu der ich, wenn ich wach bin, an einer
langen Bahn von Bildern, von Erinnerungen bis zu trüben
Ahnungen entlanggleite. Dazwischen hörte ich das Krähen eines
Hahnes; die einzige Funktion des Federviehs, die ihm Anspruch
auf poetische Verarbeitung gibt,[63] dachte ich und merkte, daß,   365
wie so oft in ungewohnten Lagen, meine Gedanken sich selbständig machten. Darauf schlief ich ein. Am späten Nachmittag
erwachte ich. Ich sah durch das Loch. Da war das Fest noch voll
im Gange, und ich wußte, daß es nun für immer weitergehen
würde.   370

FRAGEN

1. Was sah der Erzähler, als er wieder durch das Loch in der
   Wand guckte?
2. Warum beschloß er, doch mit seiner Arbeit zu warten?
3. Warum mußte er Frau von Hergenrath ertragen?
4. Wer stürzte plötzlich ins Zimmer?
5. Was und wie wollte er feiern?
6. Warum wollte Frau von Hergenrath zuerst nicht trinken?
7. Was sagte der Mann, der aus Paris kam?
8. Was hatte Engelhardt inzwischen getan?
9. Was tat der Erzähler, um sich zu befreien?
10. Was für Leute waren die Gießlichs?
11. Warum lehnten Gießlichs die Einladung zuerst ab?
12. Was machte der Erzähler mit dem Schrank?
13. Was versuchte er dann zu tun?
14. Was wußte er, als er am Nachmittag aufwachte?

ZUR BESPRECHUNG DES TEXTES

1. Ein Künstler beklagt sich beim Hauswirt.
2. Ein Künstler, der arbeiten will, kriegt Besuch.
3. Engelhardt trommelt andere Leute zusammen.
4. Der Künstler kriecht durch ein Loch in der Wand.
5. Das Fest geht immer weiter.

---

[63] **des Federviehs, die ihm Anspruch auf poetische Verarbeitung gibt** the feath-
ered beast that gives it a claim to poetic treatment

FRIEDRICH DÜRRENMATT
(1921–)

*"Der Theaterdirektor" is the story of how a country, mesmer-
ized by one man's actions, falls prey to evil. No names are
mentioned, no dates are given, but with careful reading one
realizes that the director, the theater itself, the theatergoing
public, and the actress are symbols for any country that allows
itself to be seduced into totalitarianism. Indeed, Dürrenmatt
makes it clear that the public (read, people) even welcomes and
promotes its own doom. Dürrenmatt skillfully crafts a coherent
whole in the space of a few pages: no word is wasted in the
tightly knit construction of the story.*

*The reader must look for several elements here that, once
recognized, will aid the proper comprehension of what, at first
sight, may appear to be a very difficult and almost arcane piece.
A word here and a phrase there are so subtly introduced that it is
easy to miss their significance if one is not on the alert. "Nach
seiner Wahl ins Parlament" is one such phrase that occurs early
in the story; with it Dürrenmatt shifts emphasis beyond the
theater into the political arena.*

*The student should be aware of the symbolism involved. Who
or what is the actress? How does the theater audience turn into a
raging mob? Why and how does the director achieve his aims?
Almost every clause of every sentence contains something essential to our understanding of the story. It is a virtuoso performance, symbolically depicting a frighteningly real event that has
occurred (and will continue to occur) all over the world.*

*This story by Dürrenmatt is a tour de force in which the
linguistic and literary elements seamlessly support and reinforce
each other. The text consists of one long paragraph which moves
inexorably to its gruesome climax. Because the author makes
frequent use of the passive voice and its substitutes, the student
is encouraged to review this aspect of grammar before beginning
to read "Der Theaterdirektor."*

Der Theaterdirektor

Der Mensch, dem die Stadt erliegen sollte, lebte schon unter
uns, als wir ihn noch nicht beachteten. Wir bemerkten ihn erst,
als er durch ein Betragen aufzufallen begann, das uns lächerlich
schien, wie denn in jenen Zeiten über ihn viel gespottet worden
ist: Doch hielt er die Leitung des Theaters schon inne,[1] als wir   5

---

[1] **hielt er die Leitung des Theaters schon inne**   he was already the manager of
the theater

auf ihn aufmerksam wurden. Wir lachten nicht über ihn, wie wir
es bei Menschen zu tun pflegen, die uns durch Einfalt oder Witz
ergötzen, sondern wie wir uns bisweilen über unanständige
Dinge belustigen. Doch ist es schwierig anzuführen, was in den
ersten Zeiten seines Auftretens zum Lachen reizte, um so mehr,   10
als ihm später nicht nur mit knechtischer Hochachtung[2] begegnet wurde—dies ist uns noch als ein Zeichen der Furcht verständlich gewesen—, sondern auch mit ehrlicher Bewunderung.
Vor allem war seine Gestalt sonderbar. Er war von kleinem
Wuchs. Sein Leib schien ohne Knochen, so daß von ihm etwas   15
Schleimiges ausging. Er war ohne Haare, auch jene der Brauen
fehlten. Er bewegte sich wie ein Seiltänzer,[3] der das Gleichgewicht zu verlieren fürchtet, mit geräuschlosen Schritten, deren
Schnelligkeit regellos wechselte.[4] Seine Stimme war leise und
stockend. Wenn er mit einem Menschen in Berührung trat,   20
richtete er seinen Blick stets auf tote Gegenstände. Doch ist es
ungewiß, wann wir die Möglichkeit des Bösen in ihm zum ersten
Male ahnten. Vielleicht geschah dies, als sich gewisse Veränderungen auf der Bühne bemerkbar machten, die ihm zuzu-
schreiben waren. Vielleicht, doch ist es zu bedenken, daß   25
Veränderungen im Ästhetischen im allgemeinen noch nicht mit
dem Bösen in Verbindung gebracht werden, wenn sie zum
ersten Male unsere Aufmerksamkeit erregen: Wir dachten
damals eigentlich mehr an eine Geschmacklosigkeit, oder machten uns über seine vermutliche Dummheit lustig. Gewiß hatten   30
diese ersten Aufführungen im Schauspielhaus unter seiner Regie
noch nicht die Bedeutung jener, die in der Folge berühmt werden sollten, doch waren Ansätze[5] vorhanden, die seinen Plan
andeuteten. So war etwa ein Hang zum Maskenhaften eigentümlich,[6] der schon in dieser frühen Zeit seine Bühne auszeichnete,   35
auch war jenes Abstrakte des Aufbaus vorhanden, das später so
hervorgehoben worden ist. Diese Merkmale drängten sich nicht
auf, doch mehrten sich die Anzeichen,[7] daß er eine bestimmte
Absicht verfolgte, die wir spürten, aber nicht abschätzen konnten. Er mochte einer Spinne gleichen, die sich anschickt, ein   40
riesenhaftes Netz zu bereiten: Wobei er aber scheinbar planlos
verfuhr, und vielleicht war es gerade wieder diese Planlosigkeit,
die uns verführte, über ihn zu lachen. Natürlich konnte es mir

---

[2] **knechtischer Hochachtung**   slavish respect
[3] **Seiltänzer**   tightrope walker
[4] **deren Schnelligkeit regellos wechselte**   the tempo of which changed
irrationally
[5] **Ansätze**   intimations
[6] **war etwa ein Hang zum Maskenhaften eigentümlich**   perhaps a tendency
toward camouflage was characteristic
[7] **Anzeichen**   indications

mit der Zeit nicht verborgen bleiben, daß er unmerklich in den
Vordergrund strebte, nach seiner Wahl ins Parlament fiel dies   45
jedem auf. Indem er das Theater mißbrauchte, setzte er an, die
Menge an einem Ort zu verführen, wo niemand eine Gefahr
vermutete. Doch wurde mir die Gefahr erst bewußt, als die
Veränderungen auf der Bühne einen Grad erreicht hatten, der
die geheime Absicht seines Handelns bloß legte:[8] Wie in einem   50
Schachspiel erkannten wir den Zug,[9] der uns vernichtete, erst,
als er gespielt war, zu spät. Wir haben uns dann oft gefragt, was
die Masse bewog, in sein Theater zu gehen. Wir mußten gestehen, daß diese Frage kaum zu beantworten war. Wir dachten an
einen bösen Trieb, der die Menschen zwingt, ihre Mörder auf-   55
zusuchen, um sich ihnen auszuliefern, denn jene Veränderungen enthüllten, daß er die Freiheit zu untergraben bestrebt war,
indem er deren Unmöglichkeit nachwies,[10] so daß seine Kunst
eine verwegene Attacke auf den Sinn der Menschheit war. Diese
Absicht führte ihn dazu, jedes Zufällige auszuschalten und alles   60
auf das peinlichste zu begründen,[11] so daß die Vorgänge der
Bühne unter einem ungeheuerlichen Zwange standen. Auch war
bemerkenswert, wie er mit der Sprache verfuhr,[12] in welcher er
die Elemente unterdrückte, in denen sich die einzelnen Dichter
unterscheiden, so daß der natürliche Rhythmus verfälscht   65
wurde, um den gleichmäßigen, entnervenden Takt stampfender
Kolben[13] zu erreichen. Die Schauspieler bewegten sich wie Mar-
ionetten, ohne daß die Macht im Hintergrund geblieben wäre,
die ihr Handeln bestimmte, sondern sie vor allem war es, die sich
als eine sinnlose Gewalt offenbarte, so daß wir in einen Maschi-   70
nensaal zu blicken glaubten, wo eine Substanz erzeugt wurde,
welche die Welt vernichten mußte. Hier soll auch erwähnt werden, wie er Licht und Schatten benutzte, die ihm nicht dienten,
auf unendliche Räume hinzuweisen und so eine Verbindung mit
der Welt des Glaubens herzustellen, sondern dazu, die Endlich-   75
keit der Bühne aufzudecken, da merkwürdige, kubische Blöcke
das Licht begrenzten und hemmten, wie er denn ein Meister der
abstrakten Form gewesen ist; auch wurde durch geheime Vorrichtungen[14] jeder Halbschatten vermieden, so daß sich das
Geschehen in engen Kerkerräumen abzuspielen schien. Er ver-   80
wandte nur Rot und Gelb in einem Feuer, welches das Auge

---

[8] **bloß legte**   exposed
[9] **Zug**   move
[10] **indem er deren Unmöglichkeit nachwies**   by demonstrating its impossibility
[11] **alles auf das peinlichste zu begründen**   to substantiate everything most
meticulously
[12] **mit der Sprache verfuhr**   treated language
[13] **stampfender Kolben**   of pounding pistons
[14] **durch geheime Vorrichtungen**   by means of secret devices

verletzte. Am teuflischsten aber war, daß unmerklich jeder Vorgang einen anderen Sinn erhielt und sich die Gattungen[15] in einander zu vermischen begannen, indem eine Tragödie in eine Komödie verwandelt wurde, während sich ein Lustspiel zu einer Tragödie verfälschte. Auch hörten wir damals oft von Aufständen jener Unglücklichen, die gierig waren, ihr Los mit Gewalt zu verbessern, doch waren es immer noch wenige, die dem Gerücht Glauben schenkten,[16] daß die treibende Kraft dieser Vorfälle bei ihm zu suchen wäre. In Wahrheit war es jedoch so, daß ihm von Anfang an das Theater nur als Mittel diente, jene Macht zu erlangen, die sich später als eine rohe Herrschaft der schrecklichen Gewalt enthüllen sollte. Was uns in jener Zeit hinderte, diesen Vorgängen näher auf die Spur zu kommen,[17] war der Umstand, daß sich die Sache der Schauspielerin für den Einsichtigen[18] immer drohender zu gestalten begann. Ihr Schicksal war mit demjenigen der Stadt sonderbar verknüpft, und er versuchte sie zu vernichten. Als jedoch seine Absicht ihr gegenüber deutlich wurde, war seine Stellung in unserer Stadt so gefestigt, daß sich das grausame Geschick dieser Frau vollziehen konnte, ein Geschick, das allen verhängnisvoll werden sollte, und das auch jene abzuwenden nicht Macht besaßen, die das Wesen seiner Verführung durchschaut hatten.[19] Sie unterlag ihm, weil sie die Macht verachtete, die er verkörperte. Es kann nicht gesagt werden, daß sie berühmt gewesen wäre, bevor er die Theaterleitung übernahm, doch hielt sie im Theater eine Stellung inne, die zwar gering, aber doch unangefochten war, auch hatte sie es der allgemeinen Achtung zu verdanken, daß sie ihre Kunst ohne jene Zugeständnisse ausüben konnte, die andere, die mehr bezweckten und deren Stellung bedeutender war, der Öffentlichkeit darbringen mußten:[20] Wie es denn auch bezeichnend ist, daß er sie durch diesen Umstand zu vernichten wußte, denn er verstand es, den Menschen zu Fall zu bringen,

---

[15] **Gattungen** genres
[16] **die dem Gerücht Glauben schenkten** who gave credibility to the rumor
[17] **diesen Vorgängen näher auf die Spur zu kommen** from finding out more about these events
[18] **für den Einsichtigen** for the perceptive person (in the audience)
[19] **das auch jene abzuwenden nicht Macht besaßen, die das Wesen seiner Verführung durchschaut hatten** that even those who had seen through his seductive ways did not have the power to avert
[20] **die zwar gering, aber doch unangefochten war, auch hatte sie es der allgemeinen Achtung zu verdanken, daß sie ihre Kunst ohne jene Zugeständnisse ausüben konnte, die andere, die mehr bezweckten und deren Stellung bedeutender war, der Öffentlichkeit darbringen mußten** that was, to be sure, limited but nevertheless undisputed; also she could thank the high regard in which she was held for the fact that she could practice her art without those concessions that others who had higher goals and whose positions were more important had to offer to the public

indem er seine Tugenden ausnützte. Die Schauspielerin hatte
sich seinen Anordnungen nicht unterworfen. Sie schenkte den 115
Veränderungen keine Beachtung, die sich auf dem Theater voll-
zogen, so daß sie sich immer deutlicher von den andern unterschied. Aber es war gerade diese Beobachtung, die mich mit
Sorge erfüllte, denn es war auffällig, daß er keinen Schritt unternahm, sie zu zwingen, sich seinen Anordnungen zu unterziehen. 120
Daß sie sich abhob,[21] war sein Plan. Zwar soll er einmal eine
Bemerkung über ihr Spiel gemacht haben, nachdem er kurz
zuvor das Theater übernommen hatte; ich habe aber über diese
Auseinandersetzung nie Sicheres erfahren können. Doch ließ er
sie seitdem in Ruhe und unternahm nichts, sie aus dem Theater 125
zu entfernen. Er stellte sie vielmehr immer deutlicher in den
Vordergrund, so daß sie mit der Zeit die erste Stellung im
Schauspielhaus einnahm, obschon sie dieser Aufgabe nicht
gewachsen war.[22] So war es dieses Verfahren, das uns mißtrauisch machte, denn es war doch so, daß ihre Kunst und 130
seine Auffassung in dem Maße entgegengesetzt waren, daß eine
Auseinandersetzung unvermeidlich schien, die um so gefähr-
licher sein mußte, je später sie erfolgte. Auch waren Anzeichen
vorhanden, daß sich ihre Stellung entscheidend zu ändern
begann. Wurde zuerst ihr Spiel von der Menge begeistert und 135
mit einer Einmütigkeit[23] gelobt, die gedankenlos gewesen war
(sie galt als seine große Entdeckung), so begannen sich nun
Stimmen zu regen, die darauf ausgingen,[24] sie zu tadeln und ihr
vorzuwerfen, sie sei seiner Regie nicht gewachsen und ferner, es
zeuge von seiner seltenen Geduld (und Menschlichkeit), daß er 140
sie noch immer in ihrer führenden Stellung belasse. Doch da
besonders ihr Verharren in[25] den Gesetzen der klassischen
Schauspielkunst angegriffen wurde, nahmen sie wieder gerade
jene in Schutz, welche die wahren Mängel ihrer Kunst erkannt
hatten, ein unglücklicher Kampf, der sie leider bestärkte, nicht 145
freiwillig vom Theater zu gehen—sie hätte sich vielleicht so
noch retten können, wenn ihm auch unsere Stadt kaum mehr
hätte zu entgehen vermögen.[26] Doch trat erst dann die entschei-
dende Wendung ein, als sich die Tatsache abzuzeichnen
begann,[27] daß ihre Kunst bei der Menge eine sonderbare Wir- 150
kung auslöste, die für sie peinlich sein mußte und die darin

---

[21] **Daß sie sich abhob**   The fact that she set herself apart
[22] **dieser Aufgabe nicht gewachsen war**   was not up to this task
[23] **Einmütigkeit**   unanimity
[24] **die darauf ausgingen**   which began
[25] **Verharren in**   abiding by
[26] **wenn ihm auch unsere Stadt kaum mehr hätte zu entgehen vermögen**
    though our city at this point would hardly have been able to escape from him
[27] **als sich die Tatsache abzuzeichnen begann**   when the fact began to be evident

bestand, daß[28] man über sie im geheimen und dann auch
während der Vorstellung zu lachen anfing; eine Wirkung, die er
natürlich genau berechnet und immer mehr auszubauen versuchte. Wir waren bestürzt und hilflos. Mit der grausamen   155
Waffe des Unfreiwillig-Komischen[29] hatten wir nicht gerechnet.
Wenn sie auch weiterspielte, so war es doch gewiß, daß sie es
bemerkte, wie ich denn auch vermute, daß sie eher als wir vom
Unvermeidlichen[30] ihres Untergangs wußte. Um diese Zeit
wurde ein Werk vollendet, worüber in unserer Stadt schon lange   160
gesprochen worden war, und das wir mit großer Spannung
erwartet hatten. Es ist zwar so, daß sich mit diesem Bau schon
viele auseinandergesetzt haben, doch muß ich hier erwähnen,
bevor ich zu ihm Stellung nehme, daß es mir noch heute unverständlich wäre, wie er sich die Mittel zu diesem neuen Theater   165
hätte verschaffen können, wenn sich nicht ein Verdacht gezeigt
hätte, den ich nicht von der Hand zu weisen vermag.[31] Wir
haben aber damals dem Gerücht noch nicht Glauben schenken
können, welches diesen Bau mit jenen gewissenlosen Kreisen
unserer Stadt in Verbindung brachte, die seit jeher nur auf eine   170
schrankenlose Vermehrung ihrer Reichtümer ausgingen und
gegen die sich die Aufstände jener richteten, die er ebenfalls
beeinflußte. Wie es nun auch sei,[32] dieser Bau, der heute zerstört sein soll, kam einer Gotteslästerung gleich.[33] Es hält jedoch
schwer, über diesen Bau zu reden, der sich äußerlich als eine   175
ungeheuerliche Mischung aller Stile und Formen darbot, ohne
daß man ihm etwas Großartiges hätte absprechen können.[34] Es
war ein Gebäude, welches nicht das Lebendige offenbarte, das
in der starren Materie zum Ausdruck zu kommen vermag, wenn
die Kunst sie verwandelt, sondern das bewußt darauf ausging,   180
das Tote hervorzuheben,[35] das ohne Zeit und nur unbewegliche
Schwere ist. All dies aber bot sich uns ohne Mäßigung nackt und
schamlos dar, ohne jede Schönheit, mit Eisentüren, die oft über
allem Maß riesenhaft, bald aber auch geduckt[36] wie Gefängnis-
tore waren. Der Bau schien durch ungefüge Zyklopenhände[37]   185
aufeinandergetürmt worden zu sein, in sinnlosen Marmor-

---

[28] **darin bestand, daß** had the result that
[29] **des Unfreiwillig-Komischen** of the involuntarily comic
[30] **vom Unvermeidlichen** of the inevitability
[31] **den ich nicht von der Hand zu weisen vermag** that I cannot get rid of
[32] **Wie es nun auch sei** Be that as it may
[33] **kam einer Gotteslästerung gleich** was like a blasphemy
[34] **ohne daß man ihm etwas Großartiges hätte absprechen können** without being able to deny that there was something magnificent about it
[35] **bewußt darauf ausging, das Tote hervorzuheben** consciously emphasized that which is dead
[36] **geduckt** low
[37] **durch ungefüge Zyklopenhände** by clumsy Cyclops' hands

blöcken, an die sich schwere Säulen ohne Zweck lehnten, doch
war dies nur scheinbar, denn alles an diesem Bau war auf bestimmte Wirkungen hin berechnet, die darauf ausgingen, den
Menschen zu vergewaltigen und in den Bann einer reinen Willkür zu ziehen.[38] So standen etwa im Gegensatz zu diesen rohen
Massen und brutalen Proportionen einzelne Gegenstände, die
handwerklich mit einer Exaktheit ausgearbeitet worden waren,
daß sie, wie gerühmt wurde, bis auf einen Zehntausendstel-Mil-
limeter stimmten. Erschreckender noch war das Innere mit dem
Theatersaal. Er lehnte sich an das griechische Theater an,[39] seine
Form wurde jedoch sinnlos, weil sich über ihn eine seltsam
geschwungene Decke spannte, so daß wir nicht zu einem Spiel
zu schreiten schienen, als wir diesen Saal betraten, sondern wie
zu einem Fest im Bauch der Erde. So kam es zur Katastrophe.
Wir erwarteten damals das Spiel mit einer lautlosen Spannung.
Wir saßen bleich aneinandergedrängt in immer weiteren Krei-
sen und starrten nach dem Vorhange, der die Bühne deckte, auf
dem eine Kreuzigung als eine höhnische Farce dargestellt war:
Auch dies nahm man nicht als Frevel, sondern als Kunst hin.
Dann begann das Spiel. Es wurde später davon gesprochen,
zuchtlose Mächte der Straße hätten diese Revolution gemacht,
damals aber saßen jene unserer Stadt im Saale, die sich ihres
Glanzes und ihrer Bildung am meisten gerühmt hatten und im
Theaterdirektor den großen Künstler und Revolutionär der
Bühne feierten, in seinem Zynismus Geist sahen und ahnungslos
waren, wie bald der Bursche sich anschickte, aus dem Ästhetischen heraus, das sie an ihm bewunderten, in Bezirke zu brechen, die nicht mehr ästhetisch waren;[40] wie ihm ja auch zur
Eröffnung des neuen Hauses, bevor noch das Spiel begann,
unter donnernden Hochrufen der festlichen Gesellschaft vom
Staatspräsidenten der Shakespeare-Preis übergeben wurde.
Welches Werk der Klassiker zur Einweihung[41] gespielt wurde,
ob es sich um Faust[42] oder den Hamlet handelte, entsinne ich
mich nicht mehr, doch war die Regie derart, wie der Vorhang
mit der Kreuzigung sich nun hob, daß diese Frage gleichgültig

190

195

200

205

210

215

220

---

[38] **war auf bestimmte Wirkungen hin berechnet, die darauf ausgingen, den
Menschen zu vergewaltigen und in den Bann einer reinen Willkür zu
ziehen** was done for the sake of specific effects, which were intended to
overpower the spectator and put him under the spell of a purely arbitrary force

[39] **Er lehnte sich an das griechische Theater an** It was patterned after the Greek
theater

[40] **wie bald der Bursche sich anschickte, aus dem Ästhetischen heraus, das sie an
ihm bewunderten, in Bezirke zu brechen, die nicht mehr ästhetisch waren**
how soon the fellow began to break out of the realm of the aesthetic, which
they admired in him, into areas that were not aesthetic

[41] **zur Einweihung** at the dedication

[42] **Faust** drama by Goethe (1749–1832)

wurde, bevor es möglich war, sie zu stellen: Mit einem Klassiker
oder mit dem Werk eines anderen Dichters hatte dies nichts
mehr zu tun, was sich jetzt vor unseren Augen ereignete, oft
unterbrochen vom begeisterten Beifall der Regierung, der
Gesellschaft und der Elite der Universität. Eine fürchterliche
Gewalt verfuhr mit[43] den Schauspielern wie ein Wirbelwind, der
Häuser und Bäume übereinanderwirft, um sie dann liegen zu
lassen. Die Stimmen klangen nicht menschlich, sondern so, wie
vielleicht Schatten reden würden, dann aber auch plötzlich und
ohne Übergang in einem Tonfall, der dem irren Trommeln
wilder Stämme glich. Wir saßen nicht als Menschen, sondern als
Götter in seinem Theater. Wir ergötzten uns an einer Tragödie,
die in Wirklichkeit unsere eigene war. Dann aber erschien sie,
und ich sah sie nie so unbeholfen, wie in jenen Augenblicken,
die ihrem Tod vorausgingen, doch auch nie so rein. Brach die
Menge zuerst in ein Gelächter aus, als sie die Bühne betrat—so
genau berechnet war ihr Auftritt, daß er wie eine obszöne
Pointe wirken mußte—, so verwandelte sich dieses Gelächter
bald in Wut. Sie erschien als Frevlerin, die sich anmaßte, einer
Gewalt entgegenzutreten, die zwar alles zermalmt,[44] aber auch
jede Sünde entschuldigt und jede Verantwortung aufhebt, und
ich begriff, daß dies der eigentliche Grund war, durch den die
Menge verführt wurde, auf die Freiheit zu verzichten und sich
dem Bösen zu ergeben, denn Schuld und Sühne gibt es nur in
der Freiheit. Sie begann zu sprechen und ihre Stimme war ihnen
eine Lästerung jener grausamen Gesetze, an die der Mensch
dann glaubt, wenn er sich zum Gott erheben will, indem er Gut
und Böse aufhebt. Ich erkannte seine Absicht und wußte nun,
daß er darauf ausgegangen war, ihren Untergang vor aller
Augen[45] mit der Zustimmung aller zu vollziehen. Sein Plan war
vollkommen. Er hatte einen Abgrund geöffnet, in den sich die
Menge stürzte, gierig nach Blut, um immer wieder neuen Mord
zu verlangen, weil nur so der besinnungslose Taumel zu finden
war, der allein befähigt, nicht in unendlicher Verzweiflung zu
erstarren.[46] Sie stand mitten unter den Menschen, die sich in
Bestien verwandelten, als eine Verbrecherin. Ich sah, daß es
schreckliche Momente gibt, in denen sich eine tödliche Umwälzung vollzieht, wo der Unschuldige den Menschen schuldig

---

[43] **verfuhr mit**   swept over
[44] **Frevlerin, die sich anmaßte, einer Gewalt entgegenzutreten, die zwar alles zermalmt**   a transgressor who dared to confront a force that, to be sure, destroys everything
[45] **vor aller Augen**   before everyone
[46] **weil nur so der besinnungslose Taumel zu finden war, der allein befähigt, nicht in unendlicher Verzweiflung zu erstarren**   because only thus could be found the blind frenzy that alone makes it possible not to be paralyzed by eternal despair

erscheinen muß. So war unsere Stadt bereit, jener Tat beizu- 260
wohnen, die einem wilden Triumph des Bösen gleichkam. Es
senkte sich nämlich von der Decke der Bühne eine Vorrichtung[47] herab. Es mochten leichte Metallstäbe sein und Drähte,[48]
an denen Klammern und Messer angebracht waren, sowie Stahl-
stangen mit seltsamen Gelenken, die auf eine eigentümliche Art 265
miteinander verbunden waren, so daß die Vorrichtung einem
ungeheuren und überirdischen Insekt zu gleichen schien, und
zwar bemerkten wir sie erst, als sie das Weib erfaßt und in die
Höhe gehoben hatte. Kaum war dies geschehen, brach die
Menge in ein unermeßliches Beifallklatschen und Bravorufen 270
aus. Als sich nun immer neue Klammern auf die Schauspielerin
senkten und sie quer hielten, wälzten sich die Zuschauer vor
Lachen. Als die Messer ihr Kleid aufzuschneiden begannen, so
daß sie nackt hing, erhob sich aus den ineinandergekeilten[49]
Massen ein Rufen, das irgendwo entstanden sein mußte, das sich 275
mit der Geschwindigkeit des Gedankens immer weiter fort-
pflanzte und sich ins Unendliche hob, immer wieder aufgehoben
und weitergegeben,[50] bis alles ein Schrei: Töte sie! war und
unter dem Toben der Menge ihr Leib durch die Messer zerteilt
wurde, derart, daß ihr Kopf mitten unter die Zuschauer fiel, die 280
sich erhoben hatten, ihn faßten, von seinem Blut besudelt, worauf er wie ein Ball von einem zum andern flog. Und wie sich die
Menschen aus dem Theater wälzten, sich stauend, einander
niederstampfend, den Kopf vor sich hertreibend,[51] durch die
gewundenen Gassen in langen sich schwingenden Ketten, ver- 285
ließ ich die Stadt, in der schon die grellen Fahnen der Revolution flammten und sich die Menschen wie Tiere anfielen,
umstellt von SEINEM Gesindel und wie der neue Tag herauf-
dämmerte, niedergezwängt von SEINER Ordnung.

FRAGEN

1. Warum lachten die Menschen über den Theaterdirektor?
2. Was war ungewöhnlich an den Komödien und Tragödien,
   die er aufführte?

---

[47] **Vorrichtung** device
[48] **Es mochten leichte Metallstäbe sein und Drähte** It was probably made of metal rods and wires
[49] **ineinandergekeilten** closely wedged
[50] **und sich ins Unendliche hob, immer wieder aufgehoben und weitergegeben** an ultimate intensity, raised and passed on again and again
[51] **sich . . . aus dem Theater wälzten, sich stauend, einander niederstampfend, den Kopf vor sich hertreibend** swarmed out of the theater, blocking the way and trampling one another, kicking the head before them

3. Warum änderte sich die Meinung des Publikums über die Schauspielerin?
4. Was war der Zweck des Plans, den der Direktor für die Schauspielerin hatte?
5. Wie reagiert das Publikum, als die Maschine aus der Höhe herabsinkt?
6. Warum verläßt der Erzähler die Stadt?

ZUR BESPRECHUNG DES TEXTES

1. Der Theaterdirektor mißbraucht das Theater.
2. Der Theaterdirektor wird ins Parlament gewählt.
3. Die Schauspielerin unterwirft sich dem Theaterdirektor nicht.
4. Ein neues Theater wird gebaut.
5. Die Eröffnung des neuen Theaters führt zur Katastrophe.

MARIE LUISE KASCHNITZ (1901–1974)

Ein Gedicht

Ein Gedicht, aus Worten gemacht.
Wo kommen die Worte her?
Aus den Fugen wie Asseln,[1]
Aus dem Maistrauch wie Blüten,
Aus dem Feuer wie Pfiffe,
Was mir zufällt, nehm ich,

Es zu kämmen gegen den Strich,
Es zu paaren widernatürlich,
Es nackt zu scheren,
In Lauge zu waschen
Mein Wort

Meine Taube, mein Fremdling,
Von den Lippen zerrissen,
Vom Atem gestoßen,
In den Flugsand[2] geschrieben

Mit seinesgleichen
Mit seinesungleichen

Zeile für Zeile,
Meine eigene Wüste
Zeile für Zeile
Mein Paradies.

[1] **Asseln** wood lice
[2] **Flugsand** quicksand

HILDE DOMIN (1912–)

Wie wenig nütze ich bin

Wie wenig nütze ich bin,
ich hebe den Finger und hinterlasse
nicht den kleinsten Strich
in der Luft.

Die Zeit verwischt mein Gesicht,
sie hat schon begonnen.
Hinter meinen Schritten im Staub
wäscht Regen die Straße blank
wie eine Hausfrau.

Ich war hier.
Ich gehe vorüber
ohne Spur.
Die Ulmen am Weg
winken mir zu wie ich komme,
grün blau goldener Gruß,
und vergessen mich,
eh ich vorbei bin.

Ich gehe vorüber
aber ich lasse vielleicht
den kleinen Ton meiner Stimme,
mein Lachen und meine Tränen
und auch den Gruß der Bäume im Abend
auf einem Stückchen Papier.

Und im Vorbeigehn,
ganz absichtslos,
zünde ich die ein oder andere
Laterne an
in den Herzen am Wegrand.

CHRISTIAN MORGENSTERN (1871–1914)

Der Werwolf

Ein Werwolf eines Nachts entwich
von Weib und Kind und sich begab
an eines Dorfschulmeisters Grab
und bat ihn: «Bitte, beuge[1] mich!»

Der Dorfschulmeister stieg hinauf
auf seines Blechschilds Messingknauf[2]
und sprach zum Wolf, der seine Pfoten
geduldig kreuzte vor dem Toten:

«Der Werwolf», sprach der gute Mann,
«des Weswolfs, Genitiv sodann,
dem Wemwolf, Dativ, wie mans nennt,
den Wenwolf, damit hats ein End.»

Dem Werwolf schmeichelten die Fälle,
er rollte seine Augenbälle.
«Indessen», bat er, «füge doch
zur Einzahl auch die Mehrzahl noch!»

Der Dorfschulmeister aber mußte
gestehn, daß er von ihr nichts wußte.
Zwar Wölfe gäbs in großer Schar,
doch «Wer» gäbs nur im Singular.

Der Wolf erhob sich tränenblind
er hatte ja doch Weib und Kind!!
Doch da er kein Gelehrter eben,
so schied er dankend und ergeben.[3]

---

[1] **beuge** decline
[2] **Blechschilds Messingknauf** the brass stud that fastens the metal name plate to the tombstone
[3] **ergeben** resigned

ERICH KÄSTNER (1899–1974)

Sachliche Romanze

Als sie einander acht Jahre kannten
(und man darf sagen: sie kannten sich gut),
kam ihre Liebe plötzlich abhanden.
Wie andern Leuten ein Stock oder Hut.

Sie waren traurig, betrugen sich heiter,
versuchten Küsse, als ob nichts sei,
und sahen sich an und wußten nicht weiter.
Da weinte sie schließlich. Und er stand dabei.

Vom Fenster aus konnte man Schiffen winken.
Er sagte, es wäre schon Viertel nach vier
und Zeit, irgendwo Kaffee zu trinken.
Nebenan übte ein Mensch Klavier.

Sie gingen ins kleinste Café am Ort
und rührten in ihren Tassen.
Am Abend saßen sie immer noch dort.
Sie saßen allein, und sie sprachen kein Wort
und konnten es einfach nicht fassen.

BERTOLT BRECHT (1898–1956)

Vom armen B.B.

Ich, Bertolt Brecht, bin aus den schwarzen Wäldern.
Meine Mutter trug mich in die Städte hinein
Als ich in ihrem Leibe lag. Und die Kälte der Wälder
Wird in mir bis zu meinem Absterben sein.

In der Asphaltstadt bin ich daheim. Von allem Anfang
Versehen mit jedem Sterbsakrament:
Mit Zeitungen. Und Tabak. Und Branntwein.
Mißtrauisch und faul und zufrieden am End.

Ich bin zu den Leuten freundlich. Ich setze
Einen steifen Hut[1] auf nach ihrem Brauch.
Ich sage: es sind ganz besonders riechende Tiere
Und ich sage: es macht nichts, ich bin es auch.

In meine leeren Schaukelstühle vormittags
Setze ich mir mitunter ein paar Frauen
Und ich betrachte sie sorglos und sage ihnen:
In mir habt ihr einen, auf den könnt ihr nicht bauen.

Gegen abends versammle ich um mich Männer
Wir reden uns da mit «Gentlemen» an
Sie haben ihre Füße auf meinen Tischen
Und sagen: es wird besser mit uns. Und ich frage nicht: Wann?

Gegen Morgen in der grauen Frühe pissen die Tannen
Und ihr Ungeziefer, die Vögel, fängt an zu schrein.
Um die Stunde trinke ich mein Glas in der Stadt aus und
    schmeiße
Den Tabakstummel weg und schlafe beunruhigt ein.

Wir sind gesessen ein leichtes Geschlechte
In Häusern, die für unzerstörbare galten
(So haben wir gebaut die langen Gehäuse des Eilands
    Manhattan
Und die dünnen Antennen, die das Atlantische Meer
    unterhalten).

---

[1] **Einen steifen Hut**   A derby

Von diesen Städten wird bleiben: der durch sie hindurchging,
    der Wind!
Fröhlich machet das Haus den Esser: er leert es.
Wir wissen, daß wir Vorläufige sind
Und nach uns wird kommen: nichts Nennenswertes.

Bei den Erdbeben, die kommen werden, werde ich hoffentlich
Meine Virginia[2] nicht ausgehen lassen durch Bitterkeit
Ich, Bertolt Brecht, in die Asphaltstädte verschlagen
Aus den schwarzen Wäldern in meiner Mutter in früher Zeit.

[2] **Virginia** cigar

GÜNTER KUNERT (1929–)

Downtown Manhattan am Sonntagnachmittag

Kein Mensch und kein Kunde erscheint,
kein Angestellter,
nicht einmal ein Einwohner und erschiene selbst
im Fernglas nicht.

Was ist geschehen?

Es scheint, all diese Steinkuben, kahl
oder beschnörkelt, sind
ein geometrischer Auswuchs
des felsigen Grundes und inhaltslos
oder bewahren hinter unzähligen Fenstern
zahllose verpuppte Geschöpfe
oder bloß vertrocknete Völker, verpackt
in Frischhaltefolie.[1]

Bis zum jeweiligen Horizont leuchten
an den Kreuzungen alle Ampeln rot, dann gelb,
dann grün
für niemand. Farblose Schwaden umgeben die Gipfel,
aber wer über fünfzig Stockwerke hinausragt,
ist schon in einer anderen sonnigen Welt.

Unten jedoch kriecht mit letzter Kraft
ein schwer erschöpftes Auto aus dem Tunnel
und kommt aus Brooklyn von jenseits des Hades,
und es fragt sich, ob
überhaupt einer drinsitzt. Woher kommt es,
daß jene zerlumpte Gestalt im Eingang
der First National City Bank keine Gestalt
der Geschichte ward? Was geschah,
daß Ben Franklin zur Gänze grün und böse
angelaufen[2] ist? Kam und kam nicht
vom Sockel, da nebenan
im Laden noch gestern die Automaten liefen,
in jedem ein happy-endloser Film: nackte und bunte
Personen boten für einen Quarter das Immergleiche,

---

[1] **Frischhaltefolie**   aluminum foil
[2] **böse angelaufen**   badly stained

das wir schon kennen und das uns doch immer wieder
überrascht und erregt
und mehr
als die Bilder der Mondlandung
Nun sind sie
alle da oben, und Manhattan ist leer.
Nun schwanken die Schwarzen mit den lila Hüten
auf hohen Hacken durchs Mare Membrum,[3]
schwenken die Polizisten ihr hölzernes Glied
von Krater zu Krater, und
die Verkäuferinnen vom Gimbels Kaufhaus
vermehren
am Taurus-Gebirge die Anzahl der fruchtlosen
Furchen:

Hier
ist keiner mehr, und es mag geschehen,
nachdem schon alles geschah, daß eines Tages
jemand von irgendwoher
diese Gegend zwischen East River und Hudson entdeckt
und herkommt und landet
und irgendwas aufpflanzt,
meinetwegen eine Fahne,
denn dann sind wir jedenfalls
abgereist.

---

[3] **Mare Membrum**   Sea of Members. The use of *Mondlandung* above leads to the
references to moon geography which follow. Although there are many so-
called seas on the moon, there is no Mare Membrum. There are, however,
craters and there is a Taurus Mountain Range near the Mare Serenitatis. In this
part of the poem there are also inescapable sexual overtones to such words as
Membrum, Glied, Taurus, and Furche.

KARL KROLOW (1915–)

Die Zeit verändert sich

Es gibt niemanden mehr,
Der die Denkmäler der Zärtlichkeit
Mit blauer Farbe anstreicht.
Die Liebkosungen blonder Frisuren
Und Strohhüte sind vergessen.
Die Kinder, die den ermüdeten Singvögeln
Im Park ihre Schulter hinhielten,
Wuchsen heran.

Die Zeit veränderte sich.

Sie wird nicht mehr von jungen Händen
Gestreichelt.
Die Lampen tragen nun andere Glühbirnen.
Die Tennisbälle kehrten aus dem Himmel
Nicht wieder zurück.
Die gelben Badeanzüge
Sind den Schmetterlingstod gestorben;
Und alle Briefumschläge
Zerfielen zu sanftem Staub.

Aber dafür sind die Straßen voller Fremder
Mit Fahrkarten in den Taschen!

INGEBORG BACHMANN (1926–1973)

Reklame

Wohin aber gehen wir
ohne sorge sei ohne sorge
wenn es dunkel und wenn es kalt wird
sei ohne Sorge
aber
mit musik
was sollen wir tun
heiter und mit musik
und denken
heiter
angesichts eines Endes
mit musik
und wohin tragen wir
am besten
unsre Fragen und den Schauer aller Jahre
in die Traumwäscherei ohne sorge sei ohne sorge
was aber geschieht
am besten
wenn Totenstille

eintritt

HELGA NOVAK (1935–)

bei mir zu Hause

bei mir zu Hause blühen die Kirschbäume
die frische umbrochene Erde spuckt Puppen
und Regenwürmer und riecht stark

bei mir zu Hause werden die Hausmauern
von Tag zu Tag wärmer

in den Wäldern wird das Gras vom Vorjahr so trocken
daß man sich hineinlegen kann
das Laub von den Eichen fällt zuletzt aber jetzt fällt es
nur das Moos schwappt noch unter den Füßen
und bewahrt dem Boden einen säuerlichen Wein

bei mir zu Hause schreit der Kuckuck
fünfzigmal
fünfzig Jahre leben wir noch nein länger nein immer

bei mir zu Hause
daß ich nicht lache
dein Zuhause zeige mir mal

bei mir zu Hause blühen die Kirschbäume
und der Flieder
und in den Kastanien stehen die roten die weißen Kerzen
der heißen guten Liebe

SARAH KIRSCH (1935–)

Die Nacht streckt ihre Finger aus

Die Nacht streckt ihre Finger aus
Sie findet mich in meinem Haus
Sie setzt sich unter meinen Tisch
Sie kriecht wird groß sie windet sich

Und der Rauch schwimmt durch den Raum
Wächst zu einem schönen Baum
Den ich leicht zerstören kann—
Ich rauche einen neuen, dann

Zähl ich alle meine lieben
Freunde an den Fingern ab
Es sind zu viele Finger, die ich hab
Zu wenig Freunde sind geblieben

Streckt die Nacht die Finger aus
Findet sie mich in meinem Haus
Rauch schwimmt durch den leeren Raum
Wächst zu einem Baum

Der war vollbelaubt mit Worten
Worten, die alsbald verdorrten
Schiffchen schwimmen durch die Zweige
Die ich heut nicht mehr besteige

Appendix 1

Place Names

die Akademiegalerie—art museum in Venice with the most complete collection in the world of Venetian painting of the fourteenth to eighteenth centuries

Albany—section of London

Alexanderplatz—the major central square in East Berlin

die Alster—lake in the middle of Hamburg

Ansbach—city southwest of Nürnberg (Nuremberg) in West Germany

Athen—Athens

Auschwitz—concentration camp that was located in Poland

badischen—refers to the province of Baden in southwestern West Germany

Benares—city in northeastern India

Berlin—Until the wall was established in the summer of 1961, East and West Germans could move freely within the city and someone like the narrator of *In einer dunklen Welt* could have had access from West Berlin to other parts of western Europe.

Bombay—city on the west-central coast of India

Bremervörde—town between Bremen and Hamburg in West Germany

Breslau—former German name for Wroclaw, a Polish city located between Dresden and Warsaw

Brisbane—large port city in eastern Australia

Buchenwald—area northwest of Weimar in East Germany where a concentration camp was located

die Charlottenburger Chaussee—street in West Berlin

der Chasseral—peak in the Swiss Jura mountains

die Costa Brava—the northeast Mediterranean coast of Spain, north of Barcelona to the French border

Cracow—English form of Kraków

Davos—town in the Swiss Alps noted as a health and ski resort

Dobritzburg—small town southeast of Magdeburg in East Germany

Friedenau—section of West Berlin

Glückstadt—small town on the Elbe River northwest of Hamburg in West Germany

Hamburg—major West German port city on the Elbe River

Harafuhra—South Sea island port

die Heerstraße—street in West Berlin
Himavat—the Himalayan mountain system
Hyde Park—park in central London
Indien—India
der Jura—the Jura mountains between France and Switzerland
Kampen—small town in Schleswig-Holstein, West Germany
Kap York—Cape York on the northeastern coast of Australia
Katowice—city northwest of Cracow in Poland
Keitum—small town in Schleswig-Holstein, West Germany
Kensington—section of London
Kitzbühel—Austrian city between Salzburg and Innsbruck,
    noted as a ski resort
Krakau—German form of Kraków
Kraków—Krakau (German), Cracow (English), principal city of
    southern Poland
der Kurfürstendamm—major street in West Berlin
Libanon—Lebanon
Lossen—village west of Dresden in East Germany
Lübeck—large city northeast of Hamburg in West Germany
der Lustgarten—park in West Berlin
Lyon's Corner House—one of a chain of restaurants in London
Maschen—village south of Hamburg in West Germany
Mont Crosin—peak in the Jura Mountains
München—Munich, major city of southern West Germany
Neuguinea—New Guinea
die Nikolowska—principal street in Katowice, Poland; also the
    name of a prison located on that street
die Nordsee—the North Sea
Nowa Huta—postwar suburb of Cracow
Oberschlesien—Upper Silesia
Ochsenfurt—small town southeast of Würzburg in West
    Germany
Österreich—Austria
die Oste—river west of Hamburg
die Ostsee—the Baltic Sea
Park Lane—street in central London
die Piazzale Roma—square near Venice where cars can be
    parked
Polen—Poland
Porta della Carta—late gothic entranceway to the courtyard of
    the Palace of the Doges in Venice
die Potsdamer Straße—street that runs through West Berlin and
    ends at the Potsdamer Platz in East Berlin
die Prinz-Albrecht-Straße—street in Berlin where the Gestapo
    prison was located during the Third Reich
Rom—Rome

der Sachsenwald—an area east of Hamburg in West Germany

St. Immer—small city northwest of Bern in the Swiss Jura Mountains

der Savignyplatz—square in West Berlin

Schlesien—Silesia, former easternmost province of Germany, now Polish

Schöneberger Park—Park in the Schöneberg section of West Berlin

der Schweizer Jura—the Swiss Jura mountains, on the western border of Switzerland

Shannon—city in western Ireland, north of Cork

Soho—section of central London

die Sosnowicer Chaussee—street that leads to Sosnowice, a suburb of Katowice, Poland

Steglitz—section of West Berlin

Südafrika—South Africa

Syrien—Syria

der Tiergarten—the zoo in West Berlin

Venedig—Venice

Versailles—small city outside Paris where the palace of Versailles is located

Warschau—Warsaw, capital of Poland

Wawel—castle in Cracow, Poland

die Weichsel—river that flows through Cracow, Poland

Westerland—town in Schleswig-Holstein, West Germany

West-Turkestan—mountainous area of the eastern part of the Soviet Union

Wien—Vienna

Wiesbach—small town north of Saarbrücken in West Germany

Wroclaw—Polish city, formerly the German city Breslau, between Dresden and Warsaw

Würzburg—city between Frankfurt am Main and Nürnberg (Nuremberg) in West Germany

Zeven—small town northeast of Bremen in West Germany

Zoo—The zoo in Berlin is located in the heart of the city and the station where busses and trains stop, Bahnhof Zoo, is one of the city's busiest transportation centers.

Appendix 2

Vocabulary

The following categories of words have been omitted from the vocabulary:

1. Pronouns, numerals, days of the week, and names of the months.
2. The first five hundred words of the frequency list in C. M. Purin, *A Standard German Vocabulary* (Boston: Heath, 1937).
3. Compounds of these first five hundred words.
4. Obvious cognates.
5. Words the meaning of which, in the editors' view, should be readily apparent to intermediate students from context.
6. Most of the words, including a considerable number of unusual ones, translated in the footnotes.
7. Place names, which, with the exception of the most obvious, will be found in Appendix 1.

Plurals of nouns and vowel changes of strong and irregular verbs are given in the usual manner. Where no plural is given, it is either nonexistent or rare. Separable prefixes of verbs are set off with dots. Word families are given in groups, except where such grouping would make for unwieldiness or interfere materially with overall alphabetical sequence.

ab und an now and then
ab•biegen, o, o turn off
ab•blättern peel
ab•brechen, a, o break off
ab•drücken fire
der **Abend, -e** evening, evening party; der **Abendbrottisch, -e** supper table; das **Abendessen, -** supper; der **Abendmantel, -̈** evening wrap; **abends** in the evening; der **Abendschatten, -** evening shadow; die **Abend- stunde, -n** evening hour
das **Abenteuer, -** adventure; die **Abenteuerlust** spirit of adventure
abergläubisch superstitious
ab•fahren, u, a pull out (of the station), leave (on a trip), depart; die **Abfahrt, -en** depar- ture

der **Abfall, -̈e** refuse; **ab•fallen, ie, a** fall off
sich **ab•finden, a, u** come to terms
der **Abgang, -̈e** departure; **ab•gehen, i, a** go off
abgelegen remote
abgemagert starved
abgesehen davon apart from
die **Abgestorbenheit** deadness
ab•greifen, i, i wear by handling
der **Abgrund, -̈e** abyss
ab•hacken chop
ab•halten, ie, a prevent
abhanden gekommen lost
ab•hängen hang up
ab•holen pick up
der **Ablauf, -̈e** run of events; **ab•laufen, ie, au** expire, run out, recede
ab•leben die

ab•legen take off, deliver

ab•lehnen reject, decline

ab•lenken distract

ab•lesen, a, e read (off)

ab•liefern deliver

ab•nehmen, a, o answer the phone, take off

ab•passen watch for

ab•räumen clear away

die Abreibung, -en rubdown

ab•reisen depart, leave; die Abreise, -n departure

ab•rubbeln rub down

der Absatz, ⸚e landing

ab•schätzen appraise, evaluate, estimate

der Abschied, -e parting, farewell

der Abschiedstee final cup of tea (before departing)

ab•schießen, o, o shoot off

ab•schließen, o, o close, finish, lock, seclude, shut off; einen Vertrag abschließen make an agreement

der Abschnitt, -e period

abschrecken frighten

ab•schreiten, i, i walk past

ab•schütteln shake off

ab•schwächen diminish, mitigate

ab•segeln soar, sail along

absehbar foreseeable

abseits off to the side

ab•setzen set off, separate, depose

die Absicht, -en intention; absichtlich intentionally; absichtslos unintentionally

ab•sperren shut off

sich ab•spielen take place, occur

ab•springen, a, u jump off, bail out

ab•stellen stop, turn off; der Abstellraum, ⸚e storage room

ab•sterben, a, o die

abstoßen, ie, o disgust, push away, push off

ab•stürzen descend steeply

ab•tasten feel (one after the other)

das Abteil, -e compartment; die Abteilwand, ⸚e compartment wall

ab•tun, a, a dismiss, get rid of

ab•warten bide one's time, wait and see, wait (for)

ab•wechseln alternate

ab•wehren ward off; die Abwehr defense

ab•welken wither

(sich) ab•wenden, a, a turn away

abwesend absent

ab•wischen wipe off

die Achsel, -n shoulder

achten esteem; achten auf pay attention to, heed

ächzen groan

der Acker, ⸚ acre, field

der Adel nobility; adlig noble

die Ader, -n vein

ahnen suspect, feel; die Ahnung, -en idea, premonition; ahnungslos unsuspecting

ähnlich similar, like; die Ähnlichkeit, -en similarity; ähnlich sehen, a, e resemble

albern stupid

all all; alle everyone; alledem all of that; alles everything, everybody

die Allee, -n walk, avenue

allein alone, but, however; alleinstehend single, unmarried

allerdings to be sure, of course; allerhand all sorts of; allerlei all kinds of (things)

allgemein general; die Allgemeinheit, -en large group

alljährlich yearly

allmählich gradually

die Alltäglichkeit, -en commonplace

allzu all too; allzuweit all too far

das Almosen, - alms

alpinistisch alpine

alsbald forthwith, immediately

also therefore, thus

das Altenheim, -e nursing home; das Alter age, old age; altern

age; der **Altersgenosse, -n, -n**
peer; **altmodisch** old-fashioned; die **Altstadt, ⸚e** the old
part of the city; der **Altwaren-**
händler, - junk dealer
die **Ampel, -n** traffic light
das **Amt, ⸚er** office; **amtlich**
official
amusisch unpoetic
an•beten worship
an•bieten, o, o offer
der **Anblick, -e** sight; **an•blicken**
look at
an•brechen, a, o begin
an•bringen, a, a make place,
attach, bring about
der **Anbruch, ⸚e** beginning
die **Andacht, -en** reverence
das **Andenken, -** keepsake
ander other; **anders** different,
otherwise, in another manner;
anderseits on the other hand;
andersherum the other way
around
ändern change
an•deuten indicate, hint; die
Andeutung, -en suggestion, al-
lusion, indication
an•drehen turn on
aneinander•bauen build next to
each other; **aneinander•drän-**
gen crowd together
an•erkennen, a, a recognize
an•fahren, u, a shout at, speak
angrily to, arrive
der **Anfall, ⸚e** attack
an•fangen, i, a begin; der
Anfang, ⸚e beginning; **anfangs**
at first, in the beginning
an•fassen grasp
an•fertigen produce, make
an•fletschen bare one's teeth at
an•fordern call for, demand
an•fragen inquire; die **Anfrage,**
-n inquiry
an•führen specify; der **Anführer,**
- leader
angeblich alleged
das **Angebot, -e** offer
angebracht appropriate
an•gehen, i, a concern

angehören belong to; der
Angehörige, -n, -n relative
die **Angelegenheit, -en** matter,
affair
angenehm pleasant
angesichts in the presence of,
facing
der **Angestellte, -n, -n** employee
an•greifen, i, i attack; der
Angriff, -e attack
die **Angst, ⸚e** fear, dread; **Angst**
haben to be afraid of; **einem**
Angst ein•jagen scare a
person; **ängstlich** distressed,
alarmed, uneasy; **angstverzerrt**
distorted with fear; **angstvoll**
fearful
an•haften cling
an•halten, ie, a persist, stop,
hold, last
anheim•fallen, ie, a fall to
(sich) **anheim•geben, a, e** fall to,
devote oneself to
an•hören listen to; sich
an•hören sound
der **Ankauf, ⸚e** purchase
an•klagen accuse; die **Anklage,**
-n accusation, complaint
der **Anklang, ⸚e** undertone, suggestion
an•klopfen knock at the door
an•kommen, a, o arrive,
approach; **an•kommen auf**
depend on
an•kündigen announce
die **Ankunft, ⸚e** arrival
an•langen arrive at, reach
der **Anlaß, ⸚e** cause, reason
an•laufen, ie, au tarnish, go
against
an•legen aim, start (a fire)
das **Anliegen, -** request, concern
an•locken attract, allure
an•machen turn on
sich **an•melden** give one's name
die **Anmut** grace
der **Annäherungsversuch, -e**
advance, pass
an•nehmen, a, o assume, take
on, accept
an•ordnen order; die **Anordnung,**

-en disposition, rule, direction

an•packen seize, grasp

sich an•passen adapt oneself

das Anrecht, -e right, claim

an•reden address, speak to

an•rufen, ie, u call up, call

an•rühren stir, touch

der Ansager, - announcer

an•schaffen buy, acquire

an•schauen look at

anscheinend apparent

sich an•schicken set about, begin, prepare for

(sich) an•schließen, o, o join, attach to

an•schwellen, o, o increase in intensity

an•sehen, a, e look at; es einem an•sehen tell by looking at one; das Ansehen recognition

an•setzen gain weight, begin

an•sprechen, a, o address

an•springen, a, u start, jump on

die Anstalt, -en preparation; Anstalten treffen prepare

an•starren stare at

an•stecken infect

an•steigen, ie, ie mount, ascend

an•stellen arrange, do, employ

an•stoßen, ie, o touch glasses, nudge; der Anstoß, ¨e bump

an•streichen, i, i paint

an•strengen exhaust; die Anstrengung, -en exertion, effort

der Ansturm, ¨e attack

der Anteil, -e interest; die Anteilnahme, -n interest

an•treffen, a, o find, come across

an•treten, a, e enter, be ready, begin

die Antwort, -en answer

an•vertrauen entrust to

die Anweisung, -en instruction

an•wenden, a, a employ, use; die Anwendung, -en application

anwesend present

die Anzahl, -en number

das Anzeichen, - sign, indication

an•zeigen denounce, announce

an•ziehen, o, o put on, attract,

lure; sich an•ziehen dress oneself, get dressed; die Anziehungskraft, ¨e force of attraction an•zünden light, set fire to

der Apfel, ¨ apple

der Apparat, -e telephone (apparatus), instrument

arbeiten work; die Arbeit, -en work; die Arbeitslast, -en workload; der Arbeitstag, -e workday

das Archipel, -e archipelago

arg bad, very

ärgern anger, annoy; sich ärgern über become angry about; der Ärger vexation; ärgerlich vexed, annoyed; das Ärgernis, -se vexation, irritation; arglos innocent; argwöhnisch distrustful

arm poor; der Arme, -n, -n poor fellow

der Armleuchter, - candelabra

die Art, -en way, manner, kind

der Arzt, ¨e doctor; der Ärzte- kongress medical convention

die Asche, -n ash(es); aschgrau ash gray

asphaltieren cover with asphalt, lay down asphalt

der Ast, ¨e branch

astral astral

das Atelier, -s studio; das Atelierfest, -e studio party

der Atem, - breath; atemlos breathless; der Atemstoß, ¨e heavy sigh; die Atemübung, - en breathing exercise; das Atmen breath

ätherisch ethereal

auf•atmen breathe a sigh of relief, exhale

auf•bauen build up, erect; der Aufbau, -ten construction, superstructure

auf•blenden light up, shine out

auf•blicken look up

auf•brechen, a, o depart, break open

auf•decken reveal

sich **auf•drängen** force oneself on one

aufdringlich intrusive, importunate; die **Aufdringlichkeit** obtrusiveness

aufeinander together, on one another; **aufeinander•türmen** pile up

der **Aufenthalt**, -e stay, sojourn

sich **auferlegen** impose on oneself

auf•essen, a, e eat up

auf•fahren, u, a start up

auf•fallen, ie, a attract attention, strike one's attention; **auffällig** conspicuous, blatant

auf•fassen interpret, understand; die **Auffassung**, -en conception

auf•flattern flutter out

auf•fliegen, o, o fly up

auf•fordern invite, ask; die **Aufforderung**, -en request, order, demand, invitation

auf•fressen, a, e eat up (for animals)

die **Aufführung**, -en conduct, performance

auf•geben, a, e give up, send (a telegram), assign; die **Aufgabe**, -n task, mission, problem

auf•gehen, i, a open, become clear

aufgeschlossen frank, open-minded; die **Aufgeschlossenheit** broadmindedness, friendliness

auf•gucken look up

sich **auf•halten**, ie, a linger, stop, stay

auf•hauen break up

auf•häufen pile up

auf•heben, o, o lift, raise, provide for, pick up, cancel

auf•horchen prick up one's ears, listen attentively

auf•hören stop

auf•klaren clear up

auf•klinken unlatch

auf•kommen, a, o come up, surface

auf- und **ab•laufen**, ie, au run back and forth

auf•legen hang up, put on

die **Auflehnung**, -en revolt

auf•leuchten light up, flash

auf•lösen dissolve, resolve

auf•machen open; sich **auf•machen** set out, start for

die **Aufmerksamkeit**, -en attention; **aufmerksam** attentive; **aufmerksam werden auf** become aware of

auf•nehmen, a, o take up, take in, take out; **in sich auf•nehmen** take in; die **Aufnahme**, -n photo, acceptance

auf•passen pay attention

auf•pflanzen set up

der **Aufprall**, -e impact

sich **auf•raffen** bring oneself to do

auf•ragen tower, rise

aufrecht up straight; **aufrecht•halten**, ie, a maintain

auf•regen excite, agitate; die **Aufregung**, -en excitement, agitation

auf•reißen, i, i tear, jerk open, open

auf•richten erect; sich **auf•richten** sit up, raise oneself

aufrichtig sincere

auf•rühren stir up

auf•schauen look up

auf•schieben, o, o postpone, put off

auf•schimmern shimmer

auf•schlagen, u, a open

auf•schneiden, i, i cut open

auf•schreiben, ie, ie write down

auf•schreien, ie, ie scream out

die **Aufschrift**, -en address, inscription

auf•schwingen, a, u swing open

auf•sehen, a, e look up

auf•setzen put on (hat), sich **auf•setzen** sit up

auf•spannen open, stretch

auf•sperren open, unlock

auf•springen, a, u jump up

der **Aufstand**, ¨e uprising

auf•stehen, a, a get up, stand up

auf•steigen, ie, ie rise, mount,
  get ahead
auf•stellen set up
auf•suchen seek out, locate
auf•tauchen show up, turn up
auf•tauen thaw
auf•teilen divide
der Auftrag, ̈e commission, task
auf•treiben, ie, ie find, get hold
  of
auf•treten, a, e appear; der
  Auftritt, -e appearance, entrance
auf•trumpfen outdo
auf•wachen awake
der Aufwärter, - attendant
aufwärts upward
auf•weisen, ie, ie show, exhibit
der Aufwind, -e up draft
auf•ziehen, o, o raise, wind, tear
der Augenblick, -e moment;
  augenblicklich instantly; die
  Augenhöhle, -n eye socket; das
  Augenlid, -er eyelid; augenscheinlich apparent; die
  Augentäuschung optical illusion; das Augenzwinkern
  wink; äugen eye
aus•atmen exhale
aus•bauen cultivate
die Ausbeute, -n gain, profit,
  booty
aus•bleiben, ie, ie fail to appear
aus•bleichen, i, i fade
der Ausblick, -e view
aus•breiten spread out
aus•brennen, a, a burn out
die Ausdauer endurance;
  aus•dauern last, endure
sich aus•dehnen extend, expand
aus•denken, a, a think out; nicht
  auszudenken inconceivable;
  sich etwas aus•denken make up
  something
der Ausdruck, ̈e expression;
  zum Ausdruck kommen, a, o
  manifest itself, be expressed;
  ausdruckslos without expression; sich aus•drücken express
  oneself
auseinander•biegen, o, o bend

apart; auseinander•gehen,
  i, a part, separate; ausein-
  ander•reißen, i, i rip apart;
  auseinander•setzen explain,
  analyze; die Auseinandersetzung, -en altercation, conflict;
  sich auseinander•setzen argue
  about something; auseinander•
  ziehen, o, o pull apart
aus•fahren, u, a drive out; die
  Ausfahrt, -en exit
der Ausflugsort, -e excursion
  point
aus•fragen inquire
die Ausfuhr export
ausführlich detailed
die Ausführung, -en execution,
  carrying out
aus•füllen fill up, engross
der Ausgang, ̈e exit
aus•geben, a, e spend, give out
aus•gehen, i, a go out, proceed,
  start, radiate, come, run out;
  aus•gehen auf seek, be out for
ausgelassen boisterous
ausgerechnet just, exactly
ausgeschlossen left out
ausgeschossen worn out
ausgezeichnet excellent
aus•greifen, i, i zum Laufen start
  to run
aus•halten, ie, a endure
die Aushilfsarbeit, -en occasional
  work
aus•holen swing (with arm)
aus•kennen, a, a know about
aus•kommen, a, o get along
aus•kosten enjoy to the fullest
aus•kramen dig up
die Auskunft, ̈e information
das Ausland abroad; der
  Ausländer, - foreigner; auslän-
  disch foreign
aus•legen interpret
aus•liefern surrender
aus•lösen release, unleash, arouse
das Ausmaß, -e extent, dimen-
  sion
die Ausnahme, -n exception;
  aus•nehmen, a, o take out, distinguish; sich aus•nehmen

look, appear

aus•nützen utilize, take advantage of

aus•packen open, unpack

aus•polstern upholster

aus•probieren practice, try out

der **Auspuff, -e** exhaust pipe

aus•rauben rob

aus•rechnen figure out

aus•reden talk out of, dissuade; die **Ausrede, -n** excuse

aus•reichen suffice, last

aus•rufen, ie, u shout, proclaim; der **Ausruf, -e** cry, outcry

sich **aus•ruhen** rest

aus•saugen exhaust, drain

aus•schalten eliminate

aus•scheiden, ie, ie leave, withdraw

der **Ausschlag, ̈e** rash; **Ausschlag gebend** prove decisive

aus•schneiden, i, i cut out

der **Ausschnitt, -e** décolleté, neckline

aus•schrauben screw out

aus•schütteln shake out

aus•sehen, a, e look, appear, resemble; **aus•sehen nach** look like

außen outside; **außenbords** overboard; der **Außenstehende, -n** outsider; die **Außenwelt** the outside world

außer besides; **außerdem** besides; **außergewöhnlich** unusual

äußer outer, exterior; **äußerlich** external, outward

äußern utter, express, sich **äußern** express one's opinion; die **Äußerung, -en** remark

die **Aussicht, -en** prospect

aus•sprechen, a, o pronounce; die **Aussprache, -n** pronunciation, accent

aus•spreizen spread out

aus•steigen, ie, ie get out

aus•stellen exhibit, display; die **Ausstellung, -en** exhibit

aus•sterben, a, o die out

ausstoßen, ie, o emit, expel, let

out

die **Ausstrahlung, -en** emanation

aus•strecken stretch out, extend

aus•streuen spread

aus•suchen select, choose

aus•wählen choose

aus•wandern leave; der **Auswanderer, -** emigrant

der **Ausweg, -e** way out, exit

aus•weichen, i, i evict, avoid

aus•weisen, ie, ie expel, banish

der **Auswuchs, ̈e** growth

auszeichnen distinguish, make stand out

aus•ziehen, o, o take off, emigrate, move out, take off

der **Auszug, ̈e** departure, exit

der **Autosachverständige, -n, -n** automobile expert

der **Automat, -e** automatic machine, automaton

der **Autoverkehr** traffic

backen, u, a bake

baden swim, bathe; der **Badeanzug, ̈e** bathing suit; der **Badeort, -e** resort

die **Bahn, -en** train; der **Bahnhof, ̈e** railroad station; die **Bahnhofstraße, -n** street leading to the railroad station; die **Bahnhofsvorhalle, -n** railroad station entrance hall; der **Bahnsteig, -e** railroad platform

die **Bahre, -n** stretcher, bier

bald soon; **bald . . . bald** now . . . now

der **Balken, -** barrier

das **Balkonfenster, -** balcony window

banal trite, trivial

das **Band, ̈er** ribbon

bange afraid, anxious

die **Bank, ̈e** bench

bar cash

der **Bart, ̈e** beard; **bärtig** bearded

der **Bauch, ̈e** belly, stomach

bauen build; der **Bau, -ten** building

der **Bauer, -n, -n** farmer; der

Bauernberater, - agricultural adviser; der **Bauernbursche, -n, -n** young farmer; der **Bauernjunge, -n, -n** country boy; die **Bauernversammlung, -en** farmer's meeting; die **Bauersfrau, -en** farmer's wife

der **Baum, ⸚e** tree; der **Baumstamm, ⸚e** tree trunk; der **Baumstumpf, ⸚e** tree stump

baumeln dangle

beabsichtigen intend

beachten heed, notice; **keine Beachtung schenken** disregard, ignore

beängstigen alarm

beantworten answer

beben quiver, shiver, tremble

der **Bedacht** caution; **bedächtig** deliberate

sich **bedanken** thank

bedauern regret

bedecken cover

bedenken, a, a consider, bear in mind; **bedenkenlos** unscrupulous; **bedenklich** doubtful, suspicious; die **Bedenklichkeit, -en** reservation

bedeuten mean, signify, inform; die **Bedeutung, -en** meaning, importance; **bedeutungsvoll** meaningful

bedienen serve, wait on, operate; sich **bedienen** make use of

bedingen condition; **bedingt** conditionally

bedrängt vexed, harassed, disturbed

bedrücken oppress, depress

bedürfen require, need; das **Bedürfnis, -se** need, requirement

sich **beeilen** hurry

beeinflußen influence

befahren, u, a travel

befallen, ie, a seize, come over

befehlen, a, o order; der **Befehl, -e** order

befestigen fasten

sich **befinden, a, u** be, feel

beflecken stain

die **Beflissenheit** assiduity

befolgen follow, obey

befragen ask, question

befreien free, liberate; die **Befreiung** liberation

befremden surprise unpleasantly, appear strange; **befremdlich** strange

befreunden make friends

befürchten fear, suspect

begabt gifted, talented

sich **begeben, a, e** take oneself, go

begegnen meet, encounter; die **Begegnung, -en** meeting, encounter

begehren ask, desire

begeistert enthusiastic; die **Begeisterung, -en** enthusiasm

begierig eager

begleiten accompany; der **Begleiter, -** companion; die **Begleitung, -en** accompaniment; **in Begleitung** in the company of

begraben, u, a bury; das **Begräbnis, -se** funeral

begreifen, i, i comprehend, understand

begrenzen limit, restrict; die **Begrenzung, -en** boundary; der **Begrenzungspfahl, ⸚e** border marker

der **Begriff, -e** idea, word

begrüßen greet

begünstigen foster, encourage

begutachten examine

behagen please; das **Behagen** delight, pleasure

behalten, ie, a hold, keep

behandeln treat

beharren persist, preserve

behaupten maintain

die **Behendigkeit** agility

die **Behörde, -n** official, the authorities

bei•bringen, a, a teach; **bei•tragen, u, a** contribute; **bei•wohnen** witness

der **Beifahrer, -** passenger; die **Beifahrerseite** passenger side;

der **Beifahrersitz, -e** passenger seat

der **Beifall** applause, approbation; das **Beifallklatschen** applauding, round of applause

das **Beil, -e** ax

beiläufig incidental, casual

das **Bein, -e** leg, bone, trouser leg

beinah(e) almost

beisammen together

beiseite aside; **beiseite•schieben, o, o** push aside; **beiseite•stoßen, ie, o** push aside

das **Beispiel, -e** example; **zum Beispiel** for example

beißen, i, i bite

bekannt acquainted, well-known; sich **bekannt machen** introduce oneself

bekennen, a, a admit, confess; die **Bekenntnis, -se** confession

beklagen lament, deplore

bekleiden dress; die **Bekleidung** clothing

beklommen anxious

bekommen, a, o get, receive

bekömmlich easily digestible

sich **bekreuzigen** cross oneself

beladen, u, a load

der **Belag, ¨e** spread (for bread)

belanglos irrelevant

belassen, ie, a leave

belauern lie in wait for

belauschen hear, perceive

beleben stimulate

belegt husky, hoarse

belehren teach, inform; die **Belehrung** instruction

beleibt fat

beleidigen offend, insult

beliebt popular; sich **beliebt machen** ingratiate oneself

bellen bark

belügen, o, o lie to, deceive by lying

sich **belustigen über** be amused by

sich **bemächtigen** take possession of

bemerken notice; die **Bemerkung, -en** remark; **bemerkbar** noticeable; **bemerkenswert** noteworthy

bemüht sein endeavor

sich **benehmen, a, o** behave

beneidenswert enviable

benommen numb

benötigen need

benutzen use, take (the train)

beobachten observe, watch

beordern order

bequem comfortable, in comfort

beraten, ie, a advise; sich **beraten** deliberate

berechnen calculate

bereden discuss; die **Beredsamkeit** eloquence

der **Bereich, -e** domain

bereiten prepare; **bereit** ready, prepared; **bereits** already; **bereitwillig** ready, willing

bereuen regret, rue

der **Berg, -e** mountain; das **Bergmotiv, -e** mountain theme; die **Bergstraße, -n** mountain road; der **Bergwald, ¨er** mountain forest; die **Bergwand, ¨e** mountainside

der **Bericht, -e** report, account; **berichten** report

bersten, a, o burst, explode

berufen, ie, u call

sich **berufen, ie, u auf** refer to; der **Beruf, -e** profession, vocation; **beruflich** professional; die **Berufung** calling, profession

beruhigen compose, comfort

berühmt famous; die **Berühmtheit, -en** celebrity

berühren touch; **in Berührung treten, a, e** meet

besagen give notice, mention

besänftigen soothe, calm

die **Besatzung** occupation

beschäftigen be busy; sich **beschäftigen mit** occupy oneself with; die **Beschäftigung, -en** occupation; **beschäftigungslos**

idle
beschämen embarrass, humiliate
der Bescheid information;
   Bescheid wissen, u, u be informed
bescheiden modest
die Bescherung, -en giving of presents
beschließen, o, o decide, close
beschmutzen soil, dirty
beschnörkelt decorated
beschränken limit, restrict
beschreiben, ie, ie describe; die Beschreibung, -en description
der Beschützer, - protector
die Beschwerde, -n grievance
beschwerlich difficult
beseelen animate, inspire
besehen, a, e look at
der Besen, - broom
besessen possessed, obsessed
besetzen occupy, set (jewels, sails); die Besetzung occupation
besichtigen look at; die Besichtigung, -en visit, tour
besiegen conquer
besingen, a, u sing praises of
besinnen, a, o think; die Besinnung consciousness
besitzen, a, e own; der Besitz possession, piece of property; der Besitzer, - owner
besonder particular, special; besonders especially
besorgen take care of; besorgt anxious, concerned; die Besorgung, -en delivery, errand
besprechen, a, o discuss; die Besprechung, -en discussion, conference
besprengen sprinkle
bestärken encourage
bestätigen confirm, reassure
bestaunen marvel at
bestehen, a, a be, exist, come through; bestehen auf insist on; bestehen aus consist of
besteigen, ie, ie climb, ascend

bestellen order; die Bestellung, -en order
bestimmen determine, prescribe; bestimmt definite, certain, specific; die Bestimmtheit precision; die Bestimmung, -en destiny
die Bestrafung, -en punishment, fine
bestreben endeavor; bestrebt sein endeavor, strive
bestreichen, i, i spread, paint
bestreuen cover, strew
bestürzen dismay, startle
besuchen visit, attend; der Besuch, -e visit, company; auf Besuch on a visit
besudeln soil, befoul
betätigen use
betäuben overpower; betäubt stunned
beten pray
betonen emphasize
der Betonklotz, ̈e concrete block
betrachten observe, look at; die Betrachtung, -en contemplation; in Betracht kommen, a, o come into question, be eligible
beträchtlich considerable
betragen, u, a behave
betreffen, a, o concern
betreiben, ie, ie designate
betreten, a, e enter, set foot on
betreuen take care of
der Betrieb, -e business, management; in Betrieb in operation
betrügen, o, o deceive
betrunken intoxicated
der Bettrand, ̈er edge of bed
(sich) beugen decline, bow, lean
die Beule, -n swelling, bump
beunruhigt restless; die Beunruhigung, -en uneasiness
die Beute, -n prey
der Beutel, - purse, bag
bevor•stehen, a, a be imminent; bevorzugen prefer
bewachen guard

bewaffnen arm
bewahren guard, protect, keep
bewaldet forested
bewältigen cope with, take in,
 master
bewegen move, induce, agitate;
 sich bewegen move, stir; die
 Bewegung, -en motion,
 movement
beweisen, ie, ie prove; die
 Beweiskette, -n chain of proof
 or evidence
bewohnen inhabit; der Be-
 wohner, - inhabitant
bewundern admire; die Bewunderung admiration
sich bewußt sein be conscious
 of; bewußt werden, u, o
 become conscious of;
 bewußtlos unconscious; die
 Bewußtlosigkeit unconscious-
 ness
bezahlen pay
bezeichnen mark, designate,
 call; bezeichnend characteristic, indicative
die Beziehung, -en respect
biegen, o, o bend, bow
bierfleckig spotted with beer
bieten, o, o offer; sich bieten
 present itself, be presented
bilden form; das Bild, -er
 picture; die Bildersammlung,
 -en picture collection; der
 Bildhauer, - sculptor; das
 Bildnis, -se portrait; die
 Bildung, -en education,
 culture
billig cheap
billigen approve
binden, a, u bind
die Birke, -n beech tree
die Birne, -n pear, light bulb
bis until; bisher until now
bißchen little, small amount
der Bissen, - bite
bisweilen at times, sometimes
bitten, a, e ask, request; bitte
 please; die Bitte, -n request
die Bitterkeit bitterness
blähen puff up, swell

sich blamieren make a fool of
 oneself
blank clean
blasen, ie, a blow; das Bläschen,
 - small bubble
blaß pale
das Blatt, ¨er leaf, newspaper;
 blättern leaf, page
bläulich bluish
das Blechdach, ¨er tin roof; das
 Blechschild, -er grave-marker
 of tin
bleiben, ie, ie remain, stay, fall
 (in battle)
bleich pale
bleiern leaden; bleigrau lead
 gray; der Bleikristall lead
 crystal
blenden blind
blicken look, see; der Blick, -e
 glimpse, view, glance; den
 Blick ab•wenden, a, a look
 away
blinken flash
blinzeln blink
blitzen flash; der Blitz, -e
 lightning flash; blitzschnell
 lightning fast
blocken block, tower, bulk
blöd stupid; blödsinnig stupid
die Blondine, -n blond
bloß simply, nothing but
blühen blossom
die Blume, -n flower; blumen-
 bunt colorful with flowers; der
 Blumenkohl cauliflower
die Bluse, -n blouse
bluten bleed; das Blut blood;
 blutig bloody
die Blüte, -n blossom
die Bö, -en gusty wind
der Boden, ¨ floor, ground,
 earth, attic floor
der Bogen arch
das Bombengeschwader, -
 bomber squadron
das Boot, -e boat; der Bootsteg,
 -e dock
das Bord, -e board
die Böschung, -en embankment
bös(e) angry, bad; das Böse, -n,

-n evil; **bösartig** malicious; die
Bosheit, -en maliciousness
die **Botschaft, -en** embassy; der
Botschafter, - ambassador
der **Boxkampf, ⸚e** boxing match
branden surge, break (of water at
the seaside); die **Brandung,
-en** surf
der **Branntwein, -e** brandy
brauchen have to, need, use; der
Brauch, ⸚e custom, habit
die **Braue, -n** eyebrow
braunhäutig brown-skinned
die **Braut, ⸚e** bride; der **Bräutigam, -e** bridegroom
brechen, a, o break; sich
brechen refract; **die gebrochenen Augen** the glazed
eyes, dead eyes
breit broad, wide; die **Breite, -n**
breadth; sich **breiten** spread;
breitästig broad-branched
die **Bremse, -n** brake; **bremsen**
brake
brennen, a, a burn
das **Brett, -er** board
der **Brief, -e** letter; das **Briefeschreiben** letter writing; das
Briefpapier stationery; die
Brieftasche, -n wallet; der
Briefumschlag, ⸚e envelope
die **Brille** glasses
bröckeln crumble
der **Brocken, -** fragment, crumbs
brodeln seethe
die **Brosame, -n** crumb
der **Brotherr, -n, -en** employer
das **Bruchstück, -e** fragment
die **Brücke, -n** bridge
brüllen roar
brummeln mumble
brummen grumble; **brummig**
gruff
der **Brunnen, -** fountain
die **Brust, ⸚e** chest, breast; der
Brustwickel, - poultice
brüten brood
der **Bub, -en, -en** boy
der **Buchdrucker, -** printer; der
Buchstabe, -ns, -n letter (of
alphabet)

die **Bucht, -en** inlet, bay
sich **bücken** bend, stoop
die **Bühne, -n** stage
die **Buhne, -n** breakwater
bummeln stroll
das **Bündel, -** bundle
die **Bundesstraße, -n** federal
highway
der **Bunker, -** air raid shelter
bunt colorful
die **Burg, -en** castle
der **Bürger, -** citizen; **bürgerlich**
middle class; der **Bürgermeister, -** mayor
das **Büro, -s** office
der **Bursche, -n, -n** young fellow
bürsten brush
die **Butte, -n** tub, vat
der **Chef, -s** boss
der **Cognac** brandy
die **Cordhose, -n** corduroy
trousers
da since, because, there
dabei in the process, at the same
time, moreover, present
das **Dach, ⸚er** roof
dadurch thereby
dagegen on the other hand
daheim (at) home
daher therefore
dahin gone
da•liegen, a, e lie there
damals at that time, formerly
damit so that, with it
dämmern grow dark; die
Dämmerung, -en twilight;
dämmrig dim, dark
dampfen steam; der **Dampfer, -**
steamer; die **Dampfwolke, -n**
cloud of vapor
dämpfen deaden, subdue
danach afterwards
dankbar grateful
darauf auf sein be intent upon
daraufhin thereupon
sich **dar•bieten, o, o** present
oneself; **dar•stellen** represent;
sich **dar•stellen** present
das **Dasein** existence
das **Datum, Daten** date
dauerhaft durable, stout;

dauern continue, last, take
davon•schießen, o, o shoot off;
  davon•staken stalk off;
  davon•tragen, u, a carry off
davor•stellen take up a stance
  before
dazu•kommen, a, o supervene
dazwischen in between
dazwischen•kommen, a, o
  intervene
decken cover; die **Decke,** -n
  blanket, ceiling; der **Deckel,** -
  cover, lid
dedizieren dedicate
sich **dehnen** stretch
die **Demütigung,** -en humiliation
dengeln drum, sharpen
denken, a, a think; **denken an**
  think about; sich **denken**
  imagine; **denkbar** thinkable;
  das **Denkmal,** ̈er monument;
  denkwürdig memorable; der
  Denkzettel, - reminder, lesson
dennoch nevertheless
derart such; **derartig** such
deshalb on this account, for that
  reason, that is why
desto (all) the
deuten interpret
deutlich distinct, clear
devot subservient, devoted
das **Diadem,** -e diadem, crown
der **Diät-Grund,** ̈e dietary
  reason
dicht close, dense; **dicht heran
  sein** be close; **dichtgedrängt**
  crowded together; **dicht•ma-
  chen** close tightly, close
dichten write poetry; der
  Dichter, - poet; die **Dichtung,**
  -en poetry
dick thick, fat
das **Dickicht,** -e thicket
die **Diele,** -n hall, vestibule
dienen serve; der **Dienst,** -e
  duty, job, work, service;
  dienstbar serviceable; die
  Dienstleute servants; die
  Dienstmagd, ̈e servant girl
diskutieren debate
der **Diwan,** -e sofa

doch however, anyway, really,
  oh yes
donnern thunder
doppelt double
das **Dorf,** ̈er village; der
  Dorfbewohner, - villager; die
  Dorfleute (*pl.*) villagers
der **Dorn,** ̈er thorn
der **Draht,** ̈e wire
der **Dramaturg,** -e dramatic
  adviser, producer
(sich) **drängen** crowd, push,
  press, urge, be urgent
dran•kleben stick to, plaster to
draußen outside, out
das **Dreckloch,** ̈er filthy hole
(sich) **drehen** turn; die **Drehung,**
  -en turn
das **Dreieck,** -e triangle; die
  Dreiecksgeschichte, -n love
  triangle
dreijährig three-year-old
dreschen, o, o thresh
dringen, a, u urge, penetrate,
  break forth, press, force a way
dringlich urgent; die **Dringlichkeit** urgency
drinnen inside
drin•sitzen, a, e sit in
drohen threaten; die **Drohung,**
  -en threat
drucken print; der **Druck,** -e
  print; der **Druckfehler,** -
  typographical error
drücken press, pinch, weigh
  down; sich **drücken** press one's
  way through
der **Dschungel,** - jungle
sich **ducken** cower, cringe, duck
der **Duft,** ̈e fragrance, odor
die **Dummheit,** -en stupidity
dumpf stuffy, dull, muffled,
  gloomy
düngen fertilize
dunkel dark, dim; die **Dunkelheit** darkness, gloom; **dunkel-
  haarig** dark-haired
sich **dünken** seem, consider
  oneself
dünn thin, skinny, sparse
der **Dunst,** ̈e haze, steam, vapor;

dunstig hazy, misty

die **Dünung** swell, surf

durchaus completely, quite

durch•drehen slip; **durch•dringen, a, u** pierce, penetrate; **durchfeuchten** wet through, soak; **durch•gehen, i, a** go through, pass; **durch•halten, ie, a** stick it out, hold out; **durch•kommen, a, o** come through; **durch•machen** endure; **durchprüfen** proofread, check carefully; **durchqueren** cross; **durchrinnen, a, o** flow through; **heiß durchrinnen** flush; **durch•rutschen** fall through, slide through; **durch•sägen** saw through; **durchschauen** see through; **durchschreiten, i, i** walk through; **durch•traben** trot through; **durchweben, o, o** interweave; **durch•ziehen, o, o** move through; **durch•zwängen** force through

das **Durcheinander** confusion

die **Durchreise, -n** way through, journey (passing through)

durchsichtig transparent

der **Durst** thirst

das **Düsengeheul** howl of jet engines; der **Düsenjäger, -** jet fighter

düster gloomy, sad, dour

das **Dutzend, -e** dozen; **zu Dutzenden** by dozens

eben just, just now, exactly

die **Ebene, -n** plain, expanse

ebenfalls also, likewise

ebenso just as, in the same way

echt genuine

die **Ecke, -n** corner; die **Eckbank, ÷e** corner bench

edel noble; der **Edelstein, -e** gem

ehe before; **eher** sooner; **ehemalig** former; **ehemals** formerly

die **Ehe, -n** marriage; die **Ehefrau, -en** wife; der **Ehemann, ÷er** husband; das

Ehepaar, -e married couple

ehern bronze

ehren honor; die **Ehre, -n** honor; **zu Ehren** in honor of; **ehrfürchtig** reverently, respectful; **ehrlich** honest; die **Ehrlichkeit, -en** honesty; **ehrwürdig** venerable

die **Eiche, -n** oak

die **Eifersucht** jealousy; **eifersüchtig** jealous; **eifrig** zealous, eager

eigen own; **eigenartig** peculiar, strange ; die **Eigenschaft, -en** attribute, characteristic; **eigentlich** real, actual; **eigentümlich** peculiar, strange; **eigenwillig** willful

eignen own

die **Eile** haste; **eilen** hurry, rush; **eilig** rapid

der **Eimer, -** pail

einander one another, each other

ein•atmen inhale

die **Einbildung** delusion

ein•brechen, a, o break through, break into

ein•bringen, a, a bring in, cause

ein•büßen forfeit, lose

ein•dämmern stop, dam

der **Eindringling, -e** intruder

der **Eindruck, ÷e** impression

ein•drücken push in

die **Einengung, -en** restriction

einerlei immaterial, all the same

einfach simple

ein•fallen, ie, a blow, occur, attack, interrupt; **einem etwas ein•fallen** occur to one, be inspired

die **Einfalt** simplicity

ein•fangen, i, a catch

sich **ein•finden, a, u** report, appear

ein•fließen, o, o flow

ein•flößen give

der **Einfluß, ÷e** influence

sich **ein•fügen** fit in with, become a part of

ein•führen institute

die **Eingabe, -n** petition, application

der **Eingang, ⸗e** entrance; die **Eingangstür, -en** entrance door

die **Eingebung, -en** inspiration

eingefroren frozen

ein•gehen auf, i, a go into, react to, enter into particulars about; **eingehend** in detail, exhaustive

eingesperrt imprisoned

sich **ein•gewöhnen** accustom oneself, adjust

ein•halten, ie, a keep, adhere to

ein•hängen hang up

ein•holen overtake

einig in agreement; sich **einig sein** be in agreement

einige several, a few

ein•kaufen shop, purchase

ein•kreisen encircle

ein•laden, u, a invite; die **Einladung, -en** invitation

ein•lassen, ie, a let in; sich **ein•lassen** have to do with, venture

ein•laufen, ie, au pull in, arrive

ein•legen put in, enclose, preserve

ein•leiten introduce; der **Einleitungsvortrag, ⸗e** introduction of the speaker; das **Einleitungswort, -e** opening word

ein•leuchten become clear

einmal once; **noch einmal** once more; **nicht einmal** not even; **einmalig** unique

ein•nehmen, a, o occupy

die **Einöde, -n** solitude

ein•packen pack

ein•richten fix up, set up; sich **ein•richten** make arrangements, arrange; die **Einrichtung, -en** arrangement

einsam lonely, alone; die **Einsamkeit** loneliness, seclusion, solitude

ein•schalten turn on, add, insert

ein•schenken pour

ein•schlafen, ie, a fall asleep

ein•schläfern put to sleep

ein•schlagen, u, a shake (hands), set (a pace)

ein•schnüren lace in

ein•sehen, a, e understand

einseitig one-sided

ein•setzen begin, put into service

die **Einsicht, -en** inspection, insight; **einsichtsvoll** sensible, reasonable

einsilbig monosyllabic

ein•sinken, a, u sink in

ein•sortieren sort out

ein•spannen harness

ein•sperren lock up

ein•sprechen, a, o auf speak to

ein•steigen, ie, ie board, enter, get in, get on

ein•stellen stop, adjust; sich **ein•stellen auf** adapt to someone

einst one day, someday

einstig former

ein•stimmen chime in, join in

einstöckig one-story

ein•stürzen fall upon, collapse

ein•teilen divide

eintönig drab, monotonous

ein•treffen, a, o arrive

ein•treten, a, e occur, enter, set in; der **Eintritt, -e** admission, advent, entrance

einverstanden sein be in agreement; das **Einverständnis, -se** consent, understanding

der **Einwand, ⸗e** objection; **einwandfrei** accurate

der **Einwohner, -** resident

die **Einzahl** singular (number)

die **Einzelheit, -en** detail; **einzeln** individual, single; die **Einzelzelle, -n** single cell

ein•ziehen, o, o draw in, pull in, enter, move in

einzig only, sole, single, unique; **einzigartig** unique, unparalleled

der **Einzug, ⸗e** entry

das **Eisen** iron; die **Eisenbahn,**

-en train; der **Eisenbahner,** - railroad worker; die **Eisenbahnstunde, -n** hour by train;

eisern iron, hard

eisig icy; das **Eissegeln** ice boating

der **Ekel** loathing; **eklig** disgusting

das **Elend** misery; **elend** miserable

die **Eltern** (*pl.*) parents

das **Email, -s** enamel (work of art)

empfangen, i, a receive; das **Empfangszimmer,** - reception room

empfehlen, a, o recommend; sich **empfehlen** take one's leave; die **Empfehlung, -en** recommendation

empfinden, a, u feel, sense, perceive; die **Empfindung, -en** perception

die **Emphase, -n** emphasis

empor up; **empor•blicken** look up; (sich) **empor•heben, o, o** raise (oneself); **empor•schauen** look up; **empor•steigen, ie, ie** climb up, ascend

endgültig final

endlich finally; die **Endlichkeit** finiteness

enervierend enervating

eng narrow, close, tight; die **Enge, -n** narrowness, closeness

der **Engel,** - angel

das **Enkelkind, -er** grandchild

entdecken discover; die **Entdeckung, -en** discovery; der **Entdeckungsgang, ⁓e** exploratory walk

entfachen kindle, inflame, arouse

entfalten unfurl, develop, reveal

entfernen remove; sich **entfernen** retire, withdraw, leave, escape; **entfernt** distant; die **Entfernung, -en** distance

die **Entfesselung, -en** release, relaxation

entfliehen, o, o flee

entgegen toward, contrary to; **entgegen•blicken** look at; **entgegen•bringen, a, a** offer; **entgegen•kommen, a, o** come from the opposite direction; **entgegen•setzen** oppose; **entgegen•strecken** extend; **entgegen•wehen** waft toward; **entgegen•wenden, a, a** turn toward; die **Entgegnung, -en** reply, retort

enthalten, ie, a contain; sich **enthalten** refrain from

enthüllen reveal

entkleiden undress

entkommen, a, o escape

entlang along; **entlang•gleiten, i, i** glide along; **entlang•kommen, a, o** come along; **entlang•treiben, ie, ie** blow along

entlassen, ie, a discharge, let go, dismiss; die **Entlassung, -en** dismissal

entlegen far off, remote, distant

entnehmen, a, o understand, gather, conclude

entnerven enervate, unnerve

entreißen, i, i tear away from

entrinnen, a, o escape, run away

sich **entscheiden, ie, ie** resolve, decide; **entscheidend** decisive

sich **entschließen, o, o** decide, determine; die **Entschlossenheit** determination; der **Entschluß, ⁓e** decision

entschuldigen pardon, make excuses for; sich **entschuldigen** apologize; die **Entschuldigung, -en** excuse

entsetzen horrify; das **Entsetzen** horror; **entsetzlich** terrible

sich **entsinnen, a, o** remember

entsprechen, a, o correspond to, conform to

entspringen, a, u originate from

entstehen, a, a arise, create, be formed

enttäuschen disappoint; die **Enttäuschung, -en** disappointment

entvölkern depopulate
entweder either
entweichen, i, i escape
entzücken charm, delight
entzünden ignite, catch fire;
entzündbar inflammable
erbärmlich wretched
erbeben tremble, vibrate
erben inherit
erbeuten catch, capture
erbitten, a, e ask for, request
erbittern embitter; die **Erbitte-**
rung bitterness
erblicken see, catch sight of
die **Erde** earth; das **Erdbeben**, -
earthquake; der **Erdboden**
earth; der **Erdgeruch**, ̈e odor
of earth; das **Erdreich** soil
erdulden endure
sich **ereignen** take place,
happen; das **Ereignis, -se** event
erfahren, u, a learn, experience,
find out; die **Erfahrung, -en**
experience
erfassen seize
erfinden, a, u invent; der
Erfinder, - inventor
erfolgen ensue, result; der
Erfolg, -e success
erfreuen please; sich **erfreuen**
rejoice
erfrieren, o, o freeze to death
erfüllen fill, made good
ergänzen supplement
ergeben, a, e reveal; **ergeben**
sein be resigned; sich **ergeben**
surrender, result, yield; das
Ergebnis, -se result, outcome
ergehen, i, a fare
ergötzen amuse; sich **ergötzen**
an take delight in
ergrauen turn gray
ergreifen, i, i seize, grip, touch,
affect; **ergriffen** deeply moved
erhaben sublime
erhalten, ie, a preserve, receive,
contain, support; am **Leben**
erhalten keep alive
erheben, o, o lift, raise; **sich**
erheben get up, rise
erhellen illuminate, brighten
sich **erholen** recover

erinnern remind; sich **erinnern**
an remember; die **Erinnerung,**
-en memory
erkaufen buy
erkennen, a, a recognize,
perceive; **zu erkennen geben,**
a, e make known; die **Er-**
kenntnis, -se understanding,
realization
erklären explain, declare; die
Erklärung, -en explanation
erklimmen, o, o ascend
sich **erkundigen (nach)** inquire
(about)
erlangen attain, obtain
erlauben permit
erläutern explain; die **Erläute-**
rung, -en explanation
erleben experience; **erlebens-**
wert worthwhile; das **Erlebnis,**
-se experience
erledigen perform, settle
erlegen kill, pay
erleichtern relieve, ease; die
Erleichterung, -en relief
erleuchten light, illuminate
erliegen, a, e succumb, fall victim
to
erlöschen, o, o go out, be
extinguished, wash out
ermahnen admonish, caution
die **Ermangelung** absence, lack
die **Ermattung** weariness,
fatigue
ermüden become fatigued
ermuntern encourage, animate
ernst serious, earnest; der
Ernst seriousness
ernten harvest, get; die **Ernte,**
-n harvest
die **Eroberung, -en** conquest
eröffnen open
erproben test
erraten, ie, a guess
erregen stir, arouse, excite; die
Erregung, -en excitement
erreichen reach, attain; **erreich-**
bar reachable
erröten blush
der **Ersatzteil, -e** replacement
part; der **Ersatzzahn**, ̈e false
tooth

erschallen resound
erschauern be seized with
horror
erscheinen, ie, ie seem, appear
erschießen, o, o shoot dead
erschlagen, u, a kill
erschöpfen exhaust; die Erschöpfung exhaustion
erschrecken frighten, be
startled, start
erschüttern upset, shock; die
Erschütterung, -en intense
emotional experience
ersetzen repay, replace
erst first, only, not until; erst
mal first of all; erstens first of
all
erstarren become numb, grow
stiff or motionless
erstaunen amaze; das Erstaunen
amazement
erstehen, a, a buy, come into
being, arise
ersteigen, ie, ie climb
ersterben, a, o die away
ersticken suffocate
erstreben strive for
ertaubt deafened
ertönen resound, sound
ertragen, u, a bear, endure;
erträglich bearable, endurable;
die Ertragsfähigkeit produc-
tion capacity
ertrinken, a, u drown
erwachen awaken; bei Erwachen upon waking up
erwachsen grown up; der
Erwachsene, -n, -n adult
erwähnen mention
erwärmen interest (someone in
something)
erwarten expect, await; die
Erwartung, -en expectation;
erwartungsvoll expectant
erwerben, a, o acquire; sich erwerben gain, make
erwidern return, answer
erzählen tell; die Erzählung,
-en story
erzeugen produce
erzittern vibrate
essen, a, e eat; das Essen food,
meal
die Etappe, -n step
das Etui, -s case
etwa approximately, about,
perhaps
etwas something, somewhat,
some
euphorisch euphoric
ewig eternal, for a long time; seit
ewig forever; die Ewigkeit,
-en eternity
sich exaltieren excite oneself
die Exotik exoticism
die Fabrik, -en factory; der
Fabrikhof, ⸚e factory yard
das Fach, ⸚er partition, division
fachkundig expert, competent
fähig capable; die Fähigkeit,
-en ability
fahl pale
die Fahne, -n flag, streamer
die Fähre, -n ferry
fahren, u, a go, travel, take
(train), drive, get; die Fahrbahn,
-en roadway, lane; die
Fahrkarte, -n ticket; das
Fahrrad, ⸚er bicycle; die Fahrt,
-en trip, speed; das Fahrzeug,
-e vehicle
der Fall, ⸚e case; auf jeden Fall
in any case; zu Fall bringen, a,
a ruin
fallen, ie, a fall, die (in battle);
einem ins Wort fallen
interrupt someone; der Fallap-
fel, ⸚ apple that has fallen on
the ground, windfall
die Falle, -n trap
fällen cut (tree)
falls in case, unless
falsch false; die Falschheit
falseness
falten fold; die Falte, -n wrinkle
die Familienmeldung, -en family
report; der Familienschmuck
family jewels
fangen, i, a catch
die Farbe, -n color, paint;
farblos colorless; färben color
das Farnfeld, -er field of ferns
fassen take, grasp; Fuß fassen
get a footing; sich ein Herz

fassen take courage; **ins Auge
fassen** look at
fast almost
fauchen spit, snarl, whiz, hiss
faul lazy, rotten
die **Faust, ˸e** fist
federn spring; die **Feder, -n**
pen, feather, spring
fegen sweep
die **Fehde, -n** feud
fehlen lack, miss, ail; der **Fehler,
-** mistake, defect, fault
feiern celebrate, honor; die
Feier, -n celebration, cere-
mony; der **Feiertag, -e** holiday
der **Feind, -e** enemy; **feindselig**
hostile
die **Feinheit, -en** daintiness,
nuance, subtlety
das **Feld, -er** field
der **Fels, -en** rock, cliff; das
Felsgebiet, -e rocky area; **fel-
sig** rocky; die **Felswand, ˸e**
rock wall
das **Fenster, -** window; die
Fensterbank, ˸e window sill;
der **Fensterladen, ˸** window
shutter; der **Fensterplatz, ˸e**
place at the window; die
Fensterscheibe, -n window
pane
die **Ferien** (*pl.*) vacation
fern distant, far; **ferner** furthermore; **fern‧bleiben, ie, ie** stay
away; die **Ferne, -n** distance;
das **Fernglas, ˸er** binoculars;
fern‧halten, ie, a keep away,
hold off; das **Fernlicht** high
beam headlights; der
Fernschreiber, - teletype
machine
fertig finished, ready;
fertig‧bringen, a, a accomplish,
bring about; **fertig‧machen** get
ready; **fertig werden mit**
manage, come to terms with
fesseln fascinate, bind
fest tight, firm, strong, solid;
fest‧halten, ie, a hold tightly,
record; sich **fest‧halten** hold
tightly; **fest‧legen** determine,

plan, hold in place; **fest‧neh-
men, a, o** seize, arrest;
fest‧rennen, a, a run; sich
fest‧setzen settle; **fest‧stehen,
a, a** stand firm; **fest‧stellen**
confirm, ascertain, determine;
die **Feststellung, -en** claim
das **Fest, -e** party, festival;
festlich festive; der **Festtag,
-e** holiday
festigen secure, establish (firmly)
fett fat
feucht moist, damp; die **Feuchtigkeit, -en** dampness;
feuchtkalt clammy
das **Feuer, -** fire; **feuern** fire;
Feuer geben, a, e give a light;
Feuer fangen, i, a take fire;
der **Feuereifer** zeal, ardor; der
Feuerschein, -e firelight; das
Feuerwerk, -e fireworks;
feurig fiery
die **Fichte, -n** fir tree
das **Fieber** fever; **fiebrig**
feverish
fiepen peep (as a bird)
das **Filmschauspielerehepaar, -e**
married pair of movie actors
der **Fingerknöchel, -** knuckle; der
Fingerzeig, -e warning
finster ominous, grim, dark, sad;
die **Finsternis** darkness
die **Firma, -men** company
die **Fistelstimme** falsetto
flach flat, shallow
die **Fläche, -n** surface
das **Flachshaar** flaxen hair
flackern flicker
die **Flasche, -n** bottle
flattern flutter
der **Fleck, -e** spot
flehen plead, supplicate
das **Fleisch** flesh, meat; der
Fleischer, - butcher; der **Flei-
schermeister, -** butcher; der
Fleischhauer, - butcher; die
Fleischlieferung, -en meat
delivery; das **Fleischstück, -e**
piece of meat
fletschen snarl, bare one's teeth
flicken mend, patch

der **Flieder**, - lilac
fliegen, o, o fly; die **Fliege**, -n
fly; die **Fliegerbombe**, -n
aerial bomb
fliehen, o, o flee
fließen, o, o flow; das **Fließband**,
¨er assembly line
flimmern shimmer
die **Flinte**, -n rifle; der **Flinten-
lauf**, ¨e rifle barrel; der
Flintenschuß, ¨e rifle shot
flitzen flit
die **Flocke**, -n flake
die **Floskel**, -n empty phrase
flößen float, raft
flott stylish
die **Flotte**, -n navy, fleet
fluchen curse, swear; der **Fluch**,
¨e curse
der **Flüchtling**, -e refugee
der **Flug**, ¨e flight; das **Flugblatt**,
¨er handbill; der **Flügel**, -
wing; der **Flügelschlag**, ¨e beat
of wings; die **Flügelspitze**, -n
wing tip; die **Fluggesellschaft**,
-en airline; der **Flughafen**, ¨
airport; der **Flugplatz**, ¨e
airport; der **Flugsand** quicksand; die **Flugzeit**, -en flight
time; das **Flugzeug**, -e airplane
der **Flur**, -e entrance hall
der **Fluß**, ¨e river; die **Flüssigkeit**,
-en liquid
flüstern whisper
folgen follow; **folgenlos** without
consequences; **in der Folge**
subsequently
fordern ask for, demand; die
Forderung, -en demand
förmlich literally
forsch dashing, smart
forschen search, inquire
der **Forst**, -e forest
fort•bewegen move on;
fort•bringen, a, a transport,
take away; **fort•fahren**, u, a
continue; **fort•führen** take
away; **fort•gehen**, i, a go forth,
go away; **fort•lassen**, ie, a
leave out, let go; **fort•laufen**, ie,
au run away; **fort•nehmen**, a,

o take away; sich **fort•pflan-
zen** spread; **fort•setzen**
continue
fortschrittsgläubig believe in
progress
der **Frack**, ¨e full evening dress
(tails)
fragen ask; die **Frage**, -n
question; **nicht in Frage kommen**, a, o be out of the
question; der **Fragesteller**, -
questioner
der **Franzose**, -n Frenchman;
französisch French
die **Frauenstimme**, -n female
voice
frei free; **im Freien** out of
doors; **frei•geben**, a, e expose;
die **Freiheit**, -en freedom;
frei•lassen, ie, a release;
freilich of course; **frei•schwe-
ben** float free; **freiwillig**
voluntary
freitags on Fridays
fremd foreign, strange; **fremdartig** strange; der **Fremde**, -n,
-n stranger, foreigner; **in der
Fremde** abroad; der **Fremdenführer**, - tourist guide; die
Fremdenverkehrswerbung, -en
promotion of tourism; der
Fremdling, -e stranger
fressen, a, e eat (for an animal)
die **Freude**, -n joy; **freudlos**
joyless
sich **freuen** be happy; sich
freuen auf look forward to;
sich **freuen über** be happy
about
freundlich friendly, in a friendly
manner; die **Freundlichkeit**,
-en friendliness; die **Freundschaft**, -en friendship;
freundschaftlich amicably
der **Frevel**, - blasphemy
der **Friede(n)** peace; der **Friedhof**, ¨e cemetery; die **Fried-
hofsmauer**, -n cemetery wall;
friedlich peaceful
frieren freeze
fristen delay, put off

die **Frisur**, -en hairdo, hair
froh happy; **fröhlich** happy; die **Fröhlichkeit**, -en cheerfulness
fromm pious
frönen indulge in, be a slave to
die **Front**, -en front (military), façade; die **Frontscheibe**, -n windshield
der **Frosch**, ̈e frog
frösteln shiver
das **Frottiertuch**, ̈er Turkish towel
die **Frucht**, ̈e fruit, product, crop; **fruchtlos** barren, futile
früh early; der **Frühherbstnebel**, - early fall fog; das **Frühjahr** spring; der **Frühstückstisch**, -e breakfast table; das **Frühwerk** early work
der **Fuchsschwanz**, ̈e foxtail
die **Fuge**, -n joint, seam
fügen add
(sich) **fühlen** feel
führen lead, raise, carry, keep, manage; der **Führer**, - leader; der **Führerschein**, -e driver's license
die **Fülle**, -n abundance, wealth
das **Füllen**, - foal
der **Funke**, -ns, -n spark, trace; **funkeln** sparkle
die **Furche**, -n furrow
die **Furcht** fear; **furchtbar** terrible; **furchterregend** fear-instilling; **furchtlos** fearless; **fürchten** fear; sich **fürchten vor** be afraid of, terrified of
der **Fuß**, ̈e foot; der **Fußball** soccer; das **Fußballhemd**, -en soccer shirt; das **Fußballtrikot**, -s soccer jersey
der **Fußboden**, ̈ floor
der **Fusionsversuch**, -e attempt at fusion
futsch wrecked
füttern feed
gähnen yawn
galant courteous, gallant
gallertartig gelatinous
der **Gang**, ̈e corridor

die **Gangart**, -en way of walking
das **Gangwerk**, -e works, gears
die **Gans**, ̈e goose; die **Gänsehaut**, ̈e gooseflesh
ganz completely, quite, very, whole, just, way back; **gänzlich** complete
gar entirely, even
die **Garderobe**, -n check room, wardrobe; der **Garderobenraum**, ̈e check room
der **Gartenzaun**, ̈e garden fence; die **Gärtnerei**, -en nursery
das **Gas**, -e gas, accelerator; **Gas geben**, a, e step on the gas; die **Gasmauer**, -n wall of gas; die **Gasschicht**, -en layer of gas; die **Gasvergiftung**, -en gas poisoning
das **Gäßchen**, - narrow street, lane; die **Gasse**, -n narrow street, alley
der **Gast**, ̈e guest; der **Gastgeber**, - host; der **Gasthof**, ̈e inn; der **Gastwirt**, -e innkeeper
die **Gattin**, -nen wife
gaukeln flutter about
der **Gaul**, ̈e nag, old horse
der **Gaumen**, - gum
die **Gaunerei**, -en trickery
gebären, a, o bear, produce, bring forth
das **Gebäude**, - building
das **Gebell** barking
das **Gebiet**, -e area
das **Gebirge** mountains, mountain range; die **Gebirgswelt** mountains
das **Gebiß**, -e false teeth, set of teeth
geblümt flowered
die **Geborgenheit** safety, security
gebrauchen use; der **Gebrauch**, ̈e custom, use; **gebräuchlich** customary
gebrechlich fragile
das **Gebrüll** howling
der **Geburtstag**, -e birthday
das **Gedächtnis**, -se memory

der **Gedanke, -ns, -n** thought;
gedankenlos empty, thoughtless; der **Gedankenmechan-
ismus, -men** thought process;
die **Gedankenverbindung, -en**
association of ideas
gedeihen, ie, ie prosper,
succeed, grow
gedenken, a, a think, have in
mind, intend, remember
das **Gedicht, -e** poem
die **Geduld** patience; **geduldig**
patient
gedunsen bloated
geeignet proper, appropriate,
suited
die **Gefahr, -en** danger; **gefährden** endanger; **gefährlich**
dangerous
der **Gefährte, -n, -n** traveling
companion, comrade
gefallen, ie, a please, like; der
Gefallen, - favor
der **Gefangene, -n, -n** prisoner;
das **Gefängnis, -se** prison; das
Gefängnistor, -e prison gate
gefaßt composed, ready,
prepared; **auf etwas gefaßt
sein** be prepared for something
das **Gefecht, -e** battle
das **Geflügel** poultry
das **Gefühl, -e** feeling; **gefühlsmäßig** emotionally; der
Gefühlsüberschwang, ⁻e
excess of feeling
gefurcht furrowed
gegebenenfalls in that case, if
need be
gegen about, toward; der
Gegensatz, ⁻e antithesis, opposite; die **Gegenseite, -n**
opposite side; **gegenseitig**
mutual, to one another; der **Gegenstand, ⁻e** object, subject;
das **Gegenteil, -e** opposite
die **Gegend, -en** region, area
gegenüber opposite, in the face
of, compared to, over and
against; **gegenüber·liegen, a, e**

lie opposite; sich **gegenüber·sit-
zen, a, e** sit opposite; **gegen-
über·stehen, a, a** stand
opposite; **gegenüber·treten, a,
e** face
die **Gegenwart** present, presence; **gegenwärtig** real, actual,
present
der **Gehalt, -e** contents
das **Gehäuse** building
geheim secret; **in geheimen**
secretly; das **Geheimnis, -se**
secret; **geheimnisvoll** mysterious
gehen, i, a go, walk; **vor sich
gehen** happen
das **Geheul** howling
der **Gehilfe, -n, -n** assistant
gehoben elevated, elated, lively
gehorchen obey
gehören belong to; **es gehört
sich** it is proper
der **Gehsteig, -e** sidewalk, path
geigen play the violin
der **Geist, -er** spirit, mind
gekalkt white-washed
das **Gelächter** laughter
das **Geländer, -** railing
das **Geländerad, ⁻er** trail bike
gelangen reach, find
gelangweilt bored
gelassen relaxed
gelb yellow; **gelblich** yellowish;
das **Gelblicht, -er** yellow light
das **Geld, -er** money; der
Geldbeutel, - purse; **geldlich**
financial; das **Geldstück, ⁻e**
coin
die **Gelegenheit, -en** opportunity;
gelegentlich occasionally
der **Gelehrte, -n, -n** scholar
das **Geleise** track, rail
das **Gelenk, -e** joint
gelingen, a, u succeed
gelten, a, o count, pertain, be a
question of, prevail, be valid, be
meant for; **gelten als** consider
to be
das **Gemach, ⁻er** room
das **Gemälde, -** painting

gemein common, ordinary;
gemeinsam together, mutual,
common; die **Gemeinschaft,**
-en community, group of
people
das **Gemurmel** murmuring
gemütlich genial, comfortable;
die **Gemütlichkeit** comfort,
geniality
gen toward
genau exact, definite, in detail,
strict, right; **genauso** just as
well, exactly as
genial original, ingenious,
striking
genießen, o, o enjoy
genug enough
genügen suffice
der **Genuß, ¨e** pleasure
das **Gepäcknetz, -e** baggage
rack; der **Gepäckträger, -**
porter
gequält lächeln smile wryly
gerade straight, erect, at the
moment, just; **geradeaus**
straight ahead; **gerade heraus**
straight at; **geradeswegs,**
gerade(n)wegs straight
die **Geranie, -n** geranium
das **Gerät, -e** utensil, apparatus;
die **Gerätschaften** (*pl.*)
implements
geraten, ie, a get into, fall into,
turn out, become, get, become
involved in
das **Geräusch, -e** sound, noise;
geräuschlos silent; **geräusch-**
voll noisy
gerecht just, fair; **gerecht**
werden do justice to; **gerecht-**
fertigt justified
das **Gericht, -e** court; **vor**
Gericht in court
gering little, slight, low
die **Gerste** barley
der **Geruch, ¨e** odor
das **Gerücht, -e** rumor
der **Gesang, ¨e** song, singing
das **Geschäft, ¨e** business, store,
transaction; der **Geschäftsmann,**
die **Geschäftsleute** (*pl.*)

businessman; die **Geschäftsreise,**
-n business trip
geschehen, a, e happen; das
Geschehnis, -se event,
happening
die **Gesellschaft, -en** gathering,
society
das **Geschenk, -e** present
die **Geschichte, -n** story, history;
der **Geschichtsunterricht**
instruction in history
das **Geschick, -e** fate, destiny
die **Geschicklichkeit, -en** skill
geschieden divorced
das **Geschirr** harness, dishes
das **Geschlecht, -er** species, family, race, sex
der **Geschmack, ¨e** taste;
geschmacklos tasteless; die
Geschmacklosigkeit tastelessness, bad taste
das **Geschöpf, -e** creature
das **Geschrei** shouting, screams
das **Geschwätz** idle talk, chatter
geschweige not to mention, let
alone
die **Geschwindigkeit, -en** speed
die **Geschwister** (*pl.*) brothers
and sisters
der **Geselle, -n, -n** journeyman
die **Geselligkeit** sociableness
die **Gesellschaft, -en** society,
group, party, company; der **Ge-**
sellschafter, - partygoer,
associate, social butterfly;
gesellschaftlich social
das **Gesetz, -e** law; **gesetzlich**
legal
das **Gesicht, -er** face; der
Gesichtsausdruck, ¨e facial
expression; die **Gesichtsfarbe**
tint, complexion; die **Gesichts-**
haut skin of the face
das **Gesindel** rabble
gespannt eager, intent, tense
das **Gespenst, -er** ghost, appari-
tion; die **Gespenstergeschichte,**
-n ghost story; **gespenstisch**
ghostly
das **Gespräch, ¨e** conversation
gestalten form, become; die

Gestalt, -en figure, form; die
Gestaltung, -en designing,
formation
gestatten permit, grant
die Geste, -n gesture
gestehen, a, a admit, confess
das Gestrüpp undergrowth
gesund healthy; gesunden get
healthy
das Getränk, -e drink, beverage
getreulich faithful
das Getriebe transmission
(einer Sache) gewachsen sein
measure up to (a thing)
gewagt daring
die Gewalt, -en control, power,
force; gewaltig violent,
intense, tremendous; gewaltsam forcible, violent
das Gewand, ⁻er garment, robe
das Gewehr, -e gun
die Gewerkschaft, -en union
das Gewimmel flurry
gewinnen, a, o gain, win; der
Gewinn, -e profit, prize
gewiß definite, certain; die
Gewißheit, -en certainty
das Gewissen conscience; gewis-
senlos unscrupulous
gewissermaßen so to speak
die Gewohnheit, -en habit
gewöhnlich usual, ordinary; sich
gewöhnen an get used to
das Gewühl throng, crowd
geziert affected, prim
der Giebel, - gable
die Gier eagerness, greed;
gierig greedy, eager
gießen, o, o pour
das Gift, -e poison; giftgrün
poisonous green; giftig
malicious, poisonous
die Gigantentreppe, -n colossal
staircase
der Gipfel, - pinnacle
der Glanz sheen, gleam,
brilliance
glänzen shine, sparkle
das Glas, ⁻er glass; glasen put in
a window, glaze; der Glaser, -
glazier; gläsern crystal-clear,

glassy; glasig glassy; glasklar
clear as glass; die Glasschale,
-n glass bowl; die Glastür, -en
glass door; das Gläschen, -
little glass
glatt smooth, sleek; das Glatteis
ice, icy surface; glattrasiert
smooth shaven
glatzköpfig bald-headed
glauben believe, think; glauben
an believe in; der Glaube
belief; Glauben schenken give
credence to, believe
gleichen, i, i resemble; gleich
same, immediately, right away,
like; das Gleichgewicht
balance; gleichgültig indiffer-
ent, a matter of no concern; die
Gleichgültigkeit indifference;
gleich•kommen, a, o amount
to; gleichmäßig steady,
uniform; gleichsam as it were;
gleichzeitig at the same time,
simultaneously
gleiten, i, i glide, slide
der Gletscher, - glacier
das Glied, -er limb, member
glitzern sparkle, shine
die Glocke, -n bell, dome; der
Glockenschlag, ⁻e stroke of the
clock
glotzen stare
das Glück happiness, luck, good
fortune; zum Glück happily,
fortunately; glücklich happy
glühen glow; die Glühbirne, -n
light bulb; der Glühwein, -e
mulled wine
die Glut, -en fire, ardor
der Goldgrund gold background;
die Goldsache, -n gold object;
der Goldschmied, -e goldsmith;
die Goldschnur, ⁻e golden
cord; die Goldware, -n
jewelry, golden objects
die Gondel, -n gondola; die
Gondelfahrt, -en gondola trip;
der Gondolier, -e gondolier
gönnen allow
das Grab, ⁻er grave; die Grabesstille deathly silence

der **Grad, -e** degree
der **Gram** grief
gräßlich horrible
grau-rot grayish red
grauen dread; das **Grauen**
horror; **grausam** cruel,
horrible
grauuniformiert uniformed in
gray
greifen, i, i reach, grasp; **unter
die Arme greifen** help;
greifbar seizable, tangible,
concrete
die **Greisin, -nen** old woman;
greis aged, old
grell glaring, dazzling; **grellblau**
dazzling blue; **grellfarbig**
garish
die **Grenze, -n** border; das
Grenzbereich, -e border area
grimmig grim, wrathful
grob blunt, coarse, rude
der **Groschen, -** small coin
groß big, tall, grown up;
großartig grand, marvelous;
die **Größe, -n** size; die
Großeltern (*pl.*) grandparents;
der **Großmast, -en** main-mast;
die **Großmutter, -̈** grandmother; die **Großstadt, -̈e** metropolis; der **Großstadtverkehr** big-city traffic; der
Großvater, -̈ grandfather;
groß•ziehen, o, o rear, bring
up; **großzügig** magnanimous
die **Grube, -n** pit, ditch, grave
grübeln brood, rack one's brain
der **Grund, -̈e** ground, reason,
bottom (of the sea); **im
Grunde** basically; **von Grund
auf** thoroughly; der **Grundsatz,
-̈e** principle, basis
gründen establish, found; **sich
gründen auf** be based on
grünschimmern glisten greenish
grunzen grunt
der **Gruß, -̈e** greeting; **zum
Gruß** as a greeting; **grüßen**
greet
gucken look, watch, peer; der
Guckkasten, -̈ peep show; das
Guckloch, -̈er peephole

gültig valid, applicable
der **Gürtel, -** belt
gutbekannt well-known;
gutmütig good-natured;
gutwillig voluntary
die **Güte** kindness
die **Haarfrisur, -en** hairstyle; die
Haarmode, -n hairstyle;
haarscharf with precision
habhaft werden, u, o take
possession of, get hold of
die **Hacke, -n** heel
hacken chop
der **Hafen, -̈** harbor, port
der **Hafer** oats
haften adhere, cling; die **Haft**
custody
hager lean, lanky, haggard
der **Hahn, -̈e** rooster
halb half; das **Halbdunkel**
twilight; **halbgeöffnet** half
open; der **Halbkreis, -e** half
circle; der **Halbmond, -e** half
moon
die **Halde, -n** pile (of slag)
hallen echo, resound
der **Halm, -e** blade, stalk (of
grass)
der **Hals, -̈e** neck
halten, ie, a hold, stop; **halten
für** consider; **halten von**
think of; **halt•machen** stop; die
Haltung, -en posture, bearing;
Haltung an•nehmen, a, o
stand at attention
der **Hammel, -** ram
hämmern hammer
die **Handbewegung, -en** motion
of the hand
handeln sell, act; **sich handeln
um** be a question of, be a
matter of; **handeln von** deal
with, treat of; die **Handlung, -
en** action, performance
die **Handfläche, -n** palm; das
Handgelenk, -e wrist; der
Handschlag, -̈e handshake; die
Handtasche, -n purse; der
Handwerker, - worker,
craftsman; der **Handwerks-
bursche, - n, -n** journeyman
hängen, i, a hang, attach; **an**

jemand hängen to be involved with someone; die Hängematte, -n hammock; hängen•bleiben, ie, ie get stuck in

hart hard, tough; die Härte harshness; hartnäckig stubborn; hartverkrustet encrusted, caked (with mud)

hassen hate; der Haß hate; häßlich ugly

hasten hurry, rush; hastig rapid

hauchen whisper; der Hauch, -e trace of color, breath

hauen hit, strike, give blows

der Haufen, - pile; häufen accumulate, increase, heap

häufig frequent

das Haupt, ⁻er head; die Hauptsache, -n main thing; hauptsächlich above all, particularly; die Hauptstadt, ⁻e capital; die Hauptstraße, -n main street; der Hauptteil, -e main part; die Haupttreppe, -n main stairs

das Haus, ⁻er house; der Hausbesuch, -er house call; die Hausecke, -n corner of the house; der Haushalt, ⁻er household; der Hausherr, -n, -en master of the house; die Hausmauer, -n house wall; das Haustürschloß, ⁻er door lock; die Haustürstufe, -n step at the front door; der Hauswirt, -e landlord

die Haut, ⁻e skin

heben, o, o lift, raise; sich heben rise, be raised

hecheln pant

die Hecke, -n hedge

das Heckfenster, - back window (of a car)

das Heft, -e notebook; das Heftchen, - booklet, theater program

heftig intense, violent, furious; die Heftigkeit impetuosity

die Heide, -n heath; der Heidepark, -s park in the heath

heilen heal

der Heiligabend, -e Christmas Eve

das Heim, -e home; die Heimat home, homeland, hometown; heimatlich homelike; die Heimreise, -n journey home; das Heimweh homesickness, nostalgia

heimlich secret

heiraten marry

heiser hoarse, husky

heiß hot

heißen, ie, ei be called, be named, mean; das heißt that is to say; es heißt it is said

heiter cheerful, gay; die Heiterkeit, -en cheerfulness

heizen heat, make a fire; die Heizung heat

helfen, a, o help; der Helfershelfer, - accomplice

hell light, clear, bright, high; hellblau light blue; hellicht bright; die Helligkeit brightness, clarity

der Helm, -e helmet

hemmen obstruct

her hither, here, this way; her•fahren, u, a drive; her•fallen, ie, a über attack, come upon; her•führen bring here; her•geben, a, e produce, give, give up or away, furnish; her•gehen, i, a go, walk; her•halten, ie, a take over; her•kommen, a, o come here, come from; her•schieben, o, o push along; her•sehen, a, e look; her•stellen produce, set up

herab•beugen bend down; herab•brennen, a, a burn down; herab•hängen, i, a hang down; herab•reißen, i, i tear off; herabrieseln drip down, trickle down

heran•brechen, a, o dawn; heran•fahren, u, a drive; heran•kommen, a, o approach; heran•schleichen, i, i creep up, sneak up; heran•wachsen, u, a grow up, develop

herauf•dämmern dawn;
herauf•kommen, a, o come
out, appear, come up;
herauf•laufen, ie, au run up;
herauf•locken lure up;
herauf•ziehen, o, o raise
heraus•bekommen, a, o bring
out, make; heraus•bringen, a, a
bring out, make, bring forth;
heraus•drängen force out;
heraus•fahren, u, a drive out
of; heraus•fallen, ie, a fall out;
heraus•filtern filter out;
heraus•finden, a, u find out,
discover; die Herausgabe, -n
publication; heraus•hängen, i,
a hang out; heraus•holen take
out; heraus•kommen, a, o
come out, become known;
heraus•kramen dig out;
heraus•lesen, a, e read, deduce;
heraus•nehmen, a, o take out;
sich heraus•reden wriggle out;
heraus•reißen, i, i tear out;
heraus•rutschen slip out, glide
out; heraus•schnüffeln sniff
out; heraus•schrauben screw
out; heraus•stehen, a, a
protrude, stand out;
heraus•stellen put out, turn
out; heraus•strecken stick out;
heraus•suchen seek out;
heraus•wachsen, u, a grow
out; heraus•ziehen, o, o pull
out, take out
herbei•sehnen long for;
herbei•ziehen, o, o draw
toward
die Herbstaster, -n aster; der
Herbstnachmittag, -e autumn
afternoon
der Herd, -e stove
herein•bitten, a, e ask in;
herein•brechen, a, o break in,
break out, rush in; herein•brin-
gen, a, a bring in; herein•
fallen, ie, a fall in, be taken in;
herein•kommen, a, o come in;
herein•stoßen, ie, o push in;
herein•stürzen rush in;
herein•tragen, u, a carry in;

herein•treten, a, e enter
die Herkunft, ⁻e origin
her•stellen produce, make
der Herr, -n, -en gentleman,
master, God; mein Herr sir;
der Herrenschuh, -e man's
shoe; die Herrentoilette, -n
men's room; die Herrschaft,
-en people, rule, ladies and
gentlemen
herrlich wonderful
herrschen rule, govern
herüber•schauen look over;
herüber•sehen, a, e look over;
herüber•treiben, ie, ie carry
or blow over (smoke); her-
über•wehen blow over;
herüber•ziehen, o, o come
over
herum•fliegen, o, o fly around;
herum•klettern climb around;
herum•kommen, a, o travel
around, come around;
herum•reden beat around the
bush; herum•schwingen, a, u
swing; herum•sitzen, a, e sit
around; sich herum•wälzen roll
around; sich herum•werfen, a,
o throw oneself around;
herum•winden, a, u wind
around
herunter•drücken push down;
herunter•gehen, i, a go down;
heruntergekommen run-
down; herunter•kommen, a, o
come down; herunter•lassen,
ie, a let down; her-
unter•reißen, i, i pull down,
rip off; herunter•steigen, ie, ie
climb down, come down
hervor•bringen, a, a produce;
hervor•heben, o, o emphasize,
stress; hervor•holen get out;
hervor•kramen dig out;
hervor•kriechen, o, o creep
out from; hervor•laufen, ie, au
run out; hervor•locken lure
out; hervor•pressen force out;
hervor•quellen, o, o flow out;
hervor•rufen, ie, u cause,
create, bring about;

hervor•stecken stick through;
hervor•treten, a, e stand out,
come forward, come to the
surface
das Herz, -ens, -en heart; das
Herzklopfen thumping of the
heart; herzlich affectionate,
loving, cordial; die Herzlichkeit cordiality, sincerity
die Herzogin, -nen duchess
hetzen pursue, rush
heucheln play the hypocrite
heuer in this year
heulen howl
die Hexerei sorcery
hier•bleiben, ie, ie stay
hierher here; hierher•kommen,
a, o come here
hiernach after this
die Hilfe help; die Hilfsbedürftigkeit need for help; das
Hilfsangebot, -e offer of assistance; das Hilfsmittel, -
auxiliary device
der Himmel heaven, sky
hinab•beugen bend down;
hinab•gehen, i, a go down;
hinab•hetzen rush down;
hinab•rinnen, a, o run down,
trickle down; hinab•schleppen
drag down; hinab•schweben
move down; hinab•steigen, ie,
ie go down
hinan•klimmen, o, o climb (on),
climb upward
hinauf•fahren,u, a drive up;
hinauf•gehen, i, a go up; hin-
auf•helfen, a, o help up;
hinauf•rollen roll up, go up;
hinauf•schweben move up;
hinauf•sehen, a, e look up
hinaus•fahren, u, a ride out;
hinaus•führen lead out;
hinaus•gehen, i, a step out,
leave, go out; hinaus•kommen,
a, o get past; hinaus•laufen, ie,
au run out; hinaus•lauschen
listen; hinaus•ragen tower, jut
out; hinaus•schieben, o, o
push out; hinaus•sehen, a, e
look out; hinaus•starren stare

out; hinaus•strahlen radiate;
hinaus•strecken stick out;
hinaus•treten, a, e go out, step
out; hinaus•werfen, a, o throw
out; hinaus•zögern draw out
hindern hinder
das Hindernis, -se obstacle
hin•deuten point, hint;
hin•fallen, ie, a fall down;
hin•flattern flutter; hin•geben,
a, e surrender to; hin•gehen, i,
a approach, go to; hin•halten,
ie, a hold out, proffer;
hin•hämmern hammer away;
hin•hören listen; vor sich
hin•murmeln mumble to oneself; hin•nehmen, a, o accept;
hin•reichen hand; hin•reißen,
i, i thrill, fascinate; hin•rie-
seln trickle, roll; hin- und
her•rücken move back and
forth; hin•schweben float;
hin•sinken, a, u sink down;
hin•stellen put down;
hin•weisen, ie, ie auf point
out, call attention to; der
Hinweis, -e advice; hin•win-
ken wave; hin•zerren pull,
drag; hin•ziehen, o, o attract,
pull there
der Hindujäger, - Hindu hunter
hindurch•blinzeln blink through,
look through; hindurch•gehen,
i, a go through;
hindurch•kommen, a, o make
one's way, escape; sich
hindurch•schieben, o, o shove
oneself through; hin-
durch•sehen, a, e look through
hinein•freßen, a, e bite into;
hinein•gehen, i, a enter, go in;
hinein•kommen, a, o come in
(to); sich hinein•legen lie
down in; hinein•spähen look
in; hinein•treten, a, e step in;
hinein•werfen, a, o throw in
die Hinrichtung, -en execution
die Hinsicht, -en respect, view
hinter behind; hintereinander
after another; der Hintergrund,
⁼e background; hinterher

afterward; **hinterher•traben** trot behind; **hinter•lassen, ie, a** leave behind

hinüber over, on the other side; **hinüber•deuten** indicate, motion toward; **hinüber•drängen** force one's way over; **hinüber•schlüpfen** slip over; **hinüber•sehen, a, e** look over; **hinüber•starren** stare at

hinunter•bringen, a, a accompany; **hinunter•gehen, i, a** go down, descend; **hinunter•sehen, a, e** look down; **hinunter•setzen** reduce; **hinunter•steigen, ie, ie** climb down

hinweg•gehen, i, a pass over, go away; **hinweg•sehen, a, e** look away

hinzu•eilen hurry there; **hinzu•fügen** add; **hinzu•nehmen, a, o** accept; **hinzu•setzen** add; **hinzu•ziehen, o, o** consult; die **Hinzuziehung, -en** consultation

das **Hirn, -e** brain

die **Hitze** heat

hoch high; das **Hoch** high pressure area; der **Hochaltar, ⁻e** main altar; die **Hochebene, -n** plateau; **hoch•fahren, u, a** drive up; **hoch•krempeln** turn up; **hochgemut** high-spirited; **höchlich** greatly, mightily; der **Hochmut** haughtiness, arrogance, pride; **hoch•ragen** tower; **hoch•rasen** dash up; der **Hochruf, -e** cheer; die **Hochsaison, -s** peak season; **hoch•schnellen** jerk up; die **Hochspannung, -en** high tension; **hoch•stecken** pin up, fasten; **hoch•stellen** put up, place high; **höchstens** at best; die **Hochstimmung** high spirits; die **Hochzeit, -en** wedding; **hoch•ziehen, o, o** raise

hocken crouch, sit, squat; der **Hocker, -** stool

der **Hof, ⁻e** courtyard, farmyard

hoffen hope; **hoffentlich** hopefully; die **Hoffnung, -en** hope; die **Hoffnungslosigkeit** hopelessness; **hoffnungsvoll** hopeful, promising

der **Hofhund, -e** watchdog

höflich polite; die **Höflichkeit** courtesy, politeness; **höflichst** most courteously

die **Höhe, -n** height, mountaintop, intensity; **in die Höhe** up; der **Höhepunkt, -e** climax, high point

die **Höhle, -n** cave, socket; der **Höhlenbunker, -** bunker; die **Höhlenwand, ⁻e** cave wall

höhnen mock, sneer

hold gentle; **jemandem hold sein** like someone

holen get, fetch

der **Holländer, -** Dutchman

die **Hölle, -n** hell

das **Holz** wood; **hölzern** wooden; **holzgetäfelt** woodpaneled; das **Holzpferd, -e** wooden horse; die **Holzschranke, -n** wooden fence; der **Holzstuhl, ⁻e** wooden chair

homogen homogeneous

horchen listen

hören hear; **hören auf** listen to; **hörbar** audible; der **Hörer, -** telephone receiver; der **Hörsaal, -säle** auditorium

die **Hose, -n** trouser; das **Hosenbein, -e** trouser leg; die **Hosentasche, -n** trouser pocket

hübsch pretty, attractive

der **Hubschrauber, -** helicopter

das **Hufegetrampel** trampling of hooves

die **Hüfte, -n** hip

der **Hügel, -** hill, knoll

hüllen wrap

humpeln limp, hobble

hüpfen hop

husten cough

der **Hut, ⁻e** hat

hüten guard

die **Hütte, -n** hut

der **Imbiß, -e** snack
immer always; **immerfort**
constantly, continually;
immergleich endlessly the
same; **immerwährend**
perpetual; **immerzu** constantly
imponieren impress
imstande sein can, be able
indem as, while
indessen meanwhile, however,
in the meantime
der **Indientee** Indian tea
die **Industriebahn** industrial
railroad
ineinander into each other
infolge as a result of; **infolgedessen** as a result
der **Inhalt, -e** contents; **inhaltslos** without content
inmitten in the midst of
inne•halten, ie, a stop, pause, fill
innen within; der **Innendienst**
duty in the city; der **Innenhof,
·̈e** interior courtyard
inner(halb) inside
innig sincere, ardent, hearty,
soft
der **Insasse, -n, -n** occupant
die **Inschrift, -en** inscription
der **Insektenstich, -e** insect bite;
die **Insektenwolke, -n** cloud of
insects
die **Insel, -n** island
insgeheim secretly
insgesamt all together
inszenieren stage
sich **interessieren für** be
interested in
intim intimate
inwiefern to what extent, in
what way
inzwischen meanwhile
irdisch earthy
der **Ire, -n, -n** Irishman
irgend any, some; **irgend etwas**
anything, something; **irgendein**
some (thing) or other, any;
irgendwann some time or
other; **irgendwas** something;
irgendwelche some (thing) or

other; **irgendwie** somehow;
irgendwo somewhere;
irgendwoher somewhere,
anywhere; **irgendwohin** to
somewhere
sich **irren** be mistaken; **irr(e)**
insane; das **Irrenhaus, ·̈er**
madhouse; der **Irrsinn**
madness; der **Irrtum, ·̈er**
mistake, error
jagen chase, hunt, race; der
Jäger, - hunter
jäh sudden, abrupt
das **Jahr, -e** year; **jahrelang** for
years; die **Jahreszeit, -en**
season; das **Jahrhundert, -e**
century; das **Jahrzehnt, -e** dec-
ade
jammern moan, wail; **jämmerlich** pitiful, miserable;
jammervoll wretched, miserable
jauchzen cheer, rejoice
jaulen howl
je ever; **je nachdem** according
to
jedenfalls in any case
jedermann everyone
jedesmal each time
jedoch however, nevertheless
jeher from time immemorial
jemals ever
jemand someone
jenseitig opposite, on the other
side; **jenseits** on the other side,
beyond
jetzt now
jeweilig appropriate, respective
johlen scream
jubeln shout with joy, exult,
cheer; das **Jubelgeschrei, -e**
jubilant shout
der **Jude, -n, -n** Jew
die **Jugend** youth; der **Jugend-
freund, -e** childhood friend;
jugendlich youthful; die
Jugendliebe, -n early love, old
sweetheart
der **Junge, -n, -n** boy; der
Jüngling, -e youth
das **Juwel, -en** jewel; der

Juwelier, -e jeweler
die **Kabine, -n** cabin, compartment, booth
die **Kaffeegesellschaft, -en** coffee party
kahl bare, bald, empty
der **Kahn, ̈e** boat, skiff
der **Kaiser, -** emperor; **kaiserlich** imperial
die **Kajüte, -n** cabin; das **Kajütendach, ̈er** roof of the cabin; der **Kajüteneingang, ̈e** cabin entrance; die **Kajütentreppe, -n** cabin stairs; die **Kajütentür, -en** cabin door
das **Kalb, ̈er** calf
kalken whitewash
die **Kälte** cold, coldness
der **Kamm, ̈e** comb; **kämmen** comb
die **Kammer, -n** chamber, room; die **Kammermusik** chamber music
der **Kampf, ̈e** battle, conflict; **kämpfen** fight
kanarigelb canary yellow
kandiert candied; der **Kandis** hard pieces of sugar; der **Kandiskunde, -n, -n** sugar customer
die **Kantate, -n** cantata
das **Kap, -s** cape, headland
die **Kapelle, -n** chapel
kapieren catch on, understand
das **Karo, -s** square
die **Karte, -n** card, map
das **Kartoffelfeuer, -** fire of potato stalks; das **Kartoffelkraut** potato stalks
der **Karton, -e** cardboard box
die **Kasse, -n** cash-register, ticket-office
die **Kastanie, -n** chestnut
das **Kästchen, -** little box
kauen chew
kauern crouch
kaufen buy; das **Kaufhaus, ̈er** department store; der **Kaufpreis, -e** purchase price
kaum hardly, scarcely
keck bold

der **Kegel** cone, bowling pin; die **Kegelbahn, -en** bowling alley
die **Kehle, -n** throat
kehren sweep, turn
kein no, not any; **keinerlei** none whatsoever, no . . . whatsoever; **keinesfalls** by no means; **keineswegs** by no means
die **Kellergarage, -n** basement garage
der **Kellner, -** waiter
kennen, a, a know, be acquainted with; **kennen•lernen** meet, become acquainted with; **kenntlich** recognizable; die **Kenntnis, -se** knowledge; die **Kenntnisnahme, -n** cognizance, acknowledgment
der **Kerkerraum, ̈e** prison cell
kerngesund thoroughly healthy; das **Kernteilchen, -** particle
die **Kerze, -n** candle, blossom of the chestnut tree; die **Kerzenflamme, -n** candle flame
der **Kessel, -** kettle, boiler
die **Kette, -n** chain, necklace, line
keuchen pant, gasp
kichern giggle, chuckle; **in sich hinein•kichern** chuckle to oneself
das **Kind, -er** child; der **Kinderarzt, ̈e** pediatrician; **kinderlieb** fond of children; die **Kindheitserinnerung, -en** childhood memory; **kindisch** childish; **kindlich** childlike
das **Kinn, -e** chin
das **Kino, -s** movie
die **Kirche, -n** church; das **Kirchenportal, -e** church entrance; der **Kirchenraum, ̈e** church interior
die **Kirsche, -n** cherry; der **Kirschbaum, ̈e** cherry tree; der **Kirschenverkäufer, -** cherry seller
die **Kiste, -n** crate (old car)
kitschig gaudy, shoddy
der **Kittel, -** smock
klagen lament, complain; die

Klage, -n lament, complaint;
kläglich miserable, wretched
klammern grip, hang onto; die
Klammer, -n clamp
der Klang, ‑e sound
klappen tip, close; die Klappe,
-n opening with a swinging
flap
klappern rattle, click; klapprig
rickety
klar clear; die Klarheit clarity;
klar•machen explain
klatschen clap, applaud
klauen steal
das Klavier, -e piano; der
Klavierpädagog, -en, -en piano
teacher
kleben stick; klebrig sticky
das Kleid, -er dress, piece of
clothing; kleiden dress; der
Kleiderschrank, ‑e wardrobe,
closet
klein small, little; die Kleinigkeit,
-en little thing; kleinlich
petty, trivial
klettern climb
klicken click
klimmen climb
der Klingelknopf, ‑e doorbell
klingeln ring
klingen, a, u sound, ring
die Klinke, -n latch; klinken
clink
klirren clank, clink, rattle
klopfen knock, pat
der Klotz, ‑e block, thing
klug clever
der Klumpen, - clod, clump
knabbern nibble
der Knabe, -n, -n boy
knacken crack
knallen fire (a gun)
knapp concise, brief
knarren creak, squeak
knattern crack, rattle
die Knechtschaft servitude
kneifen, i, i pinch
die Kneipe, -n tavern
knien kneel
knipsen snap, photograph
knirschen creak

knistern crackle, rustle
knittern crease, rustle
der Knöchel, - knuckle
der Knochen, - bone
der Knopf, ‑e button; das
Knopfauge, -n eye like a
button
knüpfen fasten, knot, join; sich
knüpfen an be associated with
knurren growl, rumble
der Knüttel, - cudgel
kochen cook, boil; der Koch, ‑e
cook; der Kochtopf, ‑e cooking
pot
der Koffer, - suitcase; das
Köfferchen, - small suitcase
der Kohl cabbage
die Koje, -n bunk, berth
das Koksfeuer, - coke-fire
der Kollege, -n, -n colleague,
fellow worker
die Kollektivschuld collective
guilt
die Kommode, -n chest of
drawers
komprimieren condense,
compress
konstruieren construct, draw
die Kontrolle, -n supervision,
control; kontrollieren check
das Konzept, -e draft; die
Konzeption, -en conception
der Kopf, ‑e head; der Kopf-
schmerz, -en headache; das
Kopfschütteln, - shaking of the
head; kopfsteingepflastert
cobblestoned
der Korallenschiffer, - coral boat
der Korb, ‑e basket
der Körper, - body; körperlich
bodily, physical
kosten cost; die Kostbarkeit,
-en something of value, jewel
das Kostüm, -e woman's suit
der Kot filth, mud
der Krach noise; krachen crack
die Kraft, ‑e strength, force,
power; kräftig sturdy, strong;
kraftlos powerless
der Kragen, - collar
die Krähe, -n crow; krähen

crow, speak with a shrill voice;
die **Krähenfeder, -n** crow's
feather; die **Krähensorte, -n**
kind of crow
kramen rummage
der **Krampf, ¨e** cramp, spasm;
krampfhaft frantic convulsive
krank sick; **kränken** offend; die
Krankenschwester, -n nurse;
der **Krankenwagen, -** ambu-
lance; die **Krankheit, -en**
sickness
kratzen scratch
die **Krawatte, -n** necktie
kredenzen offer
kreideweiß chalk-white
kreisen fly in circles, revolve;
der **Kreis, -e** circle, circle of
people
kreischen scream
das **Kreuz, -e** back, cross; **kreuz
und quer** in all directions;
kreuzen cross; die **Kreuzigung**
crucifixion; die **Kreuzung, -en**
intersection
kriechen, o, o creep, go slowly
der **Krieg, -e** war; das **Kriegsende** end of the war; die
Kriegsvorbereitung, -en preparation for war
kriegen get
die **Kritik** criticism; der **Kritiker,
-** critic
krümmen bend
die **Küche, -n** kitchen; der
Küchenherd, -e kitchen stove;
das **Küchenmädchen, -** kitchen
maid; der **Küchenwecker, -**
kitchen alarm clock
die **Kugel, -n** bullet, sphere,
globe, ball
kühlen cool; **kühl** cool,
unemotional; der **Kühler, -**
cooler, radiator; der
Kühlschrank, ¨e refrigerator
kühn bold, daring
kulissenhaft like a stage
backdrop
kümmern worry, trouble; sich
kümmern um concern oneself
with; **kümmerlich** wretched,
miserable

der **Kumpel, -** pal, buddy
der **Kunde, -n, -n** customer
die **Kunst, ¨e** art; die **Kunsthistorik** history of art;
der **Kunstkritiker, -** art critic;
der **Künstler, -** artist; **künst-
lich** artificial
kupfern copper
das **Kuppelgewölbe, -** dome
die **Kurbel, -n** crank
die **Kur, -en** cure, treatment
der **Kurs, -e** course
kurz short, in short, succinct;
kurzärmelig short-sleeved;
kurzfristig brief; **kurzsichtig**
near-sighted, myopic; der
Kurzstreckenläufer, - sprinter
küssen kiss
die **Küste, -n** coast
kutschieren drive
das **Kuvert, -s** envelope
lächeln smile; **lächerlich**
ridiculous, absurd; **lächerlich
machen** ridicule
lachen laugh
lackieren paint with lacquer
laden, u, a load; **auf sich laden**
burden oneself
der **Laden, ¨** store, shop
das **Lager, -** (concentration)
camp
lagern store
lahmen walk lame
lähmen paralyze
das **Laken, -** sheet
das **Land, ¨er** country; der
Landarbeiter, - agricultural
worker; **landeinwärts** inland;
landen land; der **Landrat, ¨e**
state official; der **Landschaftsmaler, -** landscape painter; die
Landseite, -n landside; die
Landsleute (*pl.*) compatriots;
die **Landverteilung, -en** land
distribution; die **Landzunge, -n**
spit of land
lang(e) long, for a long time; die
Länge, -n length; die **Langeweile** boredom; **langgezogen**
drawn out; **langsam** slow;
längs•gehen, i, a walk along;
der **Längsstreifen, -** long strip;

längst long since; der **Lang-streckenlauf,** ⁻e long-distance race; **langweilen** bore; sich **langweilen** be bored; **langweilig** boring
der **Lappen,** - rag; **lappig** flabby, limp
der **Lärm** noise
die **Larve, -n** mask
lassen, ie, a leave, let
lasten weigh, be a burden; die **Last, -en** burden; der **Lastwagen,** - truck
die **Lästerung, -en** abuse, blasphemy
lästig annoying, burdensome
das **Laternenlicht, -er** lantern light
lau mild
das **Laub** foliage; der **Laubgeruch,** ⁻e odor of leaves
lauern lurk, lie in wait
laufen, ie, au run; im **Laufe** in the course; **laufend** current; das **Laufgitter,** - playpen
die **Lauge** lye
die **Laune, -n** mood; **launisch** moody
lauschen listen to
laut loud; der **Laut, -e** sound; **lauten** sound; **läuten** ring, ring the bell; das **Läutesignal, -e** sound signal; **lautlos** silent; der **Lautsprecher,** - loud speaker; der **Lautsprecherton,** ⁻e loudspeaker sound
lauter nothing but, only
läutern purify, purge
leben live; das **Leben,** - life; ums **Leben kommen, a, o** die; **lebendig** alive, lively; die **Lebensaufgabe, -n** life's work; der **Lebensgeist, -er** life, animal spirit; das **Lebensjahr, -e** year of life; **lebenslustig** gay, jovial; der **Lebensumstand,** ⁻e living condition; der **Lebensunterhalt,** ⁻e support; die **Lebensverneinung, -en** negation of life; **lebensvoll** full of life; die **Lebensweise, -n** way of life; das **Lebewesen,** -

living creature; **lebhaft** lively, sprightly; **leblos** lifeless
lecken lick
lediglich merely
leer empty; die **Leere** emptiness; **leeren** empty; **leer•stehen, a, a** stand empty
legen put, place
die **Lehmgrube, -n** clay pit
lehnen lean; der **Lehnstuhl,** ⁻e armchair
lehren teach; der **Lehrer,** - teacher; der **Lehrerkollege, -n, -n** teaching colleague; der **Lehrplan,** ⁻e syllabus; die **Lehrstelle, -n** apprenticeship
der **Leib, -er** body, person
die **Leiche, -n** corpse; der **Leichenwagen,** ⁻ hearse; der **Leichnam, -e** corpse
leicht light, slight, easy, easygoing; **leichtbekleidet** lightly dressed; **leichtfüßig** light-footed; das **Leichtmetall, -e** light metal; **leichtsinnig** careless, reckless
leiden, i, i suffer, stand, like; das **Leid** suffering; **leid tun, a, a** be sorry; die **Leidenschaft, -en** passion
leider unfortunately
leihen, ie, ie lend
die **Leinenhose, -n** linen trouser
die **Leinwand, -e** canvas
leise soft, gentle
leisten perform, do; sich **leisten** afford; **Gesellschaft leisten** keep company; die **Leistung, -en** performance
leiten lead, run, conduct; die **Leiter, -n** ladder; die **Leitung, -en** leadership, management, line, wire; die **Leitungsschnur,** ⁻e cord
die **Lektüre, -n** reading
das **Lenkrad,** ⁻er steering wheel
der **Lenz, -e** spring (season)
lernen learn
lesen, a, e read; **lesbar** legible; die **Lesung, -en** reading
letzthin recently

leuchten shine, illuminate, gleam; die **Leuchtreklame, -n** electric sign

leugnen deny

die **Leute** (*pl.*) people

das **Licht, -er** light; **lichtglän-zend** shining; der **Lichtschein, -e** glow, ray of light; der **Lichtstrahl, -en** beam of light

das **Lid, -er** eyelid

lieben love; **lieb** dear, nice; **lieb haben** be fond of; die **Liebe, -n** love; **lieber** rather; der **Liebesfilm, -e** romantic film; das **Liebespaar, -e** lovers; am **liebsten** preferably; **liebevoll** loving; die **Liebhaberei, -en** hobby; die **Liebkosung, -en** caress; das **Lieblingswort, ⁻er** favorite word

das **Lied, -er** song

liefern deliver, provide

liegen, a, e lie; **es liegt einem an etwas** one is interested in something; **liegen•bleiben, ie, ie** remain lying; **liegen•lassen, ie, a** leave

die **Linie, -n** line

link left; **links** on the left side

die **Lippe, -n** lip; der **Lippenstift, -e** lipstick

die **List, -en** craftiness, cunning; **listig** crafty

literarisch literary; die **Literatur, -en** literature; die **Literatur-geschichte, -n** history of literature

das **Loch, ⁻er** hole

locken lure

locker fluffy, loose; **lockern** loosen

sich **lohnen** pay, be worthwhile

das **Lokal, -e** restaurant

die **Lokalnachricht, -en** local news

das **Los, -e** lot

los loose; **los sein** be rid of, be afoot; **los werden, u, o** get rid of; **los•gehen, i, a** start, leave; **los•gehen auf** head for; **los•lassen, ie, a** let go, release, give up; **los•legen** talk straight

from the shoulder, let go; **los•reißen, i, i** tear away

löschen extinguish

lösen release, loosen, solve, buy (a ticket); sich **lösen** relax

die **Lücke, -n** gap, opening

die **Luft, ⁻e** air; **Luft holen** take a breath; der **Luftschacht, ⁻e** ventilation shaft; der **Luftzug, ⁻e** draft

die **Lüge, -n** lie; **lügen, o, o** tell a lie

die **Luke, -n** hatch, opening

die **Lust, ⁻e** delight, pleasure; **Lust haben** have in mind, care to, want to; der **Lustgarten, ⁻** pleasure garden; **lustig** jolly; sich **lustig machen** make fun of; das **Lustspiel, -e** comedy

lüstern greedy

lutschen suck

machen make, do, take (a route); **es macht nichts** it doesn't matter

die **Macht, ⁻e** power, force; der **Machthaber, -** ruler, lord; **mächtig** powerful, strong, enormous; **machtlos** powerless

mädchenhaft girlish; das **Mädel, -** girl

das **Madonnenlächeln** madonna-like smile

die **Magd, ⁻e** maidservant

der **Magen, ⁻** stomach

mager thin, frail, sterile

magnetisch magnetic

der **Mähbinder, -** binder

die **Mahlzeit, -en** meal

die **Mähne, -n** mane

der **Maistrauch, ⁻er** bush that blooms in May

das **Mal, -e** time; **mit einem Mal** suddenly

mal . . . mal now . . . now

malen paint

das **Malzbonbon, -s** malt candy

manch einer many a one; **manche** some; **manchmal** sometimes

das **Mandelauge, -n** almond-shaped eye

mangeln be lacking, lack; der

Mangel, ⁖ flaw, shortcoming;
mangelhaft faulty
der **Mann,** ⁝er man; **männlich**
masculine; die **Mannschaft,**
-en crew; **mannsgroß** large as
a man, man-sized; die **Manns-**
leute menfolk
der **Mantel,** ⁖ coat
die **Mappe, -n** briefcase
der **Marathonlauf,** ⁝e marathon
race
das **Märchen,-** fairy tale
die **Marke, -n** brand
der **Markt,** ⁝e marketplace; der
Marktplatz, ⁝e marketplace
der **Marmor** marble; die
Marmorfassade, -n marble
facade or front
die **Maschinenhalle, -n** machine
shop
mäßig moderate; die **Mäßigung**
restraint, moderation
die **Maske, -n** mask; **maskenhaft**
masklike
die **Masse, -n** crowd, large
amount; das **Massenpublikum**
the masses
das **Maß, -e** measure, amount,
portion (of drink); **in dem**
Maße, daß to such a degree
that; **über allem Maß** exces-
sively; die **Maßregel, -n**
measure
der **Mast, -en** mast; der **Mast-**
baum, ⁝e mast
der **Matrose, -n, -n** sailor
matt dull, feeble, dim; **mattgrau**
dull gray; **mattrot** pale red;
mattweiß dead white
die **Mauer, -n** wall
das **Maul,** ⁝er mouth (of an
animal)
das **Mausgesicht, -er** mousy face;
das **Mäuschen, -** little mouse
der **Mäzen, -e** patron
das **Meer, -e** ocean, sea; die
Meeresluft sea air; die
Meereswoge, -n ocean wave
mehr more; **nicht mehr** no
longer; sich **mehren** increase,
grow; **mehrere** several;
mehrmals several times; die

Mehrzahl majority
meiden, ie, ie avoid, shun
meinetwegen for all I care
meinen mean, say, think; die
Meinung, -en opinion; der
Meinung sein be of the
opinion
meist mostly, usually
der **Meister, -** master; die
Meisterschaft, -en mastery
melden report, notify, inform;
die **Meldung, -en** report
die **Menge, -n** crowd, mob, a lot,
a number, multitude
der **Mensch, -en, -en** person; der
Menschenbestand, ⁝e person-
nel, makeup of a group;
menschenfreundlich cordial,
affable; das **Menschenhäuflein,**
- little group of people;
menschenleer empty of people; die **Menschenmenge, -n**
crowd; das **Menschenwerk**
that which is made by man;
menschlich human; die
Menschlichkeit humanity
merkantil mercantile
merken notice; das **Merkmal, -e**
feature; **merkwürdig** odd,
strange
das **Messer, -** knife
das **Messing** brass; der **Messing-**
knauf, -e brass knob
metallisch metallic
die **Miene, -n** facial expression,
countenance
das **Mietshaus,** ⁝er rental house
der **Milchpreis, -e** price of milk
der **Milchzahn,** ⁝e milk tooth
die **Milde** gentleness
mindestens at least
das **Miniatursteuerrad,** ⁝er
miniature steering wheel
minutenlang for several minutes
mischen mix; die **Mischung, -en**
mixture
mistig filthy
mißbrauchen misuse
das **Mißtrauen** suspicion; **miß-**
trauisch suspicious
das **Mißverständnis, -se** misun-
derstanding

mit•bringen, a, a bring, bring
along; mit•erleben share an
experience; mit•klingen, a, u
resonate; mit•kommen, a, o
come along; mit•nehmen, a, o
take along; mit•schreien, ie, ie
scream along; mit•spielen
(join in) play; mit•teilen tell,
communicate, pass on, impart
miteinander•sprechen, a, o talk
with each other
das Mitglied, -er member
das Mitleid pity, compassion;
mitleidlos pitiless
die Mitmenschen fellow men
mitsamt together with
der Mittag, -e noon; zu Mittag
at noon; mittags at noon; die
Mittagspause, -n lunch time;
der Mittagsschlaf afternoon
nap
die Mitte middle
das Mittel, - means
mitten midway, in the middle;
mitten unter in the midst of
die Mitternacht midnight;
mitternächtlich at midnight
mittler middle, intermediate;
mittlerweile in the meantime
mitunter now and then
das Möbel, - piece of furniture
die Mode, -n vogue, style; das
Modejournal, -e fashion
magazine; modisch fashion-
able, stylish
modrig moldy
modulieren modulate
mögen, o, o like, be willing, may
möglich possible; die Möglichkeit, -en possibility; möglichst
as . . . as possible, to the
greatest possible degree
monatlich every month, monthly
der Mönch, -e monk
die Mondscheibe, -n disk of the
moon
das Moos, -e moss
der Morast, -e morass
der Mord, -e murder; der
Mörder, - murderer; mörde-
risch murderous

der Morgen, - morning; morgen
tomorrow; morgen früh
tomorrow morning; die
Morgendämmerung, -en
dawn, daybreak; morgendlich
morning; das Morgengrauen
dawn; morgens in the
mornings
das Mosaik, -en mosaic
die Möwe, -n seagull
müde tired; die Müdigkeit
tiredness
muffig musty
mühen make an effort; die
Mühe, -n trouble; mühelos
without effort; mühsam
laborious, painstaking; mühselig laboriously
die Müllgrube, -n garbage pit
mümmeln mumble
der Mund, ¨er mouth; die
Mundharmonika, -s mouth
organ
munter gay, cheerful
die Münze, -n coin
murmeln murmur
murren grumble, growl
die Musik music; die Musikexportware, -n popular songs; die
Musikkapelle, -n orchestra;
die Musikmühle, -n music box
mustern examine
der Mut courage; mutig
courageous
die Mütze, -n cap
der Nachbar, -n, -n neighbor
nachdem after
nach•denken, a, a ponder,
reflect, give thought to;
nach•eifern emulate;
nach•eilen hurry after;
nach•geben, a, e give in;
nach•gehen, i, a follow, pursue;
nach•kommen, a, o come
after; nach•lassen, ie, a abate,
let up; nach•laufen, ie, au run
after; nach•lauschen listen to;
nach•sehen, a, e look after,
check; nach•weisen, ie, ie
prove
nacheinander one after another

die **Nachforschung, -en** research
nachher afterward
die **Nachmittagsvisite, -n**
afternoon rounds (hospital)
die **Nachricht, -en** news report
die **Nachsaison** post season
der **Nachschlüssel, -** master key
die **Nachschrift, -en** postscript
nächst next
das **Nachtgewand, ⁀er** night
clothes; das **Nachthemd, -en**
night shirt, night dress;
nächtlich nightly; **nachts** at
night, nights; die **Nachtschicht,
-en** night shift; der **Nachttisch,
-e** night table; die **Nachtweide,
-n** night pasture
nachträglich subsequently
der **Nachwuchs, ⁀e** replacement
nackt naked
die **Nadel, -n** needle; die
Nadelkurve, -n hairpin curve
der **Nagel, ⁀** fingernail
nah(e) near; die **Nähe** vicinity;
sich **nähern** approach;
näher•treten, a, e approach,
come closer, come in
die **Näherin, -nen** seamstress
sich **nähren** eat
namens by the name of;
namentlich namely; **nämlich**
namely
der **Narr, -en, -en** fool
die **Nase, -n** nose
naß wet, damp
die **Naturgewalt, -en** force of
nature
der **Nebel, -** fog; **neblig** foggy
nebenan next door, near by; der
Nebenmann, ⁀er man next to
one; der **Nebensaal, -säle**
adjoining hall; der **Nebentisch,
-e** adjoining table; das
Nebenzimmer, - adjoining
room
nebeneinander beside one
another; **nebeneinander•fahren,
u, a** drive beside; **nebenein-
ander•setzen** put next to
der **Neid** envy, jealousy
neigen incline, bow, bend

nennenswert worth mentioning
die **Neonschrift, -en** neon sign
nett nice
das **Netz, -e** net
neu new; **von Neuem** anew; der
Neuankömmling, -e new
arrival; **neuartig** novel;
neugeboren newborn; die
Neuigkeit, -en bit of news
die **Neugier(de)** curiosity;
neugierig curious
nichts nothing; **nichtssagend**
unimportant
nicken nod
nie never; **niemals** never;
niemand no one
nieder low; **nieder•gehen, i, a**
fall; sich **nieder•hocken** squat
down; **nieder•kämpfen**
overcome; **nieder•kommen, a,
o** come down; sich **nieder•las-
sen, ie, a** sit down;
nieder•reißen, i, i tear down;
der **Niederschlag, ⁀e** precipita-
tion; **nieder•schlagen, u, a**
depress, strike down; sich
nieder•setzen sit down;
nieder•zwängen oppress
niedrig low
nirgends nowhere
noch still, yet, in addition;
nochmal once more; **nochmals** once again
die **Normalschicht, -en** day shift
die **Not, ⁀e** need, necessity,
distress, misery; der **Notdienst,
-e** emergency duty; **notfalls** if
necessary; **nötig** necessary;
der **Notruf, -e** emergency call;
notwendig necessary
die **Note, -n** musical note, grade
(in school)
nüchtern sober
nuscheln mumble
nutzen use; **nützen** be of use;
wenig nütze useless; **nutzlos**
useless
oben upstairs, up; **oben und
unten** top and bottom;
obenauf on top
der **Ober, -** waiter; **oberflächlich**

superficial; der **Oberkörper, -**
torso; die **Oberlippe, -n** upper
lip
obgleich although
obschon although
der **Obstbaum, ⸚e** fruit tree
obwohl although
der **Ochse, -n, -n** ox
öde desolate
der **Ofen, ⸚** stove
offen open; **offenbar** apparently,
obviously; **offenbaren** reveal;
die **Offenbarung, -en** revela-
tion; **offenherzig** candid;
offensichtlich apparently, obviously
öffentlich in public, public
sich **öffnen** open; die **Öffnung,**
-en opening
ohnedies besides
ohnmächtig helpless
das **Ohr, -en** ear; **ohrenbetäu-**
bend deafening
der **Ölgeruch, ⸚e** odor of oil; der
Ölofen, ⸚ oil heater; **ölver-**
schmiert oily
opfern sacrifice
die **Ordnung, -en** order
der **Orkan, -e** hurricane
der **Ort, -e** place, town; die
Ortschaft, -en town
paar several, few; das **Paar, -e**
couple; **paaren** pair off, mate;
ein paarmal several times
die **Pächterin, -nen** lessee, con-
cessionaire
packen grab, seize, pack; die
Packung, -en package
das **Paket, -e** package
der **Palast, ⸚e** palace
papieren paperlike; das **Papier-**
messer, - letter opener
der **Pappkarton, -s** cardboard
box
die **Parkbucht, -en** parking area;
die **Parkwiese, -n** parking area
passen fit, be appropriate, suit
passieren take place, happen,
pass
peinlich painful, embarrassing,
distressing

die **Peitsche, -n** whip
pellen peel
die **Pelzmütze, -n** fur cap
die **Perlenkette, -n** string of
pearls or beads
persisch Persian
der **Pfarrer, -** pastor
pfeifen, i, i whistle; der **Pfiff, -e**
whistling sound
der **Pfeil, -e** arrow
das **Pferd, -e** horse; **zu Pferde**
on horseback; das **Pferderen-**
nen, - horse race
pflegen indulge in, take care of,
be in the habit of; die **Pflege-**
kosten (*pl.*) nursing expenses
die **Pflicht, -en** duty
pflücken pick
pflügen plow
die **Pforte, -n** gate
die **Pfote, -n** paw
das **Plakat, -e** poster, sign
die **Plastikhülle, -n** plastic cover-
ing
platschen splash
plätschern ripple, murmur,
babble
platt flat; die **Platte, -n** top (of a
table), sheet, slab; der **Platten-**
spieler, - record player
der **Platz, ⸚e** place, seat, square;
Platz machen make room for
plaudern chat
plötzlich suddenly
pochen beat
die **Poetik** poetics
polnisch Polish
das **Polster, -** bolster, cushion;
das **Polstermöbel, -** upholstered furniture
popbemalt multicolored (with
pop colors)
die **Post** mail, post office
der **Posten, -** position, post,
entry, job
die **Pracht** magnificence;
prächtig magnificent; der
Prachtsaal, -säle magnificent
hall
prahlen boast, brag; **prahlerisch**
boastful

prallen crash
prasseln auf rain on
preisen, ie, ie praise, extol; der
Preis, -e price, prize;
preis•geben, a, e reveal, give
up; **preisgekrönt** prize
winning
die **Preiselbeere, -n** cranberry
prickelnd spicy
probieren try
protokollieren record; das
Protokoll, -e report
der **Prozeß, -e** trial
pudern powder
das **Pult, -e** desk
pünktlich on time, punctual
die **Pupille, -n** pupil (of eye)
die **Puppe, -n** doll, chrysalis
der **Putz** plaster, stucco
die **Qual, -en** torture, torment;
qualvoll agonizing; **quälen**
torture
der **Qualm, -e** smoke
quasi as it were
der **Quatsch** nonsense
quellen, o, o flow, gush
quer at an angle, diagonal,
horizontal; der **Querstreifen, -**
cross stripe
quietschen squeak
die **Rache** revenge
der **Rachen, -** jaw
das **Rad, ̈er** wheel, bicycle
raffiniert skillful, refined
ragen tower
die **Rahe, -n** spar (of a ship)
der **Rahm** cream
der **Rand, ̈er** edge, rim
der **Rang, ̈e** rank
rangieren switch (trains), rank;
der **Rangierbahnhof, ̈e**
(railroad) switching yard; der
Rangierer, - switchman
rasch quick, fast
der **Rasen, -** grass
rasen speed, rage; **rasend**
furious
rasseln rattle
die **Raststätte, -n** rest area
raten, ie, a advise; der **Rat, ̈e**
advice; **ratlos** helpless; die

die **Ratlosigkeit** perplexity
rätselhaft mysterious
das **Raubtier, -e** predatory
animal
rauchen smoke; der **Rauch**
smoke; der **Rauchgeruch** smell
of smoke; **rauchig** smoky
rauh harsh, rude
der **Raum, ̈e** space
räumen remove, clear away; das
Räumfahrzeug, -e snow plow
rauschen roar, rustle, rush; der
Rausch, -e delirium, intoxication
sich **räuspern** clear one's throat
reagieren react
rechnen figure, reckon; **rechnen**
auf count on; die **Rechnung,**
-en bill
recht right, very, quite, really;
recht haben be right; das
Rechteck, -e rectangle;
rechtfertigen justify; **rechts**
on the right side; der **Rechtsan-**
walt, ̈e attorney; **rechtschaf-**
fen upright, solid; **rechtzeitig**
in time
reden speak; die **Rede, -n**
speech; **die Rede sein** be the
subject of conversation; die
Redensart, -en idiom; der
Redner, - speaker
redlich honest
das **Regal, -e** shelf, cabinet
die **Regel, -n** rule; **regelmäßig**
regular
sich **regen** arise, stir
der **Regenschirm, -e** umbrella
die **Regie** direction, management
die **Regierung, -en** government
reglos motionless
regnen rain; **regnerisch** rainy
das **Reh, -e** deer
sich **reiben, ie, ie** rub (oneself);
reibungslos smooth
reich rich; der **Reichtum,**
-ümer wealth
reichen suffice, extend, hand,
reach
die **Reifenspur, -en** tire track
die **Reihe, -n** row; die **Reihen-**

folge, -n sequence; **das Reihenhaus, ˸er** town house
rein clean, pure
reisen travel; **die Reise, -n** trip, journey; **der Reisebegleiter, -** traveling companion; **die Reiselektüre, -n** reading material for a trip; **die Reisevorbereitung, -en** preparation for travel
das Reißbrett, -er drafting board
reißen, i, i tear, pluck; **an sich reißen** seize upon
der Reiter, - rider
reizen stimulate; **der Reiz, -e** charm, fascination; **reizend** charming; **reizvoll** attractive, exciting
die Reklameabteilung, -en advertising department; **die Reklamefläche, -n** advertising
die Religionsschrift, -en religious tract
rennen, a, a run
der Rest, -e remains, rest, leftover
retten save; **die Rettung, -en** deliverance, salvation; **das Rettungsseil, -e** lifeline
richten direct; **richten an** address to; **sich richten auf** be directed at; **der Richter, -** judge; **die Richtung, -en** direction
richtig correct, right, really
riechen, o, o smell
das Rieddach, ˸er thatched roof
der Riegel, - bolt; **riegeln** lock
der Riemen, - strap, thong
rieseln trickle
riesengroß huge, giant; **riesenhaft** giant, huge; **riesig** huge, giant
die Rinde, -n enamel (tooth)
ringen, a, u wrestle, struggle
ringsum all around
die Rippe, -n rib
rittlings astride
die Ritze, -n crack
röcheln rattle
der Rock, ˸e skirt

die Rocktasche, -n coat pocket
roh raw, brutal
die Rolle, -n role
die Rolltreppe, -n escalator
rotieren rotate
rötlich reddish; **rotziegelig** red-tiled
der Ruck, -e jerk; **rucken** jerk
rücken move; **der Rücken, -** back; **der Rückhalt, -e** support; **die Rückkehr** return; **das Rücklicht, -er** taillight; **rücklings** backward; **die Rückreise, -n** return trip; **der Rückschlag, ˸e** setback, reverse; **die Rückseite, -n** back; **die Rücksicht** consideration; **der Rücksitz, -e** back seat; **die Rückwand, ˸e** back wall; **rückwärts** backwards
das Rudel, - pack
rufen, ie, u call, shout
ruhen rest; **die Ruhe** rest, peace, calm, quiet; **in Ruhe lassen, ie, a** leave alone; **ruhig** calm, peaceful, tranquil
der Ruhm fame
rühmen praise, extol
rühren stir, touch; **die Rührung** emotion
rumpeln rumble
rußig sooty
russisch Russian
rütteln shake
der Saal, Säle hall
die Sache, -n thing, affair, business
sachlich impersonal
sacht(e) gentle
sägen saw
die Salbe, -n salve
sammeln gather; **sich sammeln** pull oneself together, be gathered; **die Sammlung, -en** collection
samstags Saturdays, on Saturday
die Sandgrube, -n sand pit; **die Sandkornfahne, -n** wisp of sand
sanft soft, gentle
der Sarg, ˸e coffin

satt satisfied; **satt werden** get enough to eat

der Satz, ⸚e leap, sentence, movement (music)

sauber clean, neat; **säuberlich** neat

säuerlich sour

saufen, o, o drink to excess

saugen suck

die Säule, -n column

das Sauwetter miserable weather

schaben scrape

schäbig shabby

das Schachspiel, -e game of chess

der Schacht, ⸚e shaft

schade too bad

der Schädel, - skull

schaden harm, hurt; **schädlich** harmful

schaffen, u, a create; **die Schaffenskraft** creative power

schaffen work, do, provide, carry, convey; **macht mir zu schaffen** gives me trouble

die Schafwolle sheep's wool; **das Schaffell, -e** sheepskin

schal commonplace, trite

die Schale, -n bowl, skin, rind

der Schall, -e sound, noise; **das Schallplattenverzeichnis, -se** record catalogue

schalten shift gears; **der Schalter, -** switch

die Scham shame; **sich schämen** be ashamed; **schamlos** shameless

die Schande disgrace; **Schande machen** bring discredit on

die Schar, -en pack (of animals)

scharf sharp, piercing; **schärfen** sharpen

scharren scrape, flutter

der Schatten, - shadow; **schattenhaft** vague, shadowy; **schattig** shaded

die Schatulle, -n box

schätzen estimate, approve of, treasure

der Schauder, - shudder

schauern shudder; **der Schauer, -** shudder, shiver; **schauerlich** terrible, horrible, gruesome

schauen look; **der Schauplatz, ⸚e** setting; **das Schauspiel, -e** play, spectacle; **der Schauspieler, -** actor; **die Schauspielerei** play acting; **das Schauspielhaus, ⸚er** theater; **die Schauspielkunst** art of acting

schaukeln rock, swing

der Schaum foam

die Scheibe, -n window (pane), piece; **der Scheibenwischer, -** windshield wiper

scheiden, ie, ie part, separate, divorce

scheinen, ie, ie seem, shine; **der Schein, -e** appearance; **scheinbar** apparent, illusory; **der Scheinwerfer, -** headlight

der Scheitel, - crown (of the head)

schellen ring

schelten, a, o reprimand, scold, grumble; **schelten auf** inveigh against

schemenhaft ghostly

schenken give, present

die Schere, -n scissors; **scheren, o, o** shear

die Schererei, -en trouble

scherzhaft roguish

scheu timid, shy; **Scheu haben** hesitate

scheuchen shoo

scheuern rub; **wund scheuern** rub raw

die Scheune, -n barn

die Schicht, -en layer, level

schicken send

das Schicksal, -e fate; **der Schicksalsgefährte, -n** companion sharing the same fate; **der Schicksalsgenosse, -n** companion in fate

schieben, o, o shove, push, put

schief at an angle, slope

schießen, o, o shoot; **das Schießgewehr, -** rifle

schiffen ship; **das Schiffsbord, -e** side of a ship; **die Schiffskiste, -n** locker; **die Schiffs-**

küche, -n galley; die **Schiffswand**, ˙e ship's side
das **Schild**, -er sign
schildern depict; die **Schilde-
rung**, -en representation
die **Schildmütze**, -n cap with a
visor
schillernd iridescent
schimmern glimmer, gleam,
shimmer; der **Schimmer** sheen
schimpfen complain; das
Schimpfwort, ˙er curse, insult
die **Schindmähre**, -n miserable
old horse
der **Schirm**, -e umbrella
die **Schirmmütze**, -n peaked cap
schlachten slaughter
die **Schlafanzughose**, -n pajama
pants; das **Schlafmittel**, -
sleeping potion; **schläfrig**
sleepy
die **Schläfe**, -n temple
schlaff slack, loose
schlagen, u, a hit, strike, stir; der
Schlager, - (hit) song
der **Schlamassel** mess, hassle
der **Schlamm** mud
schlank slender, slim
schlapp limp
schlau sly
schlecht bad, hard, with
difficulty; **schlecht sein** feel ill;
recht und schlecht somehow,
after a fashion; **schlechtbezahlt**
poorly paid; **schlechtgelaunt**
bad-tempered; **schlechtgelüftet**
poorly ventilated
schlechthin simply
(sich) **schleichen**, i, i sneak,
creep; der **Schlich**, -e trick,
ruse
schleifen, i, i drag
der **Schleier**, - veil
schleimig slimy; der **Schleimkegel** blob of mucus
schlendern stroll
schleppen drag
schleudern throw
schliddern skid, slide
schlierig slushy
(sich) **schließen**, o, o close;

das **Schließwerk**, -e lock
schlimm bad
der **Schlittschuhlauf**, ˙e ice
skating
der **Schlitz**, -e slot
das **Schloß**, ˙er castle, lock
der **Schlot**, -e smokestack
die **Schlucht**, -en gorge
schluchzen sob
schlucken swallow, gulp; der
Schluck, ˙e drink
schlummern slumber, doze
der **Schlund**, ˙e throat
schlüpfen slip; **schlüpfrig**
slippery
schlurfen shuffle, sip; **schlürfen**
sip, shuffle
der **Schluß**, ˙e end, conclusion;
zum Schluß finally
der **Schlüsselbund**, -e bunch of
keys
schlüssig determined, resolved
schmal narrow, slender, thin;
schmallippig thin-lipped
schmecken taste
schmeicheln flatter
schmeißen, i, i throw, hurl
schmerzen pain; der **Schmerz**,
-en pain; **schmerzhaft**
painful; **schmerzlich** painful
schmettern smash
schmieden weld, forge
das **Schmuckstück**, -e piece of
jewelry
schmunzeln smirk
schmutzig dirty; **schmutziggrau**
dirty gray
der **Schnabel**, ˙ beak
der **Schnaps**, ˙e liquor
schnattern cackle
schnaufen gasp
die **Schnauze**, -n nose, snout
die **Schneefläche**, -n snow
surface; die **Schneeflocke**, -n
snowflake; die **Schneewüste**, -n
snowy waste
schneiden, i, i cut; **schneidig**
sharp, dashing
schnell fast
die **Schnur**, ˙e string; **schnurgerade** straight as a string; der
Schnürriemen, - shoe lace

die **Schönheit, -en** beauty; das **Schönschreiben** penmanship

der **Schoß, ⁻e** lap

der **Schotterstein, -e** gravel; der **Schotterweg, -e** asphalt road

schräg inclined, at an angle, diagonal, sloping, skeptical

der **Schrank, ⁻e** cupboard, cabinet

die **Schranke, -n** barrier; **schrankenlos** unlimited

schrecken terrify, frighten; der **Schreck, -e** fear; der **Schrecken, -** horror; **schreckenerregend** horror-instilling; **schrecklich** horrible, terrible; die **Schreckensbotschaft, -en** terrible news

schreien, ie, ie scream; der **Schrei, -e** cry, shout, scream; **der letzte Schrei** the latest hit

schreiben, ie, ie write; der **Schreibarm, -e** writing arm; der **Schreibtisch, -e** desk; die **Schreibtischlade, -n** desk drawer

der **Schrein, -e** chest, shrine

schreiten, i, i proceed, walk; der **Schritt, -e** (foot)step, pace, measure; das **Schrittempo** walking pace

die **Schrift, -en** handwriting; **schriftlich** in writing; das **Schriftstück, -e** document

schrill piercing, shrill

schroff abrupt, harsh

schrumpfen shrink

die **Schublade, -n** drawer

schüchtern shy, modest

die **Schuhkrem, -e** shoe polish; die **Schuhspitze, -n** toe of the shoe

schulden owe; die **Schuld, -en** debt, guilt; **Schuld an etwas tragen, u, a** be responsible for

die **Schule, -n** school; der **Schüler, -** pupil; die **Schulferien** (*pl.*) school vacation; der **Schulranzen, -** schoolbag

die **Schulter, -n** shoulder; der **Schulterschlag, ⁻e** blow on the shoulder

der **Schuppen, -** shed

die **Schürze, -n** apron

der **Schuß, ⁻e** shot

die **Schüssel, -n** bowl

die **Schusterwerkstatt, ⁻e** cobbler's shop

schütteln shake

der **Schutz** protection, defense; **in Schutz nehmen, a, o** defend; die **Schutzhaft** protective custody; **schützen** protect; der **Schützling, -e** protégé

schwach weak; der **Schwachsinnige, -n, -n** imbecile

der **Schwaden, -** vapor, haze

der **Schwager, ⁻** brother-in-law

schwanken sway, totter, vary

schwappen squish

der **Schwarm, ⁻e** swarm

schwärmen rave

die **Schwarze, -n** black woman; die **Schwärze** blackness

schweben hover, soar

schweigen, ie, ie be silent; **schweigsam** taciturn, silent

der **Schweinestall, ⁻e** pig pen

der **Schweißtropfen, -** drop of perspiration

der **Schweizer, -** Swiss

schwelgen revel in, rave

schwellen, o, o swell

schwenken swing

schwer heavy, severe, difficult, hard; die **Schwere** ponderousness, weight; **schwer•fallen, ie, a** be difficult; **schwerfällig** clumsy; **schwer•halten, ie, a** be difficult; die **Schwerkraft** gravitation, force of gravity

das **Schwert, -er** sword

die **Schwester, -n** nurse, sister

die **Schwiegermutter, ⁻** mother-in-law; die **Schwiegertochter, ⁻** daughter-in-law

schwierig difficult; die **Schwierigkeit, -en** difficulty

der **Schwindel** giddiness

schwinden, a, u vanish, disappear

schwingen, a, u curve, swing, sway; die **Schwingung, -en** rocking motion

schwirren buzz, hum
schwitzen perspire
schwören, u, o swear
der Schwung, ⸚e position
der Schwur, ⸚e oath, vow
die See, -n sea; das Seegras, ⸚er
  seaweed; seekreuzen cruise;
  die Seeschwalbe, -n tern
die Seele, -n soul
das Segel, - sail; das Segelwerk
  sails
sehen, a, e see; die Sehenswür-
  digkeit, -en sight; sehfähig capable of seeing
sich sehnen nach long for; die
  Sehnsucht, ⸚e longing
sehnig scrawny, sinewy
die Seide, -n silk; das Seidenband,
  ⸚er silk ribbon
seinerzeit one day, formerly;
  seinesgleichen his like, people
  like him; seinetwegen on his
  account, as far as he is concerned
seitdem since that time; seither
  since then
die Seite, -n side, page; der
  Seitenblick, -e sidelong
  glance; die Seitenlade, -n side
  drawer; der Seitenstreifen, -
  shoulder (of road); das Seitental,
  ⸚er side valley; die Seiten-
  wand, ⸚e side; seitlich to the
  side
sekundenlang for seconds
selbst self, even; selbständig
  independent; die Selbstbedienung self-service; der
  Selbstbedienungsladen, ⸚
  self-service store; der Selbstbetrug self-deception; selbstbewußt self-confident;
  selbstverständlich clear,
  natural
selten seldom, less often,
  exceptional
seltsam strange; seltsamerweise
  strange to say, oddly enough
die Semesterferien (*pl.*) school
  vacation
der Sender, - radio station

senken lower, sink; sich senken
  subside; sich senken auf
  descend over
senkrecht vertical
der Sessel, - arm chair
sich setzen sit down
die Sichel, -n sickle
sicher certain, reliable, sure; die
  Sicherheit safety, certainty;
  sicherlich surely
sichtbar visible
der Sieg, -e victory
die Silbe, -n syllable
der Silbergürtel, - silver belt
sinnen, a, o think, reflect,
  meditate; der Sinn, -e sense,
  meaning, mind; in den Sinn
  kommen, a, o occur; die
  Sinnenfreude, -n sensuality;
  sinnlos senseless
die Sippschaft, -en clan
die Sitte, -n custom
sitzen, a, e sit, be in prison; der
  Sitz, -e seat; sitzen•bleiben, ie,
  ie remain sitting; die Sitzung, -
  en session
die Skepsis skepticism
der Sockel, - pedestal
soeben just
sofort immediately; sofortig
  immediate
der Sog, -e suction, draft
sogar even
sogleich immediately
solange as long as
solchermaßen thus, to such a
  degree
das Soll, -s quota
sommers in the summer; die
  Sommerglut, -en summer glow
sonderbar strange
die Sonnenbrille, -n sunglasses;
  der Sonnenstrahl, -en
  sunbeam
sonst otherwise
sorgen provide, see to; die
  Sorge, -n care, concern; Sorgen
  machen um worry about;
  sorgfältig careful; sorglos
  carefree; sorgsam careful
sowas such a thing

soweit inasmuch as, as long as

sowie as well as; **sowieso**
anyway

spähen look, watch

der **Spalt, -e** crack

spannen spread; die **Spannung,
-en** tension, expectation

sparen spare, save; **sparen auf**
save for; **spärlich** sparse

der **Spaß, ̈e** fun, joke; **Spaß
machen** be fun; **spaßhaft**
comical; **spaßig** amusing,
funny

spazieren walk, stroll; **spa-
zieren•gehen, i, a** go for a
walk; der **Spaziergang, ̈e** walk

speisen eat; die **Speisekarte, -n**
menu

sperren lock; die **Sperre, -n** exit
gate; die **Sperrung, -en** closing

(sich) **spiegeln** reflect; der
Spiegel, - mirror; **spiegelblank**
calm as a mirror; das **Spiegelei,
-er** fried egg; **spiegelglatt** icy;
spiegelnd gleaming

spielen play; das **Spiel, -e** play,
game, acting; das **Spielzeug, -e**
toy, plaything

der **Spikesreifen, -** studded tire

die **Spinne, -n** spider; die
Spinnwebe, -n spider web

das **Spital, ̈er** hospital

spitzbübisch roguish

die **Spitze, -n** tip, barb, point;
spitz pointed; der **Spitzel, -**
informer, stool pigeon; **spitzig**
pointed

splittern splinter

spotten über laugh at; der **Spott**
ridicule; **spöttisch** mocking

die **Sprache, -n** language;
sprachlos speechless; der
Sprechfunk radio; die
Sprechweise, -n manner of
speaking; das **Sprechzimmer, -**
office

sprengen blow up

der **Springbrunnen, -** fountain

die **Sprosse, -n** rung

sprühen spray, spread; der
Sprühregen drizzle

der **Sprung, ̈e** jump

spucken spit

spülen wash

die **Spur, -en** trace, track;
spurlos without a trace

spüren sense, feel; **Angst spüren**
be afraid

stachlig bristly

der **Stadtführer, -** city guide; der
Stadtplan, ̈e city map

die **Staffelei, -en** easel

der **Stahl, ̈e** steel; die **Stahl-
stange, -n** steel bar

der **Stamm, ̈e** tree trunk, tribe

stammeln stammer

ständig continually

die **Stange, -n** pole, bar

stapfen tramp, stamp

stark strong, hard, heavy

stärken fortify, brace

starr rigid, fixed

starren stare

die **Station, -en** duty station;
Station machen stop

statt•finden, a, u take place

stauben raise dust; der **Staub**
dust; die **Staubschicht, -en**
layer of dust

staunen be astonished, be
amazed

stecken put, lie, be, stick; der
Stecken, - stick; **stecken•blei-
ben, ie, ie** be stranded

stehen•bleiben, ie, ie stop, get
stuck

stehlen, a, o steal

steif stiff

die **Steigung, -en** incline

steil steep

der **Stein, -e** stone; der **Stein-
bruch, ̈e** quarry; **steinern**
stony; der **Steinhaufen, -** rock
pile; der **Steinkubus** stone
cube; der **Steinschlag, ̈e** blow
from a stone

stellen put, place; die **Stelle, -n**
place; **auf der Stelle** on the
spot; **eine Frage stellen** ask a
question; **auf den Kopf stellen**
turn upside down; die **Stellung,
-en** place, position; **Stellung**

nehmen, a, o give one's opinion; **stellungslos** unemployed

stelzen walk on stilts; die **Stelze,**
-n stilt; der **Stelzengänger,** - stilt walker; **stelzen•gehen, i, a** walk on stilts

das **Stenogramm, -e** report

sterben, a, o die

der **Stern, -e** star

stets always, constantly

das **Steuer, -** steering wheel; das **Steuerrad, ⁻er** steering wheel

der **Stich, -e** prick, sting

stickig stuffy

der **Stiefel, -** boot

stillen silence; **still** quiet, silent; die **Stille** silence; **stillschweigend** silently

stimmen be right, be correct, tune; die **Stimme, -n** voice; die **Stimmung, -en** mood, atmosphere

die **Stirn, -en** forehead

der **Stock, ⁻e** stick, floor (of a building); das **Stockwerk, -e** floor (of a building)

stockdunkel pitch dark

stocken hesitate; **stockend** halting; die **Stockung, -en** congestion

der **Stoff, -e** material, fabric

stöhnen groan

stolpern stumble

der **Stolz** pride

stopfen stuff

stopplig bristly

stören disturb; die **Störung, -en** disturbance

stoßen, ie, o hit, poke, thrust, push; **stoßen auf** find, come across; der **Stoß, ⁻e** thrust, outburst, poke

stottern stutter

strafen punish, rebuke; die **Strafe, -n** punishment

straff concise, tight

strahlen radiate, beam; der **Strahl, -en** ray; die **Strahlungstheorie, -n** radiation theory

der **Strand, ⁻e** beach; der

Strandhafer sea oats; der **Strandkorb, ⁻e** wicker beach chair; der **Strandwächter, -** lifeguard

die **Straßenbahn, -en** street car; der **Straßenbaum, ⁻e** tree at the side of the highway; das **Straßencafé** sidewalk cafe; die **Straßenglätte** icy roads; der **Straßenrand, ⁻er** edge of the street or highway

sträuben bristle, resist

der **Strauch, ⁻e** shrub

streben strive, seek

strecken stretch; die **Strecke, -n** stretch; **streckenweise** occasional, here and there

streicheln stroke

streichen, i, i paint, stroke; das **Streichholz, ⁻er** match

streiten, i, i quarrel, fight, argue; **streitlustig** quarrelsome

streng strict, severe, stern

der **Strich, -e** line, mark; **gegen den Strich** against the grain

der **Strick, -e** rope, cord; die **Strickjacke, -n** cardigan

der **Strohblumenstrauß, ⁻e** bouquet of straw flowers; das **Strohdach, ⁻er** thatched roof; der **Strohhalm, -e** straw; der **Strohsack, ⁻e** straw mattress

der **Strom, ⁻e** stream; **strömen** stream

die **Stube, -n** room

der **Stuck** plaster

das **Stück, -e** piece, play; das **Stückchen, -** little piece

die **Studierstube, -n** study

die **Stufe, -n** step

das **Stuhlbein, -e** chair leg

stumm silent

stumpf dull, apathetic

die **Stunde, -n** hour; **stundenlang** for hours

die **Sturmflut, -en** flood

stürzen fall, rush, crash

stutzen stop short, hesitate

stützen lean, support

suchen look, seek; **suchen nach** look for

die **Sucht** longing

südländisch southern; die
  Südvorstadt, ⁻e southern suburb
die **Sühne** atonement
summen buzz
die **Sünde, -n** sin; **sündhaft**
  sinful
der **Suppenteller, -** soup dish
die **Süßigkeit, -en** sweetness,
  sweets; **süßlich** sweetish
sympathisch likable
synkopisch in rhythm
der **Tabakstummel, ⁻** cigar or
  cigarette butt
das **Tablett, -e** tray
tadeln censure, rebuke;
  tadellos perfect
das **Tagesereignis, -se** daily
  event; die **Tagesordnung**
  agenda; **täglich** daily, every
  day; **tagsüber** during the day;
  tagtäglich day in day out,
  every day
der **Takt, -e** beat, cycle
das **Tal, ⁻er** valley
die **Tankstelle, -n** gas station
der **Tannenforst, -e** forest of fir
  trees
tanzen dance; der **Tänzer, -**
  dancer; **tänzerisch** balletic; die
  Tanzfläche, -n dance floor
die **Tapete, -n** wallpaper
tappen grope about, fumble
tarnen disguise
die **Tasche, -n** pocket, bag,
  purse; das **Taschentuch, ⁻er**
  handkerchief
die **Tasse, -n** cup
(sich) **tasten** feel (one's way)
die **Tat, -en** deed; der **Tatbestand, ⁻e** state of affairs; die
  Tätigkeit, -en activity; die **Tatsache, -n** fact; **tatsächlich**
  actually
taub numb, deaf
der **Taubenschwarm, ⁻e** flock of
  pigeons
tauchen dive, surface, dip; der
  Taucherhelm, -e diving
  helmet
taugen be good for
taumeln stagger

sich **täuschen** be deceived
tausendäugig with a thousand
  eyes
der **Teelöffel, -** teaspoon
teerverkleistert encrusted with
  tar
teilen share; der **Teil, -e** part;
  der **Teilnehmer, -** participant
das **Telefonat, -e** telephone call;
  die **Telefonzelle, -n** telephone
  booth
der **Teppich, -e** carpet
der **Termin, -e** deadline,
  appointed time
teuer expensive; die **Teuerung**
  high cost of living
der **Teufel, -** devil; **teuflisch**
  diabolical
die **Theaterleitung** management
  of the theater
die **Theke, -n** counter, bar
tief deep, profound; das **Tief, -e**
  low pressure system; die **Tiefe,
  -n** depth
der **Tiergarten, ⁻** zoo; der
  Tierleib, -er animal body
die **Tigerhöhle, -n** tiger's den
tintenblau ink-blue
sich **tippen** tap
die **Tischkerze, -n** candle; die
  Tischplatte, -n table top
die **Titelseite, -n** title page
toben make noise, romp, rage
der **Tod, -e** death; **todernst**
  dead serious; die **Todesangst,
  ⁻e** mortal fear; die **Todesnachricht, -en** death an-
  nouncement; **tödlich** mortal,
  fatal
der **Toilettenmann, ⁻er** toilet
  attendant; der **Toilettenspiegel,
  -** vanity mirror
toll crazy, fantastic; **tollkühn**
  foolhardy, rash
tönen sound
der **Tonfall, ⁻e** intonation
das **Tor, -e** gate
torkeln stagger, reel
der **Tornister, -** backpack diving
  tank
tot dead; das **Totenbett, -en**
  death bed; der **Totenkopf, ⁻e**

skull; die **Totenlandschaft, -en**
landscape of the dead; die
Totenstille dead silence; **töten**
kill
das **Touristenziel, -e** vacation
goal
traben trot; sich **in Trab setzen**
trot off
träge idle, lazy
tragen, u, a wear, carry, bear;
die **Tragfähigkeit** carrying capacity
trällern hum
die **Träne, -n** tear
trauen trust
die **Trauer** grief; das **Trauerspiel,**
-e tragedy; die **Traurigkeit,**
-en sadness
der **Traum, ̈e** dream; das
Traumbild, -er dream image;
die **Traumlandschaft, -en**
dream landscape; die
Traumwäscherei dream
laundry; **träumen** dream
treffen, a, o meet, hit, reach;
treffen auf meet with
treiben, ie, ie do, drive, move,
extrude; das **Treiben** activity;
die **Treibjagd, -en** round up,
hunt (with beaters)
trennen separate; die **Trennung,**
-en separation
die **Treppe, -n** stair; das **Trep-**
penlicht, -er stair light; der
Treppenschacht, ̈e stairwell
treten, a, e step, walk, kick;
treten an walk to
der **Trieb, -e** instinct, desire
triefen, o, o drip
trippeln trot
der **Tritt, -e** step, foot support
trocken dry
trommeln drum
der **Tropfen, -** drop
der **Trost** consolation; **trostlos**
disconsolate, bleak;
trösten comfort, console
trotzdem in spite of that fact,
nevertheless
trüb dismal, dull, gloomy
die **Truhe, -n** chest

die **Trümmer** (*pl.*) ruins
die **Trunkenheit** intoxication
das **Tuch, ̈er** cloth
die **Tücke, -n** spitefulness; **tük-**
kisch insidious
die **Tugend, -en** virtue
tun, a, a do, act, take
das **Türenklappen** the clattering
of doors
der **Turm, ̈e** tower
die **Turnhose, -n** gym shorts
der **U-Bahnhof, ̈e** subway
station
übel ill; **übel sein** feel ill; der
Übeltäter, - naughty boy, rascal
üben practice, use; die **Übung,**
-en exercise, practice
überall everywhere
überaus exceptionally, exces-
sively
überblicken survey
überdenken, a, a reflect on
überdies besides, moreover
überdrehen overwind
überdrüssig disgusted (with),
tired (of)
übereifrig overzealous
übereinander·schlagen, u, a
cross; **übereinander·werfen, a,**
o throw around
überfallen, ie, a overcome,
pounce on, overwhelm
überfliegen, o, o glance at
quickly
überflüssigerweise unnecessarily
überfüllt crowded
der **Übergang, ̈e** transition;
übergangslos disconnected
übergeben, a, e present
sich **überhasten** be hurried
überhaupt in general, at all
überhöht excessive
überholen pass, supercede
überirdisch supernatural
überlang extra long
überlassen, ie, a leave, relin-
quish, give up
überlebensgroß larger than life
size
(sich) **überlegen** consider,
reflect, ponder

übermannen overcome
übermäßig exceptionally
übermenschlich superhuman
übermorgen day after tomorrow
übernachten spend the night
übernehmen, a, o take upon
oneself, take over; die Über-
nahme, -n acceptance, taking
possession of
überprüfen examine, inspect
überqueren cross
überraschen surprise; die
Überraschung, -en surprise
überreden persuade; die
Überredungskunst, ⸚e art of
persuasion
der Überrest, -e remnant
übersät covered, dotted
überschatten overshadow
überschauen survey
überschlagen, u, a calculate; sich
überschlagen (voice) break,
crack
überschneiden, i, i overlap
überschreiten, i, i pass its peak,
exceed; die Überschreitung,
-en overstepping
der Überschwang, ⸚e excess
überschwenglich rapturous, ex-
travagant
übersehen, a, e overlook
übersetzen translate
überspülen flood
überstürzt crushed
übertragen, u, a transfer, carry
übertreiben, ie, ie exaggerate
überwältigen overcome
überwinden, a, u overcome
(sich) überzeugen convince
(oneself)
überziehen, o, o cover, coat
über•ziehen, o, o put on
üblich usual
übrig remaining, left over, left;
übrig haben have in store;
übrig•bleiben, ie, ie remain,
leave; im übrigen moreover;
übrigens moreover
das Ufergebüsch, -e coastal
thicket; der Uferwald, ⸚er
coastal forest

die Uhr, -en clock, watch
die Ulme, -n elm
um•arbeiten rework; um•biegen,
o, o bend around; um•bre-
chen, a, o spade; um•bringen,
a, a kill; (sich) um•drehen
turn around, turn over;
um•fallen, ie, a collapse;
umfassen encompass, embrace;
um•geben, a, e surround;
umgehen, i, a walk around,
deal with; umgestalten
transform, change; um•kehren
turn around; um•kippen tip
over, break (voice); umklam-
mern clutch; sich um•kleiden
change one's clothes; um•kom-
men, a, o die; umkrampfen
grip tightly, clutch; um•legen
cut down; um•pflügen turn
over, plough up; umringen
surround; umschließen, o, o
surround, include; umschreiten,
i, i walk around; um•sehen, a,
e look around; sich um•sehen,
a, e nach look around for;
um•steigen, ie, ie transfer,
change (streetcar); umstellen
surround; sich um•wenden, a, a
turn around; umwinden, a, u
tie; sich um•ziehen, o, o
change one's clothes
die Umarmung, -en embrace
der Umfang, ⸚e girth
der Umgang, ⸚e association
umher•stäuben splash about;
umher•stehen, a, a stand
around
der Umsiedler, - evacuee
umsonst in vain
der Umstand, ⸚e circumstance
umständlich laborious
der Umsturz, ⸚e revolution
die Umwälzung, -en upheaval
der Umweg, -e long way around
die Umwelt, -en environment
die Unabhängigkeit independence
unangebracht inappropriate
unangenehm unpleasant,
uncomfortable

unangreifbar untouchable, immune

die **Unannehmlichkeit, -en** unpleasantness

unanständig indecent

unauffällig inconspicuous

unausführbar unenforceable

unausstehlich unbearable

unbedenklich thoughtless

unbedingt absolutely

unbefangen unaffected, natural

unbegreiflich incomprehensible

unbehaglich uncomfortable

unbeholfen awkward

unbekümmert untroubled

unbeobachtet unobserved

unbequem uncomfortable, inconvenient

unberechtigt unjustified

unbeschädigt undamaged

unbeschwert carefree

unbesorgt unconcerned

unbestimmt vague, indefinite

unbeweglich immovable

unbewegt calm

unbewohnt uninhabited

undeutlich unclear

undurchdringlich impenetrable

das **Unendlichkeitszeichen** sign of infinity

unentbehrlich indispensable

unentwegt uninterrupted

unerbittlich merciless

unerfreulich unpleasant

unermeßlich tremendous

unermüdlich tireless

unerreichbar unapproachable

unerschüttert steadfast

unerträglich unbearable

unerwartet unexpected

der **Unfall, ⸚e** accident

unfehlbar infallible

unfruchtbar unfruitful, sterile

der **Unfug** nonsense

ungangbar impassable, impenetrable

ungeduldig impatient

ungeeignet unsuited

ungefähr approximately, vague; **von ungefähr** by chance

ungefährlich not dangerous

ungeheuer enormous; **ungeheuerlich** tremendous, monstrous

ungemäß inappropriate

ungemütlich dreary, cheerless

ungeniert unembarrassed

ungerührt unmoved

ungeschickt awkward

ungewiß uncertain; die **Ungewißheit, -en** uncertainty

ungewöhnlich unusual

ungewohnt unusual, unaccustomed

das **Ungeziefer, -** vermin

ungezogen rude

unglaublich unbelievable; **unglaubwürdig** incredible

das **Unglück** misfortune, accident; **unglücklich** unfortunate; die **Unglücksstelle, -n** site of an accident; der **Unglückswagen, -** wrecked car

ungültig inadmissable

unhaltbar unbearable

unheimlich mysterious, weird, sinister

die **Unhöflichkeit, -en** impoliteness

uninteressiert disinterested

unlösbar inextricable

die **Unlust** apathy

unmerklich imperceptible

unmittelbar immediate, direct

der **Unmut** ill-humor, displeasure

unnötig unnecessary

unnütz idle, superfluous

unordentlich untidy

der **Unrat** refuse

unrecht unfair

unruhig restless

unsachlich subjective

unsagbar unspeakable; **unsäglich** beyond words

unschlüssig undecided, wavering

unschuldig innocent

die **Unsicherheit** uncertainty

unsichtbar invisible

unsterblich immortal

untadelig impeccable

unten beneath, below; **oben bis
unten** top to bottom
der **Unterbeamte, -n, -n**
subordinate official
unterbleiben, ie, ie cease, be left
undone; **unterbrechen, a, o**
interrupt; **unterdrücken**
suppress; **unter•gehen, i, a** go
under, set, perish; der **Untergang** destruction; **untergraben,
u, a** undermine; **unterhalten,
ie, a** entertain, amuse,
support; sich **unterhalten, ie, a**
talk, converse; die **Unterhal-
tung, -en** conversation;
unterlassen, ie, a omit, neglect;
unterliegen, a, e succumb to;
unternehmen, a, o undertake;
die **Unternehmung, - en**
undertaking, mission; **unterscheiden, ie, ie** differentiate;
sich **unterscheiden** differ; der
Unterschied, -e difference;
unter•schieben, o, o include;
unterstreichen, i, i underline;
unterstützen support; die
Unterstützung support;
untersuchen investigate;
unter•tauchen submerge; **un-
terwerfen, a, o** subject to;
unterzeichnen sign; sich **unterziehen, o, o** submit to
untereinander among themselves
die **Untergrundbahn, -en**
subway
das **Unterholz** undergrowth
der **Unterleib, -e** abdomen
die **Unterschrift, -en** signature
unübertrefflich incomparable;
unübertroffen unsurpassed
ununterbrochen without
interruption
unverändert unchanged
unverbesserlich incorrigible
unverbindlich casual
unverkennbar unmistakable
unvermeidlich unavoidable
unvermittelt sudden, abrupt
unvermutet unexpected
unverrückbar immovable

unverschämt shameless, brazen
unverständlich inconceivable
unvertraut unfamiliar
unverwandt fixed
unverzeihlich inexcusable
unvorbereitet unprepared
unvorstellbar unimaginable
unwichtig unimportant
unwiderleglich irrefutable
unwillkürlich unwitting,
involuntary
unwissentlich unwitting,
unknowing
unwürdig improper, undignified
unzählig countless, innumerable
unzerstörbar indestructible
unziemlich unbecoming,
unseemly
üppig luxurious
uralt ancient
der **Urheber, -** originator
der **Urlaub, -e** leave
die **Ursache, -n** cause, reason
das **Urteil, -e** judgment; **urteilen**
judge
der **Urwald, ¨er** jungle
väterlich fatherly
sich **verabreden** make a date,
agree; **verabreichen** give; **verabscheuen** abhor, detest; sich
verabschieden say goodbye
verachten disdain, scorn
veraltet old-fashioned, out-
moded
verändern change; die **Veränderung, -en** change
verängstigen frighten
veranlassen, ie, a cause, induce;
die **Veranlassung, -en** cause
veranstalten organize; die
Veranstaltung, -en function
die **Verantwortung** responsibility
verarbeiten convert, rework
verärgern annoy, irritate
verarmt impoverished
verbergen, a, o conceal; sich
verbergen be concealed
verbessern improve; die
Verbesserung, -en improvement

sich **verbeugen** bow; die
Verbeugung, -en bow
verbieten, o, o forbid
verbinden, a, u unite, connect;
die **Verbindung, -en** connec-
tion, communication, association; in **Verbindung bringen**
mit associate with
verbittert made bitter
verblassen fade
verblüfft flabbergasted
verbrauchen use up; **verbraucht**
stale
die **Verbrecherin, -nen** criminal
verbreiten spread, expand
verbringen, a, a spend (time)
der **Verdacht** suspicion; in
Verdacht haben suspect; **ver-**
dächtig suspicious
verdammen condemn; **ver-**
dammt damned
verdauen digest
das **Verdeck, -e** deck
verderben, a, o destroy, spoil
verdienen earn
verdoppeln double
verdorren wither, dry up
verdrecken soil
verehren honor, revere
vereinbaren agree upon
der **Verein, -e** club, association
vereinfachen simplify
die **Vereinsamung** loneliness,
isolation
vereint united
vereinzelt single, isolated
vereist icy
verfahren, u, a act, proceed; das
Verfahren, - procedure
verfallen, ie, a decay, succumb
verfälschen falsify
sich **verfangen, i, a** become
entangled
verfassen compose, write
verfehlt unsuccessful
verfließen, o, o pass by
verfluchen curse
verfolgen follow, persecute; der
Verfolger, - persecutor
verfügen decree, order
verführen seduce, tempt, lead
astray

die **Vergangenheit** past
vergebens in vain; **vergeblich**
futile, in vain
vergehen, i, a pass, go away,
disappear; das **Vergehen** offense
vergessen, a, e forget
vergewaltigen overpower, do
violence to
vergiften poison
vergittern bar
verglasen glaze
der **Vergleich, -e** comparison;
vergleichbar comparable
das **Vergnügen, -** pleasure; **ver-**
gnügt pleased, contented
vergrößern enlarge
verhaften arrest; die **Verhaftung,**
-en arrest
verhalten, ie, a repress, keep
back, restrain; sich **verhalten**
behave; das **Verhalten**
behavior; das **Verhältnis, -se**
condition, situation
verhängen cover, veil
verhängnisvoll disastrous
sich **verheiraten mit** marry
verheißungsvoll promising
verhöhnen scorn
verhören interrogate; das
Verhör, -e hearing, interroga-
tion
verhungern starve to death
sich **verirren** lose one's way
verjagen chase away
verjüngen taper
verkaufen sell; der **Verkauf, ̈e**
sale; der **Verkäufer, -** salesman
verkehren visit, frequent; der
Verkehr communication,
traffic, company
verkehrt wrong, inappropriate
verknacksen sprain
verkneifen, i, i pinch
verkohlt burned to a crisp
verknüpfen connect, involve
verkörpern embody
sich **verkriechen, o, o** hide,
crawl away
verkünden announce
verlangen ask, demand, desire;
das **Verlangen, -** desire

verlassen, ie, a leave; sich verlassen auf rely on; verläßlich dependable
der Verlauf course
verlauten voice
verlegen embarrassed; die Verlegenheit, -en embarrassment
der Verleger, - publisher
verleihen, ie, ie lend, give
verlesen, a, e read out; die Verlesung, -en oral presentation
verletzen wound, injure, hurt
sich verlieben fall in love
verlieren, o, o lose
sich verloben become engaged
die Verlockung, -en inducement
verlogen deceitful, lying
der Verlust, -e loss
vermehren increase; die Vermehrung increase
vermeiden, ie, ie avoid
vermeinen think, believe; vermeintlich presumed
vermischen mix
vermissen miss
vermittels by means of
vermögen be able to
das Vermögen, - fortune, holdings
vermummen muffle up
vermuten suspect; vermutlich presumably
vernachlässigen neglect
vernehmen, a, o hear, perceive; vernehmbar audible
verneinen deny, reply in the negative; die Verneinung negation, denial
vernichten destroy
vernünftig rational, sensible, reasonable
die Veröffentlichung, -en publication
verpacken pack up
verpaßen miss
die Verpflichtung, -en obligation, responsibility
verpuppen pupate
verraten, ie, a betray
verreisen go on a journey
verrosten rust

verrückt crazy
versagen break down, fail
sich versammeln gather, collect; die Versammlung, -en meeting, gathering
versäumen miss
versauen ruin, mess up
sich verschaffen obtain, acquire
verschieben, o, o displace
verschieden various; verschiedenfarbig multicolored
verschlagen, u, a imprison, cage; der Verschlag, ⁇e pen, cage
verschleiern veil
verschleppen carry off
verschließen, o, o lock, close
(sich) verschlimmern aggravate, become worse
verschlingen, a, u devour, swallow
verschlucken swallow
verschmutzen soil
verschnaufen catch one's breath
verschollen old
verschonen spare
verschränken cross, fold
verschwenderisch lavish
die Verschwiegenheit, -en secrecy
verschwinden, a, u disappear
versehen, a, e provide
versenken lower, put
versetzen transfer, transport
versichern assure
versinken, a, u sink, be engrossed
versöhnen reconcile
versonnen thoughtful
versorgt provided for
sich verspäten be late; Verspätung haben be late
versperren block, lock
versprechen, a, o promise
verspüren feel, sense
sich verständigen communicate; verständlich comprehensible; verständnislos devoid of understanding
sich verstärken intensify, increase
verstauen store, stow
verstecken conceal, hide

verstellen pretend
verstohlen furtively
verstört troubled, dissemble
verstummen become silent
versuchen try; der Versuch, -e attempt
vertauschen change, exchange
die Verteidigung, -en defense
verteilen dissipate
der Vertrag, -e contract
vertrauen confide in, trust; zu einem Vertrauen haben have faith in a person; vertraulich confidential; vertraut familiar; die Vertrautheit, -en familiarity
vertreiben, ie, ie drive off, expel, sell; die Zeit vertreiben pass time
vertreten, a, e block, represent; der Vertreter, - representative; der Vertreterbesuch, -e salesman's visit
vertrocknen dry up
vertun, a, a waste, squander
verunglücken crash, have a wreck
verurteilen sentence to death
vervollkommnen perfect
verwandeln transform; sich verwandeln be transformed; die Verwandlung, -en transformation
der Verwandte, -n, -n relative
die Verwechslung, -en mistake
verwegen dashing, bold
verweilen linger
verwenden, a, a use
verwerfen, a, o reject
verwickeln engage
verwirklichen realize
verwirren confuse; die Verwirrung, -en confusion
verwischen blur
verwittert weathered
verwöhnen spoil
verwunden wound
verwundern surprise; verwunderlich strange, astonishing; die Verwunderung surprise, astonishment
verwünschen curse

verzagen despair
verzeihen, ie, ie pardon, excuse; die Verzeihung pardon
verzerren distort
verzichten renounce
verziehen, o, o move; das Gesicht verziehen grimace
die Verzögerung, -en delay
die Verzückung, -en rapture, ecstasy
verzweifeln despair; verzweifelt distraught; die Verzweiflung despair
das Vieh cattle
vielleicht perhaps
vielmehr rather
vielsagend significant
der Vogel, - bird; vogelleicht extremely soft
die Vokabel, -n word
der Vokal, -e vowel
vollbelaubt in full leaf
vollendet perfect
völlig complete
vollkommen complete
die Vollmacht, -en authority
vollständig complete
vollzählig complete vollziehen, o, o carry out; sich vollziehen be carried out, take place
voneinander from one another
vor sich hin to oneself
voran before, at the head; voran•laufen, ie, au run ahead
vorausbezahlen pay in advance; voraus•gehen, i, a go ahead, precede; vorausgesetzt provided that; voraus•sehen, a, e foresee, predict; voraus•setzen presume, assume
vorbehalten, ie, a reserve
vorbei•fahren, u, a travel past, drive past; vorbei•fliegen, o, o fly past; vorbei•gehen, i, a go past; vorbei•laufen, ie, au run past; vorbei•schreiten, i, i walk past; vorbei•schwimmen, a, o swim by, flow by; vorbei•sehen, a, e look past; vorbei•wälzen roll past
vor•bereiten prepare; sich vor•beugen bend forward,

lean forward; **vorgehen, i, a**
happen, go on; **vor•haben**
plan; **vor•halten, ie, a** reproach; (sich) **vor•kommen, a,**
o appear, seem; **vor•legen**
display, exhibit; sich **vor•neh-**
men, a, o make up one's mind;
vor•schlagen, u, a recommend;
der **Vorschlag, ¨e** suggestion;
vor•schreiben, ie, ie prescribe;
vor•sehen, a, e provide;
vor•setzen serve; **vor•spielen**
pretend to be; **vor•springen, a,**
u jump toward; **vor•stellen**
introduce; sich **vor•stellen**
imagine; die **Vorstellung, -en**
conception, impression;
vor•strecken extend, put
forward; der **Vortrag, ¨e** lecture; **vor•tragen, u, a** give,
deliver
der **Vordergrund** foreground;
vorderst foremost, first
vorehelich premarital
die **Vorführung, -en** performance
der **Vorgang, ¨e** proceeding,
action
der **Vorgarten, ¨** front-yard
garden
das **Vorgefühl** anticipation
der **Vorgesetzte, -n, -n** superior
vorgestern day before yesterday
vorhanden at hand, existing,
present; das **Vorhandensein**
presence
der **Vorhang, ¨e** curtain
vorher beforehand, ahead of
time, before, earlier
vorhin before
vorig previous
das **Vorjahr, -e** previous year
das **Vorkommnis, -se** event, oc-
currence
die **Vorladung, -en** subpoena
vorläufig temporary
vor•lesen, a, e read aloud; die
Vorlesung, -en lecture
vorletzt penultimate
die **Vorliebe** preference
vorn(e) in front
der **Vorname, -ns, -n** first name

vornehmlich particularly
vornüber•fallen, ie, a fall forward
der **Vorort, -e** suburb
der **Vorrat, ¨e** stock, supply
die **Vorrichtung, -en** device
der **Vorsatz, ¨e** resolution
der **Vorschein** appearance; **zum**
Vorschein kommen, a, o
appear
die **Vorsicht** caution; **vorsichtig**
careful, cautious
der **Vorsprung, ¨e** projection,
salient
die **Vorstadt, ¨e** suburb
der **Vorstand, ¨e** chairman,
board, committee
die **Vorstufe, -n** antechamber
der **Vorteil, -e** advantage
der **Vortrag, ¨e** lecture
vorüber over, past; **vorüber•flie-**
gen, o, o fly past; **vorüber•**
gehen, i, a go past, pass by;
vorüber•gleiten, i, i pass by,
glide past; **vorüber•kommen, a,**
o pass by
sich **vorwärts•tasten** feel one's
way forward
vor•werfen, a, o reproach
das **Vorzimmer, -** waiting room
vorzüglich excellent
wach awake; die **Wache, -n**
guard; der **Wachhund, -e**
watch dog; **wachsam** vigilant
wachsen, u, a grow
das **Wachstuch, ¨er** oilcloth
wackeln wobble; **wacklig** rickety
die **Waffe, -n** weapon
der **Wagen, -** car, carriage; das
Wageninnere, -n car interior
wagen dare; **wagemutig** bold,
daring
wählen select, choose, dial; die
Wahl, -en election; **wahllos** at
random, indiscriminate
der **Wahnsinn** insanity; **wahn-**
sinnig insane
wahr true, real; **wahrhaft**
really, truly; **wahrhaftig** really,
truly; die **Wahrheit, -en** truth
währenddem meanwhile

wahr•nehmen, a, o perceive,
take advantage of
wahrscheinlich probably
der Wald, ¨er forest; der Wald-
boden forest floor; der
Waldhügel, - wooded hill; die
Waldinsel, -n island of trees;
die Waldspitze, -n corner of
the forest
sich wälzen toss and turn; sich
wälzen vor Lachen be
convulsed with laughter
das Wams, ¨er vest, jacket
die Wand, ¨e wall
wandeln saunter, change
die Wanderung, -en hike, walking tour
die Wange, -n cheek
wanken stagger, reel
die Wanne, -n tub
die Wärme warmth
die Warnlampe, -n warning light
warten auf wait for; das Wartezimmer, - waiting room
was what? isn't it?
waschen, u, a wash; die Wäsche
wash, underwear; das Wäsche-
mädchen, - laundry girl; die
Wäscherei laundry; das
Waschzeug toilet articles
waten wade
wechseln change, exchange
wecken awaken; der Wecker, -
alarm clock
weder . . . noch neither . . . nor
der Weg, -e path, way; weg•bla-
sen, ie, a blow away, dissipate;
weg•drängen push away;
weg•gehen, i, a go away; der
Wegrand, ¨er side of the road;
weg•schaffen remove; die
Wegschaffung removal; weg•
werfen, a, o throw away;
wegwerfend contemptuous;
weg•ziehen, o, o move away,
pull away
wegen because of
weh tun, a, a hurt
wehen blow, wave
sich wehren resist, defend; die

Wehrmacht military, army
das Weib, -er woman; weiblich
female
weich soft
weichen, i, i leave, yield; die
Weichheit softness, tenderness
die Weide, -n willow
sich weigern refuse
weihevoll solemn
das Weihnachtsmärchen, -
Christmas fairy tale
die Weile while; weilen linger
der Wein, -e wine; das Weinfaß,
¨er wine barrel
weinen cry, weep
die Weise, -n way, manner
weisen, ie, ie show, point out;
weisen auf point at
das Weiß white; weißlich
whitish
weit far, wide; von weitem
from afar
weiter•bringen, a, a advance;
weiter•denken, a, a continue
thinking; weiter•fahren, u, a
drive on; weiter•fragen
continue to ask; weiter•geben,
a, e pass on, transmit;
weiter•gehen, i, a go on;
weiter•hämmern continue
hammering; weiter•hüpfen
hop on; weiter•sprechen, a, o
continue speaking;
weiter•stoßen, ie, o push on;
weiter•ziehen, o, o move on
das Weitere rest
weiterhin further, furthermore
weitläufig complicated
weitschweifig long-winded
welk withered, shriveled
die Welle, -n wave
die Weltmacht, ¨e world power;
der Weltraum space; die
Weltstadt, ¨e metropolis
wenden, a, a turn; die Wendung,
-en expression, turn, turn of
events
wenig little, few; wenigstens at
least

der **Werbeslogan, -s** advertising slogan; die **Werbung, -en** advertising

werfen, a, o throw, cast

das **Werk, -e** work, undertaking, project; die **Werkleitung, -en** management, director's office; die **Werkstatt, ⸚e** shop, workshop

der **Wert, -e** value; **wert sein** be important; **wertlos** worthless; **wertvoll** valuable

das **Wesen, -** being, character; **wesentlich** essential, real, substantial

wetten bet

die **Wettermeldung, -en** weather report

der **Wettlauf, ⸚e** race

wichtig important

wickeln wrap

widerhallen echo

widerlich loathsome

widernatürlich contrary to nature

der **Widerschein, -e** reflection

widerspenstig recalcitrant

der **Widerspruch, ⸚e** opposition, contradiction

der **Widerstand, ⸚e** resistance; der **Widerstandskampf, ⸚e** struggle of the Resistance

widerwärtig repulsive, hateful

widerwillig unwilling, reluctant

wieder again; **immer wieder** again and again; **wieder•erkennen, a, a** recognize; **wieder•erscheinen, ie, ie** reappear; **wieder•geben, a, e** return, give back; **wiederhallen** ring out again; die **Wiederherstellung, -en** recovery; **wiederholen** repeat; sich **wiederholen** be repeated; **wiederkehren** return; **wieder•kommen, a, o** return; **wieder•kriegen** get back; **wieder•sehen, a, e** see, meet again; **wieder•treffen, a, o** meet again; **wiederum** again

die **Wiege, -n** cradle; **wiegen** rock

die **Wiese, -n** meadow, field

wiewohl although

sich **winden, a, u** writhe, twist

windig windy; die **Windschutzscheibe, -n** windshield; die **Windstille** calm air

der **Winkel, -** corner

winken wave

winseln whine

winzig tiny

wirbeln whirl; der **Wirbel, -** flurry, eddy; **wirbelig** dizzy; der **Wirbelwind, -e** whirlwind

wirken have an effect; die **Wirkung, -en** effect

wirklich really; die **Wirklichkeit, -en** reality

wirr confused

der **Wirt, -e** bartender; die **Wirtschaft, -en** tavern, inn; die **Wirtsstube, -n** public room (in a hotel or inn)

wißbegierig hungry for information

wischen wipe; das **Wischerblatt, ⸚er** wiper blade

wissenschaftlich scientific

witschen slip quickly

der **Witwer, -** widower

der **Witz, -e** wit; **witzig** witty, funny

wobei in the course of which

wochenlang for weeks

wohl probably, well, indeed, I dare say; die **Wohltat, -en** bliss; **wohl•tun, a, a** benefit, do good; **wohlverwahrt** well guarded

wohlhabend wealthy

die **Wohnung, -en** apartment, living quarters

die **Wolke, -n** cloud; die **Wolkenfetzen** shreds of clouds

die **Wolle** wool; **wollen** woolen

womöglich possibly

die **Wonne, -n** bliss

das **Wort, ⸚er** single words; das **Wort, -e** words in context; **einem ins Wort fallen** interrupt someone

der **Wuchs** stature
wühlen rummage
wundergläubig believing in miracles; **wunderlich** strange; sich **wundern** wonder, be surprised
wünschen wish; der **Wunsch**, ⁻e wish
würdig worthy; die **Würdigung**, -en assessment, evaluation
würgen strangle, choke
die **Wurst**, ⁻e sausage
würzig spicy
die **Wüste**, -n desert; **wüstenähnlich** like a desert
die **Wut** rage; **wüten** rage; **wütend** furious
zaghaft timid, hesitating
zäh tough
zahlen pay; **zahllos** countless, numerous; **zahlreich** numerous; das **Zahlungsmittel**, - means of payment; **zählen** count
zahm tame
der **Zahn**, ⁻e tooth; die **Zahnlücke**, -n hole where a tooth is missing
zart soft, delicate, tender; **zartgolden** delicately gold; die **Zärtlichkeit**, -en caress, tenderness
der **Zauber**, - charm, enchantment; das **Zauberbuch**, ⁻er conjuring book; der **Zauberkünstler**, - magician
der **Zaun**, ⁻e fence
das **Zeichen**, - sign, symbol; die **Zeichensprache** sign language
zeichnen delineate, draw, mark; die **Zeichnung**, -en drawing
zeigen show, point; **zeigen auf** point at; sich **zeigen** be revealed; der **Zeigefinger**, - index finger; der **Zeiger**, - (clock) hand
die **Zeile**, -n line
die **Zeit**, -en time; die **Zeitlang** while; der **Zeitpunkt**, -e time, moment; die **Zeitung**, -en newspaper; der **Zeitvertreib**,

-e diversion
zerbeißen, i, i crunch
zerbersten, a, o shatter, break
zerbrechen, a, o break; **zerbrechlich** fragile
zerdrücken crush, squash
zerfallen, ie, a quarrel, decay
zerfetzen tear; **zerfetzt** tattered
zerfließen, o, o melt
zergrübeln brood
zerhacken hack to pieces
zerkauen chew up
zerlegen cut up, take apart
zerlumpt ragged
zerplatzen burst, spatter
zerquälen torture
zerreißen, i, i tear apart
zerren pull, drag
zersägen saw to pieces
zerschlagen, u, a shatter, ruin
zerschlissen tattered
zerschmelzen melt
zerschneiden, i, i cut up, cut
sich **zersetzen** break down, decompose
zerstören destroy
zerstreuen dispel; **zerstreut** confused, distracted
zerteilen divide
die **Zertrümmerung** demolition
zerwühlen dig around in
der **Zeuge**, -n, -n witness
ziehen, o, o pull, make, go, draw, move, take out
das **Ziel**, -e goal
ziemlich rather
zierlich dainty
das **Zigarettenetui**, -s cigarette case; die **Zigarettenschachtel**, -n cigarette pack
zischen hiss
zittern tremble, quiver
zögern hesitate
der **Zoll**, ⁻e customs; der **Zöllner**, - customs official
der **Zorn** anger; **zornig** angry
zottig shaggy
zuchtlos disorderly, wild
zucken shrug, jerk, twitch
zu•decken cover up
zudem in addition

zu•drücken close, shut
zu•eilen auf hasten to
zueinander to one another
zu•fallen, ie, a close, fall to, fall shut
zufällig by chance, accidental
die **Zuflucht** refuge
zu•flüstern whisper to
zu•fluten flow toward
zufrieden satisfied; die **Zufriedenheit** satisfaction
zu•frieren, o, o freeze up
zu•fügen inflict
der **Zug, ¨e** train, procession, feature, puff, move
der **Zugang, ¨e** approach, entrance
zu•geben, a, e admit
zu•gehen, i, a happen, be; **zu•gehen auf** go toward
zugig drafty
zugleich at the same time
zugrunde gehen, i, a perish, be destroyed
zu•gucken watch
zugunsten for the benefit of, in favor of
zu•hören listen (to)
zu•kommen, a, o (auf) come toward
die **Zukunft** future
zu•lächeln smile at
zu•langen help oneself
der **Zulauf** influx
sich **zu•legen** acquire
zuliebe to please a person, for a person's sake
zumal especially
zumindest at least
zumute sein feel
zu•muten expect of someone
zunächst first of all, for the time being, at first
zünden kindle, ignite
zu•nehmen, a, o increase
die **Zuneigung** inclination, affection
die **Zungenstellung, -en** position of tongue
zunichte machen destroy
zu•nicken nod to or at
zu•packen pitch in
zupfen pick, pull
zu•raunen whisper
sich **zurecht•finden, a, u** find one's way around; sich **zurecht•legen** figure out
zu•riegeln lock
zurück•bleiben, ie, ie remain; **zurück•erhalten, ie, a** recover; **zurück•erwerben, a, o** buy back; **zurück•fahren, u, a** drive back, return; **zurück•fallen, ie, a** fall back; **zurück•halten, ie, a** reserve, hold back; die **Zurückhaltung** reserve, caution; **zurück•kehren** return; **zurück•kommen, a, o** return, come back; **zurück•lassen, ie, a** leave behind; **zurück•legen** travel; sich **zurück•legen** lie back; **zurück•reichen** hand back; **zurück•schieben, o, o** push back; **zurück•schrecken** shrink back; **zurück•springen, a, u** jump back; **zurück•stapfen** trudge back; **zurück•stellen** set back; **zurück•strahlen** beam back; **zurück•taumeln** stagger back; **zurück•weichen, i, i** retreat, fall back; **zurück•weisen, ie, ie** reject; **zurück•wenden, a, a** turn back; **zurück•ziehen, o, o** lead back, draw back, withdraw, pull back; **zurück•zwängen** force back
zu•rufen, ie, u shout at
zu•sagen accept, agree
zusammen•beißen, i, i clench (the teeth); **zusammen•bringen, a, a** bring together; **zusammen•fahren, u, a** start, move convulsively; **zusammen•gehören** belong together; **zusammen•halten, ie, a** hold together; **zusammen•kauern** crouch; **zusammen•kneifen, i, i** squint; **zusammen•laufen, ie, au** run together; sich **zusammen•nehmen, a, o** control

oneself, pull oneself together;
sich **zusammen•reißen**, i, i
pull oneself together; **zusam-
men•rollen** roll up; **zusam-
men•sacken** collapse; **zusam-
men•schießen**, o, o chip in;
zusammen•schlagen, u, a
break over; **zusam-
men•schrecken** start, wince;
zusammen•setzen put
together, assemble;
zusammen•sinken, a, u
collapse; **zusammen•stellen**
put together, group; **zusam-
men•stürzen** collapse;
zusammen•suchen gather;
zusammen•treffen, a, o meet,
come together;
zusammen•schrumpfen
shrink, shrivel; **zusammen•zie-
hen**, o, o contract, draw
together; **zusammen•zucken**
wince, start; **zusammen•zwän-
gen** press together
der **Zuschauer**, - spectator,
audience
zu•schreiben, ie, ie attribute
zu•schieben, o, o push toward
zu•schlagen, u, a slam, hit, strike
zu•schließen, o, o close
zu•schreien, ie, ie scream at
zu•schreiten, i, i walk toward
zu•sehen, a, e see, watch
die **Zusicherung**, -en assurance
zu•spitzen sharpen to a point
zu•sprechen, a, o encourage;
einem Mut zu•sprechen
encourage a person
der **Zuspruch**, ¨e consolation,
comfort
der **Zustand**, ¨e condition
zustande•kommen, a, o occur,
happen, be produced
zu•stecken put into one's pocket,
give

zu•stimmen agree, assent; die
Zustimmung consent
zu•stoßen, ie, o push; **es einem
zu•stoßen** happen to someone
zu•stürzen auf rush to, rush at
zu•tragen, u, a happen
zu•treiben, ie, ie push towards
zu•trinken, a, u toast
zuverlässig reliable
zuversichtlich confident
zuvor before, previously
zuvor•kommen, a, o forestall,
get there first
zu•wachsen, u, a become
overgrown
zuweilen occasionally, at times
zu•weisen, ie, ie assign
(sich) **zu•wenden**, a, a turn
toward
der **Zwang**, ¨e pressure
sich **zwängen** force one's way
zwar to be sure, indeed
der **Zweck**, -e purpose, reason;
zwecklos aimless, pointless;
zwecks for the purpose of
zweifeln doubt; der **Zweifel**, -
doubt
der **Zweig**, -e branch
der **Zweikampf**, ¨e fight, duel;
zweimalig repeated; **zweit**
second; **zu zweit** together;
zweitens secondly, in the second place
das **Zwielicht** twilight
zwingen, a, u force
zwinkern wink
der **Zwischenfall**, ¨e incident,
episode
der **Zwischenraum**, ¨e space,
distance
der **Zylinder**, - top hat
der **Zynismus** cynicism